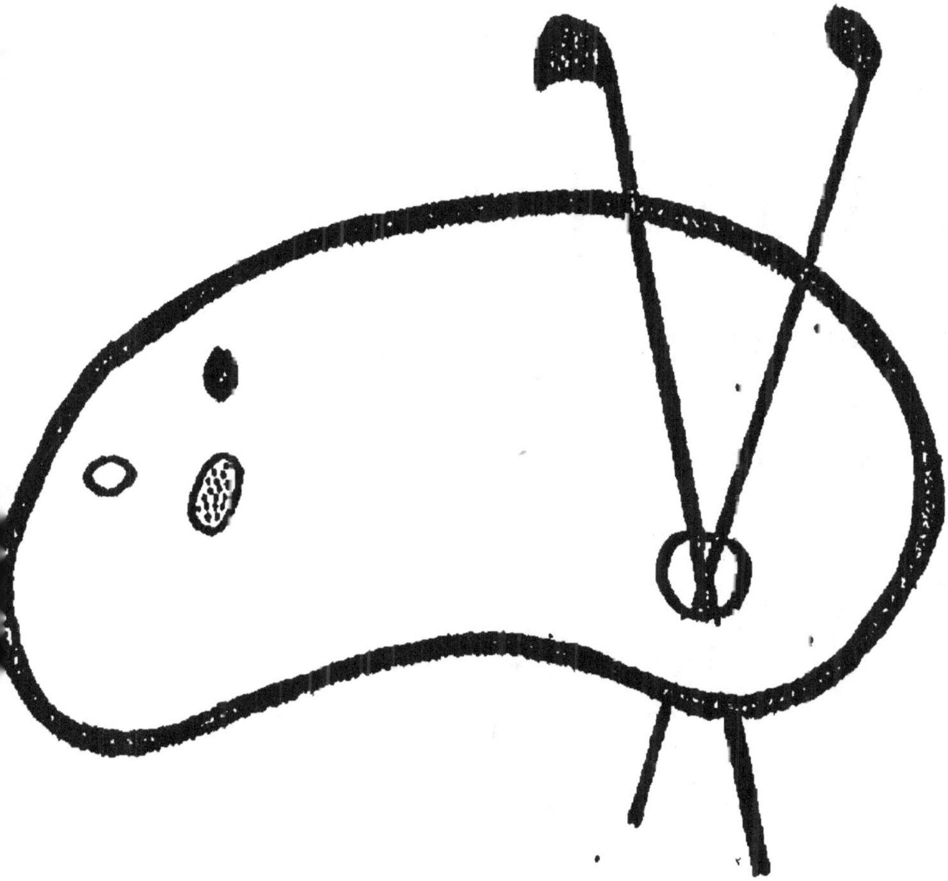

DEBUT D'UNE SERIE DE DOCUMENTS
EN COULEUR

PSYCHOLOGIE, MORALE, PÉDAGOGIE ET ADMINISTRATION SCOLAIRE

COURS COMPLET PUBLIÉ SOUS LA DIRECTION DE

M. GEORGES LYON

Agrégé de philosophie, Docteur ès lettres, Maître de Conférence suppléant
à l'École normale supérieure.

L'ÉDUCATION
DE
L'INSTITUTEUR

PÉDAGOGIE PRATIQUE ET ADMINISTRATION SCOLAIRE

PAR

LÉON CHAUVIN

Directeur d'École normale, Officier de l'Instruction publique.

TROISIÈME ANNÉE

I. Révision du cours de première année
- 1re Partie. — **Notions élémentaires de psychologie.**
- 2e Partie. — **Application de la psychologie à l'Éducation.**

II. Révision du cours de deuxième année
- 3e Partie. — **Morale théorique. — Principes.**
- 4e Partie. — **Morale pratique. — Applications.**

III. Pédagogie pratique et administration scolaire
- 5e Partie. — **Quelques mots sur les écoles normales**
- 6e Partie. — **L'élève-maître.**
- 7e Partie. — **L'instituteur adjoint.**
- 8e Partie. — **L'instituteur titulaire.**
- 9e Partie. — **Législation de l'enseig. primaire.**
- Appendice. — **Lois sur les traitements des institut**rs.

PARIS
ALCIDE PICARD ET KAAN
ÉDITEURS DE LA SOCIÉTÉ DES ANCIENS ÉLÈVES DE SAINT-CLOUD
11, RUE SOUFFLOT, 11

(Tous droits réservés.)

Aloïde PICARD et KAAN, Éditeurs
11, RUE SOUFFLOT, PARIS

OUVRAGES ADOPTÉS POUR LES ÉCOLES DE LA VILLE DE PARIS ET PORTÉS SUR LES LISTES DÉPARTEMENTALES.

COURS D'ARITHMÉTIQUE

DE SYSTÈME MÉTRIQUE
ET DE GÉOMÉTRIE

Rédigé conformément aux programmes officiels du 27 juillet 1882

PAR

UNE SOCIÉTÉ D'INSTITUTEURS

SOUS LA DIRECTION DE

M. E. COMBETTE

Ancien élève de l'École normale supérieure
Ancien professeur de mathématiques au lycée Saint-Louis — Inspecteur d'Académie, à Paris,
chevalier de la Légion d'honneur.

COURS ÉLÉMENTAIRE — Ouvrage composé sur un plan entièrement nouveau, contenant 115 figures et 730 problèmes et exercices de calcul mental et écrit, 1 volume in-12, cartonné............ » 80

PROBLÈMES ET EXERCICES COMPLÉMENTAIRES. — (1081 problèmes et exercices). Commerce, agriculture, industrie, vie usuelle; ouvrage destiné aux élèves des cours élémentaires et aux élèves de 1re année du cours moyen, 1 volume in-12, cartonné......... » 45

COURS MOYEN ET SUPÉRIEUR à l'usage des candidats au certificat d'études primaires, contenant 3,000 exercices et problèmes donnés dans les examens du brevet élémentaire et du certificat d'études primaires : Commerce, industrie, agriculture, vie usuelle, etc., illustré de 166 gravures, 1 fort volume in-18, cartonné..... 2 00

COURS MOYEN ET SUPÉRIEUR (livre du maître) donnant la solution raisonnée des nombreux problèmes et exercices contenus dans le livre de l'élève. 1 fort volume in-12, cartonné......... 2 50

CHOIX DE PROBLÈMES donnés dans les divers examens du certificat d'études primaires ou du brevet de capacité, recueillis et mis en ordre par MM. E. Combette et E. Cuissart, ancien membre du conseil supérieur de l'Instruction publique, inspecteur primaire à Paris, chevalier de la Légion d'honneur. 1 volume in-12, cartonné..... 1 20

CHOIX DE PROBLÈMES (livre du maître). Un fort volume in-12 donnant la solution raisonnée de tous les exercices et problèmes contenus dans le livre de l'élève................ 3 »

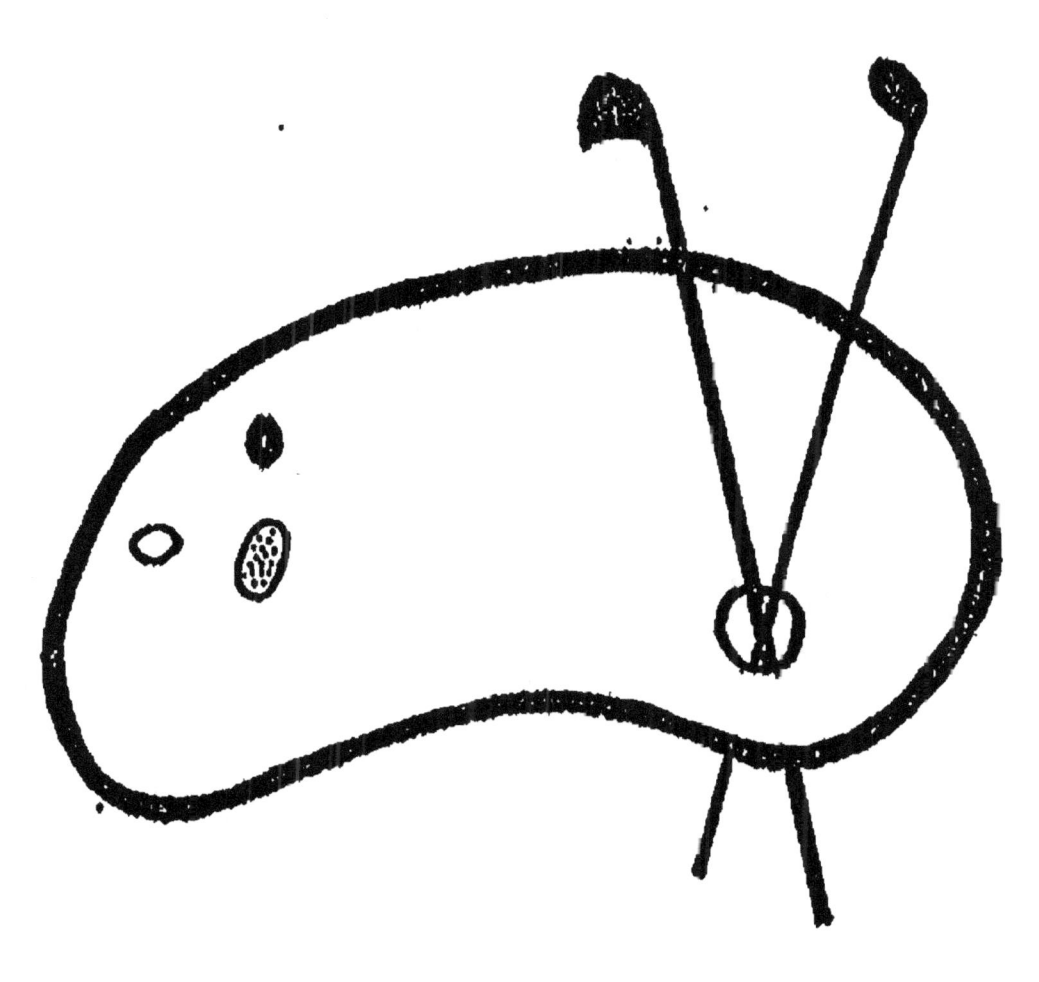

FIN D'UNE SERIE DE DOCUMENTS EN COULEUR

L'ÉDUCATION
DE
L'INSTITUTEUR

PÉDAGOGIE PRATIQUE ET ADMINISTRATION SCOLAIRE

A LA MÊME LIBRAIRIE :

L. CARRAU. — **De l'Éducation.** *Précis de morale théorique et pratique,* in-18 broché, **3 fr.** Relié pleine toile. **3 50**
 Cet ouvrage fait partie du **Cours complet de psychologie, de morale et de pédagogie,** *publié sous la direction de M. Georges Lyon, Maître de conférences suppléant à l'École normale supérieure.*

E. SCHMITT. — **La pédagogie du travail manuel,** in-18 broché, **2 fr.** Relié pleine toile. **2 50**

E. ROCHEROLLES & R. PESSONNEAUX. — **Cours supérieur de Grammaire et de Langue française,** in-18 cart. **1 fr. 80.** Relié pleine toile. **2 25**
Livre du maître, in-18 cart. **3 fr.** Relié pleine toile. . **3 50**

E. DRIAULT. — **Exercices** en rapport avec le *Cours supérieur de Grammaire* de MM. Rocherolles et Pessonneaux, in-18 cart. **0 fr. 90.** Relié pleine toile. **1 25**

ROGER. — **Exercices de compositions françaises,** in-8 broché, **1 fr. 75.** Relié pleine toile . . . . **2 »**

LEGRAND. — **Plans de compositions françaises sur des sujets variés,** in-8 br. **1 fr. 25.** Relié pl. toile. **1 50**

BIAYS. — **Histoire sommaire de la littérature française, des origines à nos jours,** in-8º broché, **2 fr. 25.** Relié pleine toile. **2 60**

FÉNELON. — **De l'Éducation des filles.** Édition G. Compayré, in-18 broché, **1 fr. 50.** Relié pleine toile. . . . **2 »**

G. DHOMBRES & J. ZELLER. — **Cours d'histoire** (*1re, 2e et 3e années*), conforme au programme du 10 janvier 1889. Publié sous la direction de M. Edgar Zevort (*sous presse*).

GOURRAIGNE. — **Géographie générale de l'Afrique, de l'Asie, de l'Océanie et de l'Amérique,** in-8º broché, **1 fr. 75.** Relié pleine toile. . . . . **2 »**

LEROY. — **Géographie générale de la France,** in-8º broché, **2 fr. 25.** Relié pleine toile. **2 50**

E. COMBETTE. — **Arithmétique, système métrique et géométrie** (*Cours moyen et supérieur*), in-18 cart. **1 60**
Livre du maître, in-18 cartonné **2 50**

E. COMBETTE & E. CUISSART. — **Choix de problèmes** donnés aux examens du certificat d'études et aux brevets de capacité, in-18 cartonné. **1 25**
Livre du maître, in-18 cartonné **3 50**

A. BOUGUERET. — **La première année de dessin géométrique.** *Cours théorique et pratique,* programme des écoles normales in-4º cartonné. . . . . **2 »**

MARCHEF-GIRARD (Mlle). — **Cours d'économie domestique,** in-18 broché, **2 fr. 25.** Cartonné. **2 60**

MARIE-CARDINE. — **Compositions écrites et orales.** *Certificat d'études primaires. Écoles primaires supérieures. Brevet élémentaire,* in-18 broché, **2 50.** Relié pl. toile. **3 »**

PSYCHOLOGIE, MORALE, PÉDAGOGIE ET ADMINISTRATION SCOLAIRE

COURS COMPLET PUBLIÉ SOUS LA DIRECTION DE

M. GEORGES LYON

Agrégé de philosophie, Docteur ès lettres, Maître de Conférence suppléant
à l'École normale supérieure.

L'ÉDUCATION
DE
L'INSTITUTEUR

PÉDAGOGIE PRATIQUE ET ADMINISTRATION SCOLAIRE

PAR

LÉON CHAUVIN

Directeur d'École normale, Officier de l'Instruction publique.

TROISIÈME ANNÉE

I. RÉVISION DU COURS DE PREMIÈRE ANNÉE
- 1º PARTIE. — **Notions élémentaires de psychologie.**
- 2º PARTIE. — **Application de la psychologie à l'Éducation.**

II. RÉVISION DU COURS DE DEUXIÈME ANNÉE
- 3º PARTIE. — **Morale théorique. — Principes.**
- 4º PARTIE. — **Morale pratique. — Applications.**

III. PÉDAGOGIE PRATIQUE ET ADMINISTRATION SCOLAIRE
- 5º PARTIE. — **Quelques mots sur les écoles normales**
- 6º PARTIE. — **L'élève-maître.**
- 7º PARTIE. — **L'instituteur adjoint.**
- 8º PARTIE. — **L'instituteur titulaire.**
- 9º PARTIE. — **Législation de l'enseig. primaire.**

APPENDICE. — **Lois sur les traitements des institut™.**

PARIS
ALCIDE PICARD ET KAAN
ÉDITEURS DE LA SOCIÉTÉ DES ANCIENS ÉLÈVES DE SAINT-CLOUD
11, RUE SOUFFLOT, 11

(Tous droits réservés.)

AVERTISSEMENT

Les leçons que nous présentons au public, ont été d'abord professées. C'est dire qu'en les rédigeant nous avons eu surtout en vue les élèves-maîtres. Ceux de *troisième année*, entre autres, y trouveront, en outre de ce qu'ils ont appris en première et en deuxième année, le développement de leur programme de pédagogie, sauf l'étude des principaux pédagogues, qui fera l'objet d'un volume spécial.

Mais nous nous adressons aussi aux jeunes instituteurs qui, n'étant point passés par l'école normale, ont à cœur d'acquérir par l'étude, en même temps que par la pratique attentive et raisonnée de l'enseignement, ce qui peut manquer encore à leur éducation professionnelle.

Les instituteurs plus anciens liront peut-être aussi notre ouvrage avec plaisir et profit. N'est-ce pas leur vie de tous les jours que nous avons retracée? N'est-ce pas leur idéal que nous avons essayé de fixer en ces pages? Nous avons voulu raffermir leur dévouement, soutenir leur courage, et jeter quelque lumière dans l'œuvre importante et délicate qui leur est confiée.

Enfin, nous avons aussi pensé aux personnes qui n'appartiennent pas à l'enseignement primaire, mais que leurs fonctions administratives, leur notoriété, leurs goûts, ont naturellement désignées à s'occuper des écoles et des maîtres (magistrats municipaux, délégués cantonaux, membres des commissions d'examens, etc.). Si ce modeste livre tombe entre leurs mains, tout en les éclairant sur la nature et la portée de leurs attributions, il contribuera, nous osons l'espérer, à augmenter encore les précieuses sympathies qu'elles accordent déjà à nos institutions.

PSYCHOLOGIE, MORALE ET PÉDAGOGIE

TROISIÈME ANNÉE

« Le premier trimestre sera consacré à la revision des cours de première et de deuxième années. »

ARRÊTÉ DU 10 JANVIER 1889.

PREMIÈRE PARTIE

NOTIONS ÉLÉMENTAIRES
DE PSYCHOLOGIE

PREMIÈRE LEÇON

OBJET DE LA PSYCHOLOGIE, SES RAPPORTS AVEC LA PÉDAGOGIE ET AVEC LA MORALE

SOMMAIRE. — I. Observation scientifique de l'homme par lui-même. Deux ordres de faits dans la vie humaine. — II. La psychologie et son objet. — III. Rapports de la psychologie avec la pédagogie et la morale.

I. — Lorsque l'homme porte son attention sur lui-même il discerne bien vite deux ordres de faits. Les uns lui sont révélés par l'intermédiaire des sens ; ils sont localisés et sont susceptibles de mesure. On les nomme les faits *physiologiques* ; exemples : un mal de dents, la fracture d'un membre, la fièvre, et, en général, tous les phénomènes de la vie organique. Les autres échappent à toute mesure et sont étrangers à l'étendue ; la conscience est seule à les percevoir. Ce sont les faits *psychologiques;* exemples : le souvenir d'un événement, le jugement porté sur une personne ou une chose, le sentiment de plaisir que cause une inclination satisfaite, le remords éprouvé après une mauvaise action.

II. — Ces deux ordres de faits sembleraient attester, avant toute discussion sur le point de savoir en quoi consiste le *moi*, qu'il y a deux natures dans l'homme : la nature *physique*, et la nature *spirituelle*.

L'étude de la première appartient à l'*histoire naturelle*. Celle de la vie spirituelle ou morale constitue une science appelée *psychologie*, de deux mots grecs qui signifient : discours sur l'âme, ou science de l'âme.

III. — L'éducateur a besoin, pour diriger le développement naturel des facultés humaines, de les connaître dans leur essence, leurs manifestations et leurs lois.

Ce n'est pas tout. Il doit encore se proposer de suivre la naissance et la marche des passions et des habitudes, de déterminer comment se forment les caractères, de rechercher enfin sous quel aspect se révèle l'idée du bien. C'est dire que la psychologie doit servir de préface à la pédagogie et à la morale.

DEUXIÈME LEÇON

DESCRIPTION GÉNÉRALE DES FACULTÉS

Sommaire. — I. Les facultés ou pouvoirs de l'homme. — II. Trois facultés principales. Définitions. — III. Subdivisions auxquelles se prêtent les facultés.

1. — La vie se manifeste par des forces, pouvoirs ou *facultés;* par exemple, les facultés de penser, de vouloir, d'aimer et de haïr. Quelque variété de caractères qu'elles présentent, ces diverses facultés sont intimement associées

dans toutes les opérations de la vie qui est *une*. On ne les distingue que par abstraction ; c'est pour les besoins de l'étude, que le psychologue les distingue, les sépare et les classe.

II. — On compte d'ordinaire, trois facultés principales :
1° La *sensibilité*, faculté de jouir et de souffrir ;
2° L'*intelligence*, faculté de connaître, concevoir et comprendre ;
3° L'*activité*, faculté de produire des mouvements.

III. — Nous avons vu qu'il y a deux natures dans l'homme, et qu'elles sont inséparables. Ajoutons que la vie animale ne se laisse soupçonner de nous qu'à la condition de se traduire par des états de conscience : la personne évanouie, ou sans connaissance, est pour elle-même comme si elle n'était pas. Les différentes facultés peuvent être elles-mêmes considérées à des points de vue divers. C'est ainsi que l'on distinguera la *sensibilité physique* (exemples : le plaisir de boire, et la douleur provoquée par une brûlure) et la *sensibilité morale* (exemples : la joie de recevoir un ami, la douleur d'un père qui apprend l'inconduite de son fils). La première a pour antécédent un fait physiologique, la seconde une idée. Ainsi encore on distinguera chez l'homme, des mouvements, comme ceux de l'instinct, qu'il n'a pas voulus, et qui relèvent de *l'activité physique*, d'avec les actes qui ont été commandés par la volonté et que l'on nomme, pour ce motif même nos volitions ; ils relèvent de *l'activité morale*.

TROISIÈME LEÇON

ACTIVITÉ PHYSIQUE

Sommaire. — I. Diverses sortes de mouvements non volontaires. — II. L'instinct, ses caractères et son objet. — III. Habitudes corporelles.

I. — On peut distinguer trois sortes de mouvements, auxquels la volonté est étrangère :

1° Les mouvements *spontanés*, que l'on accomplit sans y songer et qui répondent à un besoin physique ou moral; exemples: les balancements inconscients de la tête et des membres, les gestes qui accompagnent la parole de l'orateur;

2° Les mouvements *réflexes*, occasionnés par une cause externe ou interne; exemples: le rire, les bâillements, le tremblement de la fièvre;

3° Les mouvements *instinctifs*, que la nature elle-même semble dicter pour permettre de réaliser certaines fins. Exemples: l'action de téter chez l'enfant, de nager chez l'animal. L'homme a des instincts; mais l'animal en possède bien plus encore, parce qu'il n'a ni raison, ni liberté.

II. — Les principaux caractères de l'instinct sont: 1° *l'ignorance du but*: l'homme, en s'examinant, peut connaître et analyser quelques-uns de ses instincts; mais le jeune enfant et l'animal sont, à l'égard de leurs instincts, dans l'ignorance absolue;

2° La *perfection immédiate*: Le premier nid construit par un oiseau est aussi parfait que ceux qu'il construira dans la suite;

3° L'*uniformité*: Les animaux de même espèce ont des instincts semblables lorsqu'ils sont soumis aux mêmes influences; les animaux domestiques n'ont plus la manière de vivre de leurs ancêtres sauvages, mais la cause de cette transformation leur est proprement étrangère et n'est en réalité due qu'au changement de milieux.

4° La *spécialité*: Chaque espèce a ses instincts propres: l'hirondelle ne bâtit pas un nid pareil à celui du bouvreuil, et réciproquement.

Les instincts ont pour but la conservation soit de l'individu, soit de l'espèce: c'est le sentiment de la conservation qui fait que lorsque l'on tombe, on porte les mains en avant; c'est pour propager son espèce que l'insecte dépose sa larve sur une substance propre à la nourrir.

III. — L'homme accomplit des mouvements qui, à l'origine, ont été voulus, et ont nécessité un apprentissage, mais qui, par la répétition ou l'habitude, sont devenus instinctifs; exemples: la marche, la nage chez l'homme. Ces dernières habitudes sont actives. Il y en a aussi de passives; ainsi les mains et la figure, habituellement découvertes, résistent mieux au froid que les autres parties du corps.

QUATRIÈME LEÇON

SENSIBILITÉ PHYSIQUE

Sommaire. — I. Le plaisir et la douleur. — II. Les impressions et les sensations. — III. Les tendances ou inclinations. — IV. Les appétits. — V. Les passions.

I. — *Le plaisir* et *la douleur* n'ont pas besoin d'être définis. L'idée en est claire pour tous.

Les sources du plaisir sont une activité tempérée (H. Spencer) et l'harmonie des fonctions. Exemples : les plaisirs du goût et de l'odorat ; le bien-être éprouvé par la personne qui jouit d'une bonne santé.

La douleur est produite par les causes contraires : soit le manque, soit l'excès d'activité ; la rupture d'équilibre entre les fonctions organiques.

II. — Le plaisir ou la douleur qui accompagnent la sensibilité physique nous laissent des *impressions* caractéristiques. Exemples : la saveur du miel, la brûlure du fer rouge.

Il ne faut pas confondre les *impressions* avec *les sensations*. Celles-ci constituent des connaissances distinctes et spéciales qui fournissent des notions sur les objets extérieurs ; elles s'adressent à l'intelligence. Ainsi les sensations visuelles font connaître la couleur et la forme des objets ; le toucher en détermine la densité et la température.

III. — L'homme naturellement recherche le plaisir et fuit la douleur. Par conséquent il désire les objets agréables et évite les autres : l'enfant demande des confitures et repousse, autant qu'il le peut, un médicament amer.

Ces mouvements de l'âme sont des *tendances, inclinations* ou *penchants.*

IV. — *Les appétits* tels que la faim, la soif et le sommeil, sont des tendances corporelles qui ont un double caractère : 1° elles se présentent sous forme de besoins plus ou moins douloureux ; satisfaites, elles causent une impression de plaisir ; 2° elles sont périodiques.

V. — Lorsque les inclinations sont exagérées au point de troubler l'âme et d'étouffer les autres penchants ; elles prennent le nom de *passions.* Exemples : l'ivrognerie ; en Orient, l'abus de l'opium.

CINQUIÈME LEÇON

SENSIBILITÉ MORALE
INCLINATIONS PERSONNELLES

Sommaire. — I. Les sentiments. — II. Classement des inclinations. — III. Inclinations personnelles. Amour-propre et ambition. — IV. Sentiments subsidiaires.

I. — Les émotions, penchants et passions, que nous avons définis à propos de la sensibilité physique, se retrouvent dans la sensibilité morale avec une signification analogue : un penchant naturel nous fait rechercher l'estime d'autrui ; la colère et la jalousie sont des passions. Les états de l'âme, qui est sous l'empire de telle ou telle émotion, de telle ou telle inclination prennent le nom de *sentiments.*

II. — L'homme éprouve des sentiments qui ont sa personne propre pour objet ; il en éprouve à l'égard de ses semblables ; enfin il recherche le vrai, le beau, la perfection, il s'élève à Dieu. De là trois sortes d'inclinations morales : 1° *inclinations personnelles* ; 2° *inclinations sociales ;* 3° *inclinations supérieures.*

III. — Les deux principales inclinations personnelles, en

dehors de l'amour de la vie, sont : l'*amour-propre* et l'*ambition*.

L'amour-propre nous fait aimer nos qualités et désirer l'estime d'autrui ; il nous fait aussi souffrir de nos imperfections, surtout quand elles se trahissent aux yeux d'autrui ; l'enfant est heureux quand on le félicite de son travail et il est douloureusement affecté quand on lui adresse des reproches. Ces sentiments acquièrent une intensité bien plus grande lorsque l'éloge ou le blâme sont donnés en public.

L'ambition nous porte à rechercher le pouvoir pour réaliser le progrès, ou simplement pour le plaisir de dominer et de satisfaire notre orgueil. Les hommes d'État n'hésitent pas à sacrifier repos, fortune, santé, affections même, pour exercer le pouvoir.

IV. — Un grand nombre d'autres sentiments personnels se rattachent à ces penchants primordiaux : la *fierté*, le *sentiment de la dignité humaine* et de l'*honneur*, l'*émulation*, l'*amour de la gloire*, l'*amour de la liberté*, le *sentiment de la responsabilité*, etc.

Nombre de ces sentiments ont aussi leurs contraires, tels que la *modestie*, la *défiance de soi-même*.

Enfin, ils peuvent tous prendre des proportions exagérées et devenir des passions ; exemples : l'*orgueil*, l'*envie*, l'*intolérance*.

SIXIÈME LEÇON

INCLINATIONS SOCIALES

Sommaire. — I. Instinct de sociabilité. La doctrine égoïste. — II. Classement des inclinations sociales. — III. Inclinations domestiques. La famille. — IV. Inclinations philanthropiques. — V. Inclinations corporatives. Le patriotisme. — VI. Inclinations électives. L'amitié.

I. — L'homme est né sociable : c'est « un animal politique ». Il éprouve, à l'égard d'autrui, des sentiments vraiment désintéressés. Soutenir le contraire, comme ont fait et La Rochefoucauld et les autres partisans de la morale dite égoïste; c'est ne donner de l'âme humaine qu'une vue très incomplète.

II. — Il y a quatre sortes d'inclinations sociales : 1° les *inclinations domestiques*; 2° les *inclinations philanthropiques*; 3° les *inclinations corporatives*; 4° les *inclinations électives*.

III. — Le groupe le plus naturel est la *famille*. Celle-ci n'existe à l'état, en quelque sorte permanent, que chez l'homme. Les animaux n'en donnent qu'une image très imparfaite. L'amour et l'affection, les besoins mutuels, les affinités morales accrues par l'habitude de vivre et de sentir ensemble, établissent entre les divers membres de la famille des liens qui durent aussi longtemps que la vie, et qui même, quand la mort a frappé, persistent dans la mémoire et le cœur des survivants. Les sentiments de famille se diversifient eux-mêmes suivant les rapports qui existent entre les membres de la famille. Ce seront *l'amour conjugal*, *l'amour paternel et maternel*, la *piété filiale* et *l'affection fraternelle*.

IV. — La *philanthropie* est un sentiment qui nous porte à travailler pour le bien de l'humanité. Las Casas, Parmentier, Franklin, Montyon, Livingston, étaient des philanthropes. Les découvertes de la science peuvent souvent, par les perspectives rassurantes qu'elles ouvrent aux hommes, être tenues pour des œuvres éminemment philanthropiques. M. Pasteur, par exemple, est un aussi grand philanthrope qu'il est un grand savant.

La *bienveillance* nous inspire des sentiments favorables à autrui. Elle porte à l'indulgence, à la charité.

La *sympathie* et le *penchant à l'imitation* nous disposent à partager les sentiments et à imiter les actions d'autrui. Ce dernier penchant est très marqué chez les enfants; et, pour cette raison, il faut éviter de leur donner de mauvais exemples. La *contagion morale* a des effets puissants pour le bien comme pour le mal. Exemples : le mouvement des croisades, la panique sur le champ de bataille, la rapidité avec laquelle agissent, sur les imaginations, les légendes superstitieuses.

Autres sentiments qui se rattachent aux précédents : *pitié ou compassion, estime, admiration*, etc.

Sentiments hostiles : *antipathie, malveillance, désir de vengeance*, etc.

V. — Les personnes qui habitent les mêmes lieux ou qui exercent la même profession sont unies par une communauté de pensées et de sentiments ; elles se sentent solidaires les unes des autres. Telles sont les inclinations corporatives, de là cette expression courante : *l'esprit de corps*. Exemples : l'esprit militaire, l'esprit universitaire, l'esprit de la magistrature.

La plus importante de ces inclinations est le *patriotisme*, qui existe parmi les citoyens d'une même nation. Le patriotisme est formé de divers éléments, tels que la communauté de race, de langue, d'histoire ; mais il tire sa principale force de l'union des cœurs et des volontés.

VI. — Enfin, il reste à mentionner les inclinations électives, ou plus simplement l'*amitié*. C'est un sentiment doux et fort qui ne s'adresse qu'à un petit nombre de personnes choisies. Il n'y a de vraie amitié que celle qui repose sur la vertu. Exemples célèbres d'amitié : dans les temps héroïques, Achille et Patrocle, Oreste et Pylade ; dans l'histoire, Damon et Pythias, Montaigne et La Boétie.

SEPTIÈME LEÇON

INCLINATIONS SUPÉRIEURES

SOMMAIRE. — I. Divisions du sujet. — II. Le vrai. — III. Le beau ou sentiment esthétique. — IV. Le bien. — V. Sentiment religieux.

I. — On peut distinguer quatre sortes d'inclinations supérieures : 1° L'amour du *vrai*, qui a donné naissance à la *science* ; 2° l'amour du *beau*, qui a produit l'*art* ; 3° l'amour du *bien*, qui est le fondement de la *morale* ; 4° l'amour de Dieu, qui est le principe des *religions*.

II. — L'homme recherche naturellement la *vérité* et déteste l'*erreur*. Ses efforts, pour conquérir les vérités de toutes sortes ont constitué la *science*. L'amour du vrai se manifeste par la *curiosité*, si vive chez l'enfant qui a particulièrement besoin de connaître; par le plaisir de l'*étude* et l'attrait de la *découverte*.

III. — Nous aimons le *beau*: dans la nature : paysage, fleurs, figure humaine; dans les arts et la littérature : architecture, peinture, musique, poésie; dans les grandes conceptions scientifiques : l'œuvre des Newton et des Laplace; dans les nobles actions des héros et des hommes vertueux : Régulus, Vincent de Paul.

Les conditions et les lois du beau ont fait l'objet d'une science appelée *esthétique*.

Le sentiment esthétique est d'autant plus vif que l'âme est plus cultivée et plus délicate. Ce sentiment est désintéressé. Le propriétaire d'une riche et pittoresque campagne, ne la considérera pas du même œil qu'un peintre ou qu'un poète.

Le beau a ses diminutifs : le *gracieux* et le *joli*. Quand il s'applique à des spectacles grandioses, à des phénomènes puissants : l'immensité de l'Océan, l'éruption d'un volcan, il donne lieu à un sentiment nouveau et devient le *sublime*.

IV. — La conscience nous apprend à classer les actions humaines en actions *bonnes*, qu'il faut faire, et en actions *mauvaises* qu'il faut éviter. Nous estimons les premières et nous méprisons les secondes, quoique notre conduite, cédant à l'influence des passions, soit souvent en désaccord avec ces dispositions premières.

Cette distinction essentielle entre ce qui est *mal* et ce qui est *bien*, sert de fondement à la *morale*, c'est-à-dire à la science du devoir.

V. — L'existence des êtres qui nous entourent, et, en premier lieu, la nôtre propre, les lois auxquelles le monde physique et le monde moral obéissent, le besoin d'une justice absolue, l'idée de la perfection, du souverain bien, par-dessus tout les exigences de la loi morale, nous conduisent à proclamer un être suprême, auteur du monde, créateur et Providence et à lui adresser des prières : c'est le *sentiment religieux*.

Quand il se représente la puissance, la bonté et la justice

divines, l'homme éprouve un amour mêlé de respect et de crainte. Ces sentiments réunis constituent l'*adoration*. On n'adore que Dieu. Lorsque l'adoration réside dans le sentiment, c'est le *culte intérieur*; lorsqu'elle se traduit par des cérémonies, c'est le *culte extérieur*.

HUITIÈME LEÇON

L'INTELLIGENCE — LA CONSCIENCE ET LES SENS

Sommaire. — I. Rôle de l'intelligence. Deux ordres d'opérations mentales. — II. Facultés d'acquisition et de perception. — III. La conscience. — IV. Les sens.

I. — L'intelligence a un double rôle : elle acquiert des notions ou des idées : elle a le pouvoir de les combiner, de les comparer et d'en concevoir de nouvelles. Ainsi, le compositeur de musique a enrichi sa mémoire d'un grand nombre de mélodies; un jour vient où son imagination lui fait créer à son tour des œuvres personnelles.

Les facultés de l'intelligence peuvent donc se diviser en deux groupes : 1° les facultés d'acquisition, 2° les facultés d'élaboration. Mais, on ne saurait trop le redire, c'est pour le besoin de l'étude que nous faisons ces distinctions. En réalité, les opérations de l'esprit sont toujours intimement associées et inséparables.

II. — L'homme acquiert des idées sur lui-même et sur le monde extérieur. De là une distinction primordiale entre la *perception intérieure* et la *perception extérieure*.

L'homme se connaît directement lui-même à l'aide de la conscience seule. Pour acquérir la connaissance des autres êtres, la conscience ne suffirait pas; le concours des sens est nécessaire.

III. — La *conscience*, que l'on appelle encore le *sens intime*, est la faculté grâce à laquelle l'âme s'atteint elle-même dans la variété de ses états, comme dans l'unité de son *moi* et de sa *personnalité*. Grâce à la conscience, l'âme peut, pour ainsi dire se dédoubler et assister comme témoin aux événements qui se produisent en elle : émotions, sentiment, volontés, idées diverses.

La conscience est d'abord *spontanée*, puis devient *réfléchie*.

La conscience spontanée est celle des enfants et des animaux qui n'ont qu'une idée vague de leur existence. La conscience réfléchie est celle de l'homme adulte et raisonnable, en pleine possession de sa personnalité.

IV. — Les *sens* sont comme des appareils enregistreurs, qui nous fournissent une foule de notions sur les objets externes. Ils éprouvent des modifications variées. Celles-ci sont transmises au cerveau par le moyen des nerfs, et donnent lieu à des états de conscience caractéristiques.

On distingue communément cinq sens : le goût, l'odorat, la vue, l'ouïe et le toucher. Un certain nombre de psychologues modernes en comptent encore deux autres : le sens musculaire et le sens vital.

NEUVIÈME LEÇON

LES SENS

SOMMAIRE. — I. Le goût. — II. L'odorat. — III. La vue. — IV. L'ouïe. — V. Le toucher. — VI. Le sens musculaire. — VII. Le sens vital. — VIII. Association et substitution des sens. — IX. Erreurs à propos des sens.

L'anatomie et la physiologie décrivent les organes des sens et en retracent le fonctionnement. Nous allons indiquer les principales notions qu'ils fournissent à l'intelligence.

I. — Le *goût* donne des sensations de saveur et, par là, permet de discerner la nature et la qualité de nombreuses substances.

II. — L'*odorat* collabore au goût, et les impressions éprouvées par ce sens mettent bientôt en état de reconnaître à distance les corps auxquels nous les devons.

III. — La *vue* donne la sensation de la *lumière*, d'où dérive la sensation des *couleurs*. Elle fait connaître les surfaces (longueur et largeur). Quant à la troisième dimension des corps, qui achève de donner leur forme, et à la distance qui les sépare de l'observateur, cette notion serait due aux perceptions combinées de la vue et du toucher ainsi que semblent le prouver les observations et expériences faites sur des aveugles-nés opérés de la cataracte.

IV. — L'*ouïe* donne la sensation du son, et, dans le son même, permet de discerner la qualité, l'intensité, le volume, la tonalité et le timbre. L'ouïe perçoit les rapports musicaux. Enfin, grâce aux associations des sons avec les impressions soit de la vue soit du toucher, elle peut nous suggérer la nature des corps sonores, la direction dans laquelle ils se meuvent, et leur distance par rapport à l'observateur. A la simple audition, il est facile, par exemple, de distinguer si un son part d'un instrument à corde ou d'un instrument à vent; pendant la nuit, le son des cloches suffit parfois à orienter le voyageur.

V. — Le *toucher*, qui réside à la surface de presque tout le corps, mais principalement dans les doigts de la main, nous fait apprécier la forme et les dimensions des objets, leur température, leur densité, etc.

VI. — On a voulu discerner d'avec le toucher le *sens musculaire* qui nous donne l'impression de la force et des mouvements dont nos membres sont susceptibles, qu'il s'agisse d'un fardeau à soulever ou d'une résistance à vaincre.

VII. — Le *sens vital*, admis par certains psychologues comme un sens spécial, nous donne la sensation des fonctions organiques : respiration, digestion, circulation, etc. il nous avertit aussi des lésions et des désordres qui se produisent dans nos organes ; par exemple la déchirure des tissus, la colique, etc.

VIII. — L'action des divers sens est rarement isolée. Très souvent, au contraire, ils s'associent. Avant de manger d'un mets inconnu ou suspect, on l'approche des narines, on le goûte ; pour apprécier la qualité d'une étoffe, on la palpe, on l'examine.

Les sens peuvent se suppléer les uns les autres. Chez les aveugles, le toucher remplace la vue ; les sourds-muets sont excellents physionomistes ; ils devinent par le regard les pensées et les sentiments d'autrui. Mieux encore ils arrivent à lire, au mouvement des lèvres, la parole de qui s'adresse à eux.

IX. — Un bâton droit paraît courbé dans l'eau ; les objets vus à distance semblent petits : ces erreurs doivent-elles être attribuées aux sens ? Non, c'est nous qui commettons la faute de mal interpréter nos sensations. Les erreurs des sens ne sont, en réalité, que des erreurs de jugement.

DIXIÈME LEÇON

LA MÉMOIRE

SOMMAIRE. — I. Rôle de la mémoire. Le souvenir. — II. Circonstances qui favorisent la mémoire. — III. Phénomène de l'association.

I. — Les impressions reçues par la conscience, les perceptions éprouvées par l'intermédiaire des sens, les notions perçues par l'entendement, peuvent être conservées par la *mémoire* et reparaître devant l'esprit à l'état de *souvenirs*.

Les souvenirs sont spontanés ou volontaires, c'est-à-dire que les idées tantôt reviennent d'elles-mêmes, tantôt sont évoquées.

Exemples : nous pensons spontanément à une personne rencontrée jadis ; l'écolier, en fouillant sa mémoire, retrouve une date historique.

II. — La mémoire est d'autant plus fidèle que les impressions reçues ont été plus vives ou plus répétées : l'enfant se rappellera longtemps sa première soirée au théâtre ; à force de relire une poésie, il la saura par cœur. L'attention, par le fait de rendre plus vive l'impression de l'esprit, devient ainsi une condition essentielle pour graver dans la mémoire les notions que nous voulons acquérir : l'écolier inattentif, oublie les leçons de son maître, à peine entendues.

III. — Il est un phénomène qui tient à la mémoire d'aussi près que possible et dans lequel certaines écoles philosophiques modernes ont voulu voir le fait initial de toute vie mentale : l'*association*. Les idées et les sentiments ne sont pas simplement juxtaposés dans la mémoire ; ils forment des groupes suivant certaines lois ou affinités. Or il suffit qu'une idée s'éveille ou soit provoquée à s'éveiller pour que les autres idées du même groupe se présentent en même temps qu'elle.

Les associations obéissent à deux principales lois : la loi de *contiguïté* et la loi de *ressemblance*.

On distingue la contiguïté dans le temps et la contiguïté dans l'espace. Le souvenir de Henri IV évoque celui de Sully ; le Louvre fait penser aux Tuileries. Exemples d'association par ressemblance : la copie fait penser à l'original : la colonne Vendôme rappelle la colonne Trajane. En outre des associations naturelles, l'homme s'en forme d'artificielles : le paysan qui va au marché, s'il se défie de sa mémoire, fera autant de nœuds à son mouchoir qu'il a de commissions à faire.

ONZIÈME LEÇON

L'IMAGINATION

Sommaire. — I. Les réminiscences. — II. L'imagination reproductrice. — III. Rêve, rêverie, hallucination. — IV. Imagination créatrice. Son rôle.

I. — Les impressions que nous avons éprouvées, les notions que nous avons acquises reparaissent souvent en nous à notre insu et sans que nous les reconnaissions. Ainsi le compositeur musical développera dans ses mélodies un motif qu'il croit lui appartenir et dont peut-être il est redevable à quelqu'un des maîtres qu'il a entendus; l'écolier, sans s'en rendre compte, mettra dans ses compositions des idées et des tours de phrase qu'il a rencontrés dans ses lectures. Ce sont là des *réminiscences*, c'est-à-dire des faits qui, si nouveaux qu'ils nous semblent, n'en relèvent pas moins de notre mémoire.

II. — Lorsque nos souvenirs ou nos réminiscences prennent devant notre esprit une force, une vivacité, un éclat particuliers, la faculté qui nous les fournit, prend un autre nom que celui de mémoire et s'appelle l'*imagination reproductrice* ou *représentative*.

III. — Pendant le sommeil, l'imagination continue à s'exercer, tandis que les autres fonctions sont suspendues. Alors se produit le *rêve*.

Il y a aussi le rêve de la personne éveillée, qui abandonne l'imagination à ses caprices. L'imagination construit comme l'on dit: « des châteaux en Espagne. » Ici nous avons affaire à la *rêverie*.

Enfin certains troubles cérébraux, sont accompagnés d'*hallucinations*. Le malade voit, touche et entend des personnages imaginaires qui agissent, parlent, se meuvent pour lui seul.

IV. — L'imagination, on le voit déjà dans ces cas pathologiques, ne se contente pas de jouer un rôle représentatif. Elle a le pouvoir de combiner les images et les idées pour en former de nouvelles : elle est alors *créatrice*.

Sous cette forme, elle joue également un rôle considérable dans la vie : elle contribue à notre bonheur, en nous faisant voir les personnes et les événements sous un aspect agréable ; elle inspire l'ouvrier désireux de perfectionner son travail, l'architecte en quête de plans ; elle propose un idéal à l'artiste et au poète ; enfin elle suggère au savant des hypothèses qui le mettent sur le chemin de la découverte.

Mais l'imagination a aussi des dangers. Par exemple, elle peut conduire à l'erreur par des conceptions chimériques, elle favorise l'esprit d'aventure, elle portera un homme au désespoir en lui exagérant ses malheurs. Elle a besoin d'être contenue et éclairée par la raison.

DOUZIÈME LEÇON

ATTENTION — ABSTRACTION GÉNÉRALISATION

Sommaire. — I. L'attention et ses diverses formes. — II. L'abstraction. — III. La généralisation. — IV. Classification: espèce, genre.

I. — L'*attention* n'est pas, à proprement parler une faculté. Elle n'est autre chose que l'esprit lui-même concentrant son activité sur les objets qu'il considère. Elle est indispensable à toute opération mentale, si simple soit elle ; à plus forte raison est-elle requise pour tout travail soutenu. L'écolier distrait ne retient rien de ce qui se fait dans sa classe ; Archimède, tout entier à ses calculs, ne voyait ni n'entendait le soldat romain prêt à le frapper.

L'attention prend différentes formes et différents noms : lorsqu'elle se porte sur les objets, on l'appelle *observation ;* lorsqu'elle se concentre sur l'âme elle-même pour l'étudier, ou qu'elle vise à découvrir les rapports et les lois des faits, on la nomme la *réflexion*. La *méditation* est une réflexion prolongée. Par la *contention*, l'esprit rassemble avec un redoublement d'énergie ses forces sur un point : cet état implique un grand effort.

II. — Grâce à l'attention nous possédons les matériaux que des facultés spéciales s'appliqueront à élaborer.

L'*abstraction* nous permet de séparer par la pensée ce qui est inséparable en réalité. Par exemple, nous pouvons, dans un objet, détacher l'un de ses attributs et le considérer isolément. Ainsi, dans ce jugement : *Pierre est bon,* on peut détacher l'idée de *bonté* et l'étudier en elle-même.

Dans cet autre jugement : *le soleil est brillant*, il est également possible d'abandonner l'idée de *soleil* pour ne s'occuper que de sa *qualité lumineuse*. Quand un attribut est ainsi étudié à part de l'être qui le revêt, il donne lieu à ce que l'on nomme une *idée abstraite :* ainsi la *blancheur*, la *petitesse*, la *bonté*, l'*éclat*.

III. — L'abstraction conduit à la *généralisation* qui consiste à réunir dans une même idée, tous les objets semblables, abstraction faite des caractères différents. Le botaniste a remarqué dans une fleur les pétales en forme de croix ; il retient ce seul caractère, puis il le recherche dans d'autres plantes, bien qu'elles soient différentes à d'autres égards, et il forme la famille des *crucifères :* voilà une généralisation.

L'homme fait un grand usage de la généralisation, toujours précédée de l'abstraction. Les classifications dans les sciences et tous les noms communs dans une langue sont le résultat de généralisations.

IV. — Une généralisation peut elle-même être comprise dans une généralisation plus étendue. Ainsi, pour classer les animaux on s'est élevé de l'individu à l'espèce qui est déjà une généralisation, de l'espèce à la famille, de la famille à la tribu, etc. ; jusqu'à l'embranchement et au règne animal.

On a besoin d'autant de termes qu'il y a de degrés dans la généralisation ; mais il est deux de ces termes qui ont une importance plus spéciale : c'est le *genre*, puis, dans le genre, l'*espèce*.

TREIZIÈME LEÇON

LE JUGEMENT

Sommaire. — I. Le jugement et la proposition. — II. Le sens commun et le bon sens. — III. Diverses sortes de jugements.

I. — Le jugement est l'acte par lequel l'esprit affirme d'un sujet un attribut. Quand je dis : le *granit est dur*, j'affirme que la dureté est une qualité inhérente à une substance appelée granit.

Le jugement est une opération de l'esprit ; mais pour être exprimé, il doit prendre la forme d'une *proposition*. La proposition est donc l'énonciation d'un jugement.

II. — La faculté de juger avec rectitude est fréquemment appelée *sens commun* et *bon sens*. Ces expressions sont généralement considérées comme équivalentes. Néanmoins elles doivent être distinguées ; le sens commun est la faculté ordinaire de juger, commune à tous les hommes, hormis les fous, les idiots, les enfants en bas âge ; tandis que le bon sens est plutôt la qualité de celui qui, naturellement et comme d'instinct, juge où est la vérité, quel est l'utile, ce que commande le devoir.

III. — Les jugements ont été classés en diverses catégories : affirmatifs ou négatifs (en réalité ils sont tous affirmatifs, puisque nier d'un sujet un attribut c'est affirmer que cet attribut ne convient pas à ce sujet), existentiels ou attributifs ; synthétiques ou analytiques ; nécessaires ou contingents ; généraux ou particuliers ; intuitifs ou discursifs.

Retenons cette dernière catégorie.

Lorsque la vérité ou connaissance est immédiatement saisie par l'entendement, on dit qu'elle est *intuitive* ; le mot intuition désigne la vision, c'est-à-dire la perception directe que prend l'esprit d'un objet ou d'une vérité. Ainsi je puis dire immédiatement : *la neige est blanche, le calomniateur est un méchant*. Voilà des jugements intuitifs.

Mais la vérité n'est pas toujours saisie immédiatement. Pour la formuler, il faut souvent employer d'autres jugements qui servent de moyens termes, il faut *discourir*. On ne voit pas tout de suite, par exemple, que les *trois angles d'un triangle valent deux angles droits*. Dans ce cas, les jugements sont discursifs et ils nécessitent une nouvelle opération intellectuelle appelée *raisonnement*.

QUATORZIÈME LEÇON

LE RAISONNEMENT

Sommaire. — I. Le raisonnement. — II. La déduction. — III. L'induction et l'analogie.

I. — Le *raisonnement* est une opération complexe de l'esprit, opération qui consiste à passer d'un certain nombre de vérités admises à une vérité dernière, dite conclusion. En d'autres termes, le raisonnement est un jugement composé, qui est constitué par une série de jugements liés les uns aux autres.

II. — Lorsque le point de départ est une vérité générale et le point d'arrivée une vérité moins générale comprise dans la première, le raisonnement est *déductif*. Par exemple, pour démontrer ce théorème que les trois angles d'un triangle valent deux droits, on s'appuie sur ces vérités générales : égalité des angles correspondants formés par une sécante qui coupe deux parallèles; égalité des angles alternes-internes; équivalence des angles formés autour d'un point, du même côté d'une droite, à deux angles droits.

La forme régulière du raisonnement déductif prend le nom de *syllogisme*.

III. — Au contraire, lorsque le raisonnement a pour point de départ une ou plusieurs vérités particulières, et qu'il aboutit à une vérité générale, on l'appelle *inductif*. Ainsi, pour démontrer cette vérité générale : *l'air est pesant*, Pascal a fait de nombreuses expériences, c'est-à-dire vérifié à maintes reprises le même fait, à Paris, à Clermont et sur le Puy-de-Dôme. Mais ces expériences, si nombreuses fussent-elles, n'étaient que quelques expériences, accomplies en certains lieux déterminés; au lieu que les lois de la pesanteur de l'air sont applicables à tous les lieux et à tous les temps.

On raisonne aussi par *analogie* quand on conclut d'une ressemblance partielle à une ressemblance totale. Exemple (celui même que donne Kant) : certaines planètes sont physiquement constituées comme la nôtre, il n'est donc pas improbable que, comme la nôtre aussi, elles soient habitées.

QUINZIÈME LEÇON

LA RAISON

Sommaire. — I. Sens usuel de ce mot. — II. La raison pure. — III. Les lois de l'esprit. — IV. Les notions premières. — V. Les vérités premières.

I. — La raison, selon le langage ordinaire, est la faculté maîtresse qui nous dirige dans la vie. C'est une faculté essentiellement *pratique*, que ne possèdent ni les animaux, gouvernés qu'ils sont par leurs instincts, ni les fous, dont l'esprit est déséquilibré, ni même les hommes absolument asservis par la passion.

Souvent encore, on entend par *raison* la faculté de *comprendre*, opposée à l'intelligence ou faculté de *connaître*.

II. — Mais ce mot est employé par les philosophes dans un sens plus élevé. Il désigne la faculté que l'homme possède de concevoir des principes universels, des notions et des vérités premières, des lois nécessaires, auxquelles se subordonneront toutes nos connaissances particulières. Il s'agit alors de la *raison pure ou théorique*.

III. — Les écoles philosophiques ont fréquemment différé sur le nombre des principes premiers. On peut en distinguer deux :

1° Le *principe d'identité* qui préside aux sciences abstraites, et dont le principe, dit de *contradiction*, n'est qu'une forme dérivée : ce qui est A est A ;

2° Le *principe de causalité*, qui préside aux sciences de la nature : rien n'arrive sans une cause.

Peut-être, enfin, faudrait-il, avec Leibnitz, admettre le *principe de raison suffisante :* tout à sa raison d'être ainsi et non autrement.

IV. — La raison nous fournit aussi les *notions premières*. Les philosophes ont discuté sur la question de savoir, si ces notions sont *innées* ou si elles sont le résultat de l'expérience. Une chose est certaine, c'est que ces notions apparaissent *les premières* dans la vie de l'homme, et qu'il n'y a pas de démarche de l'intelligence qui ne les suppose.

Les principales sont : les notions de temps, d'espace, de nombre, de substance, de mouvement, d'infini, de perfection.

Les notions premières servent de fondement à toutes les sciences. Ainsi, l'arithmétique repose sur les notions de nombre et de quantité. La géométrie sur la notion de l'espace, la chimie sur la notion de substance, la morale sur la notion du bien, etc.

V. — Les *vérités premières* se fondent sur les notions premières ; ce sont des jugements nécessaires. Exemples : en mathématique, les axiomes ; *le tout est plus grand que la partie ;* en morale, cette suprême loi : *fais ton devoir.*

SEIZIÈME LEÇON

LE LANGAGE

SOMMAIRE. — I. Les signes naturels. — II. Les signes artificiels. Le langage. — III. Le langage et la pensée. — IV. Services rendus par le langage.

I. — Les états de conscience se traduisent au dehors, d'abord par des signes, tels que les cris, gestes, les attitudes et le jeu de la physionomie. Les enfants et même les animaux pratiquent à merveille, et sans l'avoir appris, ce langage naturel : c'est un instinct.

II. — Mais ces signes n'eussent pas suffi à l'homme pour exprimer ses idées et ses sentiments. Il s'est, petit à petit, et au cours de siècles dont nous ne pouvons mesurer le nombre, composé ces systèmes de signes artificiels, oraux, puis écrits, que l'on nomme *langages*. Selon certaines hypothèses, les riches idiomes des peuples civilisés auraient leur origine dans des interjections et des onomatopées, signes naturels qui constituaient tout le langage vocal et articulé des peuples primitifs. — Les enfants apprennent la langue maternelle par imitation : pour eux, elle est naturelle.

III. — Le langage est si intimement lié à la pensée, que nous en avons besoin, non seulement pour communiquer avec autrui, mais encore pour nous parler à nous-mêmes.

IV. — Le langage n'est pas seulement indispensable pour permettre à l'homme de communiquer avec ses semblables ; il rend encore à la pensée humaine d'inappréciables services, en lui permettant de généraliser, d'abstraire, et en fixant les idées dans la mémoire.

DIX-SEPTIÈME LEÇON

LA VOLONTÉ ET LA LIBERTÉ

SOMMAIRE. — I. Activité réfléchie. — II. Analyse de l'acte volontaire. — III. L'intention. — IV. Le désir et l'amour dans leurs rapports avec la volonté. — V. La liberté.

I. — L'homme accomplit des actes inconscients, nous l'avons vu à propos de l'activité physique ; mais il en accomplit d'autres qui ont été réfléchis dans leurs fins et leurs moyens, qui ont été discutés, puis résolus, et cela en vertu d'un pouvoir appelé *volonté*.

II. — On distingue plusieurs phases dans l'acte volontaire :

1° La *conception* de l'acte. — Pierre prêtera-t-il de l'argent à Paul ?

2° La *délibération*, c'est-à-dire l'examen des *motifs* (fournis par la raison) et des mobiles (fournis par la sensibilité), qui militent *pour* ou *contre* l'acte projeté. — Motif favorable : Paul est honnête et solvable, par suite, le placement de l'argent serait sûr ; — motif défavorable : si Pierre prête son argent, il ne pourra pas acheter une pièce de terre qui complèterait une belle propriété. Mobile favorable : Paul est un ami, Pierre serait heureux de l'obliger ; mobile défavorable : Pierre n'aime pas à prêter et il lui est désagréable de voir, même momentanément, diminuer sa petite épargne ;

3° La *résolution :* après délibération, Pierre décide de rendre à son ami le service que celui-ci lui demande ;

4° L'*exécution :* Pierre prête l'argent.

III. — Remarquons qu'une force majeure peut intervenir pour empêcher l'exécution : Si Pierre a été volé, il ne pourra pas, malgré son intention formelle, prêter de l'argent à Paul. L'acte volontaire n'en aura pas moins eu lieu. Au point de vue moral « l'intention vaut le fait ». Il n'en serait pas de même si Pierre s'en était tenu à une intention flottante ; ce ne serait là qu'une velléité, à laquelle manquerait l'effort qui caractérise la résolution.

IV. — Il ne faut pas non plus confondre le désir et l'amour avec la volonté : le désir a un domaine plus étendu que la volonté ; on peut désirer l'irréalisable, et l'on ne veut, à proprement parler, que le possible ; d'autre part, la volonté se trouve quelquefois en opposition avec le sentiment, par exemple, lorsque l'homme applique sa volonté à combattre ses passions. Mais le désir et l'amour peuvent être les auxiliaires de la volonté : on est très fort pour vouloir et réaliser ce que déjà l'on aime et désire.

V. — La volonté ne saurait réellement exister sans la *liberté*. La liberté est elle-même la condition fondamentale de toute responsabilité, de tout devoir, de toute sanction. Sur la notion de liberté repose la morale.

DIX-HUITIÈME LEÇON

L'HABITUDE

Sommaire. — I. L'habitude et son domaine. — II. Comment se forment les habitudes. — III. Effets de l'habitude. — IV. Limites de l'habitude. — V. L'habitude supprime-t-elle la volonté ?

I. — Nous connaissons déjà les habitudes corporelles, c'est-à-dire ceux de nos actes qui ont été voulus et appris, et qui sont devenus en nous comme une « seconde nature ».

Mais, à vrai dire, l'habitude a un domaine plus étendu ; elle exerce son empire sur l'intelligence, sur la sensibilité et sur la volonté elle-même.

II. — Les habitudes, nous le savons, se forment par la répétition des actes : c'est grâce au retour multiplié des mêmes états de conscience que la mémoire les garde fidèlement, et a pu être appelée l'habitude de l'intelligence.

Les habitudes se forment aussi par la continuité des mêmes actes, ou grâce à l'énergie d'attention dépensée à les accomplir.

III. — Malebranche a fait cette remarque que, si les actes produisent les habitudes, celles-ci, à leur tour, produisent les actes : l'habitude de boire exerce tyranniquement son empire sur l'ivrogne. « Qui fut premier, dit plaisamment Rabelais, boisson ou beuverie ? »

Autres effets de l'habitude :

Elle émousse la sensibilité : le chimiste n'est pas incommodé par les odeurs de son laboratoire.

Elle affine l'activité : on connaît la merveilleuse dextérité du pianiste, du télégraphiste, du compositeur en imprimerie.

Enfin, elle contribue à former les talents, en développant les facultés dans le sens de ces talents. Ainsi le peintre devient très habile à retenir, puis à reproduire les formes et les couleurs.

IV. — Si puissante que soit l'habitude, elle a des limites : L'acrobate ne peut pas indéfiniment augmenter la hauteur de ses sauts, parce que cette habitude est bien vite tenue en échec par une loi physique, la loi de la pesanteur.

V. — L'habitude, en rendant l'effort moins nécessaire, en transformant les actes volontaires en actes instinctifs, n'est-elle pas un danger pour l'existence même de la liberté ? « Non, répond M. Janet, l'habitude d'agir ne supprime pas plus la volonté que l'habitude de penser ne supprime la pensée. »

DIX-NEUVIÈME LEÇON

CONCLUSIONS DE LA PSYCHOLOGIE
DOUBLE NATURE DE L'HOMME

Sommaire. — I. L'âme et le corps. — II. La vie animale et la vie intellectuelle et morale.

Les études qui précèdent et qui nous ont permis de soumettre à l'analyse nos diverses facultés avec leurs multiples opérations, nous autorisent à poser les conclusions suivantes :

I. — L'observation de l'homme, par lui-même, lui révèle deux ordres de phénomènes : les uns qui tombent sous les sens, les autres qui ne sont saisis que par la conscience.

Ces deux ordres de faits, bien que coexistant l'un avec l'autre, dans la vie présente, sont dissemblables au point de nous paraître absolument irréductibles l'un à l'autre.

Les premiers se développent dans l'étendue, sont susceptibles de mesure, peuvent se diviser, s'agréger, se désagréger. Nous les rapportons à la matière, et nous les appelons *corporels*.

Les seconds se succèdent dans le temps, sont étrangers à

l'espace, indivisibles et réfractaires à toute juxtaposition ou fractionnement. Nous les rapportons à un principe absolument distinct de la matière, et nous les appelons *spirituels*.

D'où la distinction entre l'âme et le corps.

II. — Ce sont les phénomènes spirituels, dont l'ensemble constitue ce que l'on nomme le *moi*. « Je suis une chose qui pense, disait Descartes. »

Toutefois, les phénomènes que nous rapportons à notre corps, sont unis aux premiers par d'étroites relations de mutuelle dépendance. « L'homme, suivant une célèbre parole, est une intelligence servie par des organes. »

Le libre jeu des fonctions organiques, l'intégrité du corps assureront le maintien de la vie animale, sans laquelle la vie supérieure de l'homme serait elle-même suspendue.

Cette vie supérieure est proprement spirituelle et morale. C'est-à-dire que si l'homme est un corps qui se meut, se nourrit, respire; il est aussi, il est surtout une âme qui pense et qui veut. L'œuvre de sa pensée constitue la science; les lois qui régissent sa volonté composent la morale. Mais vouloir et pensée sont liés étroitement. Point de liberté sans intelligence; sans la pensée, le mot devoir serait une expression vide.

« Apprenons à bien penser, a dit l'un des plus profonds penseurs français, voilà le commencement de la morale. »

DEUXIÈME PARTIE

APPLICATION DES NOTIONS

DE PSYCHOLOGIE A L'ÉDUCATION

VINGTIÈME LEÇON

NOTIONS PRÉLIMINAIRES

Sommaire. — I. Pédagogie et éducation. — II. Rôles de la nature et de l'éducateur. — III. Divisions de l'éducation.

1. — La *pédagogie* (de deux mots grecs qui signifient : direction, conduite de l'enfant) est à la fois la science et l'art de l'éducation.

C'est une science dont les principes reposent sur une connaissance exacte de la nature humaine. C'est aussi un art qui enseigne, d'après ces principes, les règles à suivre dans la pratique de l'éducation.

L'*éducation* a été l'objet de nombreuses définitions.

M. Compayré les résume de la façon suivante : « L'éducation est l'ensemble des efforts réfléchis par lesquels on aide la nature dans le développement des facultés physiques, intellectuelles et morales de l'homme, en vue de sa perfection, de son bonheur et de sa destination sociale [1]. »

II. — Cette heureuse définition rappelle que les facultés de l'homme sont éminemment actives et se développent d'elles-mêmes suivant les milieux où l'enfant vit. Telle est l'éducation *spontanée* ou *naturelle*.

Mais cette éducation, toute négative, ne suffit pas pour faire un homme moral, sociable et civilisé. Les facultés ont besoin d'être fortifiées ou contenues, puis dirigées dans leurs applications. Telle sera précisément l'œuvre de l'éducation réfléchie ou *rationnelle*.

III. — Les distinctions faites par les psychologues entre les divers modes de l'existence individuelle permettent de diviser l'éducation en trois parties : 1° *éducation physique*, ayant le corps pour objet ; 2° *éducation intellectuelle* se rapportant aux facultés pensantes ; 3° *éducation morale* portant sur les inclinations et la volonté.

---

[1]. *Cours théorique et pratique de pédagogie.* Delaplane, éditeur.

I

ÉDUCATION PHYSIQUE

VINGT-UNIÈME LEÇON

OBJET ET PROGRAMME DE L'ÉDUCATION PHYSIQUE

Sommaire. — I. Importance de l'éducation physique. — II. Programme de l'éducation physique.

I. — L'éducation physique vise à maintenir la vie corporelle, dont le libre jeu, l'harmonieux développement se traduiront par cet état de bien-être organique que l'on nomme la *santé*. Elle contribue au bonheur, en prévenant les maladies, en assurant le bon fonctionnement des organes ; elle donne au travailleur des instruments naturels excellents, pour l'exercice de son métier. Enfin le bien-être du corps intéresse le bien-être de l'esprit : si le corps souffre, l'âme s'en ressent et n'est plus que malaisément capable de grands efforts.

Toute l'éducation doit tendre vers la réalisation du vieil adage : « une âme saine dans un corps sain ».

II. — Nous comprendrons dans l'éducation physique : 1º la gymnastique naturelle, c'est-à-dire les mouvements et les jeux ; 2º la gymnastique régulière ; 3º la pratique et l'enseignement de l'hygiène et de la médecine usuelle.

La culture des sens et le travail manuel figureront dans l'éducation intellectuelle.

VINGT-DEUXIÈME LEÇON

EXERCICES CORPORELS

Sommaire. — I. Mouvements dans l'école. — II. Récréations. — III. Jeux. — IV. Gymnastique.

I. — Le mouvement répond à un besoin physiologique ; c'est ce qui explique la turbulence des enfants. L'immobilité les rendrait malheureux et arrêterait leur développement physique. Il importe donc de satisfaire ce besoin dans l'école même par des mouvements rythmés et par des marches accompagnées de chants. Les leçons qui demandent le silence et le recueillement ne devront pas être trop prolongées. Le règlement scolaire a, du reste, pourvu au besoin de mouvement, en prescrivant une sortie d'un quart d'heure au milieu de chaque séance.

II. — Un zèle imprudent n'entraînera pas l'instituteur à allonger les classes au détriment des récréations. Il évitera autant qu'il le pourra les punitions sous forme de retenues. Il surveillera les récréations, pour assurer la bonne tenue des enfants, prévenir leurs imprudences et stimuler leur ardeur au jeu. Son attention se portera surtout sur les enfants indolents, qui resteraient volontiers à l'écart. Il les obligera à prendre part au mouvement général.

III. — On proscrira les jeux qui immobilisent le corps, qui réclameraient des calculs, des combinaisons trop laborieuses, et nuiraient ainsi à la détente des facultés mentales. On recommandera au contraire les jeux qui nécessitent du mouvement, de la force, de l'adresse, par exemple les jeux que signale M. Daryl dans la *Renaissance physique*. L'habileté de l'instituteur consistera à entraîner les écoliers sans s'imposer, ni paraître imposer les exercices qui, à juste titre, ont ses préférences.

IV. — La gymnastique naturelle est peut-être la meilleure : mais elle ne doit pas faire tort à la gymnastique régulière. Celle-ci développe la force musculaire, donne du jeu aux organes, de la grâce et de l'aisance au maintien, du courage et du sang-froid devant le danger ; enfin elle contribue à l'ordre et à la discipline.

VINGT-TROISIÈME LEÇON

HYGIÈNE SCOLAIRE

Sommaire. — I. Bâtiments et mobilier. — II. Chauffage, éclairage et aération. — III. Propreté. — IV Médecine et pharmacie usuelles. — V. Conseils sur l'hygiène.

1. — L'instituteur étudiera les règlements concernant la construction des bâtiments scolaires et la confection du matériel destiné aux écoles, afin d'être en mesure de donner, s'il y a lieu, son avis sur les projets qui se préparent sous ses yeux ; afin surtout d'observer les règlements dont nous donnerons plus loin les prescriptions essentielles.

Il veillera au maintien des enfants, quand ils lisent et écrivent. Beaucoup de myopies et de déviations de la taille sont dues au manque de surveillance des maîtres et maîtresses.

II. — En hiver, la température des salles ne descendra pas au-dessous de 10 degrés et ne s'élèvera pas au-dessus de 18 degrés. Il y aura constamment de l'eau en évaporation sur les poêles. Des précautions seront prises pour éviter des accidents auprès des poêles et des cheminées.

Les enfants ne porteront, dans la salle de classe, ni foulards, ni manteaux ; mais ils se couvriront au moment où ils quitteront la classe pour pénétrer dans l'air froid du dehors.

En été, la salle sera garantie contre la trop grande lumière par des rideaux foncés, et contre la chaleur excessive, par de fréquents arrosages.

Les tables seront disposées de manière à faire tomber la lumière du côté gauche de l'élève. Le soir, la lumière sera abondante, mais la flamme ne frappera pas directement les yeux.

Indépendamment de l'aération par des appareils spéciaux, on aura soin de tenir ouvertes les portes et les fenêtres des salles de classes pendant les récréations.

III. — La propreté des enfants sera l'objet constant de la surveillance du maître. Matin et soir on passera en revue leur toilette : mains, figure, cou, oreilles, etc. Il y aura de l'eau à proximité de l'école. On exigera que les cheveux soient taillés court. On obtiendra des parents, avec des précautions pour ne point froisser leur amour-propre ou humilier leur pauvreté, que les vêtements soient propres et raccommodés.

IV.—L'instituteur n'aura assurément pas à se substituer au médecin ; mais il devra pouvoir remédier aux menus accidents ; saignements de nez, coupures, foulures, brûlures, piqûres d'insectes, etc. En cas d'accidents graves, tels que fractures, hémorragies intenses, asphyxie, morsures dangereuses, etc., il devra savoir donner des soins intelligents, en attendant l'arrivée du médecin. Il est à désirer que chaque école soit pourvue d'une petite pharmacie, composée de remèdes connus, pouvant être administrés sans danger.

L'instituteur saura également reconnaître les symptômes des maladies pernicieuses. Les enfants malades seront conduits dans leurs familles, accompagnés par un camarade ou une personne sûre. En cas de maladie contagieuse, ils ne rentreront à l'école qu'après guérison complète et certifiée.

V. — Donner de bonnes habitudes aux écoliers sous le rapport hygiénique, c'est beaucoup ; mais l'instituteur peut faire plus encore : il pratiquera l'hygiène pour son compte, afin de prêcher d'exemple ; de plus, il en fera l'objet de maints entretiens à l'école. Ces conseils, répétés dans les familles, produiront à la longue des résultats.

11

ÉDUCATION INTELLECTUELLE

VINGT-QUATRIÈME LEÇON

CONSIDÉRATIONS GÉNÉRALES

Sommaire. — I. Les facultés intellectuelles aux divers âges. Ordre à suivre dans l'éducation. — II. Équilibre des facultés. — III. Mode général de culture des facultés. Méthode active. — IV. Applications des facultés intellectuelles aux divers ordres de connaissances.

I. — Le développement naturel des facultés n'est pas *successif*, comme le supposait Rousseau : il est *simultané*. L'enfant les possède toutes dès l'âge le plus tendre. Néanmoins elles ne progressent pas d'une manière égale. Les facultés d'acquisition ont d'abord le pas ; puis viennent les facultés d'élaboration, et enfin le jugement et la raison. Cet ordre naturel est une indication pour l'action éducatrice de l'instituteur.

II. — Jacotot émettait un paradoxe quand il disait que « toutes les intelligences sont égales. » Mais, hors les cas morbides, il est très vrai que toutes sont susceptibles de culture et de progrès. L'instituteur ne cédera pas à la tentation trop commune de s'occuper des élèves à esprit prompt et ouvert, qui donnent tout de suite des satisfactions, et de délaisser les intelligences lentes, laborieuses et en apparence ingrates. Il ne se doit pas moins à ces dernières qu'aux autres.

Il ne faut pas développer outre mesure certaines facultés au détriment des autres. Toutes ont leur raison d'être et leur rôle à remplir. Elles doivent s'équilibrer et s'harmoniser. Cela n'empêchera pas de distinguer les aptitudes spéciales, qui sont des indices de vocation.

III. — Le grand et même unique mode de culture, quelle que soit la faculté en jeu, est l'*exercice*. Mais cette vérité s'applique surtout à l'intelligence. L'instituteur mettra à profit son enseignement et les divers incidents de la vie scolaire pour faire *agir* les facultés. Il emploiera la « méthode active » directement inspirée par la maxime de Plutarque : « L'âme n'est pas un vase qu'il faille remplir, mais un foyer qu'il faut réchauffer. »

Les gros obstacles qui rebuteraient l'enfant seront évités ; mais il ne faudrait point pour cela écarter toutes les difficultés, et « instruire l'enfant exclusivement en l'amusant. » Il ne s'habituerait pas à l'effort, sa volonté s'attarderait et ses facultés intellectuelles resteraient paresseuses.

IV. — L'enseignement a un double but : d'abord il donne des connaissances positives, utilisables dans la vie ; en outre, il fournit aux facultés l'occasion d'entrer en exercice.

Toutes les facultés interviennent dans n'importe quelle étude ; mais chaque branche des connaissances réclame plus spécialement certaines d'entre elles ; ainsi les mathématiques requièrent, avant tout, le raisonnement ; l'histoire a besoin de la mémoire et du jugement.

VINGT-CINQUIÈME LEÇON

ÉDUCATION DES SENS

Sommaire. — I. Rôle des sens. — II. La vue. — III. L'ouïe. — IV. Le toucher. — V. Le goût et l'odorat.

I. — Les sens sont, comme l'affirmait Malebranche, préposés à l'entretien et à la conservation de la vie physique : la vue, l'ouïe et le toucher nous guident pour éviter le péril et discerner ce qui nous est utile; le goût et l'odorat concourent à la nutrition.

Ce n'est pas tout : les sens sont encore des instruments de bonheur et de travail. La vue et l'ouïe sont des sens esthétiques qui nous font éprouver des jouissances raffinées. L'habileté manuelle est fort appréciée. Les sens doivent être très exercés pour certains emplois.

Enfin et surtout, les sens sont les pourvoyeurs de l'intelligence; ce n'est que par les sens que nous avons conscience de l'existence du monde extérieur qui nous environne.

Indiquons, pour chacun des sens, quelques exercices qui peuvent être facilement pratiqués à l'école.

II. — Culture de la *vue* : apprendre à distinguer les couleurs et les nuances dans les couleurs (disque de Newton, étoffes teintes, etc.); apprendre à évaluer les longueurs (ce qui s'appelle familièrement *mesurer de l'œil*); utiliser certains jeux, tels que le palet, les billes, le tir. L'éducation de l'œil se fera aussi par le dessin et le travail manuel.

III. — Culture de l'*ouïe*, principalement par la musique. Quand on conduit les enfants en excursion, on peut leur faire distinguer la nature des sons qu'ils entendent au loin, indiquer approximativement la direction des sons, et la distance à laquelle se trouvent les objets qui les ont produits.

IV. — Culture du *toucher* : par l'indication de la forme,

de la densité, de la température des corps; apprendre aux enfants à se diriger dans les ténèbres. Le dessin et le travail manuel sont des exercices très propres à cultiver ce sens.

V. — Le *goût* et l'*odorat* (car ces deux sens sont connexes) ont besoin d'être contenus et dirigés plutôt que développés. Ils conduisent facilement à l'intempérance. On donnera aux enfants une nourriture réglée et frugale; on les habituera à vaincre certaines répugnances non justifiées. On veillera aussi sur eux, pour qu'ils ne contractent pas de besoins factices, l'habitude prématurée du tabac, par exemple.

VINGT-SIXIÈME LEÇON

CULTURE DE L'ATTENTION

Sommaire. — I. L'attention chez l'enfant. — II. Comment cultiver l'attention? — III. L'esprit d'observation. — IV. Réflexion.

I. — Nous avons vu en psychologie que l'attention est nécessaire à toutes les opérations mentales. On peut donc dire que le succès de l'éducation d'un enfant dépendra beaucoup de la force de son attention.

Les moyens à employer pour cultiver l'attention doivent se déduire des caractères que présente l'attention enfantine. Or voici ce que l'expérience a établi : 1° L'attention subjugue l'enfant avant qu'il puisse en disposer lui-même, c'est-à-dire que les objets l'attirent d'abord et l'absorbent; plus tard seulement il sera capable de porter à volonté son attention, soit sur l'objet qu'il désire connaître, soit sur celui que son maître lui désigne; 2° l'abstraction lui répugne; 3° il est curieux; 4° son attention est mobile et réclame la variété; 5° elle dure peu.

II. — Moyens de culture :

Profiter de l'attrait que les objets exercent sur les enfants pour leur donner l'habitude de l'attention, et les amener à disposer de cette faculté pour s'appliquer avec plus de fruit aux objets qui leur sont soumis.

Présenter d'abord les choses concrètes ; faire usage des procédés intuitifs, et n'arriver que progressivement aux études abstraites.

Satisfaire la curiosité, qui est comme l'appétit de l'esprit, mais ne pas la rassasier trop vite ; la tenir au contraire en haleine, en obligeant l'enfant à chercher lui-même ce que sa curiosité désire.

Ne pas présenter à l'enfant plusieurs objets à la fois ; combattre en lui la distraction ; ranimer l'attention par la variété dans la forme des leçons, et par l'attrait que le maître zélé et capable saura y apporter.

Enfin, comme l'attention exige une grande dépense d'énergie cérébrale, ne pas faire de longues leçons, ni exiger de l'élève un travail personnel trop étendu. Il convient, d'autre part, de choisir, pour le faire travailler, les moments où son esprit est le plus dispos.

III. — L'esprit d'observation, c'est-à-dire l'attention alerte, apte à se porter sur les objets ambiants et à saisir toutes les particularités qu'ils présentent (esprit qui est proche parent de celui d'analyse), sera également cultivé chez l'enfant.

Pour cela, on l'invitera à tout voir, à tout examiner dans les excursions qu'on lui fera faire. Au retour d'une promenade ou d'une visite dans une usine ou un musée, on lui demandera de rendre compte de ce qu'il aura remarqué. Certaines études favorisent plus que les autres le goût de l'observation ; par exemple, les expériences en physique et chimie, les analyses et classifications en histoire naturelle.

IV. — Viendra le moment où il faudra s'occuper aussi de l'attention en dedans, de la réflexion. On la provoquera en obligeant l'écolier à ne pas répondre trop vite aux questions posées, à justifier tout ce qu'il dit ou écrit.

VINGT-SEPTIÈME LEÇON

CULTURE DE LA MÉMOIRE ET DE L'IMAGINATION

Sommaire. — I. La mémoire chez l'enfant. — II. Moyens de culture. — III. L'imagination chez l'enfant. — IV. Moyens de culture de l'imagination représentative. — V. Moyens de culture de l'imagination créatrice. — VI. Régime particulier pour certaines imaginations.

I. — La mémoire est, de toutes les facultés, celle qui offre le plus de prise à l'action de l'éducateur. La mémoire de l'enfant est facile et fidèle. Elle est si complaisante qu'on en a souvent abusé. Il ne faudrait point, par réaction, la négliger.

II. — Principaux moyens de culture :

Mettre à profit le phénomène de l'association naturelle; mais ne point recourir, sans nécessité, à l'association artificielle (mnémotechnie);

Faire usage des tableaux synoptiques et des notes écrites;

Employer les répétitions, revisions et récapitulations des cours;

Faire apprendre par cœur des morceaux choisis en vers et en prose, après avoir expliqué les textes;

En général, dans tous les exercices, s'adresser à l'entendement aussi bien qu'à la mémoire.

III. — Les contes et les histoires passionnent les enfants; ils parlent volontiers des spectacles qui les ont frappés. Ces faits prouvent qu'ils possèdent, à un haut degré, l'imagination représentative.

D'autre part, ils ont recours à toutes sortes de combinaisons dans leurs jeux; ils jouent entre eux à la comédie en se composant de petits scénarios à leur usage. Tout cela montre qu'ils ont aussi l'imagination inventive.

IV. — De même qu'il ne faut confier à la mémoire que

des notions qui en vaillent la peine, il ne faut fournir, à l'imagination, que des images bonnes et belles. Les récits et les lectures bien choisis, l'histoire présentée sous une forme animée, ne contribueront pas médiocrement à remplir cet office.

V. — Les exercices de composition française, le dessin où l'élève devra combiner des éléments donnés ; les jeux Frœbel à l'école maternelle, favorisent le développement de l'imagination créatrice.

VI. — Enfin, dans certains cas, il faudra recourir à des régimes particuliers. Ainsi les imaginations exaltées seront contenues par des études abstraites, celle des mathématiques, par exemple ; les imaginations paresseuses seront stimulées par la poésie, les récits d'aventures, etc. On imposera aux enfants portés à la rêverie des travaux qui réclament une attention un peu soutenue.

VINGT-HUITIÈME LEÇON

CULTURE DU JUGEMENT ET DU RAISONNEMENT

SOMMAIRE. — I. Réflexions sur l'éducation du jugement. — II. Le jugement chez l'enfant. — III. Culture du jugement. — IV. Le raisonnement chez l'enfant. — V. Culture du raisonnement. — VI. Culture de l'abstraction et de la généralisation.

I. — La sûreté du jugement, l'énergie de la volonté, et la délicatesse du sens moral constituent l'excellence et la dignité de l'homme. L'éducation du jugement est donc chose essentielle. Mais il faut remarquer que les pouvoirs de l'éducateur sont ici particulièrement limités : il ne peut, par exemple, donner le bon sens à ceux qui ne le possèdent pas. Tout ce qu'il peut entreprendre, c'est de perfectionner les dons naturels.

II. — Les enfants formulent de bonne heure des jugements tout instinctifs ; ils ne sont capables de jugements réfléchis qu'à un âge assez avancé.

III. — Le rôle de l'éducateur sera d'abord négatif. Il se bornera à écarter les erreurs et les préjugés qui risqueraient de fausser les premiers jugements de l'enfant. Plus tard, quand celui-ci sera capable de réfléchir, on développera son jugement par l'exercice. Les occasions en sont fréquentes à l'école ; tous les enseignements s'y prêtent.

On combattra un défaut commun chez les enfants : la précipitation dans les jugements. Lorsqu'ils se tromperont, il ne faudra pas les rebuter en les reprenant d'une façon humiliante ; mais on les amènera à réfléchir, à découvrir d'eux-mêmes les causes de leurs erreurs, puis à rectifier leurs jugements.

IV. — C'est lorsqu'ils sont capables de jugement réfléchi qu'ils sont également capables de raisonnement, et que l'on peut commencer l'éducation de cette dernière faculté.

V. — L'éducation du jugement et du raisonnement se fera simultanément et avec les mêmes exercices. L'enfant induit volontiers, et cet exercice est celui qu'il pratique en premier lieu. L'étude expérimentale des sciences physiques et naturelles fournira ample matière aux exercices d'induction. La déduction aura son tour, et, pour cette forme de raisonnement, on s'adressera surtout aux sciences mathématiques.

Les erreurs du raisonnement, comme les erreurs du jugement, sont dues au défaut d'attention et de réflexion. Ainsi, dans un raisonnement, les écoliers omettent quelque vérité intermédiaire, et ils ne peuvent conclure, ou bien ils se lancent dans une voie qui les conduit à une absurdité. Lorsque cela leur arrive, il est bon de les laisser s'en apercevoir et revenir sur leurs pas ; on ne leur viendra en aide que lorsqu'ils seront dans l'impossibilité de se redresser eux-mêmes.

VI. — L'abstraction et la généralisation sont tellement liées aux facultés précédentes que tout ce qui contribuera au développement des unes, servira à l'éducation des autres. Nous ferons seulement remarquer que les analyses et les classifications bien conduites en histoire naturelle se prêtent excellemment aux exercices d'abstraction et de généralisation.

VINGT-NEUVIÈME LEÇON

LA MÉTHODE

Sommaire. — I. La méthode considérée au point de vue de l'acquisition des connaissances. Rôles de l'induction et de la déduction. — II. La méthode considérée au point de vue de la communication des connaissances. Les formes de l'enseignement. — III. Méthode expositive. — IV. Méthode interrogative. — V. Association des deux méthodes.

I. — Les deux grandes voies que l'intelligence humaine suit pour atteindre la vérité sont *l'induction* et la *déduction*. Les hommes ont d'abord constaté des faits particuliers ; ils les ont étudiés et comparés, et, de ces faits, se sont élevés aux lois qui les gouvernent : ils ont *induit*. Une fois ces lois générales trouvées, ils en ont tiré les vérités particulières qui s'y trouvaient implicitement contenues : ils ont *déduit*.

II. — Cette double méthode employée par le savant, quand il procède à ses découvertes, nous la retrouvons chez le professeur instruisant ses élèves. Lorsqu'en physique, à l'aide de plusieurs expériences, il fait constater le phénomène de la dilatation, il se sert de l'induction ; lorsque, au contraire, en leçon de morale, il tire des règles de conduite de ce principe : « Traite les autres comme tu voudrais être traité par eux, » son enseignement est déductif.

On appelle encore *méthode* la forme donnée à l'enseignement. Ainsi, tantôt le maître parle, tandis que l'élève n'a qu'à écouter, comprendre et retenir : c'est la méthode *expositive* ; tantôt le maître pose des questions de façon à faire surgir dans la pensée de l'élève ce qu'il veut lui enseigner : c'est la méthode *interrogative* ou *socratique;* tantôt enfin, il emploie alternativement, dans une même leçon, l'une et l'autre méthode.

III. — La méthode expositive est surtout bonne pour le haut enseignement. A l'école primaire, on la prise moins parce qu'elle réduit l'enfant au rôle passif, favorise sa distraction et développe peu les facultés.

IV. — La méthode interrogative a la qualité contraire. Mais elle est lente ; de plus elle est bornée : il y a des choses que l'enfant doit apprendre et qu'on ne peut lui faire trouver de lui-même.

V. — L'instituteur est alors obligé de recourir à une méthode mixte, c'est-à-dire d'associer l'exposition à l'interrogation : les leçons en deviennent plus rapides, et plus variées.

TRENTIÈME LEÇON

PROCÉDÉS GÉNÉRAUX D'ENSEIGNEMENT

SOMMAIRE. — I. Ce qui distingue le procédé de la méthode. — II. Procédés intuitifs. — III. Leçons de choses. — IV. Exercices oraux. — V. Devoirs écrits.

I. — Les méthodes sont accompagnées de procédés qui leur viennent en aide, mais n'en font pas nécessairement partie. Chaque maître a lui-même ses procédés de prédilection. Nous allons passer en revue les plus généraux.

II. — Les *procédés intuitifs* ont pour but de hâter l'intuition, c'est-à-dire l'appréhension directe des choses enseignées. Dans la pratique de l'éducation, on désigne le plus communément de ce nom les moyens matériels employés pour favoriser l'intuition sensible. Ainsi, placer sous les yeux des enfants les objets dont on leur parle ou les images de ces objets, tracer des figures au tableau noir, employer les cartes géographiques, le boulier-compteur, le compendium métrique, faire des expériences, etc., c'est recourir à des procédés intuitifs.

Les procédés intuitifs sont très utiles, surtout avec les jeunes élèves ; mais il ne faudrait pas les employer exclusivement, parce que l'élève deviendrait inhabile à concevoir les idées abstraites.

III. — Les procédés intuitifs ont trouvé surtout leur application dans les *leçons de choses*, qui, à une certaine époque, ont été très recommandées. On se proposait de cultiver l'intelligence en prenant pour point de départ l'enrichissement des facultés perceptives.

Depuis que les programmes de 1882 ont été mis en vigueur, il n'a plus été nécessaire de réserver aux leçons de choses un jour et une heure dans l'emploi du temps scolaire ; elles se confondent avec l'enseignement des sciences physiques et naturelles. D'ailleurs, un enseignement concret bien compris n'est-il pas un enseignement permanent sur les choses, et un exercice non moins constant des facultés à l'aide des choses ?

IV. — Quelle que soit la méthode employée, les leçons sont nécessairement accompagnées d'exercices oraux pour les enfants : il y a les récitations, les réponses aux questions sur une leçon étudiée précédemment, les réponses aux questions posées pendant ou après l'exposé d'une leçon ; il y a l'intervention de l'enfant dans une leçon conduite d'après la méthode interrogative ; parfois aussi l'élève résumera oralement une lecture ou une leçon.

Les exercices oraux ne seront fructueux que s'ils satisfont, de la part du maître et de la part de l'élève, à ces conditions : le maître interrogera avec clarté et précision ; l'élève s'interdira les réponses monosyllabiques et toute phrase commencée devra être achevée correctement par lui.

V. — D'autre part, les leçons comportent des devoirs écrits. Ces exercices obligent l'élève à faire des efforts pour bien s'assimiler les enseignements reçus, en leur donnant une forme précise.

On devra cependant éviter l'abus. C'est ici le cas de répéter la maxime : « peu mais bien. » Tous les devoirs écrits seront sérieusement corrigés.

TRENTE-UNIÈME LEÇON

ENSEIGNEMENT DE LA LECTURE

Sommaire. — I. La lecture et l'écriture. — II. Éléments de la lecture. — III. Lecture et écriture simultanées. — IV. Lecture courante et expressive. — V. Lectures en commun.

I. — La *lecture* et l'*écriture* ont une valeur propre considérable. Elles sont, en outre, les instruments nécessaires pour toutes les autres études. L'instituteur fera donc son possible pour que les élèves soient vite en état de lire un texte et de faire des devoirs écrits.

II. — Il choisira d'abord une bonne méthode de lecture. La meilleure pour lui sera celle qu'il connaîtra le mieux. Nous croyons toutefois pouvoir demander que la méthode réunisse les conditions suivantes : emploi de l'*appellation* de Port-Royal et de l'*épellation nouvelle*, qui ne sépare pas les lettres constituant un même son ou une même articulation : *eau, ouin, oh, ph, bl, cr.* ; étude séparée des voyelles et des consonnes ; division des consonnes en familles suivant leur prononciation ; association progressive des voyelles et des consonnes, pour former, dès les premières leçons, des syllabes, des mots et même des phrases ayant un sens ; éléments nouveaux dans chaque leçon, et en même temps récapitulation constante des éléments déjà étudiés.

Certaines méthodes sont agrémentées de figures qui jouent un rôle mnémotechnique, ou aident à comprendre un texte ; d'autres comportent des gestes (phonomimie) ; d'autres sont accompagnées d'un matériel (lettres mobiles, bandes imprimées se déroulant sur un cylindre, etc.); mais, si ingénieux que soient ces accessoires, on ne supprimera ni l'effort très réel que l'enfant doit faire pour apprendre à lire, ni le concours assidu du maître. Celui-ci se chargera lui-même des leçons de lecture, et ne confiera à ses auxiliaires que le rôle de répétiteurs.

III. — Depuis quelques années un usage très répandu en Allemagne s'est propagé aussi en France: celui qui consiste à enseigner simultanément la lecture et l'écriture. Ces deux exercices se viennent en aide et se complètent mutuellement. La *Méthode Cuissart*, par exemple, basée sur ce système, a montré qu'il est pratique et avantageux.

IV. — Un grand point est acquis quand l'enfant lit couramment. Il faut maintenant lui apprendre à lire agréablement pour lui et pour les autres; il faut l'exercer à la lecture expressive qui, par le ton et l'accent, peint les idées et les sentiments, en même temps qu'elle les exprime par des mots.

Pour lire convenablement il faut:
1º Avoir une diction nette, sans mauvais accent;
2º Comprendre et sentir le texte lu;
3º Avoir entendu bien lire.

On obtiendra une bonne diction en faisant lire lentement, bien articuler et donner aux syllabes leur valeur et pour le son et pour l'accent tonique. De cette façon on évitera ou l'on corrigera les défauts de langue, tels que le bégaiement, le grasseyement, le zézaiement. On cherchera aussi, mais ce sera difficile, à corriger l'accent provincial.

L'enfant doit toujours comprendre ce qu'il lit. A cette intention, on ne mettra entre ses mains que des livres à sa portée. En outre, au début de la leçon, le maître expliquera le sens général du morceau. Cela ne le dispensera pas de donner ou faire donner des explications de détail au courant de la leçon. Toutefois il ne faudra pas que ces commentaires dégénèrent en explications théoriques de grammaire, d'histoire, de sciences, etc. La leçon doit rester avant tout un exercice de lecture.

Le maître aura soin aussi, avant la lecture des élèves, de lire lui-même sans emphase, mais avec expression, le texte de la leçon. Il s'efforcera donc d'acquérir, pour son propre compte, l'art de bien lire.

V. — Il en fera encore usage dans les *lectures en commun*, si précieuses pour récompenser les élèves de leur travail, et les distraire; si précieuses encore pour cultiver la sensibilité, l'imagination, pour former le sens littéraire, et principalement pour faire naître en eux le *besoin de lire*. Ces lectures en commun auront lieu au moins une fois par semaine, le *samedi* soir par exemple.

TRENTE-DEUXIÈME LEÇON

ENSEIGNEMENT DE L'ÉCRITURE

Sommaire. — I. Préjugés. — II. Méthode. — III. Le calque et l'imitation. — IV. La tenue du corps et de la plume.

I. — L'écriture était autrefois en honneur ; elle est aujourd'hui tombée en disgrâce, et l'on ne trouve presque plus de bonnes écritures. Pourquoi ? D'abord on a prétendu, et cette opinion est mal fondée, que la belle écriture était le talent de ceux qui ne peuvent en acquérir d'autres, et, ce talent, on ne l'a guère envié ; mais surtout cette décadence a tenu à ce que les programmes étant très chargés, les écoliers n'ont plus trouvé de temps pour l'écriture appliquée ; en revanche, ils écrivent beaucoup et vite sous forme de notes et de rédactions, et leur écriture se déforme de plus en plus. L'instituteur doit réagir. Une bonne écriture a son prix ; elle est toujours très appréciée dans le commerce et dans les administrations ; enfin bien écrire est une attention pour qui vous lit.

II. — Le maître aura recours à une bonne méthode imprimée. L'enseignement sera simultané, c'est-à-dire que tous les élèves d'un cours feront le même exercice. Cela permet au début de la leçon des explications communes, et, à la fin, une correction commune au tableau noir par laquelle se compléteront les corrections particulières. Ces conditions de l'enseignement sont faciles avec les cahiers préparés que l'on emploie généralement aujourd'hui. Nous approuvons l'usage de ces cahiers dans le cours élémentaire et même dans le cours moyen; dans le cours supérieur, il serait bon de laisser l'élève régler seul une page grand format et reproduire d'une main ferme un beau modèle.

III. — Deux procédés types sont appliqués à l'enseignement de l'écriture: le *calque* et *l'imitation*. Le calque est d'un emploi commode, surtout avec les débutants; mais il ne faudrait pas l'employer longtemps parce qu'il facilite trop la tâche de l'écolier. Celui-ci n'apprend pas réellement à écrire; lorsqu'on lui enlève le secours du calque, il est maladroit comme l'enfant qui n'a encore marché qu'à l'aide de soutiens, et qui tout d'un coup est abandonné à ses propres forces. Le procédé de l'imitation qui assimile l'écriture au dessin à vue, est d'une application plus laborieuse, mais facilite bien l'éducation de la main, lui donne de la sûreté, de la souplesse, et permet d'acquérir une écriture ferme et élégante.

L'association des deux procédés a des avantages. Elle est pratiquée par les méthodes d'écriture les plus recommandables, la *Méthode Reverdy*, par exemple. L'enfant calque d'abord; ensuite le calque est remplacé par des traits de plus en plus espacés; enfin l'écolier est livré au seul procédé de l'imitation.

IV. — Nombre de personnes tiennent mal leur plume et tiennent mal leur corps pendant qu'elles écrivent. Il en résulte des écritures informes; il en résulte aussi des déviations de la taille et des affections organiques. Une surveillance incessante est donc nécessaire pendant les leçons d'écriture. Aussi combattrons-nous, chez l'instituteur, la tendance à profiter de ce que certaines divisions d'élèves font une page d'écriture, pour aller faire des leçons dans un autre cours. La leçon d'écriture devrait être générale, et réclamer constamment l'intervention du maître.

TRENTE-TROISIÈME LEÇON

ENSEIGNEMENT DE LA LANGUE FRANÇAISE

Sommaire. — Considérations générales. — II. Grammaire. — III. Récitation. — IV. Autres exercices oraux.

I. — L'étude de la langue française est très importante pour la culture de l'esprit lui-même. Puisque chaque mot correspond à une idée, la richesse du vocabulaire est un indice de la richesse intellectuelle. D'autre part, celui qui a des idées et sait les exprimer, a une supériorité incontestable dans la vie sociale. Pour s'en convaincre, il n'y a qu'à voir l'embarras du paysan illettré, quand il témoigne en justice, ou quand il explique ses affaires dans le cabinet d'un homme de loi.

Examinons par quels moyens l'instituteur pourra obtenir que ses élèves acquièrent l'intelligence et le maniement de leur langue et sachent la parler et l'écrire correctement.

II. — Il y a, en premier lieu, l'étude de la grammaire. On partira de ce principe, qui a révolutionné l'enseignement grammatical, à savoir que ce n'est point la grammaire qui régente la langue, mais que c'est la langue, organe vivant se modifiant sans cesse, qui fait enregistrer ses usages par la grammaire. La conséquence qui résulte de ce principe, est que l'instituteur doit utiliser d'abord les éléments de la langue maternelle apportés par l'enfant à l'école, et tirer les règles des exemples, au lieu de commencer par les donner d'autorité. Cela ne l'empêchera pas, une fois les règles énoncées, d'en demander de nombreuses applications.

Convient-il de mettre une grammaire entre les mains des élèves ? Oui, à moins qu'il ne s'agisse des enfants de la classe enfantine, parce que maître et élèves ne doivent point marcher à l'aventure.

Autre conseil : l'instituteur acquerra pour lui-même des notions de grammaire historique qui lui serviront à donner un enseignement rationnel ; mais la grammaire historique ne peut pas être enseignée à l'école primaire.

III. — La récitation des morceaux choisis recommandée plus haut comme exercice de mémoire est aussi un excellent excercice de langue française. Elle orne l'esprit de nobles exemples et de grandes idées, elle affine le goût et enrichit la mémoire en gravant en elle des formes achevées de notre littérature.

L'Instituteur se procurera un répertoire de morceaux choisis pour les divers cours de l'école ; puis il expliquera chaque morceau avant de le faire apprendre, et le lira lui-même. Il exigera que les élèves les disent avec intelligence et naturel.

IV. — On a abusé jadis et des conjugaisons et des analyses ; ce n'est pas une raison pour les proscrire. Mais il sera sage d'en faire, de préférence, des objets d'exercices oraux, afin de gagner du temps.

Les conjugaisons seront concrètes ; c'est-à-dire que le verbe sera accompagné de son sujet et de ses compléments. Les analyses grammaticales et logiques feront bien voir la nature des mots, leurs fonctions, leurs relations ; elles seront débarrassées des termes techniques qui ne sont pas indispensables et qui rebutent les enfants. On ira plus loin. Même à l'école primaire, l'analyse littéraire trouvera sa place avec avantage, du moins celle qui se borne à faire connaître le plan et les idées d'un texte, le tour employé pour les exprimer. L'instituteur ne devra pas oublier que pour lui, le plus sûr moyen d'accroître l'intérêt de ces sortes de leçons est de travailler sans cesse à perfectionner son propre goût et à accroître ses connaissances littéraires.

TRENTE-QUATRIÈME LEÇON

ENSEIGNEMENT DE LA LANGUE FRANÇAISE
(suite)

Sommaire. — I. La dictée. — II. La composition française.

I. — La dictée a pour objet l'orthographe d'usage et l'orthographe de règle. Elle exerce un contrôle plutôt qu'elle n'enseigne l'orthographe. Pour cette raison, nous n'approuvons pas le régime de la dictée à outrance, auquel on soumet l'aspirant à la veille des examens. L'écolier finit par se fatiguer, se troubler, par perdre le peu d'assurance et de notions positives qu'il possédait. Mieux vaut une ou deux dictées seulement par semaine, de moyenne étendue, mais expliquées à fond. Cet exercice se fera d'ailleurs dans toutes les divisions, et variera, pour les procédés et les difficultés, avec l'âge et les connaissances de l'enfant.

II. — L'exercice le plus important en langue française est la *composition*. Il y a quelques années encore, dans beaucoup d'écoles, on osait à peine l'aborder; aujourd'hui, on fait faire de petits exercices de composition, même dans les divisions inférieures.

Dans le cours élémentaire, conformément au programme officiel, les élèves reproduiront au tableau noir, sur l'ardoise ou sur le cahier, des phrases expliquées, ou de courts résumés de conversations qu'ils auront eues avec le maître. Ils feront de petits exercices d'invention; ils composeront des phrases avec des éléments donnés. Ainsi, on dictera des verbes et ils auront à y joindre un sujet et un complément pour former une proposition; ou bien on donnera le sujet et le complément et les élèves chercheront un verbe qui convienne.

Les mêmes exercices, mais plus compliqués, se continueront dans le cours moyen. On les appliquera aux homonymes et aux synonymes. D'autre part, les élèves feront des résumés de leçons, de lectures ou de récits. Ils pourront, en outre, s'essayer à la rédaction proprement dite, en traitant des sujets faciles, familiers et usuels (lettres, descriptions, narrations). Dans le cours supérieur, ces exercices se retrouveront avec de plus grands développements.

On recommande beaucoup aussi la rédaction sur image. Voici en quoi consiste le procédé : une image représentant un épisode historique, une scène de famille, un travail champêtre ou industriel, est placée sous les yeux de l'écolier, et il est invité à écrire ce qu'il voit et comprend. Il nomme les personnages, indique d'après leur attitude le rôle qu'ils jouent et les sentiments qui les animent. Cet exercice n'apprend pas seulement à écrire, mais encore il habitue à observer et à réfléchir.

La rédaction est pénible pour l'enfant qui n'a encore à son service que peu d'idées et de mots ; aussi, pour ne point le rebuter, il faut le *préparer* à la composition française. Quelques-uns des exercices que nous venons d'énumérer remplissent déjà ce but. En outre, quand l'instituteur donne un texte réduit du sujet à traiter, il fera bien, avant d'abandonner les élèves à leurs propres forces, de causer avec eux sur le sujet, de façon à leur faire trouver les idées essentielles, et à leur suggérer un ordre d'enchaînement.

La correction de la composition française se fera d'abord en dehors des classes ; ensuite le maître en rendra compte, de manière à faire profiter tous les élèves de ses observations, soit générales, soit particulières. Il évitera de les décourager en leur reprochant trop durement leurs fautes et leur stérilité. Lorsqu'il rencontrera des passages acceptables, il les fera ressortir pour inspirer confiance à leurs auteurs. Autant que faire se pourra, il invitera les élèves à reconnaître leurs imperfections, et à les corriger eux-mêmes.

TRENTE-CINQUIÈME LEÇON

ENSEIGNEMENT DE L'HISTOIRE ET DE L'INSTRUCTION CIVIQUE

Sommaire. — I. But éducatif de l'histoire. — II. Méthode. — III. Procédés divers. — IV. Instruction civique.

I. — L'*histoire* n'a pas d'applications usuelles comme l'écriture ou l'arithmétique. C'est ce qui explique pourquoi on a tant tardé à la faire figurer dans les programmes de l'enseignement primaire ; mais elle a une grande portée éducative. Elle développe l'imagination, enrichit la mémoire et forme le jugement : elle est, en outre, une école de patriotisme.

On s'attache à la patrie, en assistant à son histoire, heureuse ou malheureuse, et l'on apprend à se dévouer pour elle, à l'exemple des hommes illustres qui l'ont glorifiée par leurs vertus et leurs lumières.

II. — L'enseignement de l'histoire, dans les cours élémentaire et moyen, sera d'abord descriptif, imagé, pour ainsi dire dramatisé. On prendra comme point de départ les choses connues de l'élève ; par exemple le vieux château-fort, qu'il voit tous les jours, servira à faire le tableau des mœurs féodales. Plus tard la méthode deviendra explicative ; on jugera les hommes et les événements. On ne présentera pas seulement certains côtés de l'histoire, tels que la vie des rois et le récit des batailles ; on peindra aussi les mœurs, la condition d'existence de diverses classes sociales ; on montrera le développement des institutions ; en un mot, on fera « l'histoire de la civilisation. »

III. — De bons livres ont été écrits pour l'usage personnel des élèves et pour servir de guide aux instituteurs. Ces ouvrages sont illustrés de vignettes qui intéressent les enfants et les aident à comprendre les événements ou la civilisation d'une époque ; ils renferment aussi des cartes, montrent les lieux où se sont passés les événements, indiquent les accroissements du territoire national ; ils contiennent des sommaires, des développements, des résumés, des tableaux synoptiques, des récits empruntés aux meilleurs historiens, et montrent ainsi comment les leçons doivent être conduites.

IV. — *L'instruction civique*, qui était jointe à l'instruction morale, en a été séparée puis rattachée à l'enseignement historique. En effet, si l'histoire fait connaître les institutions du passé, l'instruction civique fait connaître les institutions actuelles ; mais celles-ci ne sont que la continuation des premières, avec les modifications apportées par le temps et les hommes.

L'instruction civique est vaste et complexe. Pour en donner des notions claires et justes, l'instituteur a besoin de bien s'instruire lui-même sur l'organisation du pays. L'expérience de l'inspection et des examens prouve que les erreurs en cette matière sont faciles.

TRENTE-SIXIÈME LEÇON

ENSEIGNEMENT DE LA GÉOGRAPHIE

Sommaire. — I. Utilité de la géographie. — II. Méthode et procédés. — III. Matériel géographique.

I. — La *géographie* concourt aussi à l'éducation patriotique : plus on connaît les beautés et les ressources d'un pays, plus on l'aime. Outre que sans son secours l'histoire ne serait guère intelligible, elle a un côté utilitaire réel.

Les connaissances géographiques sont indispensables au négociant et à l'industriel.

II. — Les procédés de cet enseignement devront être gradués avec le plus grand soin. Il faut d'abord, par des analogies sensibles (sable de la cour de récréation, cours d'eau, accidents de terrains), faire comprendre la signification des termes géographiques ; des définitions seulement apprises par cœur ne diraient rien à l'esprit des enfants. Il faut aussi leur apprendre ce que c'est qu'une carte, comment on la dresse et comment on s'en sert. Il suffira pour cela de dessiner des cartes sous leurs yeux, et de leur en faire dessiner à eux-mêmes : la carte de la classe, de la maison d'école, de la commune, etc.

Après quoi on pourra aborder avec succès l'étude successive ou simultanée de la géographie physique, économique et politique.

La mémoire jouait autrefois le rôle principal dans l'étude de la géographie. Assurément, il faut toujours la mettre à contribution. Il y a quantité de notions à apprendre et à retenir. Mais il faut que chaque mot représente une ou plusieurs idées très nettes à l'esprit de l'enfant, et se localise pour ainsi dire dans une carte mentale ; ce qui veut dire que les cartes accompagneront tous les exercices géographiques ; maîtres et élèves en traceront beaucoup sur le papier et surtout au tableau noir.

III. — Le matériel pour l'enseignement de la géographie est aujourd'hui très complet. Les murs de nos écoles sont tapissés de magnifiques cartes, qui, par l'exactitude et le dessin, laissent bien loin les cartes d'il y a trente ou quarante ans. On a mis entre les mains des élèves des livres-atlas également très perfectionnés. On est pourvu aussi, dans bien des écoles, de globes et de cartes en relief. Celles-ci sont avantageuses quand il s'agit de représenter une petite surface à une grande échelle ; mais, dans les autres cas, on est obligé d'exagérer les hauteurs pour qu'elles soient sensibles, ce qui risque de donner des idées fausses.

L'exercice de la cartographie est à juste titre en honneur dans les écoles. A ce sujet, nous proscrirons le calque, qui n'apprend pas réellement la géographie. Les cartes seront copiées, lorsqu'on ne pourra pas les tracer de mémoire ;

on emploiera deux crayons, l'un bleu et l'autre bistre ; le bleu servira à représenter les cours d'eau et les mers ; le bistre marquera le relief du sol. On obtiendra ainsi des cartes d'un aspect agréable.

TRENTE-SEPTIÈME LEÇON

ENSEIGNEMENT DE L'ARITHMÉTIQUE ET DE LA GÉOMÉTRIE

SOMMAIRE. — I. Objet et caractère de l'enseignement des mathématiques à l'école primaire. — II. Enseignement du calcul et des notions indispensables d'arithmétique. — III. Enseignement de la géométrie usuelle.

I. — Les mathématiques apprennent à raisonner, donnent de la rectitude à l'esprit. Elles ont des applications nombreuses dans la vie. Personne ne peut s'en passer.

II. — Les mathématiques pures ne sont pas du domaine de l'enseignement primaire. Néanmoins, les élèves devront comprendre et pratiquer les opérations arithmétiques. On leur donnera à cet effet des explications simples, mais rigoureusement exactes.

Pour leur apprendre à compter et à calculer, on se servira d'abord d'objets sensibles, puis on conduira peu à peu l'élève au calcul abstrait. Le calcul mental, indépendamment de ses usages, est une excellente gymnastique intellectuelle. On en fera faire dans toutes les divisions.

On recourra aux rapprochements qui sont de nature à faciliter l'étude de l'arithmétique. Ainsi la numération des nombres décimaux suivra immédiatement celle des nombres entiers, puisque toutes deux reposent sur la même base et sur les mêmes conventions ; par la numération on fera comprendre le système métrique, qui, lui aussi, est décimal ; les fractions ordinaires prépareront l'étude des rapports et proportions, etc.

Les problèmes donneront des notions justes sur la nature et la valeur des choses ; ils seront usuels et appliqués aux besoins futurs des enfants.

III. — La géométrie sera enseignée dans ses applications au dessin, à la mesure des surfaces et des volumes. Le plus souvent, au lieu d'employer la vraie démonstration, on recourra aux procédés tachymétriques, qui ne sont que de simples constatations ou vérifications, mais sont suffisantes pour satisfaire l'esprit des enfants et des ouvriers adultes.

TRENTE-HUITIÈME LEÇON

ENSEIGNEMENT DES SCIENCES PHYSIQUES ET DE L'AGRICULTURE

Sommaire. — I. Utilité de cet enseignement. — II. Méthode et procédés.

I. — L'enseignement des sciences physiques et naturelles est très propre à développer l'esprit d'observation, et il exerce au raisonnement inductif. D'autre part, ces sciences ont des applications nombreuses dans l'hygiène, l'industrie et l'agriculture. Elles dissipent les préjugés ; elles rendent le travail plus intelligent et plus fructueux.

II. — Mais on n'oubliera pas qu'elles doivent être enseignées fort simplement à l'école primaire, qu'elles doivent y être limitées aux notions très usuelles et aux vérités incontestées. L'enseignement sera accompagné d'expériences concluantes. Un cabinet de physique et un laboratoire de chimie ne sont point nécessaires pour cela. Une foule d'expériences, et des meilleures, peuvent être opérées presque sans frais, avec les seuls ustensiles de ménage. Il ne faut à l'instituteur que du savoir, de la bonne volonté et un peu d'industrie.

Le jardin de l'instituteur, et, quand ce sera possible, un terrain d'expériences, permettront de joindre la pratique à la théorie, dans l'enseignement si recommandé de l'agriculture et de l'horticulture, y compris l'arboriculture.

TRENTE-NEUVIÈME LEÇON

ENSEIGNEMENT DU DESSIN ET DU TRAVAIL MANUEL

Sommaire. — I. Utilité du dessin et du travail manuel à l'école. — II. Enseignement du dessin. — III. Enseignement du travail manuel.

I. — Le dessin et le travail manuel nécessitent l'exercice constant de l'attention et en donnent l'habitude. Ils cultivent aussi le goût du beau, quand ils offrent pour modèles des œuvres d'art, et l'imagination, lorsque l'élève n'a pas seulement à copier, mais à créer, à l'aide d'éléments géométriques ou de motifs simples d'ornement. Enfin, le dessin et le travail manuel continuent l'éducation des sens, en donnant de la justesse au coup d'œil, de la dextérité à la main.

Le dessin est indispensable à l'ouvrier, pour comprendre et exécuter les *desseins* d'autrui; il n'est pas moins nécessaire au propriétaire, par exemple qui veut faire bâtir une maison selon ses propres idées : pour se faire comprendre, celui-ci a besoin du dessin.

II. — Les idées soutenues par M. Guillaume contre M. Ravaisson, comme lui membre de l'Institut, ont prévalu dans le programme de l'enseignement primaire : l'élève débute par le dessin des formes géométriques (M. Ravaisson ne voudrait pas que la géométrie fût le point de départ du dessin d'imitation), puis il s'exerce peu à peu à reproduire ou imiter les formes naturelles.

Les premiers exercices consistent à tracer à main levée des lignes droites dans toutes les positions, puis des circonférences, des polygones, des rosaces, etc.

Viennent ensuite les courbes usuelles, les courbes empruntées au règne végétal, et le dessin, d'après les estampes et le relief, des moulures ornées, des motifs d'ornement empruntés aux monuments classiques de l'art ; des feuilles, fleurs, fruits, tête humaine, etc.

Le dessin géométrique avec instruments commence dès le cours moyen : mais, ici encore, le dessin exact sera toujours précédé d'un croquis coté à main levée.

III. — Le travail manuel se relie naturellement au dessin : l'un exécute au trait ce que l'autre reproduit en relief. Il y a là une indication de méthode. Les élèves feront toujours le croquis de l'objet qu'ils devront modeler avec la terre glaise, le bois ou le fer, etc.

Le programme officiel donne, pour chaque cours, une série d'exercices très pratiques dans toutes les écoles. Qu'on ne s'imagine pas que des ateliers et un outillage considérable soient indispensables. Ici encore les maîtres industrieux se procureront le nécessaire sans grandes dépenses.

L'important est qu'ils se pénètrent bien du but de l'enseignement manuel à l'école primaire, qui n'est pas de faire des apprentis pour deux ou trois métiers déterminés, mais simplement de donner le goût du travail manuel, de faire l'éducation de l'œil et de la main, et de mettre les enfants dans les meilleures conditions pour commencer leur apprentissage à l'atelier.

QUARANTIÈME LEÇON

ENSEIGNEMENT DU CHANT

Sommaire. — I. But esthétique et moral de l'enseignement du chant à l'école primaire. — II. Pratique du chant. Choix des morceaux et exécution. — III. Théorie. — IV. Accompagnement du chant.

I. — La musique offre des jouissances délicates, qui sont accessibles à tous. Elle adoucit les mœurs : les anciens nous ont laissé des légendes gracieuses et touchantes pour montrer les effets civilisateurs de la musique. De plus la musique est propre à exprimer les grands sentiments, soit patriotiques, soit religieux, et contribue à former l'âme d'une nation [1].

La musique fera aimer l'école, favorisera le bon esprit et la discipline.

II. — On rebuterait l'écolier, si on lui enseignait d'abord la théorie, c'est-à-dire la grammaire aride de la musique. Non, il faut tout de suite l'exercer au chant. Il a une excellente mémoire et une merveilleuse aptitude à répéter ce qu'il entend, comme ce qu'il voit. Il apprendra donc à chanter en écoutant son maître et ses camarades, et en chantant avec eux.

L'instituteur se composera un répertoire choisi de petits chœurs à une ou plusieurs voix. Il sera difficile dans son choix. Il n'acceptera que de la musique excellente, accompagnant des paroles irréprochables par la forme poétique et par les sentiments exprimés.

Il s'appliquera ensuite à faire exécuter les chants avec toute la perfection possible. Les paroles seront d'abord

---

[1]. Lire à ce sujet, l'éloquent article consacré à la musique, par M. F. Pécaut, dans le *Dictionnaire de Pédagogie*, publié sous la direction de M. Buisson.

expliquées par le maître, puis récitées par l'enfant. Après quoi on abordera l'exécution musicale. Les enfants chanteront le plus souvent à demi-voix : chanter n'est pas crier. Les voix seront elles-mêmes assouplies et fondues dans les chœurs. On s'apercevra alors que les voix fausses et rebelles à toute culture sont rares.

III. — La théorie aura son tour. Les éléments de la musique seront enseignés de façon à permettre à l'élève du cours supérieur, et plus tard au jeune homme, de déchiffrer seul une mélodie. Mais la théorie ne sera jamais séparée complètement de la pratique ; elle sera toujours accompagnée de dictées musicales, ou d'exercices de solfège.

IV. — Pour être capable de donner cet enseignement, l'instituteur se perfectionnera lui-même dans l'art musical. Il devra pouvoir accompagner les chants scolaires avec un piano, un harmonium ou un violon. Les chants y gagneront en justesse et en agrément, et le maître s'épargnera des fatigues que sa santé ne pourrait peut-être pas supporter.

III

ÉDUCATION MORALE

QUARANTE-UNIÈME LEÇON

ENSEIGNEMENT DE LA MORALE

Sommaire. — I. But de l'enseignement moral. — II. Rôle de l'instituteur — III. Objet propre et limites de l'enseignement moral. — IV. Méthode. — V. Programme.

L'enseignement de la morale est chose si importante et si délicate, que le Conseil supérieur de l'Instruction publique a pris soin d'en indiquer lui-même le but, l'objet et la méthode, dans l'instruction du 27 juillet 1882. Nous allons résumer les directions officielles.

I. — But et caractères essentiels de l'enseignement moral :

Donner des habitudes morales, apprendre à vouloir, incliner la volonté libre vers le bien.

II. — Rôle de l'instituteur dans cet enseignement :

Développer les germes de la morale éternelle et universelle, qui se trouvent déjà dans l'âme des enfants, et les faire passer dans la vie pratique.

III. — Objet propre et limites de cet enseignement :

L'enseignement moral laïque se distingue de l'enseignement religieux sans le contredire. Toute discussion théologique ou philosophique est interdite.

IV. — Caractère de la méthode, en ce qui concerne l'élève :
Éclairer l'esprit, toucher le cœur, s'appuyer sur des exemples.
Caractère de la méthode, en ce qui concerne le maître :
Prêcher d'exemple ; ne point blesser les convictions religieuses ; surveiller le développement moral des élèves.
V. — Dans le cours élémentaire, l'enseignement moral consistera :
1° En entretiens familiers, lectures avec explications (récits, exemples, préceptes, paraboles, fables);
2° En « exercices pratiques tendant à mettre la morale en action dans la classe même. »
Même mode et mêmes moyens d'enseignement dans le cours moyen, mais « avec un peu plus de méthode et de précision. » On coordonnera « les leçons et les lectures, de manière à n'omettre aucun point important des devoirs de l'enfant dans la famille, à l'école, envers la patrie, envers soi-même, envers les autres hommes et envers Dieu. »
Les lectures, entretiens, exercices pratiques se continueront dans le cours supérieur. De plus, il y aura « une série régulière de leçons sur la morale en général, et plus particulièrement sur la morale sociale. »

QUARANTE-DEUXIÈME LEÇON

ÉDUCATION DE LA SENSIBILITÉ

Sommaire. — I. But à réaliser. — II. Éducation par les pensées et par les actes. — III. Influence de l'exemple.

I. — Certains penchants doivent être contenus, d'autres stimulés. Ainsi, la sensibilité physique sera rigoureusement confinée dans les limites tracées par la nature ; on réprimera la sensualité, on habituera le corps à se contenter d'une nourriture frugale, à supporter les fatigues et la douleur; on s'attachera le plus possible à vaincre la délicatesse exagérée des sens.

On s'attachera, par contre, à développer la sensibilité morale, à lui donner le pas sur la sensibilité physique, à faire préférer les plaisirs intellectuels et esthétiques aux satisfactions des sens.

Dans la sensibilité morale même, on distinguera les sentiments égoïstes et les sentiments sociaux. Les premiers ont une tendance à étouffer les seconds. L'éducation interviendra pour combattre l'égoïsme et donner la prépondérance aux sentiments de justice et de charité.

II. — M. Charbonneau propose d'agir sur les sentiments par les pensées et par les actes, c'est-à-dire par l'intelligence et la volonté, en vertu de la solidarité qui unit les facultés humaines. C'est ce que le père Girard a exprimé par cet aphorisme : « L'homme agit comme il aime et il aime comme il pense. »

Applications : Par le raisonnement, on convaincra un malade qu'il doit supporter une opération douloureuse afin de sauver sa vie — une personne redoute le spectacle de la misère et des souffrances ; elle se corrigera de cet excès de sensibilité en visitant les pauvres, les malades dans les hôpitaux, et en s'obligeant à soigner elle-même ses parents ou ses amis malades.

III. — C'est ici le lieu de parler de l'influence de l'exemple sur la sensibilité et par suite sur les actes. Cette influence est grande : il est incontestable que le bon exemple agit favorablement sur la sensibilité et sur la volonté. Mais faut-il compter sur le spectacle du mal pour accroître la haine du mal ? Oui, répondraient les Spartiates, qui enseignaient la tempérance aux enfants en leur montrant des esclaves ivres. Tel semble avoir été également l'avis de J.-J. Rousseau. Mais cette méthode a ses dangers, et souvent le remède préventif a pour effet de prédisposer au mal contre lequel il devait prémunir. Les dehors du vice sont toujours malsains et dangereux à contempler. L'influence des bons exemples est encore celle qui offre le plus de sécurité.

QUARANTE-TROISIÈME LEÇON

LE CARACTÈRE

Sommaire. — I. Définition. — II. Observation des caractères. — III. Le caractère est-il susceptible d'éducation? — IV. Moyens à employer.

I. — Les mêmes dispositions naturelles se rencontrent chez tous les hommes, mais à des degrés divers. De plus, elles se combinent de mille façons. Les dispositions acquises, c'est-à-dire les habitudes, viennent ensuite s'ajouter au naturel et augmenter encore la diversité des esprits. Ce fond commun de ressemblances n'empêche donc pas la variété des physionomies morales. Cette variété fait que chaque homme se distingue de ses semblables, qu'il a ses traits propres, par lesquels il se fait reconnaître non moins que par les traits de son visage ; qu'en un mot il possède ce qu'on appelle son *caractère*.

Dans un sens plus restreint, ce mot est synonyme de volonté, parce que c'est surtout la volonté qui donne du relief au caractère. Dire qu'un homme a du caractère, c'est dire qu'il a de l'énergie, de la force d'âme.

II. — Le caractère est à l'âme ce que le tempérament est au corps. Or, si le médecin a besoin de connaître le tempérament de ses malades, pour les traiter en conséquence, l'instituteur doit connaître aussi le caractère des enfants, pour bien diriger leur éducation.

L'instituteur observera donc ses élèves en classe, dans les récréations, dans la famille, afin d'être éclairé sur leurs aptitudes, leurs goûts, leurs passions naissantes et leurs habitudes bonnes ou mauvaises. Pour mieux pénétrer dans la pensée et le cœur de ces « petits hommes », il commencera par mettre en pratique le précepte célèbre « Connais-toi toi-même »; il se rappellera ce qu'il pensait et éprouvait dans les circonstances analogues à celles où se trouvent ses élèves. Il arrivera ainsi à connaître les enfants, et, tout en les soumettant à la règle générale qui s'impose à l'école, il aura recours, pour chacun d'eux, à un régime particulier suivant leur caractère.

III. — Le caractère est-il susceptible lui-même de modifications et d'améliorations? Si la réponse était négative, il en faudrait conclure à la stérilité de l'éducation. Mais on peut et l'on doit répondre affirmativement.

Dans le caractère, avons-nous dit, il y a les dispositions naturelles et les dispositions acquises. Les premières ne réclament qu'une bonne et sage direction ; quant aux secondes, l'expérience montre qu'on peut les redresser et au besoin les combattre, même les détruire. Les moralistes ont recommandé à cet égard diverses méthodes.

IV. — Bossuet conseille de ne pas attaquer de front les passions et les mauvaises habitudes, mais de les affaiblir par des dérivatifs, à l'exemple du médecin qui combat une inflammation intérieure en provoquant une inflammation à l'extérieur. Ainsi, on combattra la passion coupable du jeu en développant la passion innocente de la musique.

Malebranche a établi de son côté « qu'on peut toujours agir contre l'habitude dominante » et que, par conséquent, on peut substituer une bonne habitude à une mauvaise. Un jeune homme est paresseux, apathique : cherchons à faire naître en lui le goût et l'habitude de la chasse, qui comporte une grande activité physique.

Il y a encore d'autres traitements efficaces. Ainsi, pour se corriger de l'habitude de fumer, on peut tout d'un coup cesser de fumer ou procéder par degrés, en fumant un peu moins chaque jour jusqu'à disparition de l'habitude. Pour certaines passions, la première méthode est la seule prudente : Mentor, voulant sauver Télémaque des dangers qu'il courait dans l'île séduisante de Calypso, l'en tira brusquement en le jetant à la mer.

Enfin, les moralistes, et particulièrement Franklin, conseillent l'examen intérieur, qui met la conscience en présence d'elle-même, lui fait recenser tous les jours ses conquêtes et ses défaites, et, par suite, stimule l'énergie morale.

QUARANTE-QUATRIÈME LEÇON

CULTURE DE LA CONSCIENCE ET DU SENTIMENT RELIGIEUX

Sommaire. — I. Notions du devoir chez l'enfant. — II. La conscience éclairée par l'instruction. — III. La conscience fortifiée par l'exercice. — IV. Les sentiments moraux. — V. Rapport des droits et des devoirs. — VI. Le sentiment religieux.

I. — De savants observateurs, tels que Darwin et Bernard Pérez, ont constaté les premières lueurs de la conscience chez des enfants de deux à trois ans ; mais ce n'est qu'à un âge bien plus avancé que les enfants possèdent la claire notion de la loi morale, et peuvent se conduire à la lumière de leur propre raison. En attendant, le devoir, pour eux, s'identifiera avec la conduite et les ordres de leurs parents et de leurs maîtres. Ce que ceux-ci feront et prescriront sera le *bien* ; le *mal*, au contraire, sera tout ce qu'ils défendront et s'abstiendront de faire eux-mêmes. De là, pour les éducateurs, la grave obligation de conformer strictement leurs actions et leurs enseignements à la loi du devoir.

Examinons par quels moyens on peut aider au développement de la conscience.

II. — D'abord il faut l'éclairer par l'instruction. Socrate émettait un paradoxe lorsqu'il faisait de la science la condition unique de la vertu. Il faut aussi la volonté. Mais il n'est pas moins vrai que la première condition, pour pratiquer le devoir, c'est de le connaître. L'histoire relate des actions abominables qu'il faut imputer à des erreurs de conscience ; l'ignorance des enfants leur fait accomplir des actes répréhensibles.

III. — La conscience, comme toutes les autres facultés, se fortifie en agissant. Faisons porter à l'élève des jugements moraux. Quand un enfant est fautif, amenons-le à juger sa faute au point de vue de la gravité et des conséquences ; si une bonne action a été accomplie dans l'école ou hors de l'école, faisons-la apprécier par les mêmes moyens. Deux précautions sont à prendre : il ne faudra point, à propos des actions d'autrui, porter les enfants au dénigrement et à la médisance, sous prétexte d'aiguiser leur sens moral ; et, quand il s'agira de leurs actions méritoires, il ne faudra pas leur inspirer de l'orgueil ; tout comme on évitera de les décourager ou de les humilier trop profondément à propos de leurs faiblesses.

IV. — La satisfaction du devoir accompli et le remords sont intenses chez les enfants, qui ont la sensibilité vive et qui ne sont pas encore troublés par la passion, endurcis par les habitudes ; mais cet âge est léger et ses impressions s'effacent vite. On s'efforcera donc de graver dans le cœur de l'enfant les sentiments moraux, qui le dirigeront dans sa conduite.

V. — On invitera les écoliers à réfléchir sur les notions du droit et du devoir et sur leur corrélation. Ces notions sont abstraites ; néanmoins, on en donnera facilement l'intuition, grâce aux exemples très concrets fournis par les rapports des enfants entre eux. Ils ont instinctivement le sentiment de leurs droits et se plaignent amèrement dès qu'on y porte atteinte. Ils savent très bien les devoirs des autres à cet égard. Eh bien ! qu'on leur fasse comprendre qu'ils ont aussi les mêmes devoirs correspondant aux mêmes droits chez leurs camarades. La leçon sera directe, tangible, et portera.

VI. — Le sentiment religieux s'ajoutera à la conscience pour donner à l'enfant les principes directeurs de la vie morale. L'école publique ne donne pas l'instruction confessionnelle ; mais elle respecte et met à profit l'enseignement religieux donné dans la famille, à l'église ou au temple. De plus, nos leçons de morale inspirent aussi la croyance en un Dieu, auteur de la loi morale et souverain juge de nos actions, qu'il faut aimer pour sa bonté et craindre à cause de sa puissance et de sa justice.

Si l'instituteur est lui-même pénétré de cette conviction, il n'aura pas de peine à l'entretenir et à le développer chez ses élèves.

QUARANTE-CINQUIÈME LEÇON

ÉDUCATION DE LA VOLONTÉ

SOMMAIRE. — I. But suprême de l'éducation morale. — II. Système des conséquences naturelles. — III. L'intelligence et le sentiment, auxiliaires de la volonté. — IV. Le sentiment de la responsabilité. — V. Influence de la discipline sur la volonté. — VI. Défauts à combattre chez les enfants.

I. — Le but suprême de l'éducation morale est de former des hommes capables de se gouverner eux-mêmes selon les lois du bien. Passons en revue les moyens à la disposition de l'instituteur pour y réussir.

II. — Il y a d'abord une éducation toute négative de la part du maître ; c'est celle que donnent les choses. L'enfant apprend par l'expérience, et quelquefois à ses dépens, les pouvoirs et les limites de sa volonté, ainsi que l'usage qu'il doit en faire : s'il mange trop de confitures, il aura une indigestion ; s'il agace un chien, il sera mordu ; alors il se corrigera de la gourmandise, et dorénavant il laissera les animaux en paix.

Tel est le système des conséquences naturelles préconisé par J.-J. Rousseau et par Herbert Spencer. Il a du bon ; mais, employé seul, il serait insuffisant et dangereux : insuffisant parce que le hasard des événements pourrait ne pas fournir les occasions nécessaires à l'éducation de la volonté dans toutes ses applications, ou même présenter des exemples diamétralement contraires à la leçon que l'on se propose de donner ; dangereux, parce que les conséquences naturelles peuvent dépasser le but, produire un mal grave, irréparable : qu'un enfant s'aventure sur la glace d'un étang et se noie, il ne sera plus là pour profiter de la leçon.

III. — On marche d'un pas plus assuré, en pleine lumière, que dans l'obscurité ; de même la volonté est plus énergique quand elle sait bien ce qu'elle doit faire. Fortifions donc la volonté des enfants en éclairant leur conscience, en leur fournissant les motifs raisonnables des actions qu'ils doivent accomplir.

Nous savons aussi que la volonté de l'enfant est forte quand elle s'applique aux choses qu'il aime. Tâchons, par divers moyens, de lui faire aimer, non seulement ses jeux, mais aussi ses études et ses autres devoirs.

IV. — L'ouvrier, qui a femme et enfants à sa charge, est excité au travail beaucoup plus que le célibataire ; c'est parce qu'il est mû par le sentiment de la responsabilité. Veillons à entretenir chez l'écolier ce sentiment. Rendons-le responsable des objets qu'on lui prête, des travaux qui lui sont confiés, des études qu'il doit faire, etc. ; on l'obligera ainsi à être soigneux, à faire des efforts dont il ne serait peut-être pas capable sans cela.

V. — Cette excellente école de la volonté peut également être favorisée par la discipline libérale, qui laisse en partie aux jeunes gens le soin de se gouverner eux-mêmes.

VI. — On sait que les enfants sont très entreprenants, mais qu'ils ne sont pas persévérants.

Qu'il s'agisse de jeux ou d'études ; ils abandonnent vite ce qu'ils ont commencé avec ardeur. Il faut combattre ce défaut en les obligeant à mener à bonne fin ce qu'ils ont librement entrepris.

Une autre infirmité de la volonté, l'irrésolution, pourra être efficacement combattue. On la fera disparaître en éclairant l'enfant sur ce qu'il doit faire ; en l'obligeant, après réflexion, à prendre un parti et ensuite à ne plus reculer.

QUARANTE-SIXIÈME LEÇON

LA DISCIPLINE ET SES MOBILES

Sommaire. — I. Définition. — II. Nécessité de la discipline. — III. Discipline préventive. — IV. Discipline autoritaire et discipline libérale. — V. Mobiles de la discipline.

I. — « La discipline est l'ensemble des règles et des influences, au moyen desquelles on peut gouverner les esprits et former les caractères [1] ». Elle embrasse l'éducation tout entière. Dans un sens plus restreint et plus scolaire, la discipline est l'ensemble des mesures adoptées par un maître pour faire régner l'ordre dans sa classe, et pour assurer le travail et les progrès des élèves.

II. — Sans la discipline, quels que soient les efforts et même le mérite du maître, l'anarchie règne dans l'école, les élèves ne travaillent pas, ils perdent la notion du respect et se pervertissent. Par quels moyens peut-on assurer la discipline ?

III. — Faisons d'abord une large part à la discipline *préventive*. Elle est assurée par une forte organisation pédagogique, par l'exactitude, la capacité, le tact et le zèle du maître.

IV. — Vient ensuite la discipline positive. Nous sommes ici en présence de deux systèmes : le système *autoritaire* et le système *libéral*.

La discipline autoritaire a pour principe fondamental l'obéissance, et pour mobile la crainte, ou tout au moins le respect. C'est la discipline militaire, absolument nécessaire sur le champ de bataille, et dont il faut donner l'habitude au soldat. Cette discipline, appliquée à l'école, agit, comme

---

1. *Dictionnaire de Pédagogie*, notice de M. J. Gaillard.

à l'armée, au nom d'un règlement qui a prévu tous les actes des enfants, et leur indique, pour chaque moment, ce qu'ils doivent faire ou ne pas faire : elle a certainement des avantages ; mais elle ôte à l'écolier toute initiative et le laisse enfant ; et il y a à craindre une réaction, une fois qu'il sera abandonné à lui-même.

La discipline libérale, au contraire, donne du jeu aux facultés, leur permet de s'épanouir ; elle laisse agir la volonté, et, pour régler celle-ci, elle fait appel aux sentiments les plus élevés. Avec ce régime, l'enfant apprend à se gouverner lui-même, il fait l'apprentissage de la liberté. Mais, en matière de liberté, l'abus est si tentant que la discipline libérale est très difficile à manier avec les hommes, à plus forte raison avec les enfants. Du moins, ne faut-il pas l'employer sans des tempéraments.

L'instituteur fera bien d'appliquer d'abord discrètement le régime de l'autorité, pour donner aux enfants l'habitude du respect et de la soumission ; puis, à mesure que la raison se développera en eux, il leur fournira les occasions de se diriger d'eux-mêmes.

V. — L'émulation bien entendue, celle qui ne dégénère pas en jalousie, a beaucoup de prise sur les enfants. Elle est d'un emploi facile. On en usera fréquemment en leçons, en composition, et dans les examens de revision. La forme la plus morale de l'émulation est celle où l'enfant ne se compare plus avec ses camarades, mais avec lui-même. Par exemple, à l'aide du cahier mensuel, on peut lui faire constater ses progrès et ses défaillances, d'une époque à une autre époque de la scolarité.

Les *récompenses* et les *punitions* sont aussi des mobiles d'un usage général.

Mais les mobiles les plus élevés sont l'appel à la *raison* et à la *conscience*, au sentiment de l'*honneur* et à l'*affection*. L'instituteur ne craindra pas de donner les motifs de ses ordres et, en général, de tout ce qu'il fait ; il s'adressera à l'amour-propre, il respectera la dignité des enfants. Locke faisait le plus grand cas de ce mobile. Le maître provoquera aussi l'amour et la reconnaissance par son affection effective et son dévouement. Mais, nous le répétons, ces mobiles n'auront de l'efficacité qu'autant qu'ils seront précédés par le respect et la soumission raisonnable.

QUARANTE-SEPTIÈME LEÇON

RÉCOMPENSES ET PUNITIONS

Sommaire. — I. Caractère moral des récompenses et des punitions. — II. Comment il faut récompenser. — III. Comment il faut punir.

I. — L'idéal, en éducation, serait de discipliner les enfants uniquement par le sentiment du devoir, et grâce à des mobiles nobles et désintéressés ; mais il faut tenir compte de la faiblesse humaine, et s'adresser à d'autres moyens qui, employés avec précaution, ne contredisent pas la morale du devoir. Il s'agit des *récompenses* et des *punitions*.

Les récompenses ne seront pas recherchées comme un salaire ; elles resteront une conséquence agréable des bonnes actions, un encouragement et pas autre chose.

L'écolier ne fera pas non plus son devoir avec la pensée dominante d'éviter les punitions. D'autre part, il ne considérera pas la punition comme une réparation suffisante, et, lorsqu'il sera tenté de faire une chose défendue, il ne comparera pas les plaisirs qu'il en attend avec les inconvénients de la punition encourue, pour se décider ensuite. S'il était capable de penser et d'agir de la sorte, le sens moral lui ferait déjà défaut.

II. — Pour conserver aux récompenses leur caractère moral, l'instituteur prendra certaines précautions. Ainsi, les récompenses n'auront pas une grande valeur vénale ; c'est à l'honneur, et non à l'objet de la récompense, que l'enfant doit tenir. Une simple couronne de chêne récompensait les vainqueurs aux jeux publics de la Grèce.

Les récompenses seront judicieuses, c'est-à-dire qu'elles seront autant que possible proportionnées à l'action récompensée ; de plus, elles ne s'appliqueront pas aux dons naturels, mais au mérite seul, aux efforts de la volonté, à l'excellence des sentiments. Les mérites de toute nature seront reconnus ; il faudra éviter que l'enfant ne se laisse entraîner au découragement par la pensée qu'il ne pourra jamais obtenir les récompenses réservées aux élèves mieux doués que lui.

Les récompenses ne seront ni trop fréquentes, ni trop faciles à obtenir, parce qu'elles perdraient de leur valeur morale et de leur efficacité.

Enfin, elles n'exciteront pas la vanité et l'orgueil. C'est pourquoi bon nombre d'éducateurs ne sont point partisans des colifichets : rubans, croix, médailles, etc..., ni même des distributions solennelles de prix. Ils ne condamnent pas le livre de prix, mais la façon de le donner. Ils voudraient des distributions plus fréquentes, mais sans apparat, dans l'intérieur de l'école.

III. — On prendra des précautions analogues, et d'autres encore, à l'égard des punitions.

Elles seront rares, de crainte que l'enfant ne s'y habitue. Elles seront utiles. Aussi faut-il proscrire certains pensums absurdes. Elles seront proportionnées aux fautes, et, autant que possible, la conséquence naturelle de ces fautes. On réservera les punitions pour les fautes voulues, préméditées ; celles qui résultent de l'oubli, de la légèreté, sont suffisamment réprimées par des avertissements et des blâmes.

Les punitions seront infligées sans précipitation et sans colère, pour éviter les erreurs, et pour ne pas exposer l'enfant à croire que son maître se venge. Elles seront certaines : l'enfant ne doit pas compter sur l'impunité. Enfin, elles respecteront la dignité de l'écolier : il ne faudrait pas trop l'humilier devant ses camarades et à ses propres yeux.

D'ailleurs, le règlement scolaire détermine pour chaque département les seules punitions autorisées dans l'école : on s'y conformera scrupuleusement.

MORALE

TROISIÈME PARTIE

(MORALE THÉORIQUE — PRINCIPES)

NOTIONS PRÉLIMINAIRES

PREMIÈRES DONNÉES DE LA CONSCIENCE

PREMIÈRE LEÇON
CONDITIONS DE LA MORALITÉ

SOMMAIRE. — I. Objet de la morale. Première condition de la moralité : la liberté. — II. Preuve en faveur de la liberté : le sentiment intérieur. En quoi consiste l'acte libre. — III. Autres preuves de la liberté.

I. — La morale a pour objet le *Bien*, et l'obligation de l'accomplir, ou le *Devoir*. Elle se divise en morale théorique et morale pratique. La première élabore et discute les principes; la seconde en indique les applications dans la vie.

L'enfant ne tarde pas à considérer certaines actions

comme *bonnes* et dignes de louanges, et d'autres comme *mauvaises* et blâmables. Il sent, par exemple, qu'il est *bien* de dire la vérité, qu'il est *mal* de mentir. L'éducation ne suffit pas pour expliquer cette distinction, qui est primitive et essentielle à la nature humaine.

Le discernement du *bien* moral et du *mal* moral suppose, en outre, la *liberté* ou *libre arbitre*. Le menteur sait qu'il dépendrait de lui de dire la vérité, et le gourmand pourrait, s'il le voulait, réprimer sa gourmandise. Nous n'attribuons aucune moralité aux actes des êtres privés de raison, tels que les tous jeunes enfants, les fous et certains malades, parce que ces actes n'ont pas été *voulus*.

II. — L'homme a conscience de sa liberté ; il *sent* qu'il a le pouvoir d'accomplir des actes libres. Ce sentiment intime est le meilleur des témoignages en faveur de la liberté.

L'acte *libre* ou *volontaire* ne consiste essentiellement ni dans l'intelligence des motifs qui nous sollicitent à agir, ni dans la comparaison qui s'établit entre ces motifs et qui est la délibération. Il consiste dans la *détermination* prise, après comparaison entre plusieurs solutions jugées possibles. Un écolier a commis une faute ; d'autres élèves sont soupçonnés : les laissera-t-il punir, par crainte du châtiment ? Ou, mû par les sentiments de l'honneur et de la justice, fera-t-il l'aveu de sa faute ? Voilà la *délibération*. Il prend ce dernier parti : ici est l'acte libre. Si une cause extérieure empêchait l'accomplissement de l'acte résolu, la liberté n'en existerait pas moins.

Exemple : un homme qui a résolu d'accomplir un voyage et qui en est empêché par la maladie.

III. — La *satisfaction morale* et le *remords* seraient absurdes sans la liberté. Ils n'existent pas chez les êtres privés du libre arbitre. Ni l'animal, ni le fou n'ont de remords après avoir tué.

Nous éprouvons de l'*estime* pour les honnêtes gens et du *mépris* pour les hommes vicieux : ces deux sentiments seraient inexplicables sans la liberté. On n'estime pas un arbre qui porte de bons fruits, on ne méprise pas une bête malfaisante.

Sans la liberté, les *promesses* et les *contrats* n'auraient, de même, aucune signification.

Toutes les sociétés ont des lois pénales; or, l'idée de *punition* est inséparable de l'idée de liberté.

Preuve tirée de la *croyance* même de l'homme en sa liberté : s'il n'était pas libre, il ne pourrait s'élever à l'idée d'un *être libre;* si la conscience de cette liberté n'était qu'une illusion, elle disparaîtrait comme les autres préjugés sous l'influence du progrès. C'est le contraire qui a lieu : on respecte de plus en plus les droits civils et politiques qui ne peuvent appartenir qu'aux personnes libres.

Enfin l'idée même du *devoir*, ou *loi morale*, ne se comprend pas sans la liberté. Le premier devoir d'un être soumis à cette loi est l'affirmation de sa liberté.

DEUXIÈME LEÇON

OBJECTIONS CONTRE L'EXISTENCE DE LA LIBERTÉ — RÉPONSES

Sommaire. — I. Objections des fatalistes et des déterministes. — II. Le déterminisme externe et le déterminisme interne. — III. Objections théologiques. — IV. Réponse aux objections théologiques. — V. Réponse aux objections des déterministes.

I. — Les anciens supposaient qu'une force aveugle et capricieuse, appelée *Destin* (en latin *Fatum*), décidait des actions humaines. Cette opinion, incompatible avec l'existence du libre arbitre, a donné naissance au *fatalisme*, aujourd'hui abandonné.

Mais on a, d'autre part, supposé que les actions humaines étaient déterminées par des lois immuables, analogues à celles qui régissent le monde physique. Ce système, qui nie également la liberté, a pris le nom de *déterminisme*.

II. — L'homme moral est d'abord soumis à l'influence de son tempérament physique, qui est lui-même déterminé par des causes extérieures (climat, hérédité, etc.); l'homme est façonné aussi par l'éducation, par le milieu social où il vit, et ces circonstances déterminent ses actions : tel est le *déterminisme externe*.

Le *déterminisme interne* soutient que les résolutions sont déterminées par un motif prépondérant, lequel dépend, à son tour, de dispositions morales antérieures.

III. — Enfin le libre arbitre ne se concilierait pas avec les attributs de Dieu. Comment l'homme pourrait-il se décider autrement que Dieu ne l'a prévu et en dehors de sa souveraine volonté?

IV. — Dieu étant incompréhensible, nous ne pouvons savoir s'il ne lui a pas été possible de concilier sa toute-puissance et sa prescience avec l'indépendance relative de l'homme. On ne peut, sans imprudence, mêler la théologie à la morale.

V. — Les objections déterministes renferment une part de vérité : la liberté est limitée par diverses influences. Mais la liberté limitée est encore la liberté. D'ailleurs, l'homme peut combattre et modifier ces influences.

L'homme se détermine, il est vrai, par les motifs qui se présentent à son esprit; mais ces motifs sont dans l'esprit lui-même. Ils doivent leur force à la volonté.

L'acte libre a une cause comme les autres phénomènes; cette cause est la liberté. Le déterminisme scientifique et la liberté ont leur domaine propre, et peuvent être vrais simultanément.

En résumé, aucune objection n'est décisive et ne prévaut contre le témoignage direct de la conscience.

TROISIÈME LEÇON

DEUXIÈME CONDITION DE LA MORALITÉ

Sommaire. — I. L'objet de la liberté. — II. Les motifs d'action. — III. Caractères des motifs d'action : le plaisir, l'intérêt et l'honnête. — IV. L'obligation morale ou le devoir. — V. Le bien ou la perfection morale. — VI. L'idéal moral. — VII. Conscience morale.

I. — On ne peut vouloir sans vouloir quelque chose ; la volonté doit avoir un *objet*.

Cet objet existe en nous à titre d'idée ; mais il est, en un sens, distinct de nous. L'objet de la liberté ne se confond donc pas avec la liberté qui est en nous.

II. — Trois objets principaux peuvent solliciter la volonté : 1° le *plaisir* ou l'*agréable ;* 2° l'*intérêt* ou l'*utile ;* 3° le *devoir* ou l'*honnête*. Ces objets sont des *motifs d'action*.

Un enfant couvert de sueur a soif : s'il boit imprudemment de l'eau glacée, il cède au *plaisir ;* si, au contraire, il s'abstient, c'est dans son *intérêt*. Le chevalier d'Assas s'exposant à une mort certaine pour ne point trahir sa patrie, a été guidé par le *devoir*.

III. — Le *motif du plaisir* exclut toute réflexion. Il ne peut être le motif unique de toute notre conduite.

Le *motif intéressé* consiste à sacrifier un plaisir, à supporter une peine en vue d'une satisfaction importante. Ce principe n'est pas mauvais en soi ; il ne deviendrait tel que s'il détournait la volonté du motif du devoir ou motif moral.

Le caractère essentiel du *motif moral* est l'obligation.

IV. — L'*obligation morale*, ou le *devoir*, s'impose comme un *ordre*, mais non comme une *contrainte*. L'homme reste libre en face du devoir.

De plus, le devoir s'impose *sans condition*. C'est un *impératif catégorique*.

L'accomplissement sans réserve du devoir est la plus haute perfection que l'homme puisse atteindre.

V. — La *perfection morale*, c'est-à-dire le *bien*, réside surtout dans le *bon vouloir*, qui dépend de nous. L'*intention*, qui accompagne les actes, a seule un caractère moral. Ainsi l'opulent qui fait des largesses par ostentation, ou pour se créer des partisans, n'est pas guidé par le devoir, et n'a pas une conduite moralement bonne. Mais l'intention ne suffit pas; il faut y joindre l'effort.

VI. — Pour tendre vers la perfection, l'homme doit d'abord en avoir l'idée : cette idée, c'est l'*idéal moral*, c'est-à-dire la perfection d'une volonté toujours et absolument conforme au devoir, la perfection d'une âme à laquelle ne manquerait aucune des vertus qui résultent de cette perpétuelle conformité. L'idéal moral s'épure et s'élève à mesure que se développe la civilisation. Le sauvage n'a pas le même idéal que le civilisé, ni le chrétien que le Grec de l'antiquité.

VII. — La *conscience morale* présente à chacun de nous un idéal de conduite, comme *devant être* réalisé dans la mesure de nos forces. La conscience est donc une lumière intérieure qui nous indique ce qu'il faut faire, ou ce qu'il ne faut pas faire. C'est aussi un juge qui approuve ou désapprouve les actions accomplies. De même que l'idéal, la conscience est susceptible de progrès et d'éducation.

QUATRIÈME LEÇON

LA LOI MORALE

SOMMAIRE. — I. La loi morale. — II. Caractères de la loi morale.

I. — *La loi morale est l'obligation de conformer sa volonté et, autant qu'on le peut, sa conduite, à ce que la conscience déclare être le bien.*

Mais la conscience peut être obscurcie par l'intérêt, les passions et l'ignorance, et produire les plus grands maux : témoin les horreurs de l'Inquisition et des guerres religieuses. Nous avons donc, en outre, le devoir de l'éclairer et de l'épurer en réfléchissant, en nous instruisant et en demandant des conseils.

II. — La loi morale, outre l'obligation, a les caractères suivants :

Elle est *absolue*, c'est-à-dire qu'elle n'est subordonnée à aucune autre, et que tout doit lui être sacrifié si elle l'ordonne ;

Elle est *claire*, même dans les cas douteux où le devoir consiste à chercher quel est le devoir ;

Elle est *universelle*, ce qui veut dire qu'elle s'impose à toute créature raisonnable et libre ; elle n'émane point d'un décret divin arbitraire, mais de la volonté de Dieu conforme à sa suprême raison ;

Enfin la loi morale est *immuable*. Il n'y a pas contradiction entre ce caractère et le progrès constaté dans la conception de l'idéal moral, à mesure que se développe la civilisation. L'idéal conçu se présente toujours comme *devant être* voulu et réalisé autant que possible. Donc le rapport entre l'idéal et la volonté demeure constant, c'est-à-dire immuable.

D'autre part, c'est l'intention qui fait le mérite des actes, les actes en eux-mêmes n'ont pas de caractère moral.

Ces distinctions permettent d'expliquer les exemples qui semblent en contradiction avec le caractère d'immutabilité de la loi morale.

Les ouvrages que nous ont laissés les anciens, en Grèce, à Rome et chez les Orientaux, prouvent d'ailleurs que les traits essentiels de l'idéal moral ont été à peu près les mêmes à toutes les époques.

CINQUIÈME LEÇON

LA RESPONSABILITÉ — LE MÉRITE ET LE DÉMÉRITE

Sommaire. — I. La responsabilité. — II. Conditions qui diminuent ou suppriment la responsabilité. — III. La responsabilité des criminels. — IV. Le mérite et le démérite.

I. — La *responsabilité* est la conséquence de la liberté et de la conscience du bien et du mal.

Elle croît ou décroît selon le degré de liberté de l'agent, et aussi selon que sa conscience est plus ou moins éclairée et développée.

Les enfants et les fous ne sont pas responsables.

II. — La responsabilité n'existe pas non plus pour les actions accomplies dans des accès de délire, de somnambulisme, de fièvre chaude, etc.

Il n'en est pas de même des actions faites sous l'empire des passions et des habitudes, de la colère et de l'ivrognerie, par exemple. D'abord la volonté a quelque pouvoir sur ces mobiles; ensuite on aurait pu et dû ne pas leur laisser prendre un empire absolu. L'ignorance et le défaut d'éducation ne sont excusables que dans une certaine mesure.

III. — La doctrine qui prétend décharger les criminels de toute responsabilité, parce qu'ils seraient naturellement et par hérédité organisés pour le crime n'est rien moins que prouvée. D'ailleurs une tendance innée ne supprime pas complètement la liberté, ni par suite la responsabilité.

La responsabilité d'un acte accompli par un sujet hypnotisé incombe à l'auteur de la suggestion. Le *sujet* est également responsable, s'il a consenti à l'expérience, sachant qu'elle aurait pour résultat de livrer sa liberté à la merci d'une volonté étrangère. Le premier devoir d'un homme libre est de se maintenir libre.

IV. — Le *mérite* et le *démérite* découlent de la responsabilité. Un sentiment impérieux de justice exige que celui qui a fait librement le bien obtienne le bonheur, c'est-à-dire soit récompensé; et que celui qui a fait volontairement le mal éprouve de la peine, c'est-à-dire soit puni.

Ces idées de mérite et de démérite ne sont pas en désaccord avec le désintéressement, qui caractérise le bien moral. L'homme vertueux ne demande point son salaire; mais la conscience humaine et la justice éternelle le réclament pour lui.

SIXIÈME LEÇON

SANCTIONS DE LA LOI MORALE

SOMMAIRE. — I. La satisfaction intérieure. — II. Le remords. — III. Bonne et mauvaise santé. — IV. L'estime et le mépris. — V. Sanctions des lois pénales. — VI. Sanction supérieure : la vie future et Dieu.

I. — On appelle *sanction* d'une loi un système de peines ou de récompenses attachées à la pratique ou à la violation de cette loi.

La morale a aussi ses sanctions.

Quand nous avons suivi l'impulsion de notre conscience, nous éprouvons une *satisfaction intérieure* d'autant plus vive que le sacrifice a été plus grand. Toutefois les joies de la conscience ne compensent pas toujours les efforts ou les sacrifices commandés par le devoir. Ce serait d'ailleurs rabaisser le devoir que d'en faire, dès cette vie, la condition unique du bonheur.

II. — Quand l'homme a violé la loi morale, il éprouve une souffrance appelée *remords*, dont l'intensité est proportionnelle à la gravité de la faute commise. Plusieurs écrivains ont fait une peinture terrible du remords. Mais, si poignant qu'il soit, il n'est pas une expiation suffisante. Il finit même par s'affaiblir et s'éteindre chez les personnes qui ont l'habitude du mal.

III. — Une vie réglée et honnête est récompensée par la *santé*. Les *maladies*, et quelquefois la mort prématurée, punissent les hommes livrés aux passions sensuelles. Mais ces sanctions sont loin d'être constantes. Ainsi, il peut arriver que l'homme vertueux soit condamné à la maladie et à la souffrance par son tempérament, et qu'une constitution robuste permette à l'homme vicieux de se livrer impunément à tous les excès.

IV. — L'*estime* qui s'attache au mérite et le *mépris* encouru par les malhonnêtes gens constituent une autre sanction. De sérieux avantages moraux et matériels résultent d'une bonne réputation; l'ignominie, la ruine, peut-être, peuvent être la conséquence d'une réputation mauvaise. Néanmoins cette sanction n'est pas non plus entièrement suffisante, parce que l'opinion publique peut se tromper dans ses jugements et qu'elle ne s'applique guère qu'aux actions extérieures. Les intentions lui échappent souvent. D'autre part, les personnes perverses, « qui ont bu toute honte », ne sont plus sensibles au mépris.

V. — Les sanctions des *lois pénales* sont encore plus insuffisantes. Les lois ne récompensent guère les bonnes actions, et ne punissent les mauvaises que lorsqu'elles sont manifestement nuisibles à la société. De plus, les juges ne sont pas infaillibles.

VI. — Conclusion :

Les sanctions humaines étant impuissantes à récompenser tout le bien et à punir tout le mal, et, par suite, à satisfaire notre besoin inné de justice, il faut une sanction suprême dans une autre vie.

L'immortalité de l'âme et l'existence de Dieu, juge souverain et infaillible, et modèle de toutes les perfections, sont réclamées par la raison et par la conscience morale.

QUATRIÈME PARTIE

(MORALE PRATIQUE — APPLICATIONS)

I

LA FAMILLE — SES DEVOIRS

SEPTIÈME LEÇON

LES DEVOIRS — LES VERTUS — DEVOIRS DOMESTIQUES

SOMMAIRE. — I. Les devoirs, les vertus. — II. Classification des devoirs et des vertus. — III. Devoirs domestiques. La famille : son importance morale et sociale. — IV. Principaux types de la famille. — V. Devoirs des époux entre eux.

I. — Les *devoirs* sont les applications particulières du *Devoir*. La *Vertu* est l'habitude qui résulte de la pratique du devoir. Les *vertus* sont les habitudes résultant de la pratique constante des devoirs.

Conformément à l'étymologie du mot, la vertu est une *force*. C'est la volonté luttant pour le devoir. Pour cette raison, la vertu est méritoire.

Le mérite n'est pas supprimé par l'habitude, qui rend le bien plus facile à pratiquer. Il reste le mérite d'avoir acquis la vertu. D'autre part, la volonté peut et doit toujours combattre, pour conserver les positions conquises et y ajouter de nouvelles conquêtes.

II. — Division des devoirs de l'homme :

1° Il vit d'abord dans sa famille, de là des devoirs *domestiques;*

2° Il est en relation avec les hommes en général, d'où résultent des devoirs *sociaux;*

3° Il a des devoirs envers les *animaux,* qui sont aussi des êtres sensibles, et, dans une certaine mesure, intelligents;

4° Il fait partie d'un groupe dans l'humanité, appelé nation, ce qui lui impose des devoirs *civiques;*

5° Il doit respecter et développer en lui les facultés qui constituent la dignité humaine : ce sont là les devoirs *personnels;*

6° Enfin l'homme s'élève par la pensée et l'amour jusqu'à Dieu, d'où découlent des devoirs *religieux.*

A chacun de ces devoirs divers correspondent des vertus de même ordre.

III. — La *famille* est une société *naturelle,* et non point une invention des hommes, un produit de la civilisation. C'est une image réduite de la grande société, et une école où se fait l'apprentissage de toutes les vertus sociales.

IV. — L'histoire nous fait connaître deux types principaux de la famille : la famille *polygame* et la famille *monogame.* Le premier est un type inférieur, que les races civilisées ont proscrit. Le second est le seul qui soit réellement conforme à la dignité comme aux intérêts essentiels des différents membres de la famille.

V. — Le *mariage* est un acte solennel et grave, que la loi et les religions consacrent, et qui impose les plus sacrés des devoirs.

Avant le mariage, le jeune homme et la jeune fille doivent s'attacher à posséder les qualités qui assurent le bien-être et le bonheur dans le ménage. La sympathie des caractères et les vertus morales doivent passer avant les attraits extérieurs et la richesse. Néanmoins, il importe que les âges et les fortunes ne présentent pas de trop fortes inégalités.

Pendant le mariage, les principaux devoirs des époux sont l'affection, la confiance et la fidélité. L'*affection* persistera, même quand l'un des conjoints cesserait momentanément de la mériter. La *fidélité* est aussi obligatoire pour l'époux que pour l'épouse.

Le mari est, de par la nature et la loi, le chef de la famille. Son autorité sera douce et raisonnable, et n'aura pas de peine à se faire accepter par la femme, unie à lui par une communauté de volontés, de sentiments et d'intérêts.

HUITIÈME LEÇON

DEVOIRS DES ENFANTS ENVERS LEURS PARENTS

Sommaire. — I. Préliminaires. — II. Piété filiale. — III. Obéissance et respect. — IV. Autres devoirs envers les parents. — V. Devoirs à l'égard des grands-parents. — VI. L'esprit de famille.

I. — Les devoirs des enfants envers leurs parents sont la conséquence des nombreux bienfaits qu'ils en reçoivent. En premier lieu, ils leur sont redevables de la vie, qui est un grand bien, quoi qu'en disent les pessimistes.

II. — Les parents sont les représentants de la Divinité. Aussi le sentiment qui unit les enfants aux parents s'appelle-t-il *piété filiale*. La piété filiale implique l'amour, la reconnaissance et le respect.

L'*amour* est d'abord naturel et spontané : la réflexion en fait un devoir, et provoque aussi la *reconnaissance*.

III. — Ces sentiments disposent en outre à l'*obéissance*. La vraie obéissance est celle où l'esprit, le cœur et la volonté sont d'accord pour exécuter et même prévenir les ordres des parents.

Le fils, devenu à son tour chef de famille, n'a plus guère à pratiquer l'obéissance; mais les autres devoirs subsistent, même à l'égard des parents ayant des fautes à se reprocher. Il n'appartient pas à leurs enfants de les juger ni de les mépriser.

IV. — Un autre devoir est l'*assistance* : les enfants doivent subvenir à tous les besoins de leurs parents, quand ceux-ci sont privés de ressources. Ce devoir sera accompli avec empressement et délicatesse.

V. — Les devoirs ci-dessus seront pratiqués à l'égard des grands-parents. Les rapports entre ceux-ci et les petits-enfants impliquent une douce familiarité qui leur donne beaucoup de charme.

VI. — Les enfants cultiveront l'*esprit de famille*. Ils auront à cœur d'ajouter par leurs propres vertus au patrimoine d'honneur légué par leurs ancêtres.

NEUVIÈME LEÇON

DEVOIRS DES PARENTS ENVERS LES ENFANTS
DEVOIRS DES FRÈRES ET SŒURS

Sommaire. — I. Devoirs envers les enfants. — II. L'éducation. — III. L'exemple. — IV. L'instruction. — V. Devoirs des frères et sœurs entre eux.

I. — Les jeunes époux ont dû, antérieurement au mariage, se préparer, par la réflexion et l'étude, à remplir leurs devoirs de père et de mère.

Ils doivent d'abord *nourrir* leurs enfants et leur donner, avec intelligence tous les *soins physiques*.

II. — Vient ensuite l'*éducation morale* qui se fait par le précepte et par l'exemple. Le système des *conséquences naturelles*, cher à Rousseau, employé exclusivement serait insuffisant et dangereux. Il a le défaut essentiel de soumettre l'enfant à des sanctions qui ne sont pas proportionnées à la gravité de la faute, ne tiennent aucun compte de l'intention bonne ou mauvaise, et conduiraient au culte exclusif de la force aveugle et brutale.

Voici les principales règles de l'éducation par le *pré-*

cepte : les ordres et les conseils seront, quand cela sera possible, accompagnés d'explications qui éclaireront la conscience de l'enfant; — toute désobéissance volontaire sera suivie de la punition annoncée; — les parents auront de la fermeté, et sauront résister à leur propre tendresse, comme aux instances de l'enfant; — une fois leur autorité bien établie, ils pourront pardonner quand ils seront en présence d'un sincère repentir; — ils développeront surtout l'énergie de la volonté, et éviteront les dangereuses exagérations du système de l'*éducation attrayante*; l'éducation de la volonté sera complétée par la culture de la sensibilité morale et esthétique.

III. — Les enfants sont imitateurs. Ils sont surtout portés à imiter leurs parents, qui sont à leurs yeux des êtres infaillibles. Il en résulte, pour ceux-ci, l'obligation de surveiller leur conduite, de façon à donner toujours le *bon exemple*. La retenue des parents n'empêchera pas dans la famille une douce intimité, très compatible d'ailleurs avec le respect dont les enfants ne doivent jamais se départir.

IV. — Enfin, les parents sont obligés de donner ou de faire donner à l'enfant une *instruction* en rapport avec leurs ressources et leur condition. Le minimum est l'instruction obligatoire légale, qui se donne dans les écoles primaires élémentaires.

La loi sur l'obligation ne viole pas la liberté des parents, comme on l'a dit à tort. D'ailleurs leur droit n'est pas seul en cause. Il y a aussi, pour l'enfant, le droit à l'instruction, qui fera de lui un homme et un citoyen, et, pour l'État, le devoir de protéger la société contre les dangers de l'ignorance.

Plus tard, quand les enfants auront à choisir une carrière et à fonder une nouvelle famille, les parents leur viendront en aide par des conseils, des secours, et au besoin par leur autorité, sans toutefois entraver la liberté des jeunes gens. Les conflits ne sont guère à craindre dans les familles où la tendresse réciproque a réalisé par avance et pour toujours l'harmonie des volontés.

V. — Les devoirs entre *frères et sœurs* sont motivés par une communauté de sentiments et d'intérêts très naturels et très forts.

Les aînés doivent aux jeunes, outre l'affection, la protection et le bon exemple. Si les parents viennent à manquer, c'est à l'aîné des enfants que reviennent l'autorité et les obligations de chef de famille En retour, les cadets leur doivent de la déférence et quelquefois de la soumission.

La sœur, qui comprend bien son rôle dans la famille, aura, aux yeux de ses frères, un caractère analogue à celui de la mère elle-même, et, comme la mère, sera aimée et vénérée.

II

DEVOIRS SOCIAUX

DIXIÈME LEÇON

RESPECT DE LA PERSONNE DANS SA VIE ET DANS SA LIBERTÉ

Sommaire. — I. Inviolabilité de la personne. Le droit. — II. Devoir de légitime défense. — III. Respect de la personne dans sa liberté. — IV. L'esclavage antique. — V. L'esclavage moderne. — VI. Le servage. — VII. Liberté des enfants mineurs. — VIII. Liberté des salariés.

I. — La personne humaine est sacrée et inviolable comme la loi morale, qu'elle conçoit et doit pouvoir pratiquer.

L'*inviolabilité de la personne humaine* est le fondement du droit.

Le droit est le pouvoir de vouloir et de faire tout ce qui ne viole pas directement la personne morale et la liberté d'autrui.

L'homme a d'abord le droit et le devoir de vivre.

II. — Il en résulte le droit ou plutôt le devoir de *légi-*

time défense, que l'homme exerce quand sa vie est injustement attaquée; il vaut mieux sacrifier la vie d'un malfaiteur que celle d'un honnête homme.

La société exerce le même droit en temps de guerre et lorsqu'elle condamne à mort les assassins. La vie de l'ennemi désarmé est sacrée.

En dehors des cas de légitime défense, la vie physique de l'homme doit être respectée dans son intégrité.

III. — Respecter la *liberté de nos semblables* est aussi obligatoire que de respecter leur vie. La liberté dont il s'agit ici, est celle par laquelle chacun peut, dans la mesure où il ne cause aucun tort à autrui, faire de son activité physique et intellectuelle l'usage qui lui convient.

IV. — *L'esclavage* est l'atteinte la plus grave qui puisse être portée à cette liberté. L'esclave, dans l'antiquité, est considéré comme une chose, un instrument vivant. L'esclavage, particulièrement rigoureux chez les Romains, vers la fin de la République et les premiers temps de l'Empire, s'adoucit peu à peu sous l'influence du stoïcisme et de l'esprit chrétien.

V. — Les nations chrétiennes firent renaître *l'esclavage* au XVIe siècle. L'histoire de l'esclavage en Amérique est un tissu d'horreurs. Las Casas, Montesquieu, Condorcet protestèrent en vain, les colons ne voulurent rien entendre. Wilberforce fit en 1787 au Parlement anglais sa première motion contre la traite des nègres. L'affranchissement des esclaves des colonies anglaises n'eut lieu qu'en 1838. L'esclavage dans les colonies françaises fut aboli en 1793 par un décret de la Convention; mais il n'a définitivement disparu qu'en 1848. L'honneur en revient principalement à Schœlcher. La guerre de Sécession aux États-Unis y a fait cesser l'esclavage. Les derniers esclaves, ceux du Brésil, ont été affranchis en 1888.

VI. — Le *servage* fut une forme adoucie de l'esclavage. Les serfs échangeaient leur liberté contre la protection des puissants. Le serf était *attaché à la glèbe*, il ne pouvait pas quitter la terre qu'il cultivait et on le vendait avec elle. L'affranchissement des serfs fut favorisé par l'émancipation des communes et les croisades. Les derniers serfs français furent ceux de l'abbaye de Saint-Claude, dans le Jura, au XVIIIe siècle. Voltaire fit réformer en partie la contume féodale qui permettait ce monstrueux abus, que la Révolution abolit.

L'esclavage et le servage portent atteinte à la dignité de la personne humaine ; réduire un homme à l'état d'instrument est l'un des plus grands crimes qui puissent être commis contre la justice.

VII. — Le respect de la liberté humaine consiste à ne pas abuser de ceux qui ne peuvent se protéger eux-mêmes.

L'*enfant mineur* ne jouit pas de la liberté civile, il est sous la tutelle de ses parents, qui ont le droit de le faire travailler à partir de l'âge de treize ans, à sa sortie de l'école. Un labeur excessif et les mauvaises fréquentations sont à craindre ; si le père ou le patron ne prennent pas les précautions nécessaires, la loi les prend à leur place et contre eux : fixation du nombre d'heures de travail, interdiction du travail de nuit, etc.

La liberté et le droit de l'enfant sont sauvegardés par l'autorité publique. Imposer aux enfants un labeur sans mesure est un crime, on risque d'abâtardir la race et de priver la patrie de citoyens vigoureux et de soldats robustes.

VIII. — Les salariés adultes peuvent protéger eux-mêmes leur liberté. Les patrons n'exigeront pas plus de travail qu'il n'a été stipulé, à moins d'une compensation ; ils s'abstiendront de porter atteinte à la liberté de penser de ceux qu'ils emploient, ils n'imposeront pas à leurs ouvriers l'obligation de voter pour tel candidat et d'assister aux cérémonies d'un culte. C'est assumer une grave responsabilité que de mettre un homme en demeure de choisir entre ses moyens d'existence et une action que sa conscience réprouve. C'est de plus compromettre l'ordre social.

ONZIÈME LEÇON

LE RESPECT DE LA PERSONNE DANS SON HONNEUR

Sommaire. — I. L'honneur et la réputation. — II. La calomnie. — III. La médisance. — IV. La délation. — V. L'envie. — VI. L'émulation.

I. — L'*honneur* et la *réputation* font partie intégrante de la personnalité, et doivent être respectés au même titre. Jouir d'une bonne réputation, passer pour un homme intelligent et honorable, est, d'autre part, un avantage dont on ne saurait exagérer l'importance. Ces biens précieux sont attaqués principalement par la calomnie et la médisance.

II. — La *calomnie* invente de toutes pièces le mal dont elle charge un innocent. Elle est basse et criminelle. Elle a tout l'odieux et toute la lâcheté de l'assassinat. Les effets en sont toujours funestes.

III. — La *médisance* n'invente pas le mal qu'elle colporte ; mais elle est également pernicieuse, même quand les intentions du médisant ne sont pas absolument malveillantes.

Non seulement il ne faut pas médire, mais il faut encore décourager la médisance par une attitude réservée, et, au besoin, par des protestations énergiques. Il n'y aurait ni calomniateurs ni médisants, si ceux-ci ne rencontraient pas de complices.

Ce n'est pas médire que d'attaquer *ouvertement* les vices, dans l'intérêt de la sécurité et de la moralité publique.

IV. — Dénoncer un crime aux magistrats, c'est accomplir un devoir social strict ; mais révéler, sous l'empire d'un sentiment mauvais, une violation de la loi qui n'est pas sérieusement préjudiciable, c'est commettre une action basse appelée *délation*. La délation est très blâmable chez les écoliers. Les instituteurs surtout éviteront d'en faire un moyen disciplinaire.

V. — L'*envie* est ce sentiment de tristesse que fait éprouver le bonheur ou la supériorité d'autrui. C'est un sentiment méprisable, qui dégrade l'homme et le rend très malheureux.

VI. — On ne confondra pas l'envie avec l'*émulation*, qui, au contraire, nous dispose à nous réjouir de la supériorité d'autrui, et à faire effort en même temps, pour l'égaler, et, s'il se peut, la surpasser. Elle est la condition de tout progrès, et la forme la plus délicate du respect dû à la personne humaine.

C'est à tort que certains pédagogues voudraient proscrire l'émulation.

Les devoirs précédemment exposés subsistent même à l'égard des morts. Outrager leur mémoire, et révéler leurs faiblesses sans nécessité, c'est encore offenser la personne humaine.

DOUZIÈME LEÇON

RESPECT DE LA PROPRIÉTÉ — CARACTÈRE SACRÉ DES PROMESSES ET DES CONTRATS

Sommaire. — I. Fondement du droit de propriété. — II. Droit de tester et d'hériter. — III. Le vol. La fraude. — IV. Le mensonge. — V. Promesses et contrats.

I. — L'homme a besoin de la *propriété* pour vivre. Le *vol* est indirectement un attentat à la vie de nos semblables et à leur personne morale, dont l'une des manifestations est l'activité productive, ou le travail. Le *droit de propriété* a son fondement dans le *droit du premier occupant* et surtout dans le *travail*. La chose utile produite par l'activité de l'homme est comme une extension de sa personnalité. Elle est inviolable.

II. — Le droit de propriété a pour conséquence le droit de *tester* et d'*hériter*.

III. — La *fraude* est le vol accompagné de ruse et d'hypocrisie. Ces circonstances la rendent quelquefois plus coupable que le vol ordinaire. Exemples de fraudes : le marchand qui trompe les consommateurs sur la qualité de sa marchandise, le financier qui répand de fausses nouvelles dans l'intérêt de ses spéculations. C'est également commettre un vol que de s'approprier la chose *trouvée*.

Un préjugé, malheureusement très répandu, prétend que *voler l'État ce n'est pas voler*. Erreur funeste ! Celui qui fraude en matière d'impôts (douanes, octroi, droits d'enregistrement, etc.) commet un mensonge, cause un dommage à la société civile et politique, et un dommage particulier au bon citoyen qui paye l'impôt pour lui, car il faut toujours que les caisses de l'État se remplissent ; enfin il donne l'exemple de la désobéissance à l'autorité légale.

IV. — La fraude se complique presque toujours de *mensonge*. Mentir c'est voler à autrui la vérité à laquelle il a droit.

La justice et la charité nous obligent parfois à ne pas dire *tout* ce que nous pensons. D'autres fois, au contraire, nous devons faire connaître *toute la vérité*, par exemple dans les témoignages en justice. Mais, toutes les fois que nous parlons, nos paroles doivent être d'accord avec nos pensées.

Le mensonge n'est pas seulement une faute envers autrui ; il dégrade la dignité humaine dans la personne qui le commet ; il est souvent une bassesse et une lâcheté ; dans tous les cas, il fait perdre la confiance : le menteur ne compte plus comme personne morale.

Le mariage, les promesses, les contrats, les traités diplomatiques reposent essentiellement sur la sincérité de la parole humaine.

V. — Une *promesse* est l'expression d'une volonté qui s'engage envers une autre pour l'avenir ; un contrat est un engagement libre et réciproque de deux volontés.

Promesses et contrats sont également sacrés. Il ne faut

pas s'engager à la légère, et sans avoir la certitude de pouvoir s'acquitter. De plus, l'objet des engagements pris doit être moral et licite.

Le *machiavélisme*, c'est-à-dire le mensonge et la mauvaise foi dans les relations diplomatiques, est aujourd'hui flétri.

On ne saurait non plus trop s'élever contre les *restrictions mentales*, derrière lesquelles se cachent aussi le mensonge et la mauvaise foi.

TREIZIÈME LEÇON

JUSTICE — ÉQUITÉ — RECONNAISSANCE BIENVEILLANCE ET BIENFAISANCE SOLIDARITÉ — POLITESSE

Sommaire. — I. La justice. — II. La bienveillance. L'équité. — III. La reconnaissance. — IV. La bienfaisance. — V. La solidarité. — VI. La politesse.

I. — La *justice* est l'obligation de respecter la personne et tous ses droits. Elle a pour formule la fameuse maxime : « Ne faites pas à autrui ce que vous ne voudriez pas qu'on vous fît à vous-même. »

La justice doit être complétée par la bienveillance.

II. — La *bienveillance* est une disposition à aimer ses semblables et à vouloir leur faire du bien.

Quand la bienveillance se mêle à la stricte justice, celle-ci devient l'*équité*.

C'est être équitable que de tenir compte dans les jugements des circonstances qui peuvent atténuer une faute ; que d'accorder des délais à un débiteur pour les payements, afin d'éviter à lui et à sa famille la ruine et le désespoir.

Celui qui a été l'objet de la bienveillance d'autrui, doit en retour de la reconnaissance.

III. — La *reconnaissance*, de même que l'équité, est une justice accompagnée d'amour, ou encore le payement par le cœur d'une dette de cœur. Elle est d'abord un sentiment ; mais elle devra aussi, à l'occasion, se manifester par des actes.

Seulement on ne s'acquitte pas de la reconnaissance comme des autres dettes : elle survit même à la restitution des bienfaits reçus. Elle suppose la bienfaisance et la charité.

IV. — La *bienfaisance* est l'habitude de faire du bien à autrui. La *charité* est l'amour du prochain qui donne la volonté et la force de pratiquer la bienfaisance. On ne saurait être bienfaisant sans être charitable, et réciproquement.

La bienfaisance est active, ingénieuse, persévérante, infatigable ; elle est délicate dans ses procédés et ménage 'amour-propre du pauvre ; elle console, en compatissant avec ceux qui souffrent et pleurent.

V. — Le principe des devoirs de charité est la *solidarité humaine*. Les hommes sont liés les uns aux autres par une communauté d'origine, de nature, d'intérêts, de destinée. Contribuer au bonheur d'autrui, c'est travailler à son propre bonheur, c'est réaliser le *progrès*. Le progrès est la diminution du mal physique, comme de l'ignorance et du vice.

VI. — L'amour du prochain et le respect de la dignité humaine engendrent aussi la *politesse*, qualité précieuse qui réprime les tendances égoïstes, rend les relations agréables, et contribue à faire régner la paix parmi les hommes.

QUATORZIÈME LEÇON

DIFFÉRENTES FORMES DE LA BIENFAISANCE

Sommaire. — I. L'aumône. — II. Manifestations de la bienfaisance. — III. Assistance dans le péril. — IV. Le dévouement et le sacrifice.

I. — L'*aumône* consiste à retrancher de son superflu pour soulager les indigents. Elle n'a toute sa valeur que si elle est faite directement. Il faut savoir vaincre ses répugnances et ne pas craindre de pénétrer dans les réduits où s'étale la misère. Ce spectacle est salutaire : il permet de se mieux rendre compte de l'étendue des besoins du pauvre ; il rattache à la vie les pessimistes découragés, qui se trouvent par là en présence de maux plus sérieux que les leurs. L'aumône *directe* est aussi une attention délicate, qui va au cœur du pauvre et adoucit son chagrin.

II. — La bienfaisance se manifeste sous bien des formes : par exemple, elle recueille ou protège les enfants abandonnés, elle procure du travail à ceux qui n'en ont pas, elle instruit les ignorants, elle contribue au développement des institutions de prévoyance, etc.

La vraie charité est ingénieuse, ne se rebute jamais, et se livre au plus noble des prosélytismes.

III. — La bienfaisance nous porte aussi à secourir nos semblables dans le péril. L'amour du prochain donne la force et les soudaines illuminations qui font accomplir des miracles aux jours de danger.

IV. — Alors la charité se montre sous sa forme la plus élevée, celle du *dévouement* et du *sacrifice*. Elle peut aller jusqu'au sacrifice de la vie. Le dévouement est peut-être plus difficile encore, quand il faut renoncer au bonheur dans l'intérêt de l'humanité, ou pour accomplir héroïquement un devoir filial.

Le dévouement est moralement obligatoire, comme les autres devoirs. Celui qui, pouvant sauver son semblable, ne l'a pas fait, crainte de périr, est un lâche.

A plus forte raison les formes inférieures de la bienfaisance sont-elles obligatoires. L'aumône est un devoir strict.

QUINZIÈME LEÇON

DEVOIRS DE L'AMITIÉ — RESPECT DE LA VIEILLESSE, DES SUPÉRIORITÉS MORALES

SOMMAIRE. — I. L'amitié. — II. Devoirs de l'amitié. — III. Respect de la vieillesse. — IV. Respect des supériorités morales.

I. — L'*amitié* est un attachement réciproque de deux ou d'un petit nombre de personnes. Elle a son origine dans certaines sympathies de caractère. Il n'est pas toujours vrai, quoi qu'on en dise, qu'elle naisse de contrastes.

L'amitié véritable ne peut exister qu'entre gens de bien. Elle ne va pas sans l'estime. Elle suppose aussi la confiance. Les vrais amis ne se cachent rien. Ils mettent en commun leurs joies et leurs tristesses, et, au besoin, leurs fortunes.

II. — Les amis se doivent aussi l'assistance morale, c'est-à-dire qu'ils doivent s'éclairer mutuellement sur leurs défauts, sur leurs devoirs, et marcher ensemble dans la voie de la perfection. La jeunesse est l'âge d'or de l'amitié. C'est mauvais signe pour un jeune homme de n'avoir pas d'amis. Une âme bien née sait toujours rencontrer des âmes dignes d'elle.

L'union des âmes honnêtes est féconde en œuvres belles et bonnes, et la société en bénéficie à son tour.

III. — Les personnes qui ont une *supériorité morale* ont

droit à notre respect, parce qu'elles sont la représentation vivante de la loi morale, infiniment respectable.

Parmi ces personnes nous citerons d'abord le *vieillard* qui, par les épreuves et les combats de la vie, et par une longue expérience, a conquis la sagesse.

Il sera l'objet, surtout de la part des jeunes gens, d'un respect filial et presque religieux.

IV. — La *vertu*, la *science*, le *talent* et le *génie* sont d'autres supériorités morales devant lesquelles il faut s'incliner.

Les maîtres ont sur leurs élèves la supériorité du savoir et de l'autorité. Ils font souvent preuve de dévouement et de désintéressement. Pour ces motifs, les élèves doivent seconder leurs efforts et récompenser leur zèle par l'obéissance, la reconnaissance, le respect et la confiance. Ce dernier devoir se concilie fort bien avec le libre examen et l'indépendance d'esprit, que tout bon professeur encourage chez ses disciples.

SEIZIÈME LEÇON

DEVOIRS ENVERS LES ANIMAUX
DEVOIRS RÉCIPROQUES DES MAITRES ET DES SERVITEURS

SOMMAIRE. — I. Devoirs envers les animaux. — II. Devoirs des maîtres envers les serviteurs. — III. Devoirs des serviteurs envers les maîtres.

I. — Les *animaux* ne possèdent point les droits inhérents à la personne humaine. Néanmoins ils ont la faculté de jouir et de souffrir ; de plus, ils nous rendent des services. La compassion et une sorte de justice nous font donc un devoir de les bien traiter et de leur éviter toute souffrance inutile.

D'ailleurs, ce devoir peut se rattacher aux devoirs de l'homme envers lui-même et envers ses semblables. Celui qui est cruel envers les animaux se dégrade et est bien près de devenir dur et méchant pour les hommes.

Pour ces mêmes raisons, la morale condamne les jeux barbares, tels que les combats de coqs et les courses de taureaux.

Il ne faudrait pas tomber dans un excès de sensibilité : l'homme a le droit d'utiliser les animaux comme auxiliaires pour ses travaux, et de les faire servir à sa nourriture.

La vivisection est indispensable aux études scientifiques, mais elle ne doit être pratiquée que dans les cas strictement nécessaires.

II. — Les principaux devoirs des *maîtres* à l'égard des *serviteurs* sont la fidèle exécution des promesses faites et acceptées, les bons traitements en temps ordinaire et les soins en cas de maladie, une disposition à aimer les domestiques et à leur accorder de la confiance, enfin l'éducation, les conseils et le bon exemple. C'est surtout aux enfants que s'impose l'obligation d'avoir des égards envers les serviteurs de la famille. Ceux-ci ont sur eux la supériorité de l'âge et de l'expérience.

III. — En retour, les domestiques s'attacheront à leurs maîtres, serviront leurs intérêts avec zèle et probité. Alors, après des services longs et éprouvés, ils deviendront en quelque sorte membres de la famille à laquelle ils auront voué leur existence.

DIX-SEPTIÈME LEÇON

DEVOIRS PROFESSIONNELS

Sommaire. — I. Professions libérales. — II. Fonctionnaires. — III. Commerçants. — IV. Industriels et patrons. — V. Salariés.

I. — Les *professions libérales* sont celles qui exigent une culture intellectuelle supérieure, telles que celles de l'avocat, du médecin, de l'homme de lettres, de l'artiste.

Le respect scrupuleux du droit et de la justice, dans le choix des causes dont il se charge, s'impose à l'avocat.

Le médecin est tenu au secret absolu sur la nature des maladies qu'il soigne, la loi lui en fait une obligation. En temps d'épidémie il doit exposer sa vie pour donner des soins aux malades. Les plus illustres médecins se font gloire de mesurer le taux de leurs honoraires à la fortune des malades.

L'homme de lettres, l'artiste, doivent s'interdire, dans leurs œuvres, tout ce qui pourrait porter atteinte à la vérité et à la morale.

II. — Les *fonctionnaires* sont les serviteurs de l'État; ils sont tenus à faire leur service régulièrement et consciencieusement: ils doivent respecter leurs chefs hiérarchiques et prendre leur défense dans toutes les occasions.

Le gouvernement doit pouvoir compter sur la fidélité de tous ses agents; un fonctionnaire ne doit pas afficher ou chercher à faire triompher des opinions politiques hostiles à celles du gouvernement qui l'emploie; si ses opinions ne sont pas conformes aux siennes il doit donner sa démission.

III. — La probité s'impose aux *commerçants*, toute fraude, toute falsification est coupable.

Sous prétexte de concurrence, un commerçant n'a pas

le droit de déprécier les articles similaires débités par ses confrères. L'accaparement est permis dans une certaine mesure, mais il est un crime lorsque, dans un but de vile spéculation, il a pour effet d'affamer toute une population.

IV. — Outre le devoir d'observer rigoureusement les clauses des contrats qui les lient avec leurs ouvriers, les *industriels* et les *patrons* ont celui de sauvegarder, autant qu'il est en eux, la santé, la vie, la liberté, la moralité de ceux qu'ils emploient. — Une philanthropie éclairée à l'égard des travailleurs n'est pas moins conforme aux préceptes de la charité qu'aux intérêts bien entendus des patrons eux-mêmes.

V. — Les ouvriers sont tenus de remplir leurs devoirs envers les patrons ; ils leur doivent de la déférence, de la fidélité, du zèle pour la défense de leurs intérêts. Les ouvriers abusent de leur droit quand, sans nécessité, ils dénoncent une grève qui peut conduire leur patron à la faillite ; ils doivent épuiser tous les moyens de conciliation avant de recourir à ce moyen extrême. Les grèves répétées tournent contre l'intérêt des ouvriers et découragent les commandes, qui s'adressent alors à l'industrie étrangère.

III

DEVOIRS CIVIQUES

DIX-HUITIÈME LEÇON

LA PATRIE ET LE PATRIOTISME

Sommaire. — I. La patrie. — II. L'âme de la patrie. — III. Le patriotisme. — IV. Le cosmopolitisme.

I. — La communauté de territoire, de langue, de race, de religion, sont des éléments qui entrent dans l'idée de *patrie;* mais aucun, pris à part, ne constitue la patrie, et n'est indispensable.

Exemples : Les Bretons et les Basques qui parlent une langue si différente de la nôtre, sentent battre leur cœur au seul nom de la France : les catholiques, les protestants, les libres penseurs sont également bon patriotes.

II. — La *patrie* est, avant tout, une personne morale, une mère aimée et vénérable, dont l'histoire nous a, dès l'enfance, fait connaître les gloires, les grandeurs et aussi les douloureuses épreuves.

La patrie n'est pas une pure abstraction : elle est constituée par les générations successives, et ainsi elle est pour chacun de nous, une grande famille qui embrasse les ancêtres et les descendants. Les sentiments humains les plus forts contribuent donc à fortifier l'amour de la patrie.

III. — Cet amour s'appelle le *patriotisme*. Dans l'antiquité il est surtout local et fait de la haine de l'étranger.

Le patriotisme moderne est moins exclusif et moins haineux que le patriotisme antique. Aujourd'hui les nations cherchent à vivre en paix et à travailler de concert à l'œuvre de la civilisation. Un homme peut être excellent patriote sans, pour cela, détester les autres peuples et souhaiter leur ruine.

La haine, néanmoins, peut être un devoir, quand il s'agit de venger la mère patrie flétrie et mutilée par un ennemi abusant sans mesure de la victoire.

IV. — Désirer, dans un vague intérêt humanitaire, l'effacement des frontières et l'abolition de toutes les patries, c'est faire un vœu impie et irréalisable. Il est irréalisable parce que la distinction des nationalités répond à une nécessité, et que chaque peuple a un rôle déterminé dans l'œuvre civilisatrice ; il est impie, parce qu'il dégrade les cœurs et tarit l'une des principales sources du dévouement.

L'amour de l'humanité peut d'ailleurs se concilier avec l'amour de la patrie.

Le *cosmopolitisme* doit donc être condamné comme énervant et égoïste.

Le *drapeau* est le symbole sacré de la patrie. La vue du drapeau fait battre le cœur de tout bon citoyen et lui inspire la résolution de le défendre jusqu'à la mort.

DIX-NEUVIÈME LEÇON

L'ÉTAT ET LES CITOYENS — FONDEMENT DE L'AUTORITÉ PUBLIQUE LA CONSTITUTION ET LES LOIS

SOMMAIRE. — I. Le gouvernement et l'Etat. — II. Deux théories sur le fondement de l'autorité publique : théorie du droit divin. — III. Principe de la souveraineté nationale. — IV. La constitution. — V. Les lois.

I. — L'*État*, c'est l'autorité publique, distincte des citoyens soumis à cette autorité, mais n'ayant ou ne devant avoir en vue que le bien de ces citoyens mêmes.

II. — Le fondement historique de l'autorité publique a été presque partout la force, que l'on a ensuite essayé de légitimer par la théorie du droit divin. Telles furent les monarchies orientales; tel fut le caractère des derniers empereurs romains, telle fut aussi, avec quelques adoucissements, la monarchie absolue en Europe. D'après le droit divin, formulé chez nous par Bossuet, le roi est maître absolu, irresponsable (sauf devant Dieu) de la vie et des biens de ses sujets.

III. — La *souveraineté nationale* est le seul fondement légitime de l'autorité publique. Tous les hommes étant naturellement égaux, on ne saurait admettre, en effet, que Dieu les ait donnés, eux et leurs biens, à un seul. L'égalité de nature implique l'égalité des droits.

IV. — Trois formes essentielles de gouvernement : la *monarchie*, pouvoir d'un seul, peut, si elle n'a pas en vue l'intérêt général, devenir tyrannie; l'*aristocratie*, pouvoir des nobles, devenue oppressive, se change en oligarchie; la *démocratie*, gouvernement populaire, passée dans de mauvaises mains, peut engendrer la démagogie.

On appelle *constitution* la loi fondamentale des pays

libres, qui détermine la forme du gouvernement, les attributs et les limites des différents pouvoirs, le mode de nomination de ceux qui les exercent, la durée du mandat confié aux élus de la nation.

La constitution doit être inviolable, comme la patrie même.

V. — Les lois étant, dans les pays libres, votées par les représentants de la nation, ont droit au même respect que la constitution.

VINGTIÈME LEÇON

LE DROIT DE PUNIR

Sommaire. — I. Le droit de punir et l'utilité sociale. — II. Devoir qu'a la société de protéger ses membres. — III. La société, en punissant, use-t-elle du droit de légitime défense? — IV. Nécessité de l'exemple et de l'expiation; limites où doit se renformer celle-ci. — V. La société, en punissant le coupable, remplit un devoir envers lui.

I. — Le *droit de punir*, que la société s'attribue à juste titre, ne se fonde pas uniquement sur l'utilité sociale. Si les lois pénales avaient pour unique fondement l'intérêt public, on pourrait frapper indifféremment l'innocent ou le coupable, pourvu que la mort de l'un fût reconnue aussi utile que celle de l'autre.

II. — Le droit de punir repose donc, en partie seulement, sur le devoir qu'a la société de *protéger ses membres* contre la violence ou la fraude de quelques-uns. — Il serait même plus exact de dire que la société a le *devoir* de punir.

III. — Le droit de *légitime défense* qu'a la société ne suffirait pas pour justifier le châtiment légal. A vrai dire, la société ne se défend pas ; elle défend ceux de ses membres qui sont injustement attaqués.

IV. — Il est juste que le châtiment du coupable serve de moyen d'intimidation ; car l'intimidation étant nécessaire pour la sécurité sociale, celui-là seul doit servir d'exemple qui, ayant violé la loi morale, a mérité de subir une expiation. — Cette expiation, d'ailleurs, ne doit jamais s'appliquer qu'à des fautes ayant pour résultat la violation d'un droit positif, appartenant à l'un des membres du corps social. De plus, elle doit être rigoureusement bornée au degré de souffrance qui paraîtra indispensable pour produire l'intimidation.

V. — La société en punissant, dans les conditions et la mesure qui viennent d'être indiquées, remplit son *devoir* envers le coupable lui-même qu'elle met en face de sa conscience, et à qui elle ménage un retour vers le bien.

VINGT-UNIÈME LEÇON

DEVOIRS CIVIQUES — L'OBÉISSANCE AUX LOIS

Sommaire. — I. L'obéissance aux lois. — II. Respect de la loi. — III. Obligation de prêter main-forte à la loi. — IV. Sympathie malsaine pour certains criminels.

I. — L'un des principaux *devoirs civiques*, la condition première des autres devoirs, est l'*obéissance aux lois*. Il faut leur obéir, non par crainte des peines édictées contre ceux qui les violent, mais par respect et patriotisme.

D'ailleurs, dans les pays libres, chaque citoyen contribue à faire les lois : leur désobéir serait une contradiction. Il faut obéir même aux lois qui paraissent injustes. Seulement on a le droit d'en poursuivre l'amendement ou l'abolition par les moyens légaux.

II. — Il ne suffit pas d'obéir à la lettre de la loi, on doit encore se conformer à son esprit. *Tourner la loi,* c'est la violer d'une manière hypocrite.

La loi doit être aussi respectée dans sa majesté et son autorité morale; il faut, par conséquent, éviter de la déconsidérer par des critiques légères et souvent mal fondées.

III. — Quand les agents de la force publique sont tenus en échec par la révolte des violateurs de la loi, les simples citoyens ont le devoir de leur prêter main-forte. Ce n'est pas, nous l'avons vu, de la délation que d'aider la justice à découvrir les voleurs et les assassins. S'abstenir par indifférence et égoïsme, par une générosité mal placée, ou par crainte d'une vengeance possible, c'est se faire complice des crimes que pourra commettre encore le malfaiteur impuni. Si tous les citoyens honnêtes étaient courageux et résolus en face des méchants, ceux-ci seraient intimidés et la sécurité publique se trouverait mieux assurée.

IV. — La curiosité qui s'attache aux *causes célèbres* est malsaine et dangereuse pour la société. Le criminel peut inspirer de la pitié, il ne doit pas inspirer de la sympathie.

Il convient aussi, par respect pour la loi, de ne point mettre en doute le droit qu'elle a de punir. La liberté morale implique la responsabilité, et par suite le châtiment.

VINGT-DEUXIÈME LEÇON

RESPECT ENVERS LA MAGISTRATURE — L'IMPOT

SOMMAIRE. — I. Respect des magistrats. — II. Devoirs spéciaux des citoyens envers les magistrats. — III. L'impôt.

I. — Les *magistrats* proprement dits sont les représentants du pouvoir judiciaire. Ils sont les interprètes de la loi, et participent, pour ainsi dire, à son inviolabilité. Ils doivent être respectés dans leurs fonctions, et aussi dans leurs personnes, car ces fonctions exigent de hautes qualités morales.

Par extension, on appelle aussi magistrats tous les dépositaires d'une partie de l'autorité publique. Ils ont droit par là même au respect des citoyens. Il n'est pas d'un bon citoyen de critiquer de parti pris les gens qui sont au pouvoir. Sans doute leurs actes doivent être soumis à la sanction de l'opinion publique ; mais celle-ci doit se montrer modérée et équitable.

II. — La subordination des fonctionnaires les uns aux autres selon les degrés de la hiérarchie, la soumission des citoyens à toutes les prescriptions légales, telle est la condition essentielle de l'ordre public. Pour accomplir son œuvre de conservation sociale et de progrès régulier, l'autorité doit pouvoir s'appuyer sur le respect et l'obéissance volontaire de tous.

III. — Les ressources dont l'État a un besoin impérieux pour payer les fonctionnaires, alimenter les services publics, pourvoir à la défense du sol et de l'honneur national, sont fournies par l'*impôt*, qui est légitime, puisqu'il a été voté par les mandataires de la nation. Le bon citoyen paye scrupuleusement ses impositions, sans récrimination ni mauvaise humeur. Il ne se permet aucune fraude, sachant, comme nous l'avons vu, que la fraude envers l'État est un véritable vol.

VINGT-TROISIÈME LEÇON

LE SERVICE MILITAIRE — LE VOTE

Sommaire. — I. Le service militaire. — II. Devoirs du citoyen en temps de guerre. — III. Devoirs des femmes en temps de guerre. — IV. Le vote. Devoirs électoraux. — V. Conseils aux électeurs.

I. — La patrie est une personne morale, et, comme telle, elle a le droit et le devoir de défendre ses intérêts, son honneur, son existence. Il lui faut pour cela une force armée.

Le *service militaire* doit être bravement accepté et rempli. Ceux qui simulent des infirmités ou se mutilent pour échapper à ce devoir civique sont des lâches.

Les principales vertus militaires sont : la discipline, le zèle, la confraternité, un vif sentiment de l'honneur, le respect de l'uniforme par une bonne conduite, et, particulièrement en temps de guerre, le courage, la patience et l'abnégation poussée jusqu'au sacrifice de la vie.

Les *devoirs militaires* ne se terminent pas avec le service légal. Lorsque la patrie est en danger, les vétérans encore valides doivent reprendre les armes. Les autres citoyens peuvent se rendre utiles dans les ambulances et les services auxiliaires. Ils peuvent aussi soutenir les courages, inspirer la confiance autour d'eux, et s'ils sont pères de famille, envoyer stoïquement leurs enfants au combat. Les mères ont, à cet égard, un beau devoir à remplir.

II. — Les *femmes*, en effet, peuvent, d'une manière touchante et fort utile, servir à leur tour la patrie : elles mettront d'abord dans le cœur de leurs fils les sentiments qui transforment le soldat en héros; puis, si la guerre survient, elles payeront de leurs personnes, pour préparer les équipements et les munitions, pour porter des secours et des consolations aux blessés et aux mourants, etc.

C'est par des services analogues que les fonctionnaires et les magistrats, retenus à leur poste pendant que leurs concitoyens marchent sous les drapeaux, rempliront le devoir militaire. Ce devoir, en cas d'invasion, peut aussi exiger le sacrifice de leur vie, par exemple, quand il s'agit de résister aux menaces de l'envahisseur, de protéger les personnes et les propriétés.

III. — Le *vote* est l'acte par lequel les citoyens choisissent leurs mandataires dans les divers conseils de la nation.

Il est un droit, et aussi un devoir. L'abstention est en elle-même une faute, et, de plus, un mauvais exemple.

Le vote, pour être bon, doit être d'abord désintéressé, c'est-à-dire qu'il faut écarter toute considération personnelle, et choisir les candidats les plus vertueux et les plus capables.

IV. — Cette dernière condition indique que le vote doit, en outre, être *éclairé*. L'électeur cherchera donc à s'instruire : il lira les journaux, assistera aux réunions électorales, en évitant de se laisser séduire par les charlatans et les utopistes ; il demandera conseil aux personnes expérimentées.

V. — Les citoyens instruits, qui sont en situation d'exercer une influence salutaire sur les autres électeurs, doivent leur communiquer leurs lumières, tout en respectant la liberté de chacun.

Le suffrage universel, pratiqué avec intelligence et honnêteté, est la condition la plus efficace du progrès politique et social.

VINGT-QUATRIÈME LEÇON

DEVOIRS DES GOUVERNANTS

Sommaire. — I. Différence entre les fonctionnaires et les gouvernants. — II. Obligation pour les gouvernants d'étudier par eux-mêmes les affaires importantes. — III. Obligation de ne pas se laisser absorber par les détails. — IV. Devoir d'intégrité. — V. Prudence et décision. — VI. Préoccupation des intérêts généraux et permanents du pays. — VII. Les gouvernants doivent servir d'exemple par la dignité de leur vie privée. — VIII. A quelles conditions l'ambition de gouverner est légitime.

I. — Les *gouvernants* ne se confondent pas avec les fonctionnaires. Les gouvernants sont ceux qui dirigent les affaires de l'État, c'est-à-dire les principaux agents du pouvoir exécutif.

II. — Les gouvernants doivent tout d'abord se mettre au courant des affaires importantes qui leur sont confiées.

III. — Ils doivent, de plus, ne pas prétendre régler eux-mêmes tous les détails. Gouverner c'est diriger de haut.

IV. — Leur intégrité doit être absolue; ils sont tenus d'être inaccessibles à la faveur et à l'intrigue. Ils pratiqueront la justice distributive à l'égard des fonctionnaires placés sous leurs ordres. Ils éviteront le népotisme.

V. — Ils doivent joindre la prudence à la décision.

VI. — Ils se préoccuperont, avant tout, des intérêts généraux et permanents du pays, de son progrès intellectuel et moral.

VII. — Ils seront un exemple par la dignité de leur vie privée. L'exemple des puissants a une grande force, et leur vie, exposée à tous les regards, est tenue d'être plus irréprochable encore que celle des simples citoyens.

VIII. — On ne doit pas aspirer au maniement des affaires

publiques si l'on n'y est préparé par l'étude et l'expérience, et si l'on ne se sent pas pour ce rôle des aptitudes spéciales et peu communes.

Lire à cet égard le magnifique entretien de Socrate avec Glaucon, fils d'Ariston [1].

VINGT-CINQUIÈME LEÇON

DEVOIRS DES NATIONS ENTRE ELLES

Sommaire. — I. Notions sur le droit des gens. — II. Devoirs réciproques des nations en temps de paix. — III. Devoirs réciproques des nations en temps de guerre. — IV. Obligations des neutres.

I. — Les nations ont entre elles des rapports analogues à ceux qui unissent les individus. Il en résulte un ensemble de droits, ayant chacun leur devoir correspondant, qui constituent le *droit des gens*.

II. — Voici les principaux devoirs réciproques des nations en *temps de paix* : respect de l'existence, de la propriété et de l'honneur de chaque nation ; inviolabilité des agents diplomatiques ; protection accordée aux étrangers ; extradition des criminels de droit commun ; observation des traités ; interdiction des complots contre les nations voisines ; respect des drapeaux et pavillons, emblèmes de l'honneur des autres nations ; enfin, liberté laissée à chaque peuple par les autres de se gouverner comme il l'entend, pourvu que cette liberté ne porte pas atteinte à la liberté des autres peuples.

1. Pages 263 et suivantes, dans le livre de M. Carrau, *De l'Éducation*. Précis de morale théorique et pratique. Librairie A. Picard et Kaan.

Autres devoirs d'un caractère philanthropique et qu'on pourrait comparer à des devoirs de charité : conclusion de traités de commerce; encouragements donnés aux expositions internationales de l'industrie, aux congrès et aux excursions scientifiques; efforts tentés auprès des nations arriérées pour les élever au niveau général de la civilisation.

III. — Lorsque les différends entre nations ne peuvent être arrangés par les arbitrages et autres moyens diplomatiques, les nations sont malheureusement obligées de se faire justice elles-mêmes par la voie des armes. C'est l'*état de guerre*. Il en résulte de nouveaux devoirs qui ont été précisés par la *Convention de Genève* (1867). Citons les plus importants : déclaration solennelle de la guerre; protection des ambassadeurs ennemis jusqu'à ce qu'ils soient rapatriés; respect des personnes civiles, des parlementaires, des villes ouvertes, des vaisseaux marchands, des belligérants désarmés, etc.; interdiction de certains engins de destruction; soins accordés indistinctement à tous les blessés; bons traitements réservés aux prisonniers de guerre; payement d'indemnités pour les préjudices occasionnés aux propriétés privées, etc.; enfin prompte conclusion de la paix.

IV. — Les nations *neutres* ont le droit de faire respecter leur neutralité, et le devoir de la respecter elles-mêmes en s'abstenant de tout acte d'hostilité.

Elles doivent aussi user de tout leur crédit pour ramener la paix.

IV

DEVOIRS PERSONNELS

VINGT-SIXIÈME LEÇON

DEVOIRS DE CONSERVATION PERSONNELLE LE SUICIDE

Sommaire. — I. L'hygiène et la morale. — II. L'ascétisme. — III. Le suicide.

I. — Le premier devoir de l'homme envers lui-même est de se conserver par la pratique de toutes les règles de l'*hygiène*, dont l'observation devient ainsi une des prescriptions de la morale.

Il convient de revenir aux habitudes des anciens, qui accordaient une grande importance aux exercices du corps. La santé du corps influe puissamment sur celle de l'âme.

Un travail modéré, mais régulier, vaut mieux, au point de vue de la santé et des résultats, qu'une activité fiévreuse et surmenée, qui, dans un bref délai, aboutit à l'impuissance.

II. — L'*ascétisme* est louable quand, sans compromettre la santé et l'intégrité de la vie physique, il se propose de fortifier la volonté et de combattre les passions. Dans tous les autres cas, il est coupable et extravagant.

III. — Le devoir de conservation personnelle est la condamnation directe du *suicide*. Nous n'avons pas le droit de déserter le poste où la loi morale nous a placés.

Ceux qui se sont donné la mort parce qu'ils ont cru ne plus pouvoir supporter le poids de leurs malheurs sont dignes de pitié ; mais on ne peut les approuver. Ils ont manqué de courage. D'ailleurs, il est bien rare que l'homme se trouve dans une situation telle qu'elle ne laisse place à aucune espérance. Enfin, un dernier devoir reste toujours à remplir : celui qui consiste à donner l'exemple de la lutte contre le malheur, ou de la résignation.

Mais le suicide est particulièrement coupable chez ceux qui abandonnent la vie par dégoût, parce qu'ils en ont épuisé hâtivement tous les plaisirs. Il faut accepter la vie, même malheureuse, comme le devoir, c'est-à-dire sans condition.

La foi en l'existence d'une Providence fournit un dernier argument contre le suicide : c'est se révolter contre la volonté divine que de ne pas accomplir jusqu'au bout la destinée qu'elle impose.

VINGT-SEPTIÈME LEÇON

PRINCIPALES FORMES DU RESPECT DE SOI-MÊME

SOMMAIRE. — I. Caractère de l'homme qui se respecte lui-même. — II. Conduite de l'homme qui se respecte lui-même. — III. Le sentiment de l'honneur. — IV. La tempérance. — V. Effets de la tempérance.

I. — *Se respecter*, ce n'est pas admirer ses propres qualités physiques ou intellectuelles, purs dons de la nature ce n'est pas non plus affecter une dignité tout extérieure, pédantesque.

L'homme qui a réellement le respect de lui-même se compare à l'idéal conçu par sa conscience, et cette comparaison lui conseille la modestie pour lui-même, l'indulgence à l'égard d'autrui.

Il ne se permet ni un acte ni même une pensée déshonnêtes. S'arrêtant de préférence sur des pensées agréables, que la raison et la morale approuvent, il entretient en lui la bonne humeur, qui est la santé de l'âme.

Il surveille son langage pour ne laisser échapper aucune grossièreté, pour ne blesser aucune convenance.

II. — L'homme qui se respecte s'abstient de toute démarche humiliante, de toute flatterie ou complaisance servile. Il ne se pose pas volontiers en victime de l'injustice ; mais il sait, au besoin, défendre ses droits. Il est jaloux de son indépendance ; il ne fait pas de promesses qu'il ne pourrait tenir ; il pratique la franchise à l'égard de tous. Sa bonne humeur ne se traduit point par des éclats bruyants, mais il a la gaieté discrète, « le rire des honnêtes gens ».

III. — Le *sentiment de l'honneur* est moralement inférieur au respect de soi-même : les manifestations de ce sentiment dans la vie mondaine, les actions qu'il impose ou approuve, par exemple le duel, l'établissent surabondamment. Mais, éclairé, purifié par l'idée du devoir, il devient le sentiment de la *dignité personnelle*, et se confond avec le respect de soi-même.

Les principales vertus qui sont la conséquence du respect de soi-même, sont la tempérance, la prudence, le courage.

IV. — La *tempérance* est la vertu qui consiste, en général, à combattre les exigences grossières de la sensibilité. Les exigences de la vie physique obligent à boire et à manger, et le plaisir modéré qui accompagne ces fonctions est légitime. Poussé à l'excès, il devient l'ivrognerie et la gourmandise, vices méprisables et dégradants.

La tempérance combat aussi la mollesse et la paresse. Elle consiste également à supporter les privations sans se plaindre et sans trop souffrir.

V. — La tempérance produit d'ailleurs les plus heureux

effets. Elle assouplit le corps et prévient les maladies; elle fortifie la volonté, et, par la volonté, le corps devient le serviteur docile de l'âme, l'esprit triomphe de la matière.

Cette vertu, en prévenant la satiété et le dégoût, est même un assaisonnement délicat pour les plaisirs des sens dont elle combat les excès.

Enfin, grâce à la tempérance, l'homme prolonge son existence, tout en conservant l'intégrité de ses facultés intellectuelles, pour son plus grand bien et pour le bien de sa famille et de la société. La tempérance est comme une démonstration indirecte de la spiritualité de l'âme.

VINGT-HUITIÈME LEÇON

PRINCIPALES FORMES DU RESPECT DE SOI-MÊME (Suite).

SOMMAIRE. — I. La prudence. Comment elle est une vertu. — II. Dispositions et conduite de l'homme prudent. — III. Le courage. — IV. Courage militaire. — V. Courage civil. — VI. Courage pour supporter les épreuves de la vie. — VII. Courage en face de la mort.

I. — La *prudence* consiste à agir conformément à l'intérêt bien entendu. Elle semble relever seulement de la morale utilitaire. Pourtant elle est une vertu, parce que l'intérêt bien entendu ne se confond pas avec l'égoïsme. Il coïncide d'ordinaire avec le devoir et fournit un nouveau motif d'accomplir celui-ci.

II. — La prudence est particulièrement nécessaire aux jeunes gens, qui ont des passions vives et manquent d'expérience. Ils solliciteront des conseils auprès des personnes d'un âge plus mûr, surtout dans des circonstances importantes de leur vie. Cela ne les dispensera point de réfléchir, ni d'apprendre à se diriger eux-mêmes.

La prudence n'exclut ni la générosité ni l'enthousiasme; mais elle préserve des entraînements irréfléchis. Elle assure le triomphe d'une cause juste en inspirant la fermeté, la persévérance et le choix des moyens les plus efficaces.

III. — Le *courage* brave le danger, tandis que la prudence l'évite. La contradiction entre ces deux vertus n'est pourtant qu'apparente. Le vrai courage ne se confond pas avec la témérité; il réfléchit aussi et ne s'engage qu'à bon escient; mais une fois que le devoir a parlé, le courage obéit résolument, sans crainte du péril.

IV. — Le *courage militaire* est à la fois un devoir civique et un devoir personnel. Cette forme du courage est très populaire et très française. Aussi le soldat qui faillit à son devoir sur ce point est-il considéré comme le dernier des lâches.

V. — Le *courage civil* est la vertu du citoyen qui ne se laisse intimider dans la défense de la justice et de la loi ni par les menaces d'un pouvoir tyrannique ni par les violences de l'émeute. Il est peut-être plus rare et plus difficile que le précédent, bien que l'histoire en fournisse des exemples mémorables.

VI. — Une autre forme usuelle du courage est, dans la vie ordinaire, la fermeté et la résignation, qui font supporter, sans se laisser abattre, les nombreuses épreuves, dont personne n'est exempt, telles que les maladies, les revers de fortune, les malheurs de famille, les déceptions de toutes sortes, etc.

Les stoïciens poussaient la résignation jusqu'à l'insensibilité. Ils allaient trop loin, car l'insensibilité rendrait le courage superflu. Il y a plus de grandeur, plus de dignité, dans la souffrance virilement acceptée, que dans l'indifférence passive du stoïcien.

VII. — Enfin l'homme doit se familiariser avec l'idée de la mort, et se préparer à supporter dignement cette suprême épreuve. Il puisera du courage dans la croyance en l'immortalité de l'âme, croyance dont la morale fournit la plus forte démonstration.

VINGT-NEUVIÈME LEÇON

PRINCIPALES FORMES DU RESPECT DE SOI-MÊME (Suite).

Sommaire. — I. Respect de la vérité. — II. Sincérité vis-à-vis de soi-même. — III. Examen de conscience. — IV. Méthode de Franklin.

I. — La dernière forme importante du respect de soi-même est le *respect de la vérité.*

Par le mensonge, l'homme ne manque pas seulement à ses devoirs envers ses semblables : il déshonore dans sa personne la noble faculté d'exprimer ses pensées par la parole.

Le devoir commande le culte de la vérité pour elle-même. Il faut la chercher de bonne foi, et savoir renoncer à toute hypothèse reconnue fausse, dût-il en coûter beaucoup à l'amour-propre

II. — Trop souvent, quand la passion et l'intérêt sont en jeu, l'homme essaye de se prouver par les sophismes que l'action qu'il médite n'est point mauvaise. C'est alors qu'il a besoin de cette précieuse vertu morale : la *sincérité envers soi-même!* Qu'il interroge sa conscience sur les vrais motifs de ses actions, et qu'il sacrifie sans pitié tout désir qui ne serait pas manifestement d'accord avec le devoir.

III. — Une pratique excellente, recommandée par les moralistes anciens et modernes et par les religions, mais que la sincérité envers soi-même peut seule rendre efficace et salutaire, est l'*examen de conscience.*

Il faut se garder, dans cet exercice, de l'excès d'indulgence et de l'excès de sévérité. Les scrupules exagérés peuvent faire perdre le sens moral, ou tout au moins conduire au découragement.

IV. — Les diverses méthodes conseillées pour l'examen de conscience offrent toutes des avantages, si elles sont employées avec persévérance et sincérité. Une des plus ingénieuses, mais qui peut paraître trop minutieuse et trop compliquée, est celle de Franklin. En vertu de la fameuse maxime : « Diviser pour régner », appliquée cette fois à la morale, il s'était attaché à combattre *successivement* les treize défauts ou vices opposés aux treize qualités ou vertus qu'il voulait acquérir. Tous les soirs il faisait sa comptabilité dans ce qu'il a appelé son *calendrier moral*.

TRENTIÈME LEÇON

DEVOIR DE CULTIVER ET DE DÉVELOPPER TOUTES NOS FACULTÉS

Sommaire. — I. Facultés de l'âme. — II. Développement des facultés. — III. Développement de la sensibilité. — IV. Développement des facultés intellectuelles. — V. La mémoire. — VI. L'imagination.

I. — Les facultés sont les différents pouvoirs intérieurs par lesquels se manifeste le *moi*. Il y a trois facultés principales, ou plutôt trois groupes de facultés : la sensibilité, l'intelligence et l'activité libre ou volonté.

La *sensibilité* est la faculté d'aimer ce qui nous procure de la joie et de haïr ce qui nous coûte des souffrances. Elle comprend les désirs, les appétits, les tendances ou inclinations, etc.

L'*intelligence* est la faculté de connaître les objets extérieurs à l'aide des sens, et les phénomènes qui se passent en nous à l'aide de la conscience psychologique. C'est aussi la faculté de concevoir, de comprendre, de juger, de raisonner, etc. ; c'est enfin la *raison*, qui nous fournit les notions premières et les vérités nécessaires.

La *volonté* a été étudiée déjà à propos de la liberté.

II. — Chacune des facultés est susceptible de développement, sous l'empire de la *volonté*. La volonté a, en outre, du pouvoir sur elle-même.

En donnant à chacune d'elles son maximum d'énergie, et en les dirigeant conformément à la loi morale, l'homme réalise la perfection autant que cela est en son pouvoir.

III. — En conséquence, on cultivera avec soin la puissance d'aimer, et l'*amour* ne s'attachera qu'à de nobles objets, tels que la science, la vertu, le beau dans la nature et dans les arts, la famille, la patrie, et par dessus tout la loi morale et son auteur.

IV. — Les *facultés intellectuelles* seront également développées, puis orientées vers les vérités les plus hautes.

Les *sens* seront cultivés pour qu'ils puissent fournir des notions exactes sur le monde extérieur.

On acquerra l'habitude de la *réflexion*, et l'on s'en servira d'abord pour se bien étudier. La fameuse maxime : « Connais-toi toi-même » est le principe de toute sagesse.

V. — La *mémoire* est extrêmement utile. C'est à tort que certains pédagogues voudraient la réduire à un rôle secondaire.

L'enfance est l'époque de la vie la plus propice pour la culture de la mémoire ; mais elle peut être exercée à tous les âges. On ne lui confiera que des choses qui en vaillent la peine.

VI. — Développer l'*imagination* n'est pas moins utile et obligatoire. Cette faculté est la source de jouissances délicates et élevées. De plus, elle joue un rôle considérable dans la vie intellectuelle et morale. Elle est la mère du courage, des grands desseins et des grands efforts, elle inspire les belles-lettres et les arts ; elle entre pour une bonne part dans la constitution du génie.

Mais, comme elle est sujette à des écarts dangereux, elle doit être disciplinée par la raison, réglée par l'idée austère du devoir.

TRENTE-UNIÈME LEÇON

DEVOIR DE CULTIVER ET DE DÉVELOPPER TOUTES NOS FACULTÉS (Suite).

Sommaire. — I. Développement de l'attention, de la réflexion, du jugement, du raisonnement. — II. Développement de la volonté. — III. Abstinence volontaire. Régularité de la vie. — IV. La volonté et l'habitude. — V. Le sage.

I. — Ce qui a été dit des facultés précédentes pourrait se répéter à propos de l'attention, de la réflexion, du jugement, du raisonnement, et, en général, de toutes les opérations de l'esprit : 1° il faut constamment les perfectionner par l'exercice ; 2° il faut les appliquer à des objets qui le méritent.

L'âme humaine, ses destinées, les grandes questions de l'ordre moral et religieux seront surtout l'objet de nos méditations.

II. — Si la volonté intervient efficacement dans la culture des autres facultés, à plus forte raison est-il important de la développer elle-même. *L'éducation de la volonté se fera principalement à l'époque de la vie où le caractère se forme*, c'est-à-dire pendant l'enfance et l'adolescence. Les parents et les maîtres combattront chez l'enfant les passions basses et égoïstes, ils empêcheront la formation des mauvaises habitudes ; ils feront, au contraire, contracter les habitudes de la tempérance et du travail, conditions essentielles de bonheur et de dignité.

III. — Certains moralistes conseillent les *privations volontaires*, et beaucoup de réserve dans la satisfaction des besoins physiques. Il y a là, en effet, une excellente discipline de la volonté ; mais il faut éviter d'affaiblir le corps.

Il est bon aussi d'ordonner la vie au point de vue des repas, du travail, des récréations, du sommeil, etc., et d'exercer la volonté à observer scrupuleusement et constamment les règles qu'elle s'est tracées.

IV. — La *formation des bonnes habitudes*, en diminuant et en supprimant même l'effort nécessaire, dans les commencements, à l'accomplissement du bien, ne rend point inutile l'intervention constante de la volonté, qui aura toujours matière à s'exercer. L'affranchissement de l'âme et son progrès dans la voie de la perfection sont d'ailleurs la récompense de la volonté forte et persévérante.

V. — L'homme dont toutes les facultés sont ainsi portées au maximum d'énergie, et orientées vers l'idée du bien moral, est un *sage*.

TRENTE-DEUXIÈME LEÇON

LE TRAVAIL — SA NÉCESSITÉ

Sommaire. — I. Le travail. — II. L'emphe de l'homme sur la nature. — III. Perfectionnement des facultés par le travail. — IV. Travail manuel. Travail intellectuel.

I. — L'activité appliquée à une œuvre déterminée est le *travail*. Sans le travail, l'homme ne pourrait vivre, et, au point de vue de la conservation individuelle, la nature semble avoir moins fait pour lui que pour les autres êtres vivants.

II. — Mais il a sur eux une immense *supériorité :* tandis que les animaux, guidés seulement par leurs instincts, restent stationnaires, il peut, grâce à son intelligence et à sa volonté, non seulement vivre, mais améliorer sa condition. Les animaux, les plantes, les éléments mêmes, deviennent entre ses mains des instruments de bonheur et de progrès.

III. — Le travail suppose l'application énergique et méthodique de l'activité. Réciproquement le travail développe et augmente la puissance de l'activité. Par le travail, l'homme triomphe de toutes les difficultés; par lui, le plus humble est capable de s'élever au premier rang de la hiérarchie sociale. — Le talent, sinon le génie, est le fruit du travail.

IV. — On distingue ordinairement le travail *manuel* et le travail *intellectuel*. Cette distinction n'a guère sa raison d'être, car le travail manuel suppose l'intelligence ; et, d'autre part, les conceptions de l'intelligence et de l'imagination, celles de l'art, par exemple, ont besoin, pour s'exprimer, du concours de la main.

Autrefois le travail manuel était considéré comme dégradant pour les personnes « de condition libre », et plus tard pour les personnes « de qualité ». Ce préjugé a duré bien des siècles. Aujourd'hui il a disparu : tout travail utile est respectable, chez tous, quel qu'il soit.

Il ne faudrait pas tomber dans le préjugé inverse, et croire que les seuls travailleurs soient ceux qui travaillent de leurs mains. Le travail de l'intelligence est pénible et demande de grands efforts. Dans la société organisée, les magistrats, les savants et les poètes sont aussi nécessaires que les laboureurs et les artisans.

TRENTE-TROISIÈME LEÇON

LE TRAVAIL (Suite). — SON INFLUENCE MORALE

Sommaire. — I. L'obligation du travail est universelle. — II. Le travail, l'épargne et le capital. — III. Le travail, condition d'indépendance et de dignité. — IV. Le travail, condition de bonheur.

I. — Le riche est-il tenu de travailler comme le pauvre ? On ne saurait lui en faire une obligation *légale*. Mais le travail est une obligation *morale*, à laquelle personne n'a le droit de se soustraire.

En travaillant, le riche donne le bon exemple, fait taire les jalousies et les colères qui germent facilement dans le cœur du travailleur malheureux ; enfin, il apporte son tribut à l'œuvre sacrée du progrès. Il ne fera pas précisément la besogne de l'ouvrier, il pourra même laisser à d'autres les fonctions publiques salariées. Mais il s'adonnera aux travaux scientifiques, littéraires ou artistiques ; et, s'il est grand propriétaire foncier, il exploitera ses terres, propagera les procédés de culture perfectionnée et répandra ainsi autour de lui l'aisance et le progrès.

II. — Le travail est l'une des formes de la *prudence*. Les revers peuvent atteindre le riche qui, devenu pauvre, doit pouvoir au besoin gagner sa vie. Le travail est aussi la condition de l'*épargne*. Avec l'épargne, l'humble travailleur éloigne la misère de son foyer, en cas d'accident ; il constitue peu à peu des *capitaux*, qui lui permettront d'agrandir ses moyens d'action et d'arriver peut-être un jour à la fortune.

III. — A la sécurité, le travail ajoute l'*indépendance* et la *dignité*. L'ouvrier consciencieux et économe reçoit sans humiliation un salaire mérité, et échappe aux servitudes qui pèsent sur l'existence de l'ouvrier dissipateur et paresseux. De plus, le travail préserve la vie des misères et des hontes auxquelles conduit fatalement l'oisiveté.

IV. — Le travail est enfin une source de *bonheur* : ce qui précède le prouve déjà. Il procure aussi le contentement de soi, il récompense souvent les efforts et la persévérance par la joie que donne l'œuvre accomplie, et, dans le malheur, il adoucit l'amertume des plus violents chagrins.

V

DEVOIRS RELIGIEUX ET DROITS

CORRESPONDANTS

TRENTE-QUATRIÈME LEÇON

OBJET DU SENTIMENT RELIGIEUX

Sommaire. — I. Origine et développement de la croyance à la divinité. — II. La philosophie grecque. Le judaïsme et le christianisme. — III. Preuves de l'existence de Dieu, tirée de l'ordre de l'univers et de l'organisation des animaux. — IV. — Preuve tirée de l'existence de l'idée du parfait. — V. Preuve de l'existence de la loi morale. — VI. La morale et la religion.

I. — De tout temps, et chez tous les peuples, l'homme a eu l'idée d'un ou plusieurs êtres doués d'une puissance supérieure à la sienne. Il leur a attribué d'abord ses malheurs, et il les a craints ; puis sa raison a grandi, ses sentiments se sont épurés, et il a attribué aussi aux dieux les bienfaits naturels dont il jouit. Il en est résulté de nouveaux sentiments : l'amour et la reconnaissance.

Le *polythéisme* semble avoir précédé le *monothéisme* dans le développement de l'idée religieuse. Cependant l'idée d'un Dieu unique est très ancienne chez certains peuples de l'Orient.

II. — Les Grecs étaient polythéistes. Ils imaginèrent des dieux faits à l'image de l'homme, mais *immortels*. Néanmoins leurs plus célèbres philosophes s'élevèrent de bonne heure à la conception de l'unité *divine*. La religion juive et ensuite le christianisme ont affirmé avec une grande force l'existence d'un seul Dieu.

III. — Une des principales preuves de l'existence de Dieu est dans l'*ordre qui règne dans l'univers*, et surtout l'adaptation merveilleuse entre les organes et les fonctions qui se manifeste chez les êtres vivants. Tout cela révèle une *pensée* infiniment puissante, bonne et sage, et ne peut s'expliquer par les propriétés inhérentes à la matière ; celle-ci ne pense pas et ne peut donner naissance à la pensée.

IV. — Autre preuve :

L'homme a conscience d'être imparfait ; mais l'idée d'imperfection implique l'idée du *parfait*. Cette idée ne vient ni de nous-mêmes, ni du monde extérieur, moins parfait que nous. Elle ne peut venir que d'un être possédant la perfection absolue. La matière, avec ses propriétés, ne peut réaliser cette perfection, puisque, à notre connaissance, il lui manque la pensée. Elle n'existe point par elle-même. Il faut donc un Dieu éternel, parfait, tout-puissant, pour expliquer l'existence de la nature, aussi bien que pour expliquer celle de l'homme.

V. — Nous avons vu que l'homme, sujet de la *loi morale*, est méritant ou déméritant, et que notre vif sentiment de la justice réclame pour lui du bonheur ou du malheur, proportionnellement à son mérite ou à son démérite. Mais, d'autre part, l'homme est soumis aux *lois physiques* qui n'ont aucun souci de la moralité ; de sorte que la justice est loin de recevoir pleine satisfaction dans la vie terrestre. Il faut donc une autre vie, et, de plus, un souverain législateur, qui adapte l'ordre de la nature à celui de la moralité.

VI. — Les arguments philosophiques se trouvent ainsi d'accord avec les croyances religieuses pour proclamer l'existence de Dieu. La philosophie et la religion se rencontrent sur le terrain de la morale. L'homme religieux a un motif de plus pour obéir à la loi morale, c'est qu'elle est en même temps pour lui loi *divine ;* mais il aura soin de conserver au devoir le caractère désintéressé qui lui est essentiel, en faisant toujours de l'obéissance à la loi morale, par cela seul qu'elle est obligatoire, le motif déterminant de ses actions.

TRENTE-CINQUIÈME LEÇON

DEVOIRS RELIGIEUX ET DROITS CORRESPONDANTS

Sommaire. — I. La superstition. — II. L'adoration. — III. La prière. — IV. L'espérance. — V. La croyance en Dieu et la charité. — VI. La tolérance. — VII. Influence morale et sociale du sentiment religieux.

I. — Le premier de tous les devoirs envers la divinité est de s'en faire une idée qui ne soit pas indigne d'elle. Le *superstitieux* offense Dieu quand il le suppose cruel, jaloux et vindicatif. Sans doute, il faut craindre Dieu ; mais il faut encore plus l'aimer.

II. — Les divers sentiments religieux se confondent dans l'*adoration*. L'adoration se traduit par le culte intérieur et par le culte extérieur. La loi protège en France la *liberté des cultes*.

III. — Le culte consiste surtout dans la *prière*. La prière ne doit demander à Dieu que des choses justes et raisonnables. La meilleure des prières est celle où l'homme exprime son amour de la perfection morale et sa ferme intention d'y tendre de toutes ses forces.

IV. — L'*espérance* est la confiance en la bonté et la justice divines. Elle est un devoir.

V. — Il en est de même de la *charité*, qui fait qu'on aime les autres hommes, parce qu'ils sont aussi les créatures et les enfants de la bonté divine.

VI. — Les devoirs religieux supposent le pouvoir de les remplir, c'est la *liberté de conscience*. Le mot de *tolérance* employé pour la désigner est trop faible : c'est *respect* qu'il faudrait dire.

La liberté de conscience s'étend à toutes les manifestations du sentiment religieux par la parole et par les écrits. Elle s'applique par conséquent au culte extérieur, pourvu qu'il ne soit pas contraire aux lois et aux bonnes mœurs.

Il n'y a plus à redouter les horreurs occasionnées jadis par le fanatisme. Mais il se manifeste parfois encore sous forme de calomnie à l'égard des gens qui, par exemple, professent la *libre pensée*. Réciproquement les libres penseurs ont quelquefois le tort de se montrer intolérants ou ironiques à l'égard des *croyants*.

VII. — Le *sentiment religieux* est un puissant auxiliaire pour le progrès moral et social. Il élève l'âme, soutient les caractères, excite l'enthousiasme et inspire de nobles dévouements.

TRENTE-SIXIÈME LEÇON

APPLICATION DES PRINCIPES DE LA PSYCHOLOGIE ET DE LA MORALE A L'ÉDUCATION

Sommaire. — I. Application des principes de la psychologie à l'éducation. — II. Ordre dans lequel il convient de développer les facultés de l'enfant. — III. Application à l'éducation des principes de la morale. — IV. Importance de la vertu pour la prospérité et la force des nations.

I. — L'observation psychologique est nécessaire à l'éducation ; mais la pédagogie ne peut se ramener à une série de formules abstraites et elle sera toujours un art plutôt qu'une science.

II. — Néanmoins il est un ordre selon lequel s'épanouissent les pouvoirs de l'esprit, et qui s'impose à l'éducateur. Il devra exercer d'abord les sens de l'enfant, cultiver ensuite son imagination et sa mémoire, et ne s'adresser que plus tard aux facultés d'abstraction et de généralisation.

III. — L'application des principes de la morale à l'éducation n'est autre chose que l'enseignement de la morale pratique. Importance de l'exemple pour former l'enfant à la vertu. Parents, instituteurs, ne formeront des hommes vertueux que s'ils le sont eux-mêmes.

IV. — La moralité est la condition essentielle de la prospérité et de la force des nations. Pour acquérir la science, il faut n'être pas l'esclave des instincts inférieurs ; la richesse est due au travail et à l'économie ; les armées sont fortes, non seulement quand elles ont beaucoup de canons, mais encore quand les soldats ont l'âme virile et disposée à tous les sacrifices.

CINQUIÈME PARTIE

PÉDAGOGIE PRATIQUE
ET ADMINISTRATION SCOLAIRE

PREMIÈRE LEÇON
QUELQUES MOTS SUR LES ÉCOLES NORMALES

Sommaire. — I. Quelques mots sur les écoles normales. — II. L'enseignement pédagogique d'autrefois. — III. L'enseignement pédagogique d'aujourd'hui. Objet des leçons complémentaires. — IV. Programme qui sera suivi.

Nous inaugurons aujourd'hui une série de conférences complémentaires des cours de morale et de pédagogie. Pourquoi ces nouvelles leçons ? A quelle pensée répondent-elles ? C'est ce que nous allons exposer dans ce premier entretien.

Pour cela, nous sommes tenus de définir d'abord l'école normale primaire, et de jeter un coup d'œil rapide sur son histoire en France.

I
QUELQUES MOTS SUR LES ÉCOLES NORMALES

En quoi une école normale diffère-t-elle d'un autre établissement d'éducation ? La réponse est contenue tout entière dans le titre officiel d'élève-maître. Les jeunes gens reçus dans les écoles normales sont pour le moment des *élèves*; bientôt ils seront des *maîtres*. Après leur avoir donné l'instruction, comme le ferait toute autre maison d'études, l'école leur doit donc aussi l'éducation spéciale qui formera le bon instituteur. Cette deuxième et importante partie de sa tâche suffirait à justifier les sacrifices que s'est imposés le pays pour édifier de belles écoles normales dans tous les départements.

Cette nécessité d'une préparation spéciale était reconnue chez nous et chez nos voisins dès le quinzième et le seizième siècles. A cette époque, en effet, les congrégations enseignantes organisent des noviciats auprès de leurs collèges pour former des maîtres et rédigent à leur intention des règlements qui ont persisté jusqu'à nos jours et qui sont de savants et habiles traités de pédagogie. Dans l'ordre des études élémentaires et populaires, nous mentionnerons notamment le *Séminaire des maîtres d'écoles*, créé en 1685, à Reims, par l'abbé de La Salle, fondateur de l'Institut des écoles chrétiennes.

Mais l'idée de l'école normale laïque appartient, comme tant d'autres vues fécondes, à la grande Révolution. Sur la proposition de Lakanal, le 1ᵉʳ pluviôse an III (20 janvier 1795), quatre cents jeunes gens étaient réunis à Paris, pour y recevoir des leçons sur « l'art d'enseigner. » Leurs professeurs étaient des savants et des littérateurs éminents [1]. Ils devaient ensuite répéter le même enseignement dans des écoles provinciales. L'institution ne réussit pas : on avait fait trop grand et trop vite ; les professeurs ne surent pas descendre des hauteurs de

---

1. Lagrange, Laplace, Monge, Daubenton, Berthollet, Volney, Bernardin de Saint-Pierre, l'abbé Sicard, Garat, La Harpe, etc.

leurs études spéculatives, pour se mettre au niveau de leurs auditeurs, mal préparés à recevoir des leçons d'un ordre transcendant. L'école fut dissoute ; mais la pensée qui avait présidé à sa création ne fut point perdue. Dès 1808, la grande École normale d'enseignement secondaire, celle qu'on appelle tout court : l'École normale, était définitivement instituée, et se préparait aux destinées les plus brillantes.

Les statuts de l'Université impériale avaient prévu également dans les lycées des « classes normales, » où des maîtres primaires devaient apprendre les méthodes pour enseigner à « lire, écrire et chiffrer. » Ces prescriptions ne furent pas appliquées ; mais, ce qui valut mieux, on créa petit à petit de véritables écoles normales primaires. La première en date est celle de Strasbourg (1810) ; viennent ensuite, vers 1820, les écoles de Metz et de Bar-le-Duc. A la même époque, M. de Gérando organisait un *Cours normal* à Paris, sous les auspices de la *Société pour l'instruction élémentaire*. Bref, en 1833, le rapport au roi, présenté par M. Guizot, comme préambule à la loi bienfaisante qui devait être la première charte officielle de l'enseignement primaire, constatait l'existence de plus de 30 écoles normales sur divers points de la France. Dans les années qui suivirent, il s'en créa un grand nombre d'autres. Bientôt, à quelques exceptions près, chaque département eut son école normale d'instituteurs, et l'on commença à en ouvrir aussi pour les institutrices.

II

L'ENSEIGNEMENT PÉDAGOGIQUE D'AUTREFOIS

Le plus pressé, dans ces écoles primitives, était d'apprendre aux jeunes paysans, presque illettrés, qui y étaient admis, les choses essentielles qu'ils devaient eux-mêmes enseigner deux ans après. On n'avait guère le loisir de donner des leçons de méthode, de développer de savants systèmes d'éducation. Pourtant, le règlement du 14 décembre 1832, qui a été appliqué jusqu'en 1850, portait dans ses programmes la mention suivante : « Apprentissage des meilleures méthodes, auxquelles les élèves seront exercés dans une ou plusieurs classes primaires annexées à l'école normale. »

Mais vint la loi de 1850, qui devait avoir des effets si funestes pour l'enseignement public. On ne supprima pas les écoles normales, comme on en avait eu d'abord l'intention ; seulement leurs programmes furent mutilés et le cours de pédagogie disparut. (*Règlement du 24 mars 1851.*) Les choses restèrent en cet état jusqu'au ministère de M. Duruy. Ce ministre libéral et novateur voulut remettre un peu de vie dans les écoles normales. Une circulaire du 1ᵉʳ septembre 1864 institua, à la fin des études, des « conférences de sortie sur la mission et les devoirs de l'instituteur. » C'était là tout l'enseignement spécial de la pédagogie. Un pas de plus fut fait, grâce au décret du 2 juillet 1866. Les programmes de 1851 ne furent pas d'abord réformés ; mais on invita les maîtres des écoles normales à puiser dans les programmes récemment parus de l'enseignement secondaire spécial. D'autre part, les « conférences de sortie » furent converties en leçons régulières de pédagogie, sans programme déterminé pourtant. Il faut arriver aux années 1880 et 1881 pour trouver enfin une organisation méthodique, une amélioration sérieuse et rationnelle des études.

Pendant cette longue période de plus d'un demi-siècle, les programmes normaux, réduits aux éléments primaires, ne pouvaient pas avoir en eux-mêmes une grande vertu éducative ; et, comme l'enseignement proprement dit de la pédagogie existait à peine, l'éducation professionnelle aurait beaucoup laissé à désirer, si nombre de directeurs capables et dévoués n'avaient donné à leurs élèves, en dépit des règlements, une forte direction morale. Les noms des plus distingués parmi eux sont demeurés dans la mémoire reconnaissante de plusieurs générations d'instituteurs.

Ce besoin d'éducation professionnelle a donné, en outre, naissance à une littérature spéciale des plus intéressantes. On composa de nombreux ouvrages où furent prodigués à l'instituteur des conseils sur ses devoirs d'homme et de maître. Citons les principaux.

Sous l'empire de la loi de 1833, le *Cours normal des instituteurs* de M. de Gérando, un chef-d'œuvre, professé à Paris avant d'être publié ; — l'*Instituteur* de M. Matter, d'une lecture captivante, que l'on croirait écrit de nos jours, tellement les idées qu'il renferme ressemblent aux nôtres. Ce livre rend bien sensible le temps d'arrêt marqué par le régime de 1850. Citons encore, de la même époque, les sages et austères *Conférences aux instituteurs*, de M. Salmon, et le *Cours de pédagogie* de M. Ambroise Rendu.

La loi de 1850 a inspiré elle-même nombre d'écrivains. Ceux qui ont eu le plus de succès dans cette deuxième période, et auxquels il faut rendre justice, au moins pour leur talent et leur amour sincère de l'instituteur, sont M. Barrau, auteur de la *Direction morale pour les instituteurs*, et M. Théry, qui a écrit les remarquables *Lettres sur la profession d'instituteur*.

Ces ouvrages, commentés par les directeurs d'écoles normales, ou mis entre les mains des élèves-maîtres comme livres de lecture, ont suppléé, dans une certaine mesure, à l'indigence des programmes.

Un caractère commun à la plupart de ces livres, c'est que la direction pour la vie privée et publique des maîtres y occupe une plus grande place que les questions de méthode et les doctrines relatives à l'éducation.

Les traités qui parurent ensuite commencèrent à entrer dans la voie que nous poursuivons aujourd'hui; ils donnèrent aux questions d'éducation et aux questions d'enseignement un égal développement, en établissant leurs principes sur des bases philosophiques. Tels sont les ouvrages de MM. Charbonneau et Rousselot. Nous avons eu aussi les recueils des conférences faites à la Sorbonne en 1807, 1878 et 1880, les comptes rendus des expositions de Vienne et de Philadelphie, et le *Dictionnaire de pédagogie* de M. Buisson, mine inépuisable pour toutes les parties de la science et de l'art de l'éducation. Enfin mentionnons les rapports de MM. les Inspecteurs généraux, relatant la grande enquête faite pendant plusieurs années sur toutes les écoles de France. Ces documents officiels furent comme la préface des réformes opérées à partir de 1880, et particulièrement de la grandiose organisation des écoles normales, accomplie par les règlements de 1881, et confirmée par le décret et l'arrêté du 18 janvier 1887.

III

L'ENSEIGNEMENT PÉDAGOGIQUE D'AUJOURD'HUI. — OBJET DES LEÇONS COMPLÉMENTAIRES

Nos programmes subiront peut-être des modifications de détail; mais l'ensemble restera, parce qu'il est bon. Les études philosophiques, réservées jusqu'alors aux classes supérieures de l'enseignement secondaire, ont pénétré dans nos écoles normales. Elles y occupent une place modeste sans doute, mais elles n'y sont point dépaysées. La psychologie apprend aux futurs instituteurs à se connaître eux-mêmes et à connaître l'enfant; en leur rappelant l'idée du Bien, écrite au fond de leur conscience, elle leur aide à résoudre les graves problèmes de la morale. La pédagogie, appuyée sur la psychologie et la morale, formule des préceptes qui ont presque le caractère des vérités scientifiques. Le tout est éclairé par l'histoire de la pédagogie. L'examen critique des systèmes d'éducation, élaborés et appliqués à travers les âges, aiguisent l'esprit et fortifient le jugement. Les vocations sont à leur tour raffermies et stimulées par l'exemple de ces grands instituteurs, véritables héros, qui ont dépensé leur génie, leur existence parfois malheureuse et calomniée, au profit de la jeunesse.

Ajoutons à cela les exercices pratiques auxquels les élèves-maîtres se livrent à l'école d'application et dans les conférences hebdomadaires; ajoutons-y encore la culture intellectuelle qui résulte naturellement des autres études littéraires et scientifiques, et nous pourrons dire que les études normales actuelles constituent bien des « humanités. »

Le propre des *humanités* n'est-il pas de meubler l'esprit des vérités générales qui forment le glorieux patrimoine du genre humain en même temps que de donner à toutes les facultés leur puissance active et de fournir des solutions pour les nombreux problèmes de la vie? Voilà pourquoi il n'était pas nécessaire, dans nos leçons de pédagogie, de donner une grande extension aux questions concernant la direction particulière et intime, qui étaient à peu près toute la pédagogie normale d'autrefois.

Néanmoins, nous ne pouvons oublier que la plupart de nos élèves sortaient à peine de l'enfance quand ils sont venus s'asseoir sur nos bancs ; que dans trois ans ils prendront rang à leurs risques et périls dans cette difficile carrière ; que ces *humanités*, dont nous parlions tout à l'heure, ne produiront tout leur effet qu'avec le concours du temps et de l'expérience, et qu'il faudrait, en attendant, leur éviter les faux-pas du début, pénibles et quelquefois irrémédiables. C'est pourquoi nous avons eu l'idée de reprendre, dans de courts entretiens, les directions intimes, telles que les entendaient les hommes distingués cités plus haut. Assurément nous ne ferons ni mieux, ni même aussi bien qu'eux et nous renverrions simplement à leurs livres, s'ils n'avaient écrit pour une époque déjà éloignée et très différente de la nôtre. Depuis un demi-siècle et surtout depuis vingt ans, les conditions sociales et politiques ont été profondément modifiées dans notre pays. La situation de l'instituteur n'est plus heureusement la situation précaire et humiliée d'autrefois. Sans doute ses devoirs restent les mêmes ; mais le cadre dans lequel ils se disposaient s'est renouvelé et les applications à en faire aux personnes et aux choses ont également changé de caractère. A des temps nouveaux il fallait donc une nouvelle direction.

IV

PROGRAMME QUI SERA SUIVI

On connaît maintenant le but de nos leçons. Il ne reste plus qu'à en esquisser le programme.

Nous prendrons l'élève-maître dans sa famille, au moment où ses parents, ses maîtres et lui-même examinent ses aptitudes et reconnaissent sa vocation.

Nous parlerons ensuite du séjour à l'école normale. Nous indiquerons la méthode à suivre, les dispositions de cœur et d'esprit à réunir pour que ce séjour porte ses fruits.

Plus tard nous assisterons aux débuts du stagiaire ; nous l'aiderons à vaincre les premières difficultés de l'enseignement et de la discipline ; nous parlerons de ses relations avec son titulaire, avec ses chefs universitaires ; nous esquisserons à son usage un code pratique de la vie sociale, honnête et polie ; nous l'encouragerons dans ses études, dans la préparation des examens qui lui ouvriront définitivement la carrière.

Les fonctions d'instituteur titulaire nous arrêteront longtemps. Alors le moment sera venu de s'étendre sur la mission scolaire et extra-scolaire de l'instituteur ; de montrer, par exemple, comment, sans cesser d'être simple, modeste et réservé, il peut être dans sa commune, le représentant autorisé du progrès sous toutes ses formes, dans toutes ses applications.

Enfin, après avoir accompagné l'instituteur jusqu'à sa retraite, nous terminerons par quelques considérations sur les services que son expérience pourra rendre encore à ses concitoyens, à ses anciens élèves, à ses jeunes collègues, jusqu'au jour où, après une vie entière consacrée à former des hommes, il ne lui restera plus qu'à donner par son exemple cette suprême leçon : Bien mourir [1] !

Ce programme est déjà très vaste. Néanmoins nos éditeurs et nous-même avons pensé qu'il y aurait un réel intérêt à commenter, dans une *quatrième partie*,

---

1. L'art de bien mourir, disait un sage ancien, voilà toute la philosophie.

les principaux documents législatifs se rapportant à l'enseignement primaire. L'instituteur a besoin de connaître les bases de notre enseignement national, les origines légales des directions que nous allons lui donner. C'est l'esprit des lois, règlements et instructions ministérielles que nous tâcherons de faire ressortir. Nous mettrons en évidence les principes et les prescriptions essentiels, qu'il est parfois difficile de découvrir dans des documents étendus et complexes. Si le lecteur avait besoin des textes mêmes, il lui serait facile, avec nos indications, de les trouver dans les recueils d'actes législatifs et administratifs.

RÉSUMÉ

I. — Caractère des écoles normales : instruction et éducation. Historique des écoles normales en France.

II. — Indigence des anciens programmes. Comment on y suppléait en ce qui concerne l'éducation professionnelle. Littérature pédagogique avant 1850 et depuis 1850. Règles de conduite appliquées aux plus petits détails de la vie privée et publique des instituteurs.

III. — Programmes actuels et leur vertu éducative. Les « humanités » à l'école normale. Directions particulières moins nécessaires qu'autrefois, mais toujours utiles.

IV. — Objet des leçons complémentaires. Programme qui sera suivi.

SIXIÈME PARTIE

L'ÉLÈVE-MAITRE

DEUXIÈME LEÇON

LA VOCATION

Sommaire. — I. Pourquoi il importe de consulter la vocation. — II. Développement de la vocation. — III. A quels signes on reconnaît la vocation de l'enseignement.

I

POURQUOI IL IMPORTE DE CONSULTER LA VOCATION

La *vocation*, c'est-à-dire la voix intérieure, l'ensemble des dispositions naturelles qui nous *appellent* vers une profession, devrait toujours être consultée avec un extrême soin.

Cette désignation est comme l'œuvre secrète de la nature. Elle facilite d'abord l'apprentissage de la profession. Le goût et les dons naturels viennent en aide au débutant : il progresse rapidement ; il trouve les procédés qui permettent de faire vite et bien, en ménageant ses forces ; ensuite, comme il travaille avec plaisir et liberté d'esprit, comme il éprouve rarement des mécomptes, et qu'il a, d'autre part, conscience de son rôle social, il est heureux, content de soi et des autres, et ceux-ci bénéficient à leur tour de sa confiance et de son entrain.

On pourrait malheureusement faire la contre-partie, étaler les misères des professions mal assorties avec les aptitudes, et en montrer les conséquences désastreuses, par exemple dans la carrière de l'enseignement. Le maître mal doué ou insuffisant se fait du tort à lui-même, sans doute; il éprouve de la fatigue, de l'ennui et des déboires; mais, danger plus grave et que ne font pas au même degré les autres professions, il compromet les plus chers et les plus sérieux intérêts des familles et de la nation. « Si un homme exerce un métier sans le connaître, disait Platon, s'il vous façonne de mauvaises chaussures, vous n'en éprouvez pas grand dommage; mais que les instituteurs de votre fils ne le soient que de nom, ne voyez-vous pas qu'ils entraîneront votre famille à la ruine, et que d'eux seuls dépendent votre consolation et votre bonheur? »

II

DÉVELOPPEMENT DE LA VOCATION

La vocation des élèves-maîtres s'est trouvée déterminée par leur entrée à l'école normale. Mais leur choix a-t-il été auparavant bien réfléchi? Ont-ils examiné scrupuleusement leurs aptitudes? Se sont-ils sentis entraînés par un attrait certain, irrésistible, non seulement vers l'étude, mais aussi vers l'art de l'enseignement? La réponse est affirmative pour bon nombre d'entre eux assurément; mais nous n'offenserons personne en supposant que, parfois, les mobiles qui poussent le jeune homme vers l'école normale ne sont pas exclusivement d'ordre pédagogique. Beaucoup de parents, de condition modeste, se figurent qu'il y a plus de bien-être dans une carrière dite libérale que dans la vie laborieuse, mais honorable et relativement indépendante, du travailleur des champs et de l'atelier. Ils y voient aussi de la sécurité, de la stabilité; et, pour ouvrir à leurs enfants cette carrière enviée, ils s'imposeront à eux-mêmes les plus durs sacrifices. Ils ne se plaindront point, pourvu qu'un sort plus doux soit réservé à leur fils. Cela fait certainement leur éloge; mais c'est la *fonction publique* qu'ils ont en vue et non point l'œuvre à laquelle cette fonction consacre. Ils s'adresseront d'abord aux commissions d'examens qui ouvrent les portes de l'école normale, ou qui délivrent la première patente de l'instituteur. S'ils ne réussissent point, ils s'adresseront tout de suite à une autre administration plus accessible. Un attrait puissant aussi, au moins pour les mères, de la carrière enseignante, a été, jusqu'à ce jour, la dispense du service militaire. Que de jeunes gens sont venus à nous, cédant à la trop craintive tendresse de leurs parents! Enfin, l'élève-maître qui entre à l'école à quinze ou seize ans, n'a pu, et c'est là son excuse, consulter ses aptitudes avec l'expérience et la maturité nécessaires.

Si certains élèves-maîtres — ils sont peu nombreux, assurément — éprouvaient de l'antipathie pour la profession qui les attend, s'il leur était démontré qu'ils n'acquerront jamais les qualités qui font l'instituteur, ils devraient avoir le courage et l'honnêteté de se retirer. En réalité, il y a, parmi nos élèves, des jeunes gens à vocation évidente, et nous sommes rassurés sur leur avenir, comme sur les intérêts qui leur seront confiés. Mais ils ont, à côté d'eux, des condisciples qui veulent, avant tout, s'instruire, et qui, dirigés par les circonstances vers l'enseignement, se promettent d'y faire leur devoir, tout comme ils l'accompliraient dans une autre carrière contre laquelle ils seraient tout prêts à échanger la précédente. Cet état d'indifférence ne laisse pas que d'être regrettable. Il faut en sortir au plus tôt et s'affirmer. Or, cela est possible, car, si la vocation est naturelle dans son principe, si elle est d'abord *spontanée*, elle peut aussi être *acquise*, c'est-à-dire être l'œuvre de la raison et de la volonté. On a vu des maîtres, tièdes et indociles au début, devenir par le travail, par la réflexion, par le sentiment du devoir et de la responsabilité, des instituteurs accomplis.

Et c'est parce que la vocation est susceptible de culture et de progrès, que nous croyons utile de faire connaître les qualités que l'on aime à rencontrer chez l'homme d'enseignement.

III

A QUELS SIGNES ON RECONNAIT LA VOCATION DE L'ENSEIGNEMENT

Aptitude physique. — Une santé robuste est d'abord presque indispensable. Le maître mène une vie sédentaire dans des salles où, quoi qu'on fasse, l'air n'a pas toute la pureté désirable ; il doit beaucoup parler et demander à ses organes respiratoires un travail qui épuise à bref délai les faibles constitutions. D'autre part, un état maladif diminue la souplesse de l'esprit, ôte de l'énergie à la volonté, influe sur le caractère et ne permet que malaisément la bonne humeur recommandée aux éducateurs dans leurs rapports avec les enfants.

Aptitude intellectuelle. — L'œuvre de l'éducation est difficile et complexe. Elle s'applique à un être très complexe lui-même, dont les facultés déliées et mobiles, sans cesse en voie de transformation, doivent pourtant être maintenues, endiguées même, sans rien perdre de leurs qualités originales et actives. Pour voir clair, et pour avoir la main sûre dans un travail aussi délicat, il faut du tact, du bon sens, une intelligence vive et fine. Les esprits ouverts, dirigés vers le côté pratique des choses, réussissent mieux en éducation que les intelligences contemplatives et abstraites. Celles-ci vont plus loin dans le domaine de la pensée ; mais elles sont moins habiles que les autres à faire, comme il convient, pénétrer leur enseignement jusqu'au fond des âmes enfantines. C'est ce qui a fait dire que les maîtres les plus instruits ne sont pas toujours les meilleurs. Entendons-nous : ce que nous voulons dire, c'est que l'instituteur doit avant tout posséder le *don de communication;* mais il ne sera jamais trop instruit. Nous ne pouvons résister au plaisir de citer une belle page de M. Vinet, qui montre éloquemment qu'un maître ne saurait avoir trop de savoir et d'intelligence.

« Un instituteur, dit-il, peut n'être pas *savant* dans le sens le plus étendu de ce mot, mais il faut que son esprit voie de haut la science qu'il professe, qu'il en saisisse les rapports généraux et en distingue les points dominants. A une moindre élévation, l'instituteur ne saurait donner à son enseignement ni la clarté, ni l'intérêt, ni surtout la simplicité nécessaire pour arrêter et fixer les esprits jeunes et vifs. J'insiste sur la simplicité ; car c'est lorsqu'on est savant qu'on est le plus capable d'être simple ;

premièrement, parce que, plus on est sûr de sa richesse, plus on est, de longue date, familiarisé avec elle, moins on est impatient de l'étaler ; ensuite et surtout, parce qu'une demi-science n'élève qu'à des idées secondaires, qui sont complexes et chargées d'accessoires, au lieu que la vraie science élève jusqu'aux principes les plus hauts, qui sont des idées simples. La connaissance de ces principes est seule capable de faire voir les détails sous leurs vrais points de vue, et de faire exprimer les idées dans leurs véritables termes. On entend dire souvent de tel instituteur : il est trop profond, il est trop abstrait ; et l'on en conclut qu'il est trop savant ; croyez plutôt qu'il est encore jeune, qu'il est peu instruit ; quand il aura plus d'années et de connaissances, il s'élèvera jusqu'à la simplicité.

« De cette supériorité de culture résultera, pour l'instituteur, l'esprit de système et de méthode. Donner à chaque partie de l'instruction son étendue et son plan, combiner les différentes branches de l'enseignement, de manière qu'elles se prêtent un appui mutuel, ne se permettre ni sauts, ni lacunes, ni écarts, suivre avec une attention pénétrante le développement des facultés de l'enfant : marier à la sévérité de l'ordre l'abandon qui le déguise : voilà une partie considérable de la science difficile de l'instituteur. Que cette science soit pour quelques-uns le fruit d'un instinct heureux, c'est ce que nous ne voulons pas nier : il est des hommes qui naissent instituteurs ; mais, sans nous arrêter à montrer que, même dans ses chefs-d'œuvre, la nature laisse à l'art des lacunes à remplir, il nous suffit de dire qu'on ne peut fonder des règles sur des exceptions. La nature a pu accorder à quelques hommes le don presque entier de l'enseignement ; la routine a pu joindre son secours à la nature ; mais, en général, il n'y a qu'une culture supérieure qui puisse procurer à l'instituteur les précieuses qualités que nous venons d'indiquer [1]. »

Pour être susceptible de recevoir cette culture supérieure, qui forme le maître d'élite, il faut donc avoir montré, dès le jeune âge, une intelligence vive, solide et bien équilibrée. Il faut, en outre, des qualités d'un autre ordre; et, sur ce dernier point, nous aurons encore le droit de nous montrer exigeant.

Aptitudes et qualités morales. — Le jeune homme voué à l'enseignement devrait avoir contracté, de bonne heure, le goût de l'étude, qui entraîne avec lui des habitudes réfléchies et une gravité non pédante, s'alliant bien, du reste, avec une gaieté franche et communicative. Il devrait se plaire au milieu des enfants, et, avoir fait déjà, comme auxiliaire de ses premiers maîtres, l'apprentissage du dévouement, de la patience, de la modération, de la persévérance. Son âme devrait être ouverte à tous les sentiments nobles, facilement émue par tout ce qui est vraiment beau. Respectueux de sa personne, il devrait éprouver de l'éloignement pour les distractions dégradantes ou simplement grossières, comme on en voit trop dans les campagnes, où les plaisirs des sens l'emportent de beaucoup sur ceux de l'esprit; où « l'idée » n'a pas encore pris la place de la « sensation », selon le mot si juste de Condorcet.

Nous avons esquissé le portrait un peu idéal de l'aspirant instituteur doué d'une véritable vocation. Que chaque élève-maître veuille bien descendre en lui-même, et, sans complaisance, examiner jusqu'à quel point il approche, ou plutôt quelle distance l'éloigne de cet idéal. Si sa conscience lui montre qu'il lui reste bien à faire, certes il n'en prendra point son parti, mais il n'en sera pas davantage découragé. Il se souviendra que l'homme a le pou-

1. *L'éducation, la famille et la société*, librairie Fischbacher.

voir d'agir sur lui-même; il fera appel à toutes ses énergies, s'armera de résolution et de constance et poursuivra sans faiblir son initiation.

RÉSUMÉ

I. — La vocation doit être consultée avec soin. Cela intéresse à la fois l'individu et la société. La vocation est nécessaire surtout à l'instituteur, dont la fonction a un caractère essentiellement social.

II. — Vocation des élèves-maîtres. Considérations étrangères à la vocation, qui trop souvent dirigent les jeunes gens vers l'enseignement. La vocation est l'œuvre de la nature, mais aussi de la conscience et de la volonté.

III. — Qualités qui entrent dans la vocation de l'enseignement. — *Aptitudes physiques:* force et santé; — solidarité des facultés physiques et morales. — *Aptitudes intellectuelles:* l'œuvre de l'éducation réclame, chez le maître, une intelligence riche et communicative; — avantages d'une culture supérieure (M. Vinet). — *Qualités morales:* amour de l'étude; — affection et dévouement pour les enfants; — patience et fermeté; — sensibilité exquise, facilement impressionnée par les choses belles et bonnes; — respect de soi-même; — éloignement pour les plaisirs grossiers ou vulgaires.

TROISIÈME LEÇON

SENTIMENTS QUI DOIVENT ANIMER L'ÉLÈVE-MAITRE LORS DE SON ENTRÉE A L'ÉCOLE NORMALE

Sommaire. — I. L'admission à l'école est un précieux avantage. — II. Ressources offertes par l'école normale. — III. Raisons fournies par la conscience.

I

L'ADMISSION A L'ÉCOLE NORMALE EST UN PRÉCIEUX AVANTAGE

Le futur maître que nous supposons réunir les qualités énumérées dans le précédent entretien, s'est d'abord présenté à l'examen du brevet élémentaire, et il a été reçu ; il s'est ensuite présenté au concours de l'école normale, et, après des épreuves multiples, il a été classé parmi les élus. Voilà deux succès dus au seul mérite, obtenus par la voie correcte et équitable qui devient de plus en plus la règle dans les sociétés démocratiques. Le nouvel élève-maître en sera sagement fier ; il en éprouvera une confiance de bon augure pour les luttes qu'il aura encore à soutenir. Mais il fera appel à d'autres sentiments. Le succès de l'éducation normale dépend pour une bonne part des dispositions d'esprit et de cœur que l'on apporte à l'école.

De notre temps, nous étions nous aussi un humble écolier de village, ami et compagnon d'un maître zélé, qui nous avait donné un peu de son savoir, qui avait réchauffé notre vocation au foyer de son âme toute enflammée de dévouement. Nous voulions être instituteur; mais comment atteindre ce but ardemment désiré? Nous avions une haute idée des écoles normales; nous écoutions avidement les récits de notre maître sur les incidents de son séjour à l'école normale, sous le régime austère, mais libéral et suggestif, de la loi de 1833. Il nous avait prêté ses cahiers de cours, et nous étions naïvement ébloui par les belles choses que nous y trouvions, lesquelles révélaient un ordre d'études tout à fait nouveau pour nous. Malheureusement l'école normale de notre département avait disparu pendant les orages suscités par la loi de 1850, et l'on ne pouvait pas à cette époque concourir dans un département voisin. Nous fûmes donc réduit à subir l'examen du brevet au sortir de l'école rurale; et, une fois instituteur, nous dûmes travailler sans relâche pour acquérir petit à petit, par fragments, les connaissances que l'école normale nous eût données avec célérité et méthode. Que d'efforts n'a-t-il pas fallu ensuite, pour classer après coup les matériaux, pour combler les lacunes!

Eh bien! quand, dix ans après nos débuts, nous fûmes par nos fonctions d'inspecteur primaire, mis en relation avec les écoles normales; quand, quelques années plus tard, nous fûmes appelé à diriger l'une de ces écoles et que nous les connûmes intimement, le respect qu'elles avaient inspiré à notre jeunesse ne fut pas diminué. Aujourd'hui, comme autrefois, nous considérons l'admission dans nos établissements normaux comme un bonheur et un honneur dont on ne saurait exagérer le prix.

II

RESSOURCES OFFERTES PAR L'ÉCOLE NORMALE

Détaillons, en effet, les ressources que l'élève-maître rencontrera à l'école normale, et dont il profitera si, avec son intelligence, il y apporte son cœur et sa volonté.

Le système d'études auquel il sera soumis, nous l'avons dit déjà, a été conçu et combiné de manière à donner une éducation forte. On a mis à sa disposition des instruments scientifiques et des collections variées, pour que ses études ne restent pas confinées dans le domaine théorique. Une bibliothèque lui sera ouverte pour les ouvrages de fonds qui compléteront ses livres scolaires, et les œuvres d'imagination qui charmeront ses loisirs, en élevant ses sentiments et en formant son goût. Des exercices, où il jouera souvent le rôle principal, sont prescrits pour lui apprendre à mettre son instruction à profit, pour l'initier à la pratique de l'enseignement. On le conduira dans les usines et manufactures, où il pourra admirer la puissance du génie humain appliqué aux arts mécaniques et industriels. On lui fera visiter les monuments historiques, les musées remplis des œuvres qui sont la haute expression de l'art. Parfois même, on lui accordera, comme distraction éducative, la faveur d'assister à la représentation de tel ou tel chef-d'œuvre de notre théâtre. Tous les jours d'ailleurs il sera en contact avec des professeurs instruits, qui lui communiqueront le meilleur de leur âme. Parfois de hauts fonctionnaires viendront l'interroger et s'intéresser à ses travaux, témoignant ainsi de la sollicitude avec laquelle l'État républicain suit les progrès de ses jeunes maîtres.

Si donc l'élève-maître apprécie ces avantages à leur valeur, il éprouvera pour son école normale de l'attachement, du respect et de la reconnaissance. Ces sentiments bien naturels contribueront à former un instituteur modèle.

III

RAISONS FOURNIES PAR LA CONSCIENCE

Mais nous pouvons évoquer des considérations d'un ordre plus élevé encore : ce sont celles qui relèvent directement de la conscience.

Rappelons d'abord le devoir de perfection personnelle, devoir d'autant plus grand qu'on a plus reçu de la nature et de la société. Or nous venons de voir que l'élève-maître est particulièrement favorisé. Combien il serait coupable, s'il demeurait stationnaire, si, par sa négligence, il laissait improductifs les *talents* qu'il a reçus en dépôt ! Tous les soirs, il devrait dresser son bilan moral, constater les notions acquises, les sentiments améliorés, les victoires remportées sur son caractère. « Avant que le doux sommeil plonge ta journée dans l'oubli, disait un moraliste de l'antiquité, retrace par trois fois tous les faits qui l'ont marquée ; où tu as dirigé tes pas ; ce que tu as fait de meilleur; quelles bonnes actions tu as négligées ; et, lorsque le compte est fait, passe avec un doux regret l'éponge sur le mal, et sois heureux du bien [1]. » Que l'élève-maître ne

---

1. Citation empruntée à l'*Éducation de soi-même* de Blackie, traduction de M. Pécaut.

se fasse point grâce du « regret » qu'il soit au contraire vivement impressionné par ses défaillances, et qu'il en prenne acte pour être ensuite plus ferme et plus vigilant.

Voilà ce qu'il se doit à lui-même. Mais il pensera aussi à ses devoirs envers sa famille. L'élève-maître sort généralement de la classe des modestes travailleurs ; parfois ses parents sont pauvres. Ce n'est pas une humiliation. Pour sa préparation à l'école normale, pour son trousseau, ses livres, ses voyages, etc., ils se sont privés, gênés, peut-être même endettés. Nous avons reçu à cet égard des confidences touchantes. Nous pourrions nommer des jeunes filles qui ont quitté la maison paternelle, se sont faites domestiques, afin de constituer avec leurs gages, non point leur dot, mais celle de leur frère normalien. L'élève-maître, qui doit commencer par être bon fils et bon frère, procurera donc à ses parents, en attendant un appui ou une protection efficace, la douce satisfaction de le voir récompenser leurs sacrifices, mériter l'affection et l'estime de ses maîtres, réussir dans ses examens, et s'engager sûrement dans une voie honorable.

Enfin il faut évoquer l'image de la patrie. Celle-ci rivalise de dévouement avec les familles pour donner à ses enfants, « aux enfants de France », de bons éducateurs. Malgré ses charges de toutes sortes, elle pourvoit libéralement à tous les besoins de l'élève-maître. Par un calcul facile, on établirait que l'entretien annuel d'un seul élève-maître absorbe les contributions directes de vingt de nos petits propriétaires ruraux ! L'État aurait-il le droit de faire ces largesses, s'il ne devait être indemnisé par les bons services de l'instituteur ?

Les élèves-maîtres sont donc à la fois les pupilles et les débiteurs de la nation. Comme pupilles, ils seront reconnaissants ; comme débiteurs, ils se rappelleront que les honnêtes gens font honneur à leur signature. Qu'ils se pénètrent bien des pensées qui viennent de leur être soumises ; elles provoqueront les sentiments qui conviennent à leur situation ; ces sentiments règleront ensuite leur conduite, et leur séjour à l'école normale sera fécond et bienfaisant : « L'homme *agit* comme il *aime*, et il aime comme il *pense*. » (Le P. Girard.)

RÉSUMÉ

I. — Place conquise par la voie la plus honorable : celle du concours. S'appuyer sur ce premier succès pour en obtenir d'autres. Ceux-ci dépendront beaucoup des dispositions morales apportées à l'école.

II. — Se faire une haute idée de l'école, et apprécier à sa valeur l'avantage d'y être admis. Moyens d'instruction et d'éducation offerts à l'élève-maître. Les inégalités entre les hommes sont marquées surtout par la différence de culture intellectuelle et morale. Comparaison entre la situation de l'élève-maître et celle de ses anciens camarades de l'école primaire. Respect, attachement et reconnaissance anticipée pour l'école normale.

III. — Arguments fournis par la conscience : 1° Devoirs de perfection, d'autant plus grands qu'on a été plus favorisé ; 2° Devoirs à l'égard des parents ; sacrifices qu'ils se sont imposés ; ce qui leur est dû en retour ; 3° Dette contractée envers la patrie.

QUATRIÈME LEÇON

RÉGIME DISCIPLINAIRE DE L'ÉCOLE NORMALE

SOMMAIRE. — I. Premières impressions des élèves-maîtres. Explication nécessaire. — II. L'ancien et le nouveau régimes disciplinaires. — III. Conséquences du régime nouveau.

I

PREMIÈRES IMPRESSIONS DES ÉLÈVES-MAITRES. — EXPLICATION NÉCESSAIRE

Après avoir indiqué les bonnes dispositions que nous désirons rencontrer chez l'élève-maître, même avant son entrée à l'école, il reste à signaler celles que nous voudrions voir se développer au début et dans le cours de la scolarité normale. Ce sera l'objet de quelques-uns encore de nos entretiens.

Dans les conversations du normalien avec ses premiers maîtres, il a été souvent question de l'école normale. C'est par eux qu'il a commencé à l'aimer, et un peu à la craindre, comme on craint une personne bonne, mais grave et ne riant guère... On lui a parlé du régime austère auquel il sera soumis, de la discipline rigoureuse imposée au corps et à l'esprit. C'est sous l'empire de ces impressions qu'il a franchi le seuil de l'école. Aussi sa surprise a-t-elle été grande, et ajoutons agréable, d'y rencontrer des professeurs affables, se plaisant à partager ses jeux comme ses travaux; le conseillant et l'avertissant dans ses moments d'oubli et de faiblesse et le punissant rarement. Il a été étonné aussi de se trouver dans les salles d'études nullement épié par les surveillants, confié surtout à la garde de sa conscience. Enfin il a été charmé, autant que surpris, quand on lui a permis chaque semaine de sortir librement, quand on lui a offert des distractions honnêtes et d'un goût distingué, au besoin même un peu mondaines. Cette impression de soulagement n'était pas pourtant exempte d'inquiétude. Avait-il donc été mal renseigné, ou bien le relâchement aurait-il pénétré dans l'école? Que notre jeune homme se rassure! Les choses étaient bien jadis telles que son instituteur les lui a dépeintes, mais, d'autre part, l'école n'a point dégénéré. Il importe, pour la moralité de l'élève-maître, de faire la lumière dans son esprit, et de justifier les réformes opérées dans nos établissements.

II

L'ANCIEN ET LE NOUVEAU RÉGIMES DISCIPLINAIRES

A une certaine époque, en effet, les écoles normales furent assimilées aux séminaires, dont les élèves, par la nature de leur vocation, et par les obligations sacerdotales, sont tenus éloignés de tout contact mondain. Partant de là, on avait transporté l'école normale de la ville aux champs, et l'on avait condamné l'élève-maître à une claustration presque absolue. Il était entouré d'une surveillance incessante jusque dans sa famille. Les études avaient été elles-mêmes disciplinées, contrôlées, avec un esprit étroit, limitées avec une prudence vraiment parcimonieuse. C'était le système de 1850. Mais peu à peu on en revint aux traditions de 1833, et l'on modifia le régime à suivre pour former des instituteurs destinés à vivre de la vie complète des autres citoyens.

Ainsi on n'éloigna plus systématiquement les écoles normales des villes; on demanda au contraire à celles-ci les puissants moyens d'éducation qu'elles offrent aux esprits ouverts et réfléchis. Ne serait-il pas d'ailleurs chimérique d'écarter de parti pris nos jeunes gens de la ville, sous prétexte de préservation, alors qu'une fois rendus à eux-mêmes ils y seront appelés peut-être pour y exercer leurs fonctions? alors que les conditions économiques de l'existence ont changé, que les chemins de fer ont supprimé les distances, et que les campagnards eux-mêmes connaissent et fréquentent assidûment les grands centres? Cette affluence vers les cités a certainement ses dangers; mais on n'y remédiera point par des précautions puériles à l'égard des instituteurs. Il y a d'autres moyens à employer pour leur faire aimer et apprécier la vie champêtre et pour faire partager ce goût à leurs petits élèves. En attendant, il est prudent de prémunir le normalien contre les séductions de la ville, et de l'habituer à s'y conduire dignement.

« Après trois ans d'études, disait M. Jules Ferry au congrès pédagogique de 1881, les élèves-maîtres se trouveront jetés seuls au milieu du monde, aux prises avec toutes les difficultés, tout l'inconnu et toutes les tentations de la vie. Et l'on pourrait penser que le meilleur moyen de les préparer à ces épreuves c'est de les cloîtrer pendant trois ans! Mais ce serait le contre-pied de la raison et du bon sens! »

Revenant sur cette idée, la circulaire ministérielle du 7 février 1884, ajoute : « Enserrer les élèves-maîtres dans une surveillance de tous les instants, leur mesurer comme à des écoliers suspects le mouvement et la parole, sembler en quelque sorte les garder à vue dans l'école jusqu'au jour où ils en franchiront le seuil, ce serait une contradiction inexplicable. »

Voilà l'explication d'un régime auquel les élèves-maîtres n'étaient peut-être pas tous parfaitement préparés, mais qui a sa raison d'être, et qui n'exclut nullement une forte discipline. Le normalien nouveau serait, en effet, dans une étrange erreur, s'il supposait qu'il pourra donner carrière à sa fantaisie, travailler à ses heures et selon son caprice, bref, *en prendre à son aise*, et ne se contraindre en aucune façon. Il ne tarderait pas à être désabusé à ses dépens. Essayons, par quelques considérations encore, de lui éviter une pénible et préjudiciable expérience.

III

CONSÉQUENCES DU RÉGIME NOUVEAU

Si la vie intérieure des écoles normales a été modifiée dans un sens libéral, si l'on a fait tomber quelques-unes des barrières qui séparent l'élève-maître de la société, si l'on a élagué toutes les prescriptions puériles ou entachées de défiance, *la règle n'a point disparu;* et plus cette règle a été simplifiée, réduite à ses éléments indispensables, plus elle est devenue impérieuse et sacrée pour tous. Elle a été faite, les instructions officielles en témoignent, pour des jeunes gens raisonnables, susceptibles de se diriger eux-mêmes, « pour une élite foncièrement honnête et laborieuse... pour des élèves tous familiarisés depuis longtemps avec les exigences particulièrement sévères de la profession d'instituteur. » Mais si certains élèves-maîtres trompaient la confiance de l'État, s'ils n'étaient pas mûrs pour cette vie où le sujet a, en partie, la direction de sa personne, s'ils n'étaient pas eux-mêmes les artisans de leur propre liberté, s'ils n'avaient pas le respect des principes qui sont la base de toute discipline, la règle commune serait immédiatement suspendue pour eux, et ils seraient traités en simples écoliers. Nous dirons même que l'élève-maître ne pourrait pas être irrégulier sans s'exposer aussitôt à des sévérités inexorables. Son séjour à l'école deviendrait, sans tarder, impossible.

D'autre part, il y a la sanction constante et efficace des notes méritées dans les leçons, il y a les examens auxquels il faut satisfaire sous peine de ne pouvoir continuer les études. Toute cette perspective est bien de nature à prévenir les indolences et les mauvais vouloirs.

L'école normale a donc une règle raisonnable, exempte de tracasseries, mais en même temps inflexible. Au lieu d'être appliquée exclusivement par des moyens coercitifs, extérieurs à l'élève, cette règle est d'abord placée sous la sauvegarde de l'intéressé ; elle s'exécute grâce à des sentiments puisés aux sources élevées du devoir et de l'honneur : le respect et l'obéissance consentie par la raison, et approuvée par la conscience.

RÉSUMÉ

I. — Premières impressions de l'élève-maître au sujet du régime intérieur de l'école. Explication nécessaire.

II. — Le régime d'autrefois : l'élève-maître éloigné du monde ; claustration absolue ; surveillance incessante. — Régime actuel : l'élève-maître préparé par la pratique à la vie honnête et réservée dans la société civile ; plus grande confiance accordée à l'élève-maître.

III. — Conséquences du régime nouveau : règle de l'École simplifiée, mais appliquée rigoureusement ; élève-maître plus libre, mais plus directement responsable ; exercice plus complet de la conscience et de la volonté ; sanctions efficaces pour assurer le travail et la bonne tenue.

CINQUIÈME LEÇON

RAPPORTS DES ÉLÈVES-MAITRES AVEC LEURS PROFESSEURS

Sommaire. — I. Sentiments et dispositions d'esprit de l'élève. — II. Pernicieuse influence des préjugés scolaires. Moyens de les combattre.

I

SENTIMENTS ET DISPOSITIONS D'ESPRIT DE L'ÉLÈVE

M. Marion s'exprime ainsi dans son beau livre de la *Solidarité morale* : « L'obéissance est la condition première, indispensable de toute éducation ;

qui dit éducation, dit à tout le moins persuasion et autorité, c'est-à-dire contrainte spirituelle, domination morale, empire bienfaisant, mais absolu, noble et sacré dans ses fins, mais inflexible de la science sur l'ignorance, ou pour tout dire de la force sur la faiblesse. » L'élève-maître trouvera à la fois dans ces paroles la confirmation des idées émises précédemment sur la discipline, et les principes qui seront développés dans cette leçon, où il s'agit de déterminer les rapports qui doivent unir le disciple à ses maîtres.

L'éducation ne dépend pas exclusivement de l'éducateur; le sujet cultivé est, lui aussi, dans cette opération, un facteur essentiel. Quelle est la mise de fonds de chacun des associés dans cette œuvre commune ? (Nous n'avons pas à parler ici du rôle des parents si important soit-il cependant.)

Du côté du maître, il y a *l'autorité*, que donnent le savoir, l'expérience et un profond dévouement. Nous n'insisterons pas sur ce point. Il suffit de rappeler avec quel soin sont choisis les professeurs des écoles normales, et quelles épreuves il leur a fallu subir pour justifier de leur capacité.

Du côté des élèves, dont la raison et l'instruction sont encore faibles, et qui ont beaucoup à recevoir, il faut d'abord la *confiance*. De cette qualité première découleront toutes les autres. Elle sera la clef d'or qui ouvrira les trésors de l'intelligence et de la sensibilité. C'est elle qui inclinera les facultés vers le vrai, elle qui rendra la volonté docile. La volonté n'abdiquera pas, elle unira au contraire son action à celle du précepteur.

Enfin la confiance et la docilité ne vont pas sans la *franchise*, qui provoque les sincères épanchements, le loyal aveu des fautes et des faiblesses. De plus, ces qualités donnent naissance à l'*estime*, à l'*affection* et à la *reconnaissance* qui récompensent et soutiennent le maître, redoublent son zèle et augmentent la chaleur rayonnante de son âme. Cette union morale toute bienfaisante de deux êtres se continue bien au delà de la vie scolaire ; elle explique ces paroles de Voltaire, à l'égard de ses anciens maîtres Jésuites : « Assurez tous les *pères* de mon attachement inviolable, je le leur dois, ils m'ont élevé ; c'est être un monstre que de ne pas aimer ceux qui ont cultivé votre âme. »

Ajoutons à ces avantages essentiels la douceur d'une existence calme et satisfaite, qui diminue les fatigues de l'étude et tempère les exigences de l'internat. Quel contraste avec la vie tourmentée de l'élève irrégulier, rongeant son frein, mécontent de lui-même et par conséquent des autres, poursuivi sans cesse par le cauchemar d'une responsabilité à laquelle il voudrait vainement se dérober.

II

PERNICIEUSE INFLUENCE DES PRÉJUGÉS SCOLAIRES. — MOYENS DE LES COMBATTRE

Il semblerait qu'il ne dût jamais y avoir d'élève sourd et résistant à l'appel de ses chefs, tellement la communion des âmes, dont nous venons de parler, est douce et naturelle ! Pourtant il s'en rencontre, même dans les écoles normales. La chose est rare ; nous sommes heureux d'en convenir : la présence de pareils sujets dans un établissement est un véritable malheur. On a vu des maîtres dont le zèle, le mérite, la droiture d'intentions étaient incontestables, et qui néanmoins n'exerçaient pas l'influence salutaire recherchée. Ils sentaient leurs efforts stérilisés d'avance, leurs sentiments méconnus ou travestis. Ils en éprouvaient une peine extrême, leur esprit en était troublé, et ils se demandaient s'il est bien vrai, comme on le dit dans les livres, que l'amour appelle l'amour, et qu'il suffise d'être absolument dévoué à ses élèves pour obtenir leur confiance et leur affection! Puis la réflexion aidant, ils arrivaient à découvrir la cause délétère, souvent ancienne et indépendante d'eux-mêmes, qui neutralisait leur action. Cette cause a sa source dans ce que nous pourrions appeler les *préjugés scolaires*.

Le grand écolier croit volontiers avoir réalisé l'affranchissement de son esprit; il prend en pitié les ignorants qu'oppriment les préjugés. Or, s'il faisait un retour sur lui-même, il s'apercevrait avec stupéfaction que lui aussi est sous l'empire des partis pris, des opinions toutes faites, des jugements acceptés sans contrôle; il verrait que sa crédulité pour le mal, son scepticisme à l'égard du bien, opère des ravages, et nuit à son développement moral.

Ainsi un élève se figurera, sur de simples apparences, que tel maître est injuste, qu'il se plaît à surprendre les écoliers en faute et à les signaler à la sévérité des chefs. Des mesures toutes naturelles pour assurer l'ordre et le travail seront à ses yeux des marques de défiance. Qui sait si elles ne tiennent pas à tout un système de surveillance occulte? Cette peu charitable opinion est communiquée aux camarades, et alors, sans preuve sérieuse, les élèves les moins irréprochables sont les plus prompts à mettre en doute la franchise et le dévouement des maîtres.

Il est facile de comprendre les effets d'une aussi pernicieuse influence. Les élèves, au lieu de se confier à leurs maîtres, d'ouvrir leur âme pour en montrer le fort et le faible, la ferment avec obstination, au besoin dissimulent pour dérouter toutes les observations. Ils sont semblables à un malade qui s'ingénierait à tromper son médecin, à cacher tous les symptômes de sa maladie. En un mot, il se forme autour des cœurs et des esprits une glace dure et résistante, contre laquelle toutes les bonnes volontés vont se briser. Puissent nos jeunes maîtres ne jamais rencontrer situation pareille dans la carrière qui les attend! Il n'y a pas, nous le répétons, de peine plus amère et plus décevante pour un homme de cœur, qui se sent impuissant à réaliser le bien que dictent sa raison et son dévouement.

Nous demanderons donc à l'élève-maître de se préserver d'un mal aussi funeste, et, pour cela, nous nous adresserons à ce qu'il y a de plus élevé en lui, au principe même de sa dignité. Le propre d'un homme vraiment libre, est assurément de penser et de juger par lui-même, et de n'accepter qu'après examen les opinions d'autrui. Que cette habitude d'un esprit qui se possède s'applique à nos enseignements et nos actes, nous n'y voyons pas d'inconvénients, résolus que nous sommes, nous aussi, de marcher dans la voie droite et libérale. Mais que cette disposition critique s'exerce avec une sévérité au moins égale sur les jugements des condisciples, plus sujets à caution que ceux des maîtres, parce qu'ils sont moins raisonnables et moins désintéressés.

Nous irons plus loin : les maîtres n'ont pas la prétention d'être impeccables et infaillibles. Ils ont leurs petits défauts de caractère, et ils peuvent se tromper. Eh bien! dans ce cas, ils doivent encore pouvoir compter sur l'affection et le bon vouloir de leurs élèves. Ceux-ci devraient chercher les intentions sous les actes, opposer aux imperfections accidentelles les trésors de zèle, de sensibilité et de science dépensés généreusement tous les jours en leur faveur. Si ces dispositions bienveillantes doivent se rencontrer chez des élèves, n'est-ce pas surtout chez ceux qui seront bientôt des maîtres, et qui auront besoin à leur tour de justice et d'indulgence ?

RÉSUMÉ

I. — L'éducation est une œuvre collective, qui demande, outre l'action efficace des parents, le concours du maître et du disciple : d'une part la science et le dévouement ; d'autre part la volonté confiante et docile. Conséquences heureuses : progrès assurés ; estime et affection réciproques, qui rendent le séjour de l'école agréable autant que bienfaisant, et qui suivent le jeune homme dans sa carrière.

II. — Influences mauvaises qui parfois s'opposent à ces sentiments, et qui stérilisent l'action des maîtres. Préjugés des écoliers. Opinions d'autrui acceptées sans contrôle et formant tradition.

Opposer aux préjugés les opinions formées librement par la raison et l'expérience personnelle : c'est plus digne et plus juste. Y ajouter de l'indulgence pour les imperfections et les erreurs dont ne sont pas exempts les meilleurs maîtres. Ces dispositions bienveillantes ont leur raison d'être surtout chez les futurs instituteurs.

SIXIÈME LEÇON

RAPPORTS DES ÉLÈVES-MAITRES AVEC LEURS CONDISCIPLES

Sommaire. — I. Solidarité honnête. — II. Justice, honneur et loyauté. — III. Bienveillance et bienfaisance. — IV. Le bon exemple.

I

SOLIDARITÉ HONNÊTE

Après avoir traité des rapports qui unissent les disciples à leurs maîtres, nous avons à parler des rapports des élèves entre eux. Ces relations ont aussi une grande importance.

Les instincts sociaux se révèlent déjà dans la vie scolaire. Partout où il y a une agglomération d'enfants, à plus forte raison de jeunes gens, soumis à la même règle, destinés à une carrière commune, il se développe en eux un sentiment de solidarité, qu'on appelle d'une expression familière l'*esprit de corps*. Cette solidarité est une force qui peut faire beaucoup de bien ou beaucoup de mal. Quand elle s'appuie sur des sophismes et des préjugés, quand elle est animée par la haine, ou simplement par la défiance, elle stérilise les efforts des maîtres et empêche toute bonne éducation. Mais si cette contagion morale s'exerce sur des âmes droites, si elle jaillit des sentiments d'estime et d'affection réciproques, elle est également très puissante pour le bien. Le bon maître, loin de la redouter, l'appelle de tous ses vœux. Ce n'est pas lui qui jamais songera à appliquer la fameuse maxime politique : « Diviser pour régner ». L'autorité qui s'attache à sa fonction lui suffit, il n'en veut pas d'autre.

Une solidarité de bon aloi ne présente donc que des avantages. Les maîtres la favoriseront par un système disciplinaire franc et équitable. Mais comment, de leur côté, les élèves contribueront-ils à la fortifier, à la rendre durable et définitive ?

Remarquons que des élèves ordinairement divisés peuvent tout à coup subir un entraînement commun et s'entendre pour accomplir un acte répréhensible. Mais, en ce cas, l'union ne survit pas à l'objet qui l'a motivée.

Les élèves-maîtres ne veulent point de cette solidarité de circonstance. L'autre, la bonne, celle des honnêtes gens, résulte d'abord des qualités personnelles des associés, et ensuite de la pratique de ces deux grandes vertus sociales : la *justice* et la *bienveillance*. C'est de là que nous ferons dériver tous les rapports des élèves entre eux, de même que de la *confiance* nous avons tiré tous les sentiments qui doivent unir le disciple à son mentor.

II

JUSTICE, HONNEUR ET LOYAUTÉ

L'amour de la *justice* et le sentiment de l'*honneur* donneront lieu d'abord à la *loyauté*. Les élèves des écoles normales n'ont pas à se disputer des couronnes. Les sanctions de leur travail et de leur conduite consistent dans leurs notes quotidiennes, dans leurs succès aux divers examens, et surtout dans les sentiments que leur fait éprouver leur conscience. Avant d'entrer à l'école, ils étaient des concurrents, pouvant et devant passer les uns par dessus les autres. Maintenant ils ne sont plus que des émules, se tenant la main comme Balmat et de Saulsure, pour arriver au sommet lumineux, but de tous les efforts. Sans doute on classera les élèves d'après leur énergie, leur application et leurs aptitudes, et ils ne seront pas indifférents au classement; mais, pour conquérir les premières places, ils n'emploieront que des armes loyales. Une absolue sincérité sera leur règle dans les compositions et les examens. Les forts ne s'enorgueilliront pas; ils ne mépriseront point les faibles; au contraire, ils leur viendront en aide. Ceux-ci, à leur tour, se défendront contre tout sentiment bas, inspiré par la jalousie. De cette façon, l'émulation, mobile éducatif efficace, mais parfois dangereux, développera à l'école normale ses conséquences les plus heureuses. La loyauté et l'émulation ne vont pas sans un vif sentiment de *l'égalité*. Le principe de l'égalité est admis sans conteste entre camarades de même promotion. Cela est-il aussi vrai, quand il s'agit des rapports entre les promotions? L'expérience a fait constater quelquefois que l'élève-maître nourrit des préjugés en ce qui concerne l'égalité, tout comme il en professe, nous l'avons vu, à l'égard de la liberté. Lui, qui condamne avec véhémence les privilèges dans ses études historiques et civiques, en admettrait volontiers à son profit, s'il ne se mettait en garde contre cette faiblesse et cette contradiction. Ainsi il s'établit une sorte de hiérarchie entre les anciens élèves et les nouveaux. Les premiers voudraient pour eux exclusivement certaines immunités. Par contre, ils aimeraient se décharger sur les autres des sujétions imposées par l'internat. Expliquons-nous sur ce point. Il y a dans le régime de l'école normale des agréments et des charges. Dès l'instant que les uns et les autres ne peuvent être également répartis entre tous, nous sommes d'avis que les charges incombent aux jeunes, qui jouiront un jour de la dispense accordée aux vétérans. De la sorte le principe de la justice n'est pas violé. Mais, dans tous les autres cas, la distribution des faveurs, comme des corvées, sera égale. Les anciens se contenteront de l'ascendant qui s'attache à l'âge et au mérite, et du rôle de guides, parfois de surveillants, qui leur est dévolu par les règlements.

III

BIENVEILLANCE ET BIENFAISANCE

La pratique des devoirs de justice disposera à l'accomplissement d'autres devoirs, qui ont pour fondement la *bienveillance*.

Si la stricte et froide justice régnait seule parmi les hommes, l'existence serait sans doute possible; mais les rapports entre les individus auraient de la raideur et manqueraient d'aménité; les rouages de la grande machine sociale grinceraient en jouant. Grâce à la bienveillance, à la politesse et à la charité, les rapports deviennent doux et faciles; l'âpreté de la lutte pour l'existence s'en trouve atténuée, et les hommes sont plus heureux.

Ce principe admis, nos établissements d'instruction publique seront des écoles de justice, comme le voulait Xénophon dans son éducation idéale des Perses, et ils seront quelque chose de plus : ils contribueront à développer les sentiments affectueux, les dispositions serviables. Lorsque les élèves-maîtres seront mus par ces honorables sentiments, il n'y aura parmi eux que des manières affables. Les discussions seront courtoises et les amusements pacifiques. Jamais ils ne se permettront de ces plaisanteries grossières, blessantes pour l'amour-propre, qui aigrissent les caractères, engendrent les haines et les divisions. Cette entente cordiale entre camarades pris séparément existera aussi entre les promotions. Il n'y aura pas trois écoles dans une. La fusion sera complète. C'est à l'école normale surtout que les brimades, ce reste barbare des mœurs scolaires d'autrefois, seront totalement inconnues. Les nouveaux-venus, au lieu d'être ridiculisés, sinon persécutés, rencontreront auprès de leurs aînés un accueil qui leur adoucira les débuts pénibles de la vie hors de la famille. Nous espérons plus encore : la bienveillance ne se bornera pas à être un sentiment, elle amènera l'action bienfaisante. Les élèves se rendront une foule de petits services honnêtes. Les plus instruits tendront la main aux moins avancés. Que de fois nous avons été touché, en voyant côte à côte, au tableau noir, ou sur un livre, deux élèves, l'un venant en aide à l'autre et lui rendant compréhensible quelque point difficile des études! Voilà de la bonne confraternité. Sans doute il faut y apporter de la mesure. On rendrait, par exemple, un mauvais service à un camarade, si l'on faisait sa besogne, si l'on supprimait chez lui l'effort, au lieu de le diriger et le soutenir.

Cette manière d'entendre la vie à l'école est donc féconde en résultats heureux. L'un de ces résultats est la formation des fortes amitiés dites « de collège » qui persistent à travers les années et sont, pour la vie, un bonheur et un appui. Ainsi s'était nouée, entre Montaigne et La Boétie cette célèbre amitié, si éloquemment dépeinte dans les *Essais*.

IV

LE BON EXEMPLE

Enfin, nous élevant un peu plus haut dans la sphère du devoir, nous rappellerons à l'élève-maître que chaque homme est rigoureusement obligé de travailler à l'édification de ses semblables. Le bon exemple, on peut le dire, est le devoir par excellence de l'instituteur. Il doit s'y préparer dès l'école normale. Avant de parler et d'agir il examinera, selon la fameuse règle de Kant, si ce qu'il veut faire ou dire, pourrait être répété impunément par les autres, et se souviendra que l'exemple du mal est plus contagieux que le spectacle du bien. « Le mauvais exemple des camarades, dit Barrau, a perdu plus de jeunes gens que les bonnes leçons des maîtres n'en ont sauvé. »

Puisse l'élève-maître, en quittant l'école, se rendre ce témoignage formulé encore par le même auteur : « Aucun de mes camarades ne m'a jamais rien vu faire, ne m'a jamais entendu rien dire, qui ait pu le détourner de la route du bien. »

RÉSUMÉ

I. — Solidarité de bon aloi. Vertus propres à la développer : Justice et bienveillance.

II. — La justice amènera la loyauté, évitera les rivalités jalouses, mais ne s'opposera pas à une saine émulation. Elle fortifiera le sentiment de l'égalité.

III. — La bienveillance donnera aux relations de la douceur et de l'agrément ; elle supprimera les querelles, les violences et les grossières plaisanteries ; elle se traduira par les procédés obligeants qui mettent l'intelligence et la volonté des forts au service des faibles ; elle présidera à la formation des solides amitiés, qui se continuent au delà de l'école.

IV. — Devoir supérieur : l'édification par le bon exemple.

SEPTIÈME LEÇON

RÈGLEMENT INTÉRIEUR DE L'ÉCOLE NORMALE. ORDRE MATÉRIEL

Sommaire. — I. Nécessité d'une règle respectée. — II. L'ordre et ses heureux effets. — III. Avantages de l'ordre matériel. — IV. Probité scolaire.

Nous avons esquissé les sentiments et les dispositions d'esprit qui existent chez le futur élève-maître, à partir du jour où une vocation vraie a parlé : nous l'avons ensuite introduit à l'école normale et lui avons indiqué la conduite à tenir envers ses professeurs et ses condisciples, pour réaliser son perfectionnement intellectuel et accomplir son évolution morale. Après l'exposé des principes généraux, nous avons à en suivre les applications particulières. Nous mettrons aujourd'hui notre jeune étudiant en présence du *Règlement intérieur* de l'école normale, pour lui en faire comprendre la nécessité et les avantages.

I

NÉCESSITÉ D'UNE RÈGLE RESPECTÉE

Partout où il y a une réunion d'individus, assemblés pour une œuvre ou des intérêts communs, une règle détermine les rapports des associés, les droits et les devoirs de chacun. Dans l'État, c'est la Constitution ; chez les commerçants, c'est le Contrat ; à l'école normale, c'est le *Règlement intérieur* prescrit par le décret du 18 janvier 1887. Nous avons vu déjà que ce règlement a été dicté par un esprit de sollicitude et de libérale confiance qui fait grand honneur à l'élève-maître.

La règle est à tous égards nécessaire et bienfaisante. Elle répond à un besoin impérieux de l'esprit, qui veut de la méthode, et ne marche avec assurance que sur les chemins parfaitement tracés et éclairés. Elle donne à chacun ses attributions, avec des instructions précises pour les remplir. Elle favorise l'activité et permet ce qu'on appelle en mécanique : production du maximum de travail avec le minimum de force possible. Il n'y a en effet, ni hésitations, ni fausses manœuvres ; chaque intéressé accomplit bien et avec célérité une tâche déterminée. Dans une maison d'éducation, par exemple, lorsque maîtres et élèves savent ce qu'ils ont à faire, quand ils connaissent leurs devoirs et leurs droits respectifs, il n'y a aucune place pour les mesures arbitraires ; il y a, au contraire, de sérieuses garanties pour le travail et la discipline. Les premiers ne sont pas exposés à outrepasser les instructions, ou à les mal appliquer; les seconds n'ont pas de motifs pour se soustraire à leurs devoirs, ils n'ont pas de prétextes pour dire qu'on agit à leur égard par caprice ou tyrannie. Ils savent que ce qui leur est commandé est juste, utile et formellement prescrit.

De tout cela, il ne peut résulter que le progrès, l'amélioration des individus, en même temps qu'une existence calme et pacifique.

Mais, pour que ces biens précieux soient assurés, il faut que le règlement soit la loi vivante et respectée. On pourrait se contenter de ne pas la violer sur les points essentiels, et en prendre à son aise à l'égard des prescriptions secondaires. Un tel laisser aller serait des plus dangereux. Dans un règlement bien fait, il n'y a rien à ajouter et rien à retrancher. Les moindres détails ont leur importance : ils font partie d'un système; les supprimer serait compromettre tout le système. Ne suffit-il pas d'une vis microscopique tombée ou mal fixée, du frottement de deux organes extrêmement ténus, pour arrêter le mouvement du plus parfait des chronomètres? L'élève se permettra un jour une omission, oh! bien petite, et les maîtres seront indulgents. Mais la même négligence se reproduira certainement. D'autres s'ajouteront à celle-là; l'élève aura des imitateurs. Et voilà que peu à peu le relâchement deviendra général, la machine disciplinaire se dérangera et menacera de se disjoindre. En fin de compte il faudra, pour remettre les choses en leur ordre, recourir à des mesures graves, autrement dures et vexatoires que n'eût été le régime ordinaire.

II

L'ORDRE ET SES HEUREUX EFFETS

L'*Ordre*, conséquence certaine du respect de la loi, c'est l'harmonie et l'équilibre dans les plus nobles facultés ; c'est la volonté réglant la sensibilité ; c'est la méthode présidant à toutes les opérations de l'activité humaine ; c'est enfin, selon le témoignage des plus célèbres philosophes, la *Vertu* même. Sans cette force dirigeante et régulatrice, on ne peut faire œuvre utile. Nous avons tous rencontré dans nos lectures historiques, et, sans aller chercher si haut, ni si loin, dans nos relations quotidiennes, soit des hommes, soit des écoliers doués de facultés brillantes, qui n'aboutissaient à rien ; et d'autres, pourvus de moyens ordinaires, qui remportaient de grands succès. C'est que ceux-ci avaient su mettre de l'ordre dans leur vie, tandis que ceux-là, sans méthode, sans esprit de suite, avaient follement gaspillé les trésors de leur intelligence et de leur cœur.

On sait aussi que la vertu est une *habitude*, que dis-je ? elle est l'habitude par excellence. Nous aurions une grande confiance dans l'avenir de nos élèves, s'ils emportaient de l'école l'habitude de l'ordre. Oui, qu'ils travaillent à en étendre le domaine dans leur vie. Plusieurs de nos leçons seront consacrées à montrer ce que l'on peut attendre de cette qualité dans les études, dans la direction d'une classe et même dans les affaires privées de l'instituteur. Pour le moment, nous ne sortirons pas des applications usuelles à en faire à l'école normale.

III

AVANTAGES DE L'ORDRE MATÉRIEL

En entrant à l'école, chaque élève apporte un trousseau et un assortiment d'objets de toilette ; dès le premier jour, on a mis à sa disposition des livres, des instruments de travail, dont quelques-uns sont délicats et coûteux. On l'a installé dans un mobilier confortable, et il a été proposé à la garde et à l'entretien de tout cela. Eh bien ! voilà déjà une bonne occasion pour acquérir l'habitude de l'ordre. Une place a été indiquée pour chaque chose : que chaque chose reste à sa place, ou y retourne après qu'on s'en est servi. Ce précepte est devenu banal depuis que Franklin l'a formulé ; néanmoins, il est toujours opportun de le rappeler. Que les objets soient aussi maniés avec précaution, tenus en état de propreté, et réparés aussitôt qu'un dégât s'est produit. « Petite négligence, dit le Bonhomme Richard, peut enfanter un grand mal. Faute d'un clou, le fer... le cheval... et le cavalier sont perdus. »

Quels seront les résultats immédiats de cet ordre tout matériel ? D'abord les objets bien soignés seront d'un long usage ; il faudra les remplacer moins souvent, et il y aura une épargne d'argent. Il y aura aussi une économie de temps, matière précieuse, mais subtile, dont il ne faudrait laisser échapper aucune parcelle sans lui avoir fait produire tout ce qu'elle peut donner. Que de temps perdu par l'écolier désordonné, qui égare tout et ne sait jamais trouver, au moment voulu, les choses dont il a besoin !

D'autre part, l'ordre en soi est une beauté. Il satisfait l'esprit, il plaît à l'œil. Quand on visite un établissement bien tenu, on s'y sent à l'aise, on y respire un air pur au moral comme au physique ; on se dit que la santé des âmes, aussi bien que celle des corps, doit être bonne dans la maison.

C'est ici le lieu de parler de l'ordre et de la propreté dans la toilette. Tout se tient : celui qui est désordonné au dortoir, au vestiaire et à l'étude, l'est aussi dans sa personne. Si l'on n'y prenait garde, il se mettrait le soir au lit avec sa chemise de jour, et le matin, il ne ferait que des ablutions sommaires. Son costume est fripé, taché. Il montre qu'il n'a le respect ni de lui-même, ni des autres, obligés de vivre dans sa désagréable intimité.

La tenue extérieure de l'élève-maître sera irréprochable. Ses vêtements seront nets de poussière, bien portés et élégants dans leur simplicité. Ce n'est point assez : au bon goût, il joindra la modestie. La recherche dans la parure, tolérée chez la femme, est ridicule chez l'homme et annonce un pauvre esprit. La toilette maniérée du fat n'est pas d'ailleurs une preuve certaine de l'ordre vrai et de la propreté, que nous réclamons. On voit des jeunes gens porter fièrement une tête empruntée à l'étalage des coiffeurs, se dandiner sur une badine d'écuyer de cirque, et loger dans cette tête la plus pauvre des cervelles.

IV

PROBITÉ SCOLAIRE

Ces diverses considérations nous conduisent à parler aussi de la *probité scolaire :* il y a une probité plus particulièrement spéciale à chaque profession. On a vu déjà comment l'élève-maître peut remplir cet important devoir par son application à devenir un instituteur instruit et dévoué. Rappelons-lui, en outre, que tout le matériel dont il dispose a coûté fort cher. Pour y pourvoir, nous ne saurions trop le répéter, l'État et le département ont puisé dans la bourse des contribuables, et les impôts sont lourds pour le travailleur ! Eh bien ! l'élève-maître ne doit-il pas, non seulement par amour de l'ordre, mais par probité, veiller à la conservation des objets qui lui sont *prêtés* et qui devront pouvoir servir encore à plusieurs générations d'élèves ?

Ici se rencontre un préjugé, qui existe malheureusement ailleurs que chez les écoliers, mais qui, s'il disparaissait de l'école, serait bien près de disparaître de la société. On s'imagine que voler l'État, ce n'est pas voler ! Partant de là, on fraude, autant qu'on le peut, en matière de contributions, de droits d'enregistrements, etc., sans autre crainte que celle des agents du fisc et de la force publique. Si l'on est mis provisoirement en possession d'une propriété collective, on en use sans ménagement, la laissant se détériorer et périr... Erreur funeste et démoralisatrice, contre laquelle l'instituteur s'élèvera avec force dans son enseignement moral et civique, en commençant par donner lui-même l'exemple. L'élève-maître se préparera à ce devoir vraiment patriotique en s'intéressant déjà à la chose publique pendant son séjour à l'école.

Pour terminer, nous signalerons encore un défaut fréquent chez les écoliers. Ils pratiquent entre eux une sorte de communisme, et ne sont rien moins que scrupuleux à l'égard de la propriété de leurs camarades. Ils se servent des objets qui leur tombent sous la main, les détériorent, les égarent, sans songer à réparer les dommages, se les approprient même parfois en vertu du « droit du plus fort ». Nous avons connu un établissement où les *anciens* avaient établi comme règle que les *nouveaux* devaient pourvoir les camarades de cirage, brosses et autres ustensiles. Malheur à ceux qui ne s'y prêtaient pas de bonne grâce ! C'est là de la fraternité on ne peut plus mal comprise. Les élèves doivent être serviables les uns à l'égard des autres ; mais, au moins faut-il que celui qui a besoin d'un service le demande poliment, se croie ensuite l'obligé, et ne rende pas le service onéreux par son défaut de soins.

Qu'on ne nous accuse pas de descendre dans les trop menus détails de la vie de l'écolier. Si les applications sont petites, les raisons en jeu sont on ne peut plus sérieuses. Il n'y a pas de petites questions dès qu'il s'agit de raviver les principes d'ordre, de dignité personnelle, de justice et de droit, toutes idées qui prennent une importance capitale, quand, portant les regards au delà de l'école normale, on envisage le rôle social de l'instituteur.

RÉSUMÉ

I. — Nécessité d'un règlement : ordre, travail, absence d'arbitraire, garanties pour les droits de tous. Respect de la règle. — Dangers du relâchement.

II. — Importance de l'*Ordre*. C'est la *Vertu* par excellence. Habitudes à acquérir.

III. — L'ordre dans les choses matérielles. (L'ordre et la méthode dans les études seront traités plus tard.) Soins du corps et toilette.

IV. — *Probité à l'école*. Conservation du matériel des classes. Préjugés à l'égard de la propriété collective. La probité dans les rapports entre élèves. Tendances « communistes » à éviter.

HUITIÈME LEÇON

LES SORTIES A L'ÉCOLE NORMALE

Sommaire. — I. Adoucissements apportés à l'internat des écoles normales. — II. Avantages moraux des sorties. — III. Conseils au sujet des sorties.

I

ADOUCISSEMENTS APPORTÉS A L'INTERNAT DES ÉCOLES NORMALES

Nous avons encore à parler du règlement. Il s'agit aujourd'hui de ses applications hors de l'école.

On a discuté la question de savoir si le régime de l'externat ne devait pas être adopté pour les écoles normales. Ces établissements seraient transformés en petites universités, où les étudiants assisteraient à des leçons et conférences, comme cela se pratique dans les Facultés. Chaque élève, libre ou boursier, se pourvoirait de la table et du logement, selon ses goûts et ses moyens, et, sous sa propre responsabilité, apprendrait à bien travailler et à se bien conduire. Pour des raisons que nous n'avons pas à exposer ici, le principe de l'internat a été maintenu. Mais les règlements adoptés par le Conseil supérieur en ont adouci les rigueurs dans les limites du possible. Les élèves-maîtres ne sont plus séquestrés derrière des murailles infranchissables; il leur est permis de participer, dans une certaine mesure, à la vie civile : ici encore, un retour sur le passé fera apprécier aux élèves-maîtres les douceurs de leur condition présente.

Le premier règlement des écoles normales où il soit question des *congés* et des *sorties*, est du 21 avril 1840. Il permettait des sorties générales chaque mois, et les élèves pouvaient en mériter une seconde. C'était raisonnable. Vint le décret du 24 mars 1851, dont les prescriptions étaient vraiment draconiennes : plus jamais de sorties, et les vacances réduites à quinze jours, pour toute l'année ! Cette règle, aussi dure que peu sage, dépassant même de beaucoup les exigences des séminaires, a pesé sur les écoles normales pendant trente ans. Elle fut seulement adoucie en ce qui concerne les vacances. Le décret du 21 juillet 1866 qui, sur plusieurs points, améliore le régime, continue à interdire « tout congé, toute sortie particulière, hors une circonstance particulière, dont le directeur est juge ». Il faut arriver au décret du 21 juillet 1881, pour obtenir une amélioration notable. « Des sorties peuvent être autorisées le dimanche. » Enfin, l'arrêté du 18 janvier 1887 établit que « les jours réglementaires de sortie sont les dimanches et jours de fêtes », et il autorise le directeur à accorder « des sorties individuelles ».

Pourquoi ne pas l'avouer ? Il y a eu des craintes au sujet de l'application de ces mesures, qui tranchent si radicalement avec les vieilles habitudes. On s'est demandé si les élèves-maîtres useraient avec discrétion des libertés nouvelles. Eh bien ! nous croyons que l'expérience a été bonne, qu'elle a donné raison aux vues larges et hardies des hommes éminents qui président aux destinées de notre enseignement, et qu'ils pourraient bien avoir raison aussi sur d'autres points encore contestés. L'habitude de la liberté en modère l'usage.

Est-ce à dire que tout soit fait, et qu'il n'y ait pas des directions à donner pour le bon emploi des sorties ? Non, certes ! Nous allons d'abord montrer toute l'étendue de la pensée éducatrice qui a motivé un changement si important et si agréable dans la vie scolaire.

II

AVANTAGES MORAUX DES SORTIES

Il fut un temps où les trois années de séjour à l'école normale étaient à peu près exclusivement consacrées à la préparation de l'examen d'un brevet *simple,* moins chargé de matières et d'épreuves que le brevet élémentaire actuel, qui est pourtant exigé avant l'admission à l'école. Il fallait être bien noté pour avoir le droit, en troisième année, d'étudier ce qu'on appelait les *matières facultatives,* et l'élève-maître emportait rarement son brevet complet. Obligé de piétiner sur place, de répéter toujours les mêmes exercices, il trouvait sans nul doute ses études fastidieuses ; mais, à coup sûr, il n'était pas exposé au *surmenage intellectuel.* Alors on pouvait, indépendamment de toute autre considération, ne pas comprendre la nécessité des sorties et des congés. Aujourd'hui, les études exigent une grande application pendant les six jours de la semaine, et la sortie du dimanche est indispensable pour faire diversion et détendre l'esprit.

C'est intentionnellement aussi qu'autrefois l'élève était séparé du monde et isolé même de sa famille. D'après les idées modernes, au contraire, la société et les parents interviennent pour donner à l'éducation un caractère sincèrement, complètement humain. Les parents apportent au maître un contingent d'observations qui permettent de mieux pénétrer la nature de l'enfant, et, par suite, de le mieux diriger. Lorsqu'ils sont eux-mêmes instruits, ou à tout le moins lorsqu'ils possèdent la dignité d'une vie honnête, leur grave et affectueuse autorité ajoute une sanction efficace aux sanctions de l'école. Enfin, quand l'enfant est momentanément séparé des siens, soumis à ce régime exceptionnel qui a été appelé « un mal nécessaire », ne faut-il pas qu'il aille quelquefois se retremper dans l'atmosphère familiale, si douce et si réconfortante ? Les gâteries, mêlées de conseils, de l'aïeul vénéré, les encouragements du père, la tendresse prévoyante de la mère, et, jusqu'aux taquineries d'une sœur aussi aimante qu'espiègle, tout cela remet l'écolier sur pied, et renouvelle sa provision de force et de courage.

Ce viatique est salutaire à l'élève-maître comme à l'écolier plus jeune. Fournissons-lui donc l'occasion d'aller passer quelques bonnes journées parmi les siens. Dans les intervalles, ses parents et connaissances, ses anciens maîtres viendront le visiter ; il sortira avec eux ; il confiera à leur amitié ses joies et ses peines ; il avouera ses faiblesses, et, après ces doux épanchements, il rentrera à l'école avec une âme sereine et une volonté retrempée aux meilleures sources.

Dans un ordre d'idées tout différent, les sorties en ville offriront encore des avantages. L'élève-maître a besoin d'être initié aux usages sociaux par le contact avec les gens bien élevés. Or, il nous semble que les promenades du dimanche dans les lieux publics convenablement fréquentés, permettront à nos jeunes gens d'acquérir l'aisance des manières et le bon ton, exempt d'affectation, qui, s'ils n'ajoutent pas au mérite, en sont du moins l'aimable parure.

Un autre avantage des sorties est enfin de fournir

à l'élève-maître l'occasion de compléter ses études à l'aide des cabinets d'histoire naturelle et des jardins botaniques que possèdent nombre de villes; de fixer, par la vue directe des choses, bien des notions qui, sans cela, resteraient vagues dans son esprit. La visite d'un musée archéologique, d'une cathédrale, d'un vieil hôtel de ville, en apprendront souvent plus que les livres et les leçons théoriques. C'est aussi par les visites assidues aux musées de peinture et de sculpture, par l'audition des concerts de musiques militaires, orchestres municipaux, etc., que se formera le sens esthétique et que se développera le goût des belles choses.

III

CONSEILS AU SUJET DES SORTIES

Il reste à donner quelques conseils pour que les *sorties* répondent aux intentions des éducateurs qui les ont autorisées et même prescrites.

Nous ne ferons pas à l'élève-maître l'injure de supposer qu'il abusera jamais de la confiance et de la liberté qui lui sont accordées, pour avilir son corps et son âme, loin des regards de ses parents et de ses maîtres. Mais nous croyons utile de le prémunir contre des habitudes dont il n'est pas responsable, et qui sont cependant contraires à la bonne éducation. Avant son séjour à l'école, il a participé, sauf de rares exceptions, à la vie des paysans et des ouvriers, plus honnête sans doute que ne la dépeignent les romans naturalistes, mais où, il faut bien le reconnaître, langage et divertissements pèchent trop souvent par la grossièreté. Il n'a pu s'empêcher de contracter un peu les mêmes goûts. Eh bien! nous craignons qu'au sortir de l'école, il ne retourne à ces habitudes, dont il faut pourtant le tirer pour l'*élever* dans toute la portée du mot. Les amis, les anciens camarades s'empareront de lui à l'heure de la sortie et le groupe ami ira causer, se distraire... peut-être dans une de ces auberges, aux portes de la ville, où le paysan descend avec sa monture le jour du marché. Voilà le danger. Il ne faut point se séparer de ses amis, mais, au lieu d'imiter la jeunesse dissolue des villes qui émigre vers les barrières, il faut aller en sens contraire vers le centre, c'est-à-dire dans les lieux publics où se rendent les personnes respectables ; à moins qu'on ne préfère une promenade en pleine campagne et au grand air.

Un mot sur la fréquentation des cafés. Nous pensons qu'ils ne sont pas faits pour l'instituteur, et que, de plus, on y contracte des besoins nuisibles et coûteux. Néanmoins, comme il faut être de son temps, et qu'il ne faut rien prendre au tragique, dès que la moralité n'est pas en cause, nous ne ferons pas un crime à l'élève-maître d'aller en honnête compagnie prendre au café un rafraîchissement ; mais alors que ce soit au su et au vu de tout le monde, dans les établissements les mieux tenus, et non pas dans quelque estaminet égaré des faubourgs.

Passons à un autre point. Nous avons encouragé, comme un précieux avantage des sorties, les visites fréquentes aux musées d'art, les auditions de musique classique, etc. Mais pour que l'étude et la contemplation des belles œuvres produisent leur effet, il faut certaines conditions intellectuelles et morales. L'un de nos collègues nous fit un jour un aveu bien significatif. Il avait obtenu un crédit pour procurer à ses élèves de troisième année un voyage d'études et d'agrément. Il les conduisit à Paris, et les mit en présence des merveilles de toutes sortes que renferme la grande cité. Or, il constata avec une pénible surprise que ces jeunes gens restaient froids dans les galeries du Louvre, indifférents en face des monuments les plus admirables. Sans doute, ils étaient étourdis, ahuris, ils absorbaient à trop haute dose les produits de la haute civilisation ; mais il leur manquait aussi la culture qui prépare les jouissances intellectuelles. Pour admirer, il faut *comprendre*.

Une dernière recommandation. Quand l'élève-maître sera hors de l'école, il aura souci de sa propre réputation, cela va sans dire ; mais il pensera aussi à la bonne renommée de l'établissement auquel il appartient. L'institution des écoles normales a eu et a encore ses adversaires. Les passions politiques, mêlées aux questions d'enseignement, ont donné lieu à bien des préventions. Or il faut gagner l'opinion publique, montrer, par une tenue correcte, par des mœurs douces et polies, la dignité de l'éducation qu'on a reçue. L'élève témoignera ainsi à l'école son attachement et sa gratitude. D'autre part la noble Université de France le considère déjà comme l'un des siens ; il a l'honneur de porter ses emblèmes et ses couleurs : qu'il les respecte comme le soldat respecte le drapeau !

RÉSUMÉ

I. — Adoucissements apportés à l'internat. Les *sorties*. Historique de la question. Comparaison au profit du régime actuel.

II. — A quelle pensée éducatrice répondent les sorties, délassement et diversion dans les études ; retour partiel à la vie de famille ; initiation aux usages sociaux par le contact des gens civilisés et honnêtes; concerts, musées, œuvres d'art à la portée des élèves-maîtres pour les distraire et former leur goût.

III. — Comment ils pourront satisfaire à toutes les conditions de ce programme. Danger à éviter : retour aux habitudes des gens dont l'éducation est imparfaite. Sentiments esthétiques à développer. Souci de la dignité personnelle et de la réputation de l'école normale.

NEUVIÈME LEÇON

DEVOIRS RELIGIEUX

Sommaire. — I. Neutralité de l'école. — II. Craintes mal fondées. — III. La tolérance. — IV. Culture du sentiment religieux.

I

NEUTRALITÉ DE L'ÉCOLE

Un dernier point du règlement intérieur des écoles normales reste à traiter : c'est celui des pratiques religieuses. Il est délicat. Nous aurions pu omettre la question, ou n'en parler que brièvement, mais il nous a semblé plus franc et plus digne de l'aborder avec l'intérêt, le respect et la sincérité qu'elle comporte. Nous espérons, en nous plaçant exclusivement sur le terrain légal, ne froisser aucune susceptibilité, et donner satisfaction aux consciences les plus exigeantes.

La neutralité de l'enseignement en matière religieuse, ou plutôt confessionnelle, a été imposée par la loi du 28 mars 1882, pour des raisons de haute et légitime convenance. L'école publique a un caractère national; elle est ouverte indistinctement aux enfants, dont les familles ont des croyances religieuses ou philosophiques très diverses. Au nom de la liberté de conscience et de la morale, il ne fallait pas exposer l'éducation familiale à être contredite ou affaiblie par l'enseignement d'un culte spécial, ce culte fût-il celui de la majorité des enfants de l'école.

D'autre part, tout le monde est d'accord pour reconnaître que le prêtre ou le pasteur sont seuls compétents en matière d'enseignement dogmatique et que l'instituteur ne saurait être que leur auxiliaire. Or si cet auxiliaire ne remplissait pas bien sa tâche, soit par défaut de convictions personnelles, soit pour toute autre cause, qui ne voit à quel point il compromettrait l'autorité et les intérêts de la religion? Qu'on nous permette d'exprimer toute notre pensée.

L'une des causes de la tiédeur au sujet des pratiques religieuses, ne viendrait-elle pas d'une instruction superficielle et sans grande action sur les âmes? Ne résulterait-elle pas des prescriptions mêmes de l'ancienne loi scolaire, c'est-à-dire d'une mauvaise méthode pour l'enseignement religieux? Les familles se sont dit : l'instituteur est tenu d'apprendre le catéchisme à nos enfants, et elles se sont déchargées sur lui de ce devoir. Le prêtre a été tenté d'imiter les parents, et de trop compter sur le maître d'école. Mais celui-ci se renfermant dans des instructions formelles, s'est contenté d'enseigner la *lettre* et s'est interdit tout commentaire. Beaucoup d'enfants en sont restés là : ils n'ont appris que des mots ; leur esprit n'a pas été éclairé ; leur cœur n'a pas été touché, et il n'est pas étonnant que leur éducation religieuse se soit dissipée comme une vapeur légère.

Nous croyons donc que la loi de 1882 ne mérite pas les injures qu'on lui a prodiguées. Nous croyons qu'en restituant l'enseignement religieux aux familles et aux ministres du culte, elle sert même la cause de la religion. Aujourd'hui que la fumée des premières batailles est tombée, il y a sans doute plus d'un catholique de bonne foi qui ne voudrait plus revenir au régime de 1850, et confier à l'instituteur une mission qui n'est pas la sienne.

Mais si la loi exige la neutralité de l'école, elle prend toutes les précautions nécessaires pour que les enfants soient à même de recevoir l'instruction religieuse et pratiquer leur culte. Dans les internats publics, fréquentés par des élèves jeunes, l'État entretient des aumôniers, ou subventionne des ecclésiastiques chargés de l'enseignement et des exercices religieux. A l'école normale le maintien des aumôniers n'avait plus sa raison d'être. Nos élèves ne sont plus des enfants ; leur instruction religieuse a dû être faite avant leur entrée à l'école, et il n'y a plus à les former pour un enseignement qu'ils n'ont plus à répandre. Mais ils ne sont en rien entravés pour cela dans l'exercice de leurs devoirs de conscience. Le décret du 18 janvier 1887 dit que « les élèves-maîtres ont toute facilité pour suivre les pratiques de leur culte. » C'est en vue de nous conformer pleinement à l'esprit dont se sont inspirées ces prescriptions officielles que nous allons développer les quelques considérations suivantes.

II

CRAINTES MAL FONDÉES

Adressons-nous d'abord aux familles. Dans nos rapports avec elles, il nous a semblé constater des préventions et surtout des craintes, à coup sûr mal fondées. On s'imagine que la loi nouvelle est hostile aux idées et aux pratiques religieuses, que l'administration voit d'un mauvais œil ceux qui sont conséquents avec leurs convictions et leur éducation première. Par suite certains parents ont une attitude gênée, qui va jusqu'à la dissimulation : ils craignent pour l'avenir de leurs fils, ils se demandent quelle est la conduite prudente à tenir, et, par le fait, s'ils ne capitulent pas avec leur conscience, ils ôtent au moins une grande autorité à leur action directrice sur leurs enfants. Ils doivent se rassurer, et ne voir dans la loi que ce qui y est : la neutralité, mais aussi le respect de la liberté de conscience dans toutes ses légitimes manifestations. Ceux qui appliquent cette loi sont pénétrés du même devoir. Les élèves-maîtres savent déjà qu'aucune distinction n'est faite parmi eux. Ils ne sont estimés et jugés que d'après leurs qualités personnelles et volontiers leurs maîtres pousseraient le scrupule jusqu'à ignorer quels sont les pratiquants et les non pratiquants. La même équité les attend dans leur carrière.

III

LA TOLÉRANCE

Cette réserve et ces scrupules indiquent la conduite que l'élève doit tenir à l'égard de ses camarades. Il respectera la liberté, précieuse entre toutes, liberté qu'il revendique pour lui-même. Chacun d'eux saurait au besoin défendre ses convictions, mais il n'aura pas cette peine. Les élèves-maîtres pratiquent la belle vertu si bien décrite par M. Marion : « Dans la vie sociale, quel que soit le culte que l'on professe, ou quelque opinion qu'on puisse avoir à l'égard du culte en général, on n'oubliera point que toutes les façons de témoigner au dehors un sentiment sincère à la seule condition de ne pas empiéter sur nos droits et de ne pas menacer nos libertés, ont droit de notre part au respect bienveillant et sympathique. Le mot *tolérance* dont on se sert généralement à ce sujet est insuffisant. Ce n'est pas assez, en effet, de *tolérer*, de supporter avec peine un culte que nous ne pratiquons pas. Ne point partager les convictions d'autrui, c'est assurément notre droit ; mais nous devons regarder avec une déférence affectueuse tout élan sincère de l'âme vers cette région de l'inconnu, où un instinct, aussi indestructible que l'ignorance et la faiblesse humaines, nous pousse à chercher un appui. La naïveté même, en ces matières, est touchante aux yeux du philosophe : elle n'inspire une pitié dédaigneuse qu'aux esprits étroits et aux cœurs secs [1] ».

---

1. MARION. *Leçons de morale*, A. Colin, éditeur.

Ces belles paroles méritent d'être méditées. M. Marion recommande la tolérance, accompagnée d'un respect bienveillant et affectueux, même pour les formes les plus naïves du sentiment religieux. Il attribue « aux esprits étroits et aux cœurs secs » la tolérance dédaigneuse ou même simplement indifférente. Mais cette disposition peut avoir une autre cause, et c'est ici qu'il y a lieu de prémunir l'élève-maître contre le ridicule encouru par les esprits à la fois légers, présomptueux et ignorants. Les destinées de la vie sont mystérieuses. Elles font l'objet des recherches et des réflexions de tous les gens sérieux, qu'ils appartiennent au monde des savants, ou qu'ils en soient réduits aux données les plus élémentaires de la conscience. Toute une vie est peu de chose quand il s'agit de résoudre les problèmes de l'existence. Or il ne sied guère à un jeune homme, qui a si peu vécu, encore moins réfléchi, de se croire déjà en possession de toute la vérité, de croire par conséquent avoir trouvé les règles définitives de sa conduite, et surtout de porter des jugements sans appel sur les sentiments et les convictions d'autrui.

IV

CULTURE DU SENTIMENT RELIGIEUX

La première éducation morale de la jeunesse actuelle s'est faite à une époque de transition. L'enseignement religieux n'a peut-être pas, pour les raisons que nous avons données plus haut, laissé des traces profondes, et, d'autre part, l'enseignement moral de l'école primaire, à peine organisé, n'a pas eu le temps de porter ses fruits. Si donc l'élève-maître était abandonné à lui-même, il serait exposé à passer indifférent à côté des questions les plus graves ; un stimulant énergique lui manquerait pour son perfectionnement et pour le perfectionnement des enfants qui lui seront confiés plus tard. Nous lui devons donc encore quelques conseils.

En ce qui concerne les pratiques religieuses, nous n'avons plus qu'une considération à lui soumettre : les moralistes disent que la loi du devoir et la conscience des enfants se confondent avec la conscience et la volonté des parents, jusqu'au moment où elles peuvent se détacher et agir seules. Or comme l'élève-maître n'est pas encore complètement sorti de l'âge où l'on a besoin d'un tuteur, il aura grande chance d'être dans la bonne voie, en suivant respectueusement les recommandations de ses parents pour ce qui concerne ses croyances et ses actions personnelles. D'ailleurs, à tous les âges, un fils ne se trompe guère quand il est docile aux conseils d'un père et d'une mère dont la sollicitude s'étend au delà des intérêts présents et matériels.

Il s'efforcera aussi de tirer de ses études de psychologie et de morale toute leur vertu éducative. Il cherchera à développer en lui ce sentiment de l'idéal qui est « le plus noble apanage de la nature humaine », sentiment qui est commun à toutes les religions, ou plutôt qui plane au-dessus des religions et les inspire. « Nous avons une faculté, dit Channing, qui ne peut pas s'arrêter à ce que nous voyons, à ce que nous touchons, à ce qui existe dans les limites de l'espace et du temps, une faculté qui cherche l'infini, la cause incréée, et ne peut se reposer que lorsqu'elle est montée jusqu'à l'Esprit éternel, qui embrasse tout. C'est ce que nous appelons le principe religieux... *Développer cette puissance, c'est éminemment faire notre éducation*[1] ! »

---

1. *Œuvres sociales*, traduction Laboulaye, Charpentier, éditeur.

Voilà des paroles belles et vraies, dont l'élève-maître s'inspirera. Elles le préserveront de cette maladie débilitante de l'indifférence, qui fait que l'on vit au jour le jour, sans idéal, sous un ciel terne aux horizons bornés. Entre tous les êtres, l'homme a été doué de la pensée et de la raison. Il faut se servir de ces sublimes facultés pour accroître autant qu'il dépend de nous la dignité de notre nature. Le directeur d'école normale éprouverait une déception douloureuse si, semblables au troupeau qui s'échappe insouciant de la bergerie à l'aurore, et y rentre de même au crépuscule, ses élèves commençaient et terminaient leurs journées, absorbés par leurs plaisirs et leurs travaux, sans retour sur eux-mêmes, sans conversation intime avec leur conscience, sans aspirations vers l'Infini ! Dans toute existence, si laborieuse soit-elle, il y a des trêves, des moments calmes qui invitent au recueillement, à la vie idéale. Qu'ils ne laissent point échapper ces heures bénies qui apportent à l'homme des consolations, de la force et de la lumière.

RÉSUMÉ

I. — Application à l'école normale des principes de neutralité et de liberté de conscience, inscrits dans la loi du 28 mars 1882. Mauvaise méthode appliquée à l'enseignement religieux sous l'empire de la loi de 1850.

II. — Explications à l'égard de certaines craintes ou préventions des familles. Ne voir dans la loi du 28 mars 1882 que ce que le législateur y a mis.

III. — Pratique libre des exercices du culte. Respect des opinions d'autrui. La tolérance bien comprise.

IV. — Conseils aux élèves-maîtres : respect de la volonté ou des désirs de leurs parents : culture du sentiment religieux inhérent à la nature humaine.

DIXIÈME LEÇON

L'ART DE SUIVRE LES LEÇONS ET DE PRENDRE DES NOTES

Sommaire. — I. Conseils généraux. Le cahier de cours. — II. Conseils particuliers. Méthode propre à chaque maître. — III. Mise en ordre et emploi des notes recueillies.

Jusqu'ici, nos leçons ont eu pour objet la culture de l'âme, au point de vue du sentiment, de la conscience, de la pratique des devoirs et de l'initiation aux bienséances sociales. En un mot, nous avons cherché à bien commencer *l'éducation* de l'élève-maître et à le mettre dans les dispositions voulues pour travailler fructueusement à son *instruction*. Nous avons imité le laboureur, qui, avant d'ensemencer son champ, le creuse, l'ameublit et y dépose les principes fertilisants.

Il est temps de diriger l'élève dans les études, à travers un vaste programme, qui réclame de l'activité, de l'adresse et de la méthode.

Nous verrons d'abord comment il doit travailler

pendant les leçons, sous la conduite directe des professeurs ; ensuite, nous examinerons comment il doit travailler *seul* et ordonner son temps, comment il peut se livrer aux études personnelles, si précieuses pour réaliser la forte et libre culture de l'esprit.

I

CONSEILS GÉNÉRAUX. — LE CAHIER DE COURS

A une certaine époque, on faisait à l'école normale, comme dans la simple école primaire, un usage exagéré du livre-manuel. Il prenait la place du maître, et celui-ci se tenait modestement au second plan. L'élève-maître *récitait sa leçon,* le professeur fournissait quelques commentaires, puis on passait à la correction des devoirs. Ensuite l'élève retournait dans la salle d'études *apprendre* une nouvelle leçon et *mettre ses devoirs au net*. Le programme peu chargé permettait ce travail de copie. Alors il y avait de beaux cahiers et des merveilles calligraphiques. De ce temps déjà éloigné, nous ne regrettons que les belles écritures ! Le cadre des études s'est élargi depuis, et, pour en parcourir tout le champ, on a dû élaguer de la besogne de l'élève tout ce qui est machinal. D'autre part, les maîtres, osant avoir des idées et une forme d'enseignement personnelles, se sont substitués au manuel, qui a repris sa place naturelle d'auxiliaire, et ils ont *fait* la leçon. Du coup, le rôle de l'élève a changé aussi. Il continue sans doute à travailler les leçons, à rendre compte des choses qu'on lui a enseignées mais il doit d'abord écouter, et garder dans son esprit, puis dans ses cahiers, l'enseignement reçu pour suppléer aux défaillances de la mémoire. Or, *savoir écouter* et *prendre des notes* est chose difficile. C'est tout un art, et nous croyons être utile en insistant sur ce point.

Les jeunes élèves, dans leur empressement à profiter des leçons, voudraient écrire comme sous la dictée, et ne perdre aucune des paroles du professeur. Les malheureux, couchés sur leurs cahiers, griffonnent avec une fiévreuse activité ; mais, quelque diligence qu'ils y apportent, ils ne peuvent suivre, et ils en sont réduits à recueillir des lambeaux de phrases. Ainsi que le phonographe, avec la même inconscience, mais avec moins de fidélité, ils enregistrent des sons et des articulations, et quand la leçon est terminée, hélas! ils se trouvent n'avoir pas compris, et ne peuvent guère tirer parti de leurs notes informes. Les pauvres enfants, absorbés par leur besogne fastidieuse, lèvent à peine les yeux sur leur maître. Or qui ne connaît la puissance magnétique du regard ? Les yeux du corps réfléchissent ceux de l'âme : quand le maître se sent soutenu par le regard de ses auditeurs, sa parole est plus vivante, il sait mieux exprimer ce qu'il a à dire. De son côté, l'élève lit, dans les yeux de son professeur, les choses qu'il entend, son attention est plus libre, plus active, et il comprend sans effort. Il faut, à tout prix, éviter ce spectacle singulièrement froid d'un maître « faisant la leçon à des crânes », à des têtes dont il n'aperçoit que le sommet chevelu.

Mais comment résoudre ce problème : à la fois regarder, écouter et écrire ?

D'abord ce qui frappera l'élève, ce qu'il s'attachera à retenir, ce sont les idées plutôt que les phrases. L'idée est une, tandis que les mots pour la rendre peuvent être variés. Si la notion a été saisie par l'entendement, les expressions pour la rendre viendront d'elles-mêmes, selon le témoignage autorisé de Boileau. Il faut aussi s'appliquer à distinguer la liaison et l'enchaînement des idées, esquisser au passage des paroles une sorte d'analyse logique rapide et sommaire, consigner sur le cahier les propositions essentielles. Ici intervient un phénomène psychique bien connu, sur lequel il faut beaucoup compter : celui de l'*association des idées*. Un simple mot exprimant une pensée principale rappellera toute une série de pensées secondaires, qu'il ne sera point nécessaire de reproduire. Alors, au lieu de composer des rédactions achevées et suivies, l'élève se contentera de formes elliptiques, de quelques mots placés en vedette. Toutefois ces abréviations ne se feront pas au détriment de la clarté. Si une ambiguïté, une obscurité devaient en résulter, mieux vaudrait allonger les phrases. Les exemples de ce style particulier se trouvent dans les sommaires dictés par les professeurs, ou insérés dans les livres scolaires. L'élève recueillera soigneusement les figures, formules, diagrammes, tableaux synoptiques, etc., dont le professeur *illustre* souvent ses leçons. Ces symboles, qui amènent l'intuition intellectuelle grâce au concours des sens, dispenseront également des longs développements écrits. Dans ces conditions, il sera donc possible d'écrire peu pendant une leçon orale, et, par suite, de regarder et d'écouter commodément.

II

CONSEILS PARTICULIERS. — MÉTHODE PROPRE A CHAQUE MAITRE

Les conseils qui précèdent ont un caractère général, et peuvent s'appliquer à toutes les leçons. Mais il faut tenir compte aussi de la diversité dans la méthode et la forme des leçons, suivant la nature des matières traitées : une leçon d'algèbre ne ressemble pas à une leçon de littérature, et la morale ne s'enseigne pas comme la chimie. La manière de suivre ces diverses leçons variera également. Les différences à observer seront facilement aperçues. D'ailleurs les maîtres ne manqueront pas de donner des conseils spéciaux.

Il y a un autre élément de diversité, c'est la manière qui appartient en propre à chaque professeur et donne à ses leçons un cachet d'originalité. Autant de maîtres, autant de formes particulières d'enseignement. Faut-il s'en plaindre? Non. Cette variété rompt la monotonie dans les études, les anime et les rend intéressantes. De plus, quand le professeur se conforme à sa nature, il possède son maximum d'action sur les esprits. Ici, on le conçoit, il n'y a pas de préceptes à donner. L'élève ne tardera pas à se familiariser avec l'enseignement de chacun de ses maîtres : sa méthode à lui, fixe dans les principes, sera assez souple pour s'adapter, dans les applications, à celles des professeurs.

Nous allons pourtant, en ce qui concerne les leçons, supposer trois cas, et indiquer, toujours à propos des notes, ce qu'il convient de faire dans chacun d'eux.

Commençons par le plus commun, celui où le professeur dicte un sommaire détaillé, renfermant toute la substance de la leçon. A la rigueur ce sommaire suffirait. Des phrases délayées n'ajouteraient rien au texte précis, dont chaque mot a été pesé et mis à sa place dans la méditation du cabinet. L'élève se contentera de recueillir quelques détails complémentaires, des chiffres, des applications, etc.

Mais il peut se faire que le sommaire, très succinct, ne trace que les grandes lignes du sujet.

En ce cas l'élève, tout en observant les conseils que nous avons donnés plus haut, s'attachera à reconnaître dans le développement les parties annoncées. Ce rapprochement facilitera l'intelligence des notions enseignées.

Enfin il arrivera au professeur d'entrer de prime abord dans son sujet, sans dire d'avance ce qu'il fera. C'est ici que l'attention et le travail d'analyse s'imposent pour dégager le plan, la division et les conclusions et en fixer les principaux traits sur le cahier, de même qu'un habile dessinateur reproduit, par quelques coups de crayons, la physionomie d'une figure.

III

MISE EN ORDRE ET EMPLOI DES NOTES RECUEILLIES

Les notes ainsi recueillies ne serviront pas seulement à l'étude immédiate de l'élève-maître ; il aura encore grand profit à les consulter plus tard, soit pour la préparation quotidienne des classes, soit pour la préparation aux examens supérieurs de l'enseignement primaire.

Si, à l'aide de ses notes, l'élève-maître pouvait rédiger les leçons auxquelles il a assisté, ce serait chose excellente. Les bons élèves des lycées le font quelquefois, et s'en trouvent bien. Mais il est impossible de demander ce travail à l'école normale, où il faut apprendre en trois années des matières multiples et relativement étendues. Les cahiers de cours resteront donc à l'état de notes. Mais pour qu'ils aient une réelle valeur, pour qu'ils puissent instruire et renseigner sans égarer, il faut bien des conditions :

écriture lisible, disposition matérielle contribuant à l'ordre et à la clarté ; ordre raisonné dans l'arrangement et la liaison des parties ; appréciation judicieuse des choses, de façon à ne pas les mettre toutes sur le même plan ; interprétation exacte de la pensée du professeur : juste mesure entre un style prolixe et une forme par trop elliptique, etc. La pratique assidue et répétée de nos conseils aidera sans doute à l'accomplissement de cette tâche complexe. Mais elle restera difficile, au-dessus même des forces du débutant, dont l'esprit neuf n'a pas encore été assoupli et soumis aux exigences de la logique. Que de fois, en parcourant les cahiers de *première année*, nous avons eu sous les yeux des notes informes, indigestes, erronées, et faisant dire aux maîtres des choses monstrueuses ! Il était impossible de les utiliser, il pouvait même être dangereux de s'en servir.

Aussi, malgré notre grand désir d'épargner le temps des élèves, sommes-nous obligé de leur dire, surtout quand il s'agit des notions abstraites :

Écrivez séance tenante, avec votre meilleure écriture, le sommaire ou résumé que vous dictera, s'il y a lieu, le professeur ; laissez une large marge à côté du texte ; puis recueillez vos notes sur un cahier. Une fois rentrés dans la salle des études, reprenez ces notes et transcrivez-les sur le cahier de cours, en regard des paragraphes du sommaire auxquels elles se rapportent. Ayez soin alors de les tirer au clair, de les ordonner, d'élaguer les digressions qui ont leur place dans une leçon parlée, mais n'en sont point partie intégrante. Parfois, le professeur, pour mieux faire pénétrer une idée, la reproduit sous plusieurs formes et a recours à des comparaisons. Tout cela peut être omis. Mais il faut aussi faire le travail contraire, c'est-à-dire compléter au besoin une pensée à l'aide des lectures et des réflexions personnelles.

Ce travail solitaire, sera très favorable à la gymnastique de l'intelligence.

Si l'on objectait la dépense de temps que nécessite ce travail, qui n'a d'ailleurs aucun rapport avec le travail de copie justement proscrit, voici ce que nous répondrions : Le temps consacré à la revision et au classement des matériaux amassés pendant une leçon, sera, l'habitude aidant, de moins en moins considérable. Dans tous les cas, personne ne contestera que l'élève doive consacrer une partie de ses heures d'étude à préparer les leçons prochaines ; ce qui signifie : revoir les leçons passées, pour en rendre compte avant de suivre une leçon nouvelle. Or le travail que nous demandons et celui de la préparation se confondent. Quand l'élève relit ses notes, les corrige, les rapproche des développements du livre, que fait-il si ce n'est *apprendre sa leçon*, et même par une excellente méthode ?

RÉSUMÉ

I. — Directions pour les études. Première partie du sujet : l'élève-maître pendant les leçons.

Les cahiers de *cours*. — Comment il faut prendre des *notes* : éviter le rôle passif et inconscient du phonographe ; écrire peu, afin d'écouter et de comprendre ; regarder le maître ; analyser rapidement son discours, et en consigner le résultat sous forme de phrases elliptiques ; compter sur le phénomène de l'association ; figures, formules et autres symboles, qui parlent à l'esprit par les yeux.

II. — Cas particuliers : 1° le professeur dicte un sommaire détaillé, renfermant la substance de la leçon ; 2° le sommaire est très succinct ; 3° il n'y a pas de sommaire. Ce que l'élève fera dans chacun de ces cas.

III. — A quelles conditions les *notes* de cours pourront être utilisées : écriture lisible, ordonnance et mise en place des diverses parties de la leçon ; *rumination* intellectuelle.

ONZIÈME LEÇON

LE TRAVAIL A « L'ÉTUDE »

Sommaire. — I. Mauvaise méthode pour le travail. Pratiques vicieuses. — II. Précautions à prendre. Procédés à suivre. — III. Autres conseils, d'après Montaigne.

I

MAUVAISE MÉTHODE POUR LE TRAVAIL. — PRATIQUES VICIEUSES

Nous avons anticipé déjà sur la présente leçon, en indiquant à l'élève-maître l'un des travaux les plus utiles qu'il puisse faire lorsqu'il est rendu à lui-même, au sortir des cours. Continuons.

Il n'est pas rare de rencontrer des élèves qui ne viennent pas à bout de leur besogne. Quand l'heure des leçons sonne, ils ne sont pas prêts. Faut-il accuser les programmes trop lourds ou les maîtres trop exigeants ? Non. Les programmes ont été proportionnés à la force des élèves-maîtres et au temps dont ils disposent ; de plus les programmes ont été accompagnés de commentaires très sages, pour empêcher les diversions et les développements excessifs.

12.

L'élève serait-il paresseux ? Manquerait-il de volonté ? Ce n'est pas admissible, ou du moins le cas est rare. Les normaliens sont laborieux. Tous ceux qui les voient de près le reconnaissent. D'ailleurs les élèves auxquels les heures d'études ne suffisent pas sont précisément les plus affairés et ceux qui paraissent le plus travailler. Le mal vient donc d'autre part.

Il vient d'abord de la lenteur de conception chez certaines intelligences, qui ont besoin, pour s'épanouir, de ne pas compter avec le temps et de n'être pas inquiétées par les exigences d'un règlement. Il résulte surtout d'un défaut d'expérience et de méthode. Nous essayerons tout à l'heure d'y remédier. Mais auparavant nous voudrions signaler et prévenir les pratiques auxquelles sont exposés les élèves faibles ou inexpérimentés.

Par exemple, ils seront tentés, en vue d'éviter les reproches, de ne négliger aucune des parties du programme, mais de tout voir légèrement, sans aller jusqu'aux principes. Des études ainsi faites ne fécondent pas l'esprit, et l'insuffisance des élèves se révèlera dès qu'ils seront en présence d'une question un peu sérieuse à résoudre.

Ou bien, croyant ne pas pouvoir mener de front toutes les études, ils feront la part du feu et se confineront dans les matières qui ont leurs préférences et qui correspondent le mieux à leurs aptitudes. Cette manière de travailler est également pleine de dangers. En outre, elle n'est pas consciencieuse. L'instituteur donne à la fois l'enseignement littéraire et l'enseignement scientifique, et il doit avoir de solides connaissances générales. La *spécialisation* dans les études, quelques avantages qu'à d'autres égards elle présente, ne peut donc pas être autorisée à l'école normale. Elle ne viendra que plus tard dans les études personnelles.

Enfin les élèves peu scrupuleux ont parfois recours à des procédés non seulement funestes aux études, mais contraires à la franchise et à la probité. S'agit-il d'un devoir écrit un peu épineux? On brochera ce devoir, sans grands efforts ni recherches ; ensuite on le comparera au travail d'un camarade habile dans la partie, et ce travail servira de corrigé, avant l'examen du professeur. Heureux encore si l'on ne va pas jusqu'à copier le *devoir omnibus*, sauf à y introduire des variantes pour dérouter le maître. Allons jusqu'au bout, et signalons un autre artifice. Au commencement de chaque leçon, les professeurs interrogent deux ou trois élèves sur la leçon précédente, et font en sorte de les appeler tous dans un espace de quelques semaines. Comme ils ont affaire à des étudiants sérieux, ils ne prennent pas les précautions usitées avec les petits écoliers. Ainsi, quand un élève-maître a été interrogé, et qu'il a bien répondu, il ne sera pas apparemment interrogé à la leçon suivante. Or, on conçoit que l'élève qui suit péniblement ses études soit porté à escompter ces chances d'interrogation pour se donner du répit à l'égard de certaines matières et se jeter sur les autres plus exposées aux attaques ; il peut même se dire, avec quelque raison, qu'il y aura réparation, pour ces branches d'études provisoirement négligées, au moment où ses camarades seront interrogés, et provoqueront, sous forme d'explications familières, une seconde édition de la leçon. Néanmoins nous devons condamner cette pratique, coupable en elle-même et nuisible aux bonnes études ; sans parler des surprises désagréables qui attendent l'élève, car le maître n'est pas dupe, et met facilement en défaut les trop ingénieuses précautions.

Il faut, en définitive, renoncer à tout artifice. Cherchons d'autres moyens.

II

PRÉCAUTIONS A PRENDRE. — PROCÉDÉS A SUIVRE

Le grand point est de savoir employer son temps. Nous avons dit déjà que l'ordre dans les choses matérielles économise le temps, et, par suite, a une heureuse influence sur les études. L'élève ordonné a toujours sous la main ses instruments de travail ; il ne perd pas vingt fois dans la journée des minutes précieuses à la poursuite d'un objet égaré ; on ne le voit pas se déplacer sans cesse dans la salle d'études, pour recourir à l'obligeance de camarades plus soigneux. Il sait exactement pour chaque jour, et chaque heure du jour, ce qu'il doit faire. Tous les soirs, il règle son travail du lendemain. Aussi vous le voyez, dès le matin, vaquer résolument à ses travaux.

Quelques précautions qu'on prenne dans la distribution des cours, certains jours sont plus chargés que d'autres. Or, l'élève ordonné est également prévoyant. Il prépare ses leçons par *provision* : il reporte aux heures libres les trop grands labeurs qui, sans cela, pèseraient sur d'autres moments, et il réalise ainsi à son profit un équilibre satisfaisant.

Ce n'est pas tout : l'ordre et la méthode se retrouvent dans ses habitudes d'esprit et sa manière d'étudier.

D'abord ses notes de cours, rédigées comme nous l'avons vu, sont intéressantes et d'une utilité immédiate. Il sait aussi étudier dans les livres, et choisir ses matériaux. Il ne s'égare point à travers des développements qui ont le tort actuel de ne point se rapporter à son sujet, de fatiguer sa mémoire et de détourner son attention. Avec son goût judicieux, il va directement aux choses dont il a besoin, les dégage et les voit clairement. Le morceau à digérer a-t-il de l'étendue ? Est-il abstrait, compliqué ? Notre élève, concentre ses longues et fortes lectures dans un résumé substantiel. Ce procédé de la rédaction courte, circonscrite, est très propre à fixer les idées, à donner l'habitude des analyses et des définitions rigoureuses, à faire trouver les mots qui correspondent exactement aux pensées.

III

AUTRES CONSEILS, D'APRÈS MONTAIGNE

Les études bien faites exigent tant de conditions, que nous demandons la permission de nous étendre davantage sur le même sujet.

Il est des élèves attentifs et dociles qui enregistrent si fidèlement ce qu'on leur dit, ou ce qu'ils lisent, que, soit dans les exercices oraux, soit dans les compositions écrites, ils reproduisent ces mêmes choses littéralement. S'ils se bornaient à rendre mot pour mot les définitions, les lois, les formules, ce serait un bien, car tous les énoncés de principes nécessitent une grande précision. Mais ils passent par tous les chemins, et même par les petits sentiers qu'ont suivis le professeur ou le livre ; ils citent les mêmes exemples à l'appui des règles, les mêmes applications... Et, si on les arrête dans leur débit continu, pour poser une objection, pour les inviter à fournir une explication inédite, ils sont interdits, déconcertés et impuissants à tirer des idées de leur propre fond. Tout leur savoir est « en la superficie de leur cervelle, » dirait Montaigne, mais n'y demeurera pas longtemps : quelques mois après, au moment d'un examen, maîtres et élèves seront consternés des ravages occasionnés par l'oubli.

Nous venons de nommer Montaigne. Il est impossible, en effet, de ne pas le citer en cette occurrence. Nul mieux que lui n'a décrit la mauvaise manière d'étudier. Voici le reproche qu'il adresse à la plupart des maîtres de son temps, reproche également mérité par les élèves qui se bornent au rôle de machines à répétition : « Tout ainsi que les oyseaux vont quelquefois à la queste du grain, et le portent au bec sans le taster, pour en faire une bechée à leurs petits : ainsi nos pedantes vont pillottants la science dans les livres et ne la logent qu'au bout de leurs lèvres, pour la dégorger seulement et la mettre au vent [1]. » Il ajoute, en traduisant le vieux Plutarque : « Nous semblons proprement celuy qui ayant besoing de feu, en iroit quérir chez son voisin, et y en ayant trouvé un beau et grand, s'arresteroit à se chauffer, sans plus se souvenir d'en rapporter chez soy... Que nous sert-il d'avoir la panse pleine de viande si elle ne se digère, si elle ne se transforme en nous, si elle ne nous augmente, et ne nous fortifie [2] ? »

L'étudiant avisé ne se contentera donc pas de recevoir les divers enseignements de l'école. Ces enseignements, vus de nouveau à la lumière de la réflexion et du jugement, pénètreront dans son esprit et s'y combineront de manière à ne plus permettre de distinguer les idées récemment acquises des anciennes. Tant que l'élève ne sera pas en état de donner une forme personnelle aux pensées d'autrui, de découvrir par lui-même quelques-unes des con-

---

1. *Essais*, livre Ier, chap. XXIV.
2. *Ibid.*

séquences d'un principe, l'assimilation ne sera pas achevée et il devra continuer à méditer, à travailler sa matière. Ici encore Montaigne sera un excellent conseiller : « Il ne fault pas attacher le sçavoir à l'âme, il l'y fault incorporer ; il ne l'en fault pas arrouser, il l'en fault teindre¹. » Quelle charmante comparaison vient ensuite pour caractériser le travail de l'assimilation intellectuelle : « Les abeilles pillottent de çà de là les fleurs ; mais elles en font aprez le miel qui est tout leur ; ce n'est plus thym ny mariolaine : ainsi les pièces empruntées d'aultruy, il les transformera et confondra pour en faire un ouvrage tout sien². »

La littérature française donne un exemple remarquable de la résurrection sous une forme nouvelle et brillante des créations d'autrui ; il faut au moins le prendre pour idéal, puisqu'on ne peut l'imiter que de très loin. La Fontaine n'est-il pas le plus original de nos écrivains ? Et pourtant, il n'a presque inventé aucun des sujets de ses fables immortelles. Les thèmes nus et froids empruntés aux anciens, ou aux auteurs du moyen âge, saisis par sa délicate et riante imagination, sont devenus les chefs-d'œuvre pleins de vie, de couleur, de grâce touchante, de naïve simplicité ou de sublime éloquence, qu'on ne se lasse jamais de lire et d'admirer.

Enfin, un dernier avis : l'élève sera curieux, et même exigeant pour satisfaire son esprit, pour asseoir ses convictions sur des raisons claires et vérifiées. Si, au courant d'une leçon, certain détail lui échappe, il ne craindra point de provoquer des éclaircissements, pendant ou après la leçon. Les professeurs lui en sauront gré. C'est même pour cela plutôt que pour exercer une surveillance, qu'en de-

---

1. *Essais*, livre Ier, chap. XXIV.
2. *Ibid.*

hors des classes ils se rendent à tour de rôle dans les salles d'études. Comme les médecins et les avocats, ils ont leurs jours de consultation, mais de consultation gratuite, et il faut en profiter. On sollicitera des compléments d'explications sur les points difficiles, c'est entendu ; mais s'il restait des doutes, si l'on éprouvait le besoin de poser une objection, il faudrait soumettre respectueusement son doute à qui de droit, avec le désir droit et sincère de s'éclairer. On sera bien accueilli, et l'on recevra satisfaction. Les maîtres sont encore d'accord avec Montaigne, pour demander que le disciple « face tout passer par l'estamine et ne loge rien en sa teste par simple auctorité et à crédit. »

RÉSUMÉ

I. — Embarras de certains élèves pour suffire à leur tâche. Défaut d'ordre et de méthode. Pratiques vicieuses auxquelles ils sont exposés : études superficielles, ou bornées aux matières de prédilection ; artifices dangereux pour les études et contraires à l'honnêteté.

II. — Le bon emploi des heures d'études. Précautions pour éviter le coulage du temps. Usage des livres. Discernement dans la recherche et le choix des éléments d'étude. Efforts portés sur les parties importantes et difficiles : rédactions courtes et substantielles pour les mieux fixer, et pour donner des formes précises à la pensée.

III. — Autres conseils : assimilation des notions acquises, de telle sorte que l'élève puisse en rendre compte en y mettant son cachet personnel ; consultations auprès des maîtres.

DOUZIÈME LEÇON

ÉDUCATION PROFESSIONNELLE

Sommaire. — I. Double fin des études de l'élève-maître. — II. Apprendre à parler. — III. Pédagogie appliquée. Service de l'école annexe. — IV. Collections de l'élève-maître en vue de son futur enseignement.

I

DOUBLE FIN DES ÉTUDES DE L'ÉLÈVE-MAITRE

Dès le début de ces leçons, nous appelions l'attention du normalien sur son double titre d'élève et de maître, et sur le double caractère de l'éducation donnée à l'école normale.

Les étudiants ordinaires s'instruisent pour eux-mêmes. Les connaissances qu'ils acquièrent fécondent leur esprit, les préparent à la carrière qu'ils ont choisie, et ce n'est qu'indirectement, par ricochet si l'on peut dire, qu'elles serviront à la société. Le futur instituteur, au contraire, s'instruit pour les autres autant que pour lui. Il devra, un jour, communiquer l'instruction qu'il a reçue, ou du moins en extraire les principes usuels pour les faire germer et fructifier dans de jeunes âmes. C'est là son devoir professionnel par excellence. La préoccupation de ce devoir l'accompagnera dans tous les exercices de l'école et contribuera au succès de ses études.

II

APPRENDRE A PARLER

Nous avons noté le *don de communication* comme un élément essentiel de la vocation enseignante. La *parole* étant l'instrument par excellence de cette communication, l'élève-maître utilisera les nombreuses occasions qui s'offriront à lui pour donner à son langage une tournure simple, aisée et correcte, pour apprendre à parler avec un clair bon sens sur une question déterminée. A l'étude, après avoir suffisamment travaillé dans les livres et sur ses cahiers, il répètera mentalement les choses apprises, *il se fera la leçon*. Puis, quand l'heure de la conférence sera venue, s'il est interrogé, il s'accordera quelques secondes de réflexion, pour comprendre et circonscrire la question posée ; après s'être ainsi recueilli il répondra avec ordre et netteté, en se tenant scrupuleusement dans le sujet; il s'efforcera d'être complet, et n'obligera pas le professeur à multiplier les demandes comme dans un interrogatoire. Si cependant il est interrompu soit par une objection, soit par une critique, il ne se laissera pas déconcerter ; après avoir fourni de son mieux les explications réclamées, il reprendra le fil de son sujet.

Les règlements se sont d'ailleurs préoccupés de ce côté important de l'éducation professionnelle. « Les élèves de deuxième et de troisième année, dit l'arrêté du 18 janvier 1887, sont fréquemment exercés, soit en classe, soit dans les conférences, à l'enseignement oral, sur chacune des matières du programme d'études. Sous la direction de leur professeur, ils rendent compte d'une leçon ou d'une lecture, expliquent un texte français, corrigent un devoir, exposent une question de cours, ou les résultats d'un travail personnel. »

L'élève-maître, désireux de perfectionner sa parole, mettra à profit jusqu'aux discussions qui, à propos des études, s'établissent entre condisciples à table, en récréation ou durant les promenades.

Mais, qu'en toutes circonstances, il prenne garde à un gros danger ! Qu'il évite comme le feu la parole emphatique et pédante trop souvent reprochée à l'instituteur ! Il n'a pas à rechercher les talents oratoires ; ce serait parfaitement ridicule. Une élocution simple, naturelle, à la fois sobre et claire, voilà quelle doit être son ambition, et déjà elle n'est pas petite !

III

PÉDAGOGIE APPLIQUÉE. — SERVICE DE L'ÉCOLE ANNEXE

Arrivons aux exercices qui concourent directement à l'éducation de l'instituteur.

La pédagogie, qui n'a été pendant longtemps qu'un art timide, sans règles bien tracées, est devenue une science, avec ses lois et ses axiomes. Il n'y a plus à en douter, après les beaux travaux des philosophes français, anglais et allemands du siècle dernier et du siècle actuel. Des chaires de pédagogie se créent et se multiplient dans nos Facultés, depuis que MM. Marion à la Sorbonne, Thamin à Lyon, Espinasse à Bordeaux, etc., ont ouvert la voie.

Ces hautes études ne sont pas encore à la portée de l'élève-maître ; mais ses professeurs s'en inspirent pour interpréter les programmes de psychologie et de morale appliquées à l'éducation, et pour faire leurs leçons de méthodologie. Nous lui demandons de suivre ces cours, abstraits et austères par nature, avec une attention suivie et le désir d'en bien profiter.

L'arrêté ministériel précité dit encore que « les élèves de troisième année feront, à tour de rôle, des leçons devant leurs professeurs et les élèves-maîtres », que ces leçons donneront lieu, de la part des élèves, « à des observations critiques qui seront complétées ou rectifiées par les professeurs et le directeur. »

Le normalien prêtera la plus grande attention à ces exercices et se disposera à y jouer un rôle utile. Quand son tour sera venu de faire la leçon, il préparera un sujet élémentaire et pratique parmi ceux que l'on traite tous les jours à l'école primaire, au lieu de choisir les matières qui ont ses préférences et qui seraient de nature à le faire briller, en flattant son amour-propre. Pour mieux se placer encore dans la réalité, il ira à l'école annexe chercher une division d'enfants ; c'est à eux et pour eux que la leçon sera faite. Il usera de tout son savoir-faire pour les intéresser, et descendre au niveau de leurs jeunes intelligences. Il aura prévu minutieusement l'ordre, la méthode et les procédés intuitifs que comporte la leçon. Mais tout cela ne sera pas tellement arrêté qu'au courant de son exposition il ne puisse encore trouver des moyens ingénieux pour arriver à se mieux faire comprendre. Viendra ensuite la critique. Il accueillera de bonne grâce et avec le sincère désir de s'instruire et de faire mieux les observations qu'on ne manquera pas de lui adresser ; tout comme aussi il saura défendre ses procédés, quand il croira avoir de bonnes raisons à opposer aux critiques.

L'élève-maître ne jouera le principal rôle dans ces intéressants exercices que deux ou trois fois dans l'année, tandis qu'il aura à exercer son sens critique toutes les semaines. Pour le faire utilement, il recueillera des notes pendant la leçon des camarades, comme s'il assistait à un cours ordinaire. Ces notes serviront de base à son argumentation. Il présentera ses observations dans un certain ordre. Voici, à titre d'exemple, celui que nous lui proposons :

1° *Examen de la leçon en elle-même.* — Le plan était-il bien dessiné et l'a-t-on suivi? Y a-t-il eu des lacunes, des obscurités, des erreurs? Lesquelles?

2° *Examen de la leçon au point de vue pédagogique.* — La tenue et le langage du jeune maître ont-ils été corrects? La leçon était-elle adaptée à l'âge et aux connaissances des enfants? Que faut-il penser de la méthode et des procédés employés? Y avait-il quelque autre manière de traiter le même sujet? etc.

Nous recommandons instamment les critiques justes, sérieuses et complètes. Il ne faut point parler pour le vain plaisir d'appeler l'attention sur soi, ou pour satisfaire l'esprit de contradiction, que l'on rencontre chez trop de personnes; mais il ne faut pas non plus demeurer silencieux par indifférence, ou même simplement par timidité. Il faut se faire violence. Si l'on croit avoir une bonne idée, on a le devoir de la communiquer. L'occasion est excellente aussi pour apprendre à discuter avec courtoisie et modération, à garder un juste milieu entre les éloges exagérés et les appréciations rigoureuses. Dans cette circonstance, l'élève peut avoir ses maîtres pour contradicteurs. Ils lui sauront gré de ses répliques, pourvu que la forme en soit respectueuse. Mais, une fois la discussion épuisée et la lumière faite il faut savoir déposer les armes et accepter les raisons solidement établies.

C'est à l'école *annexe* surtout que se fera l'apprentissage professionnel. L'école annexe est, pour l'école normale, ce que sont les hôpitaux auprès des facultés de médecine. C'est là que les élèves, sous la direction de maîtres expérimentés, appliquent les méthodes étudiées dans le cours théorique; c'est là aussi qu'ils vont faire de la « clinique pédagogique », c'est-à-dire observer les enfants sur le vif, étudier les caractères, avec leurs qualités et leurs défauts, et trouver ensuite les moyens d'éducation en rapport avec les tempéraments et les besoins particuliers.

L'élève-maître, appelé à faire son service de l'école annexe, ne regrettera point un temps si bien employé. Il devra sans doute suspendre son travail ordinaire, manquer des leçons auxquelles il tient beaucoup; mais, une fois son service terminé, il saura combler les lacunes à l'aide des notes de ses camarades. D'ailleurs, le temps consacré à l'école annexe ne sera pas perdu même pour ses études. On ne possède bien une matière qu'après l'avoir enseignée; l'expérience de tous les vieux maîtres est là pour en témoigner. Plus d'une notion élémentaire oubliée est ravivée et définitivement acquise, grâce aux leçons de l'école annexe. D'autre part, l'effort accompli pour simplifier l'enseignement reçu à l'école normale, et l'adapter aux besoins des petits élèves achève de fixer dans l'esprit des connaissances qui n'y étaient encore qu'à l'état nébuleux et flottant.

L'élève-maître ne considérera donc pas le service de l'école annexe comme une corvée qu'il faut remplir avec résignation. Il y mettra, au contraire, tout son cœur et toute son activité. Le très haut intérêt qu'il accordera à ce service lui rendra aisées les choses difficiles, ou, du moins, lui donnera la patience, la ténacité et l'esprit inventif, qui font surmonter ou tourner les obstacles. Grâce à son ardeur, il ne sera pas trop sensible à la fatigue, et arrivera à la fin de son service sans avoir connu l'ennui.

Il prendra chaque jour le temps nécessaire pour

la préparation des classes et la correction des devoirs. Il suivra docilement les conseils du directeur de l'annexe et assistera attentivement aux leçons faites par lui. Il fera en sorte de s'acquérir déjà, sur ce premier champ d'essais, une petite expérience ; il tâchera de découvrir les causes des échecs qu'il aura éprouvés, afin d'en éviter le retour. C'est pour l'inviter à l'observation, au travail réfléchi, qu'on lui demande, une fois son service terminé, un rapport écrit sur ce qu'il a fait et constaté et sur ses propres impressions. C'est aussi pour l'initier à l'étude délicate des caractères, que, parfois, on lui demande de faire le portrait moral de quelques enfants opposés les uns aux autres, et, enfin, de proposer pour chacun d'eux le régime éducatif qui lui convient.

IV

COLLECTIONS DE L'ÉLÈVE-MAITRE, EN VUE DE SON FUTUR ENSEIGNEMENT

La préparation professionnelle a une importance telle qu'elle devrait inspirer et régler tous les exercices de l'école normale et toutes les pensées de l'élève-maître. De la sorte, à la fin de ses études, il aurait non seulement des connaissances théoriques et pratiques de pédagogie, mais encore un matériel des plus variés pour son futur enseignement.

Par exemple, il aura soin de conserver les *textes* des devoirs de toute nature qui lui sont donnés pendant ses trois années de séjour à l'école normale. Il se sera ainsi composé un recueil riche et choisi, qui servira à ses études ultérieures et qu'il utilisera pour ses élèves. Si les sujets sont trop élevés, il les simplifiera et en tirera d'excellentes applications élémentaires. Ses propres rédactions, retouchées et rapprochées des textes, seront des modèles tout trouvés pour les mêmes exercices.

Il se fait aussi de nombreuses lectures à l'école normale. Dans ces lectures, il y a des morceaux qui impressionnent et se recommandent par leur vertu éducative. Combien il sera facile de les noter au passage et de composer une *anthologie* de haute valeur pour les lectures littéraires ou simplement récréatives de l'école primaire ! Les professeurs n'en donnent-ils pas l'exemple, quand ils apportent à leurs élèves les morceaux les plus délicats, rencontrés au jour le jour dans les revues et les livres ? Nous avons connu une mère de famille, aussi pauvre que dévouée, obligée d'abandonner son ménage pour aller au dehors gagner quelque argent. Les enfants, restés à la maison, n'avaient qu'une nourriture bien frugale, et pas toujours suffisante, tandis qu'on lui servait des repas copieux. La brave femme avait le cœur serré d'une comparaison qu'elle ne pouvait s'empêcher de faire, et, bien discrètement, elle prélevait le meilleur de sa ration pour donner, le soir, la becquée à ses chers petits. Aurions-nous moins de sollicitude pour les besoins spirituels de nos enfants, alors que, pour y pourvoir, nous n'avons nous aucune privation à nous imposer ? Les dons de l'esprit ont ce précieux avantage de ne pas appauvrir le bienfaiteur, et de remplacer le sacrifice par la plus relevée des jouissances.

Nous sommes loin d'avoir fait le décompte de toutes les provisions que l'élève-maître, déjà dévoué à ses futures fonctions, peut amasser dans l'école normale.

Pourquoi ne mettrait-il pas dans ses bagages un beau répertoire de *chants scolaires ?* Ceux qu'il a déchiffrés, appris et exécutés à l'école sont des motifs empruntés aux grands maîtres, ou des restaurations de musique antique, restée populaire à cause de son charme profond. Ces chants conviennent admirablement à l'éducation musicale et même patriotique des enfants ; l'élève-maître, qui les connaît bien, sera en état de les bien enseigner.

Il pourra également, de ses leçons de *dessin*, de *modelage* et de *travail manuel*, composer d'intéressantes collections, qui lui seront d'un grand secours à l'école primaire.

Enfin, on sait que *l'enseignement par l'aspect* a pris une place importante dans nos méthodes ; que les entretiens sur les sciences physiques et naturelles, autrement dit les *leçons de choses*, ne sont profitables qu'autant que ces exercices sont accompagnés d'expériences et autres procédés intuitifs. Or, l'élève-maître pourrait-il procurer à sa future école un *musée* plus riche, plus usuel, que celui qu'il aura composé avec les cailloux, les plantes et animaux rapportés de ses excursions ? N'est-ce pas aussi dans ce musée qu'il placera les préparations qui ont servi à ses études de chimie et d'histoire naturelle, et les instruments fort simples de démonstration, inventés par lui, le jour où il a eu à faire une leçon en conférence pédagogique ?

Tout ce que nous venons de recommander est possible ; et, parce que cela est possible, parce que nos aspirants instituteurs sont zélés et consciencieux, *cela se fera !*

RÉSUMÉ

I. — Double caractère des études à l'école normale. L'élève-maître s'instruit pour les autres, en même temps que pour lui. Obligations qui en résultent.

II. — Perfectionnement du don naturel de *communication*. Acquisition d'un langage aisé et correct. S'en préoccuper dans tous les exercices oraux de l'école.

III. — Application aux études abstraites qui servent de base à la science et à l'art de l'éducation. Conférences de pédagogie pratique. Service de *l'école annexe*. Dans quel esprit ce service doit être fait. La « clinique pédagogique ». Mise en œuvre des méthodes et procédés. Observation des enfants. Étude des caractères.

IV. — Matériaux divers collectionnés à l'école normale, pour être ensuite utilisés à l'école primaire : recueil de textes pour devoirs écrits et lectures choisies; répertoire de chants scolaires; collections de modèles pour le dessin et le travail manuel, d'échantillons et d'appareils pour leçons de choses, etc.

TREIZIÈME LEÇON

LA HAUTE CULTURE DE L'ESPRIT ET DU CŒUR

Sommaire. — I. L'instruction « intégrale » et l'instituteur. — II. La haute éducation par la littérature et les arts. — III. Les lectures. Ce qu'il faut lire, et comment il faut lire. — IV. Les voyages et les fréquentations des gens instruits.

I

L'INSTRUCTION « INTÉGRALE » ET L'INSTITUTEUR

« L'homme qui ne sort pas de sa profession, dit John Blackie, est toujours un esprit étroit. Pis que cela : il est en un certain sens, un être artificiel, l'étrange produit de la spécialité technique, également fermé à la pleine vérité de la nature et à la salutaire influence du commerce avec les hommes[1]. »

L'instituteur serait exposé à devenir cet homme-là, s'il se renfermait exclusivement dans le cercle de ses études professionnelles et s'il n'était pas capable d'étendre ses regards au delà pour contempler les horizons qui l'environnent et s'étendent à l'infini. Trop souvent il se trouve gêné et dépaysé dans les sociétés où l'on cause avec mesure, délicatesse et compétence, sur les questions d'art, de sciences, de littérature ou de politique. Quand il est sage, il garde un silence prudent, et cherche au moins à s'instruire. Néanmoins l'attitude passive et contrainte dans laquelle il est obligé de se renfermer est fâcheuse pour lui, et embarrassante pour ses interlocuteurs. L'instituteur prendra, il est vrai, sa revanche, lorsque la conversation se portera sur les choses de l'enseignement. Mais, sur ce terrain même, qui lui est familier, les vues larges lui feront défaut ; il se montrera exclusif et tranchant ; il aura des allures autoritaires — nous n'osons pas dire : pédantes, — et ce sera encore un ridicule !

Le seul remède efficace consistera dans une instruction plus étendue, qui élèvera les pensées et les sentiments, c'est-à-dire dans *l'éducation libérale*, réservée dans l'antiquité aux gens de condition libre, et réalisée aujourd'hui par tous les jeunes gens bien doués, qui ont des loisirs, un peu de fortune et l'amour de l'étude.

Nous désirons donc cette éducation pour l'instituteur du peuple. Est-ce raisonnable ? Est-ce compatible avec la modestie qui convient si bien à sa

---

1. *L'éducation de soi-même*, traduction de M. Pécaut. Hachette, éditeur.

personne et à ses fonctions? N'est-ce pas d'ailleurs une ambition irréalisable et par suite dangereuse?

Voici notre réponse :

On ne peut pas être bon éducateur sans une culture supérieure. M. Vinet, l'a trop bien démontré pour que ce ne soit pas chose reconnue et acceptée. Mais nous pouvons encore présenter d'autres arguments. L'instituteur a des rapports obligés avec les personnes de tout rang, et, pour le succès même de sa mission, il doit inspirer confiance par sa valeur intellectuelle et morale; il doit pouvoir au besoin persuader, amener à lui les hommes influents qui sont en état de servir les intérêts de son école. D'autre part, l'instruction superficielle et bornée rend les hommes suffisants. Le plus sûr moyen de les ramener à la modestie est de leur donner les connaissances qui leur permettront de *s'apercevoir* de toutes celles qui leur manquent. « Le tour pédant et étroit qu'on a reproché tant de fois à l'instituteur, et qui tient à l'air renfermé qu'il respire, il s'en défera en apercevant par comparaison les limites de sa propre science, en apercevant même au loin, très loin, les limites de la science humaine : car c'est le plus haut enseignement qui est peut-être la meilleure école de modestie intellectuelle » (THAMIN, *Revue pédagogique*, 15 avril 1887).

Il ne faudrait pas craindre non plus qu'un homme dont l'éducation a été soignée, se trouvât déplacé dans une humble campagne parmi des gens simples et ignorants. Tout au contraire, les ressources de son esprit et la délicatesse de ses sentiments lui feront apprécier les avantages que la vie champêtre offre à l'âme réfléchie et ingénieusement active. Cette même fertilité d'idées et de sentiments créera des besoins intellectuels et esthétiques qui, charmeront les loisirs du jeune maître, et seront le meilleur des préservatifs contre les tentations dangereuses qui viennent trop souvent assaillir les gens aux aspirations vulgaires et bornées.

L'éducation de l'instituteur, telle que nous la concevons, diffère beaucoup de celle qui a été conseillée et pratiquée autrefois. Dans un mémoire couronné par l'Académie des sciences morales et politiques, en 1840, M. Barrau émet cet avis : « Si l'on veut maintenir l'élève-maître dans ses dispositions heureuses, il faut bien se garder de le corrompre par l'orgueil *qu'inspire une science inutile*. Le plus grand nombre des élèves-maîtres doit être préparé au brevet pour l'enseignement élémentaire ; mais dans ce cercle même *rétréci* de leurs études, il faut leur dispenser l'instruction avec une *sage mesure...* A quel propos entretenir un élève-maître de Racine et de Voltaire, dont les fautes (de langue), s'il s'en rencontre dans leurs ouvrages, sont pour lui sans danger ? *Il ne les lira pas.* On ne lui mettra pas entre les mains des tragédies, et l'on ne donnera pas à son imagination un essor dangereux, du moins j'aime à le croire ! »

L'impression qu'on éprouve en lisant ces passages étranges, montre bien le progrès qui depuis s'est fait dans les esprits. Qu'aurait-on pensé alors de l'entreprise aujourd'hui familière, banale, qui a eu pour objet de rendre accessibles au peuple les œuvres d'Homère, de Virgile, de Corneille, Racine, La Fontaine, etc. ? Comment aurait-on qualifié la tentative si saine et si raisonnable de MM. E. Pécaut et Ch. Baude, qui veulent faire pénétrer les notions d'*art* jusque dans la petite école primaire[1] ?

Rompons définitivement avec ces vues étroites et timorées, autrement dangereuses que nos ambitions. Il ne s'agit pas de fausser par des visées téméraires et orgueilleuses le caractère de simplicité qui con-

---

1. *L'Art, simples entretiens à l'usage des écoles primaires.*

vient aux établissements primaires de tous ordres. Mais nos programmes, bien interprétés, renferment les principes de cette éducation complète, quoique relative, que nous estimons nécessaire à l'instituteur.

II

LA HAUTE ÉDUCATION PAR LA LITTÉRATURE ET LES ARTS

L'école normale n'a pas d'ailleurs la prétention de parfaire elle-même cette éducation. Les élèves en seront les facteurs essentiels, et ils la continueront pendant toute leur carrière. Notre tâche à nous est de les y disposer en leur fournissant les premiers matériaux, et surtout en leur donnant de bonnes habitudes d'esprit. Ils s'appliqueront à fortifier les nobles facultés qui affranchissent l'âme, lui donnent des ailes, et lui font concevoir les choses belles et grandes.

Ils développeront d'abord en eux-mêmes la faculté d'*observation*, c'est-à-dire l'esprit actif et chercheur qui met les sens en mouvement et les dirige vers la réalité comme autant d'appareils enregistreurs d'une foule d'idées. On est observateur quand on est curieux, et la curiosité procède elle-même de l'intérêt que nous portons aux choses. Il faut donc secouer toute apathie, accorder de l'attention à la vie, au mouvement, et aux études, aux actions d'autrui, au spectacle du monde, ne point passer indifférent, sourd et aveugle devant les merveilles de toute sorte de la nature et du génie humain.

Observer est bien ; mais ce n'est point assez. Il faut être ému, il faut savoir admirer, et pousser l'*admiration* jusqu'à l'*enthousiasme*.

« Que le jeune homme avide d'instruction véritable, dit encore le professeur Blackie, cultive l'admiration ; car c'est en admirant ce qui est beau et sublime que nous pouvons nous rapprocher quelque peu de l'objet de notre admiration. Celui qui au sein de ce prodigieux univers est avare de la surprise, prouve par là, non que le monde n'a rien qui le mérite, mais simplement l'étroitesse de sa sympathie et la pauvreté de ses facultés [1]. » De son côté, M. Elie Pécaut ajoute : « Otez à l'âme humaine la faculté de saisir à un moment donné l'idéal d'une étreinte passionnée et de s'y dévouer avec transport, et vous lui enlevez le meilleur d'elle-même ; ce qui reste n'a que l'apparence de la vie, c'est une prudence glacée, une morne sagesse, le calcul perpétuel du possible, le culte du relatif. Ainsi mutilée, l'âme devient stérile : la défiance à l'égard de toute émotion la mène à l'insensibilité ; l'excès de prudence la conduit à la haine du progrès ; la recherche du pratique, du positif, la dispose à l'égoïsme, qui peu à peu s'empare d'elle et finit par y régner en maître. Et, ce qu'elle a perdu en activité féconde, ne croyez pas qu'elle l'ait regagné en jouissance ; le bonheur, en effet, ne va pas sans émotion, sans élan, sans don de soi, sans enthousiasme : il est interdit à qui ne sent plus battre son cœur [2]. » Nous dirons plus encore : sans *élan*, sans *don de soi*, sans *enthousiasme*, on n'est pas un bon maître, parce qu'on n'a pas la flamme, la chaleur communicative, qui font « battre le cœur » des enfants.

Mais, nous l'avons vu plus haut, pour admirer et éprouver l'émotion esthétique, appliquée aussi au beau moral, il faut comprendre, c'est-à-dire qu'il

---

1. *Éducation de soi-même.*
2. *Dictionnaire de Pédagogie.* Article *Enthousiasme.*

faut avoir cultivé son imagination et sa conscience, avoir reçu certaines connaissances spéciales, avoir étudié la littérature et les arts, au moins dans leurs principes élémentaires et un peu dans leur histoire.

Nos programmes et les instructions qui les accompagnent, montrent qu'on s'est particulièrement préoccupé de cette partie de l'éducation des élèves-maîtres. Témoin la sollicitude que leur a témoignée la Commission créée au ministère pour la vulgarisation des notions d'art. Des moulages et des gravures ont été distribués dans les écoles normales, afin de mettre sous les yeux des élèves les modèles les plus purs de l'art ancien et de l'art moderne. D'autre part des leçons de dessin et de musique leur sont données par des maîtres compétents.

Enfin la littérature, qui occupe une large place dans les études, avec les bonnes lectures qu'elle comporte, sera surtout apte à remplir cet office de haute éducation.

III

LES LECTURES — CE QU'IL FAUT LIRE, ET COMMENT IL FAUT LIRE

« Les lectures personnelles sont l'exercice le plus fortifiant non seulement de la vie des écoliers, mais de la vie des hommes mûrs [1]. » Puissent nos élèves en contracter l'habitude, et *s'en faire un besoin* dès l'école normale ! L'ensemble des études est absorbant, il faut en convenir ; néanmoins ils doivent se réserver du temps. C'est pour les convier à la lec-

---

1. Circulaire ministérielle du 3 août 1881.

ture que la bibliothèque leur est toute grande ouverte, que chaque année de nombreux et intéressants volumes sont déposés sur ses rayons, et que les tables de lectures sont couvertes de publications périodiques.

Les lectures, pour être profitables, demandent du discernement et de la méthode.

En premier lieu, qu'est-ce que le normalien devra lire ?

D'abord il fera les lectures recommandées par ses professeurs. Ceux-ci lui ont signalé des sources de développement, des pages magistrales se rapportant aux matières qu'ils ont traitées. Ces indications sont précieuses. Il lira aussi, dans les originaux ou dans de bonnes traductions, les deux ou trois chefs-d'œuvre incontestés que possède la littérature de chaque peuple ancien ou moderne. Ils sont l'expression la plus élevée de l'esprit humain, on les cite fréquemment en leçons et dans les doctes conversations; ils inspirent toutes les autres productions, dans les arts comme dans les lettres, et il serait fâcheux de les connaître seulement de nom. L'élève-maître ne les lira certainement pas tous à l'école, mais il réunira les renseignements nécessaires pour continuer plus tard les lectures commencées à l'école. A côté des œuvres de grande envergure, il y a des ouvrages bien pensés et bien écrits mais d'un moindre éclat : romans, histoires, relations de voyages etc., très propres à reposer des études sérieuses, et à donner de l'essor à l'imagination. Le catalogue officiel des bibliothèques des écoles normales en a fait un choix abondant. L'administration a mis aussi dans nos bibliothèques des ouvrages traitant des divers arts, entre autres la belle collection éditée par la maison Quantin. Les livres qui la composent, magnifiquement illustrés, écrits par des spécialistes, sont on ne peut plus intéressants et instructifs. Ils donnent précisément la grammaire des arts, les notions techniques et historiques, à l'aide desquelles on peut analyser, apprécier et classer les œuvres qui peuplent les musées, ornent les monuments publics et embellissent les cités.

On se laissera guider par les maîtres afin d'éviter les lectures inutiles, indigestes, prématurées ou dangereuses. Le temps est si mesuré qu'il n'en faut point perdre à la lecture des œuvres sans mérite, alors qu'il y en a tant d'excellentes que nous ne connaîtrons jamais. Il faut aussi tenir compte de l'instruction et de l'âge du lecteur : telle lecture philosophique ne produirait aucun effet, si l'on n'y était préparé par des études ; tel ouvrage sur les mœurs qu'on peut lire à quarante ans, serait déplacé entre les mains d'un adolescent. La réserve que l'élève apportera en cette circonstance donnera la mesure de son honnêteté.

Savoir choisir ses lectures est donc chose essentielle. Ce n'est pas tout : il faut savoir lire et profiter de ses lectures. L'important n'est pas de lire beaucoup. Les lectures rapides ne laissent presque rien après elles, tandis que les lectures mesurées et attentives demeurent dans l'entendement. « Je crains l'homme d'un seul livre, » disait Sénèque. Il faut de la constance et de l'esprit de suite, ne point papillonner de volume en volume, achever les lectures commencées, et n'en pas mener plusieurs de front. Rappelons aussi que les bonnes lectures se font la plume à la main. On tiendra le *journal* de ses lectures. On y consignera les titres des ouvrages lus ; on y transcrira les passages qui auront le plus frappé, et l'on mettra à la suite ses propres réflexions. Montaigne, qui a tant lu et si bien profité de ses lectures, ne faisait pas autrement. « Pour subvenir un peu à la trahison de ma mémoire, et à son défaut, si extrême, qu'il m'est advenu plus d'une fois de reprendre en main des livres comme recents et à moy incogneus, que i'avois leu soigneusement quelques annes auparavant, et barbouillé de mes notes, i'ay prins en coustume d'adiouster au bout de chasque livre le temps auquel i'ay achevé de lire, et le iugement que i'en ai retiré en gros : afin que cela me represente au moins l'air et idée générale que i'avois conceu de l'aucteur en le lisant [1]. »

IV

LES VOYAGES ET LES FRÉQUENTATIONS DES GENS INSTRUITS

Enfin, pour couronner l'éducation des jeunes gens, il y a encore d'autres moyens qui ont été conseillés ou pratiqués excellemment par Rabelais, Montaigne, Jean-Jacques Rousseau, etc. Nous voulons parler des voyages et de la fréquentation des personnes recommandables par leur honorabilité et leur savoir. Ces moyens ne sont malheureusement pas à la portée de tous. Ils nécessitent des loisirs, de la fortune. Néanmoins l'instituteur n'en sera pas totalement privé. A l'école normale, grâce aux crédits accordés par le Ministère, on organise des excursions au loin, vers le littoral, ou dans les montagnes. Tout le long de la route, les spectacles les plus variés s'offrent aux regards et aux réflexions de l'élève-maître. D'autre part l'instituteur voyage aujourd'hui en chemin de fer dans des conditions économiques. Si donc il le veut bien, il pourra, sans de grands frais, consacrer aux voyages une partie de

---

1. *Essais*, livre II, chap. x. Les *Livres*.

ses vacances, de façon à connaître peu à peu les beautés et les ressources de notre cher pays. Il ne redoutera pas les longues courses à pied. Combien on est heureux, quand, le sac au dos et le bâton à la main, on gravit les flancs escarpés d'un pic! Quelle saine volupté de se plonger au sein de la nature puissante et grandiose! A la fin des vacances, après avoir fatigué le corps et délassé l'esprit, on est merveilleusement préparé à reprendre les études et l'enseignement. On a récolté, pour soi et pour ses élèves, une ample moisson d'idées et de sentiments dans le champ vaste et fertile de la société et de la nature.

L'instituteur tâchera aussi, par sa bonne tenue et son attachement à ses devoirs, d'attirer à lui les personnes d'expérience et d'instruction. On en rencontre à la campagne comme à la ville. Il ne sera pas importun ; mais si on lui fait des avances, il y répondra à la fois avec empressement et discrétion, et aussi avec gratitude. Il gagnera beaucoup dans ces relations; son langage s'assouplira, il se perfectionnera dans l'art d'échanger ses pensées ; son goût s'épurera, il connaîtra les jouissances délicates que les arts, les lettres et les sciences réservent à leurs adeptes fervents et fidèles.

RÉSUMÉ

I. — Nécessité de corriger chez l'instituteur, comme chez tous les gens de profession, les effets de l'éducation spéciale et technique. L'instruction « intégrale » et l'instituteur. Moyen très sûr de le rendre modeste, et de lui faire apprécier son humble mais honorable condition. Formation d'habitudes, qui apportent dans la vie des éléments de bonheur et de moralité.

II. — Culture de l'observation, de l'imagination et du sentiment, particulièrement de la faculté admiratrice et de l'enthousiasme. La littérature et les arts sont surtout propres à remplir ce haut office de l'éducation.

III. — Les *lectures* à l'école normale.

Ce qu'il faut lire : ouvrages signalés pour le complément des études ; principaux chefs-d'œuvre de toutes les littératures ; œuvres choisies, de moindre envergure, pour la distraction de l'esprit ; livres qui traitent des questions d'art. De la réserve dans les lectures.

Comment il faut lire : Bien lire, plutôt que beaucoup lire ; esprit de suite et ordre dans les lectures ; le *journal* des lectures. Méthode de Montaigne.

IV. — Autres ressources pour l'éducation supérieure : les voyages et la fréquentation des gens instruits. Ces moyens sont, dans une certaine mesure, à la portée de l'instituteur.

QUATORZIÈME LEÇON

L'ÉLÈVE-MAITRE PENDANT LES VACANCES

Sommaire. — I. Nécessité des vacances. — II. Fragment du *Journal des Vacances* d'un élève-maître. — III. Travaux champêtres. — IV. Divertissements au village. Lectures et travaux personnels.

I

NÉCESSITÉ DES VACANCES

Les écoles normales sont aujourd'hui assimilées aux autres établissements universitaires pour la durée des vacances : c'était justice. Il y a dans ces écoles une grande dépense d'efforts intellectuels, et, après les examens de fin d'année, maîtres et élèves ont besoin de repos.

Il faut se préparer toute l'année à mériter les vacances, et à en jouir de la façon la plus complète. Combien l'élève est heureux quand il quitte l'école avec la conscience d'avoir rempli sa tâche, sans laisser des études en retard ou mal faites, et sans souci sur les conséquences de l'examen de passage!

Réciproquement, les vacances doivent être consacrées à bien préparer la suite des études. Et, pour ce faire, la meilleure méthode consiste d'abord à oublier les études, à opérer la détente de l'esprit par des plaisirs honnêtes, ou par des travaux d'un autre genre ; car l'élève-maître ne prétend point demeurer dans l'oisiveté : ses vacances ne seraient pas gaies, et il ne tarderait pas à regretter l'école. Son repos sera surtout un changement d'occupations.

II

FRAGMENT DU JOURNAL DES VACANCES D'UN ÉLÈVE-MAITRE

Les premières heures des vacances seront naturellement consacrées aux joies de la famille, heureuse de retrouver grandi et transformé l'enfant de prédilection, qui est déjà l'honneur de ses parents et l'objet de leurs chères espérances. Viendront ensuite les visites aux voisins et amis, aux anciens camarades. Le normalien n'oubliera personne; il aura des prévenances pour les plus humbles ; il sera toujours le bon garçon d'autrefois, affable et simple de manières. Il n'aura pas cette sotte vanité des jeunes gens sans instruction sérieuse, qui, devenus citadins, se montrent de temps en temps au village, déguisés en messieurs, avec des airs ridicules.

Il visitera aussi les personnes qui, par leur position sociale et les services rendus au pays, jouissent d'une légitime influence. Elles se sont apparemment intéressées à lui : peut-être ont-elles facilité ses études, et il leur doit bien cette marque de déférence.

Au premier rang de ces personnes sera l'*instituteur*. Si celui-ci a été son maître et l'a préparé à l'école normale, c'est vraiment pour lui un second père, et il aura du plaisir à vivre de sa vie, à lui témoigner affection et reconnaissance. Dans tous les cas, l'instituteur est son aîné dans la carrière, et notre normalien ne pourra que gagner auprès de lui. Il sollicitera la faveur de pénétrer dans l'école où il a appris à lire, et, comme les vacances des écoles primaires ne coïncident pas complètement avec celles des écoles normales, il lui offrira s'il en est besoin, son concours. Nous citerons, à cet égard, et comme exemple bon à suivre, un fragment du *Journal des vacances* d'un élève-maître :

« A peine arrivé en vacances, dit-il, j'allai rendre visite à mon ancien instituteur. Ce maître zélé qui, depuis dix années, a fait beaucoup progresser l'instruction dans notre commune, m'accueillit avec joie, ce qui a lieu toujours lorsqu'il revoit ses élèves. Après avoir causé un instant avec lui, je m'aperçus que sa parole était entrecoupée par des accès de toux. Je n'en fus pas inquiet outre mesure, me rappelant que, les années précédentes, il était souvent obligé, vers les derniers mois de l'année scolaire, de demander un suppléant. — Vous paraissez fatigué, lui dis-je ? — Oui, une année de travail assidu ne peut faire moins que de laisser quelques traces. — Monsieur, dès demain je reviendrai. Je vous aiderai dans la mesure du possible. A l'école normale, pour nous initier à la pratique de l'enseignement, nous allons à tour de rôle à l'école annexe. Je crois que quelques semaines passées auprès de vous viendront très utilement s'ajouter à ces exercices. D'ailleurs, avant notre départ, M. le Directeur de l'école normale nous a bien recommandé d'aller quelquefois aider notre ancien instituteur. Vous voyez, mon cher maître, que je ne fais que suivre ses conseils.

« Il me serra affectueusement la main. Je sentis tout ce qu'il y avait dans cette étreinte de maître à disciple. Je pris congé et retournai à l'école le lendemain 2 août, pour continuer ainsi jusqu'au 21, époque à laquelle les vacances furent données aux écoles primaires. »

Nous continuerons la citation, parce qu'elle renferme un autre enseignement.

« Ce qui me frappa, dès le début, ce fut l'excessive liberté de manières et d'actions que prenaient les élèves avec moi. Je devais bien songer qu'ils étaient mes anciens camarades, et qu'il me serait difficile de passer à leurs yeux pour un maître. Cependant je ne perdis pas l'espoir de les ramener dans la bonne voie... Ne pouvant user de ma propre autorité, qui aurait été très contestée, et ne voulant pas non plus trop punir, je recourus à un moyen plus efficace. Je fis appel aux bons sentiments des enfants. Je leur expliquai pourquoi j'étais là, ce que j'y étais venu faire, et je leur fis sentir quelle attitude je désirais qu'ils eussent à mon égard. Aussitôt qu'ils surent que je venais pour soulager l'instituteur, qui, il faut bien le dire, est très aimé d'eux, ils m'obéirent comme ils obéissaient à lui-même...

« L'instituteur n'avait point assisté en aveugle à tout cela. Il s'était aperçu des difficultés du commencement ; mais il n'en dit rien d'abord, craignant de blesser mon amour-propre, et voulant aussi savoir si je parviendrais seul à sortir de ce mauvais pas. Lorsqu'il vit que j'avais triomphé, en coupant le mal par la racine, il me demanda quel moyen j'avais employé. Je répondis que j'avais simplement fait appel aux bons sentiments. Je m'en étais douté, répondit-il, et si j'avais été forcé d'intervenir, c'est bien aussi ce moyen que j'aurais employé... »

III

TRAVAUX CHAMPÊTRES

Les parents des élèves, dont beaucoup sont cultivateurs, sont très occupés pendant la belle saison, c'est-à-dire à l'époque des vacances. Leurs fils ne voudraient pas faire contraste par leur oisiveté avec ces rudes travailleurs, et jouer le rôle peu digne de parasites dans la maisonnée. Ils auront, au contraire, à cœur de rendre quelques services à ceux qui leur ont témoigné tant de dévouement. Ils savent, d'autre part, que le travail manuel est noble, qu'il est en honneur dans nos écoles, que l'on compte sur l'instituteur pour le faire apprécier, et, par suite, pour essayer de retenir les travailleurs, trop portés à déserter les campagnes. Ils savent enfin que, de plus en plus, on demande à l'instituteur de propager l'enseignement agricole, et que, pour y réussir il a besoin d'autres connaissances que celles des livres. Voilà donc de bonnes raisons pour que les élèves-maîtres partagent les travaux rustiques de leurs parents. Ils en seront récompensés par la conscience de leur utilité dans la famille, par l'estime de leurs compatriotes, charmés de voir que les études ne détruisent pas l'esprit de famille, et ne détournent pas des occupations manuelles : ils contribueront ainsi à faire tomber plus d'un préjugé. Et aussi ils éprouveront combien ces travaux en plein air sont fortifiants pour le corps, réparateurs pour l'intelligence et réconfortants pour le cœur, car il y a du charme et de la poésie dans la vie active au milieu des champs !

Le normalien que nous citions tout à l'heure s'en est bien rendu compte. Après avoir fait ses *vingt et un jours* à l'école du village, il s'est associé à l'exploitation rurale de sa famille. Il avait du plaisir, dit-il, à diriger le cheval de manège pendant le dépiquage du froment : il a conduit l'engrais sur les terres, et il a répandu le fumier sur le sol, avec ses mains pédagogiques, s'il vous plaît ! Il s'est essayé, sans trop bien réussir, par exemple, au maniement de la charrue, et il a vu, non sans une pointe de jalousie, les sillons, plus réguliers et plus profonds que les siens, tracés par le valet de ferme. Il était plus adroit à tenir la faux, pour la récolte du regain, « très abondante cette année-là » : même dans son ardeur, il a été la cause involontaire d'un événement tragique, qui l'a tout bouleversé. « Un jour, dit-il, ayant essayé de faucher dans une jeune luzerne, ma faux rencontra une petite résistance. Le coup était lancé ; je ne pus le retenir. Alors je regardai : devant moi, était couchée sur le sol, une caille toute mutilée, qui avait péri victime de l'amour maternel ! Je contemplai tristement mon ouvrage. Cet accident me resta longtemps dans l'esprit. Il y est encore, et je ne puis m'empêcher de m'attendrir en pensant combien sont barbares ceux qui détruisent volontairement les petits oiseaux ! » N'est-ce pas que ce jeune homme saura plus tard inspirer à ses élèves la pitié pour les animaux ?

IV

DIVERTISSEMENTS AU VILLAGE

Les distractions que, jusqu'à présent, nous avons offertes à l'élève-maître pendant les vacances sont attrayantes; mais elles sont encore le travail. Or, nous voulons aussi pour lui les distractions pures, les amusements de son âge. Nous ne voyons pas d'inconvénient à ce qu'il redevienne le bon compagnon de ses anciens condisciples de l'école primaire, et partage leurs jeux comme autrefois. Seulement, nous rappellerons ce qui a été dit déjà à propos des *sorties* : il est des divertissements chers aux villageois, tels que les « beuveries » à l'auberge, les chants dans la rue, les danses sur la place publique ou sous le hangar, etc., qui ne conviennent plus à l'instituteur. Il doit, imitant en cela les magistrats, s'abstenir de paraître dans certains milieux, non point par mépris, mais par respect pour ses fonctions. Ce n'est pas pour le griser d'un vain orgueil que les traités de pédagogie lui disent : « l'instituteur exerce un sacerdoce »; mais bien pour faire appel à son dévouement, et, en outre, pour lui faire comprendre que ses mœurs et ses habitudes doivent avoir la retenue et la régularité que l'on aime à rencontrer chez le magistrat et le prêtre. Cette réserve simple, exempte de pose et de raideur, cet éloignement pour les plaisirs bruyants et de moralité douteuse, devraient être la conséquence des études et des occupations auxquelles s'adonne l'élève-maître. L'école normale n'aura pas accompli son œuvre tant qu'elle ne sera point parvenue à ce résultat.

Si nous imposons au futur instituteur des restrictions dans ses plaisirs au village, nous l'excitons, par contre, à faire des promenades et même des excursions au loin. Quand ce sera possible, il s'associera, pour ces courses, à un étudiant comme lui, et son plaisir sera doublé. Ils exploreront le pays, ils visiteront les curiosités de toutes sortes : grottes et cavernes, monuments des âges antiques, camps romains, ruines de châteaux-forts, etc. Ils longeront les ruisseaux, sonderont les forêts; ils feront des relevés topographiques; ils dessineront une pierre druidique, un vieux manoir, un paysage pittoresque, etc., et ils rentreront à la maison fatigués mais contents, les mains et la boîte de naturaliste pleines de plantes, roches, coquillages, insectes, etc.

V

LECTURES ET TRAVAUX PERSONNELS

Les distractions ci-dessus, et d'autres que le normalien saura se procurer, ne suffiront pas pour remplir ses longues vacances. On ne peut pas être dehors du matin au soir, et, lorsqu'il fait mauvais temps, il faut demeurer à la maison. Comment remplir sans ennui les heures restées disponibles ?

La lecture sera une grande ressource. On ne lit pas à l'école autant qu'on le voudrait. Aussi faut-il s'accorder une large compensation pendant les vacances. On pourrait, sans préjudice pour les plaisirs et les travaux, y consacrer chaque jour une couple d'heures.

C'est aussi pendant les vacances qu'on aura le loisir d'entreprendre et soigner quelques-uns de ces travaux personnels tant recommandés pour donner de l'ampleur aux études et aux facultés intellectuelles.

Nous avons dit que les vacances devaient faire trêve aux études ordinaires. Il ne faudrait pas prendre ce conseil trop à la lettre. Dans le courant du deuxième mois, l'élève commence à diriger ses regards vers l'école normale et à éprouver le besoin de revoir ses livres scolaires. Il se préoccupe ; il se dit qu'il doit un peu préparer sa rentrée. Il fera bien, en effet, de passer rapidement en revue les études de l'année précédente, en insistant sur les points qui seraient restés vagues ou obscurs dans son esprit. Il pourra ensuite jeter un coup d'œil sur le programme de l'année qui va s'ouvrir, commencer à se procurer les livres qui s'y rapportent, et en étudier seul quelques parties. C'est chose excellente dans les études de devancer les leçons du professeur. De la sorte on sait déjà un peu ce qu'il dira ; on l'en comprendra mieux. Par exemple, nous ne saurions trop conseiller aux élèves de deuxième et même de première année, de lire les auteurs du brevet supérieur qu'ils auront à expliquer en troisième année, et d'essayer de s'en faire une opinion personnelle, avant de connaître l'opinion des maîtres et des écrivains critiques.

Les vacances, dont nous avons indiqué un emploi agréable et salutaire s'écouleront vite, trop vite même. Néanmoins, lorsque l'heure du départ aura sonné, l'élève-maître retournera à l'école sans trop de regrets, avec une abondante provision de santé physique et morale, et il reprendra résolument ses travaux.

RÉSUMÉ

I. — Trêve dans les études. Changement complet d'exercices. Le repos n'est pas l'inactivité.

II. — Visites d'amitié et de convénance. Relations

avec l'instituteur. L'école du village. L'auxiliariat volontaire. Fragment du *Journal des vacances* d'un élève-maître.

III. — Travaux des champs. L'élève-maître s'honore en se rendant utile à la maison paternelle, en prenant sa part des travaux rustiques.

IV. — Autres distractions : amusements champêtres; réserve imposée au jeune instituteur; marques extérieures de la bonne éducation. Excursions.

V. — Petite part faite à l'étude pendant les vacances. Lectures. Travaux personnels. Préparation aux études de l'année suivante.

QUINZIÈME LEÇON

EXAMENS

Sommaire. — I. Raison d'être des examens. — II. Hygiène des examens. Compositions écrites. — III. Compositions écrites (suite). — IV. Épreuves orales.

I

RAISON D'ÊTRE DES EXAMENS

Les élèves-maîtres ont tous passé au minimum trois examens avant d'entrer à l'école. Pendant les études normales, ils en subiront plusieurs chaque année. D'autres, encore, les attendent qui leur vaudront divers diplômes. Des examens toujours, et cela non seulement chez nous, mais dans toutes les administrations. On a pu trouver qu'il y en avait trop ; on a comparé la France à la Chine, terre classique des examens. Mais on remédiera difficilement à cet état de chose. C'est que les concours, placés au seuil de toutes les carrières, et, dans la même carrière, à toutes les étapes proposées à l'ambition du fonctionnaire, répondent à un besoin, et sont exigés par les principes de justice et d'égalité qui sont la base de la société moderne. « Tous les citoyens étant égaux aux yeux de la loi, sont également admissibles à toutes dignités, places et emplois publics, selon leur capacité, et sans autre distinction que celle de leurs vertus et de leurs talents. » Cet article de la *Déclaration de 1789* signifie-t-il donc autre chose sinon qu'il faut investir d'une fonction publique ceux-là seuls qui ont fourni des preuves de la capacité réclamée pour cette fonction. Or, ces preuves, comment les acquérir, si ce n'est par l'examen ?

Mais les examens offrent un intérêt pédagogique qui doit surtout attirer notre attention. Ils sont un stimulant énergique. Plus d'une nature molle resterait endormie si elle n'était pas aiguillonnée par ces épreuves. Ils constituent une sanction efficace et équitable des études. Le succès encourage et récompense les travailleurs ; les échecs punissent les indifférents et les paresseux, ou ramènent au sentiment de la mesure ceux qui auraient trop bonne opinion de leur savoir. Ils fournissent aussi des indications probantes sur la valeur respective des élèves et sur leurs aptitudes.

Enfin, ils permettent d'apprécier la marche générale des études. Conduits avec discernement, ils révèlent les qualités et les défauts de l'enseignement ; ils mettent à découvert l'action débilitante des mauvaises méthodes. Aussi, un chef d'établissement avisé suit-il assidument les examens, et ne manque-t-il pas d'en tirer des inductions précieuses pour apprécier, au besoin rectifier, le plan d'études et les procédés appliqués dans sa maison.

Puisque les examens jouent un rôle si considérable dans la vie scolaire, puisqu'on ne peut les éviter et que l'utilité n'en peut être niée, nous devons leur consacrer au moins l'une de nos leçons.

II

HYGIÈNE DES EXAMENS — COMPOSITIONS ÉCRITES

Les examens comportent-ils une préparation spéciale? Non. Les circulaires ministérielles insistent pour que nous ne tombions pas dans le travail mécanique et artificiel. « Faites des hommes plutôt que des brevetés, » répètent-elles souvent. Certes, nous devons faire aussi des brevetés, car sans brevet, pas de carrière ouverte, et, en dépit de ces mêmes instructions officielles, un établissement est estimé en proportion des succès qu'il obtient aux examens. Mais *la réussite doit être la conséquence naturelle des études bien faites.*

Nous nous bornerons donc à des conseils qui n'auront pas un caractère exclusif, et pourront servir aussi aux travaux ordinaires de l'école. Ces conseils seront le pâle résumé d'une brillante et substantielle conférence faite dans une école normale, par un éducateur éminent. Sous une forme réduite et bien éloignée de l'original, ils seront encore très utiles.

« Les examens approchent, disait le conférencier (c'était au mois de juin), et vous ne les voyez par venir sans émotion. Pourtant y a-t-il lieu de se troubler? L'âge des candidats et le programme de leurs études servent de guide dans le choix des épreuves. Celles-ci ne seront donc pas au-dessus de vos forces. D'autre part, les commissions d'examen, tout en étant exigeantes, sont justes et même bienveillantes. Il est par conséquent regrettable que les examens publics soient un épouvantail aux yeux du plus grand nombre. Nous devons, au contraire, les envisager avec calme et confiance, et, le moment venu, les affronter résolument.

« Apportez à l'examen un esprit reposé. Rien n'est aussi préjudiciable que le travail immodéré auquel s'astreignent, dans les derniers jours, la plupart des candidats. La fatigue physique est toujours accompagnée de lassitude mentale. La tête s'alourdit et l'intelligence paraît s'éteindre. On s'aperçoit quelquefois, avec une pénible surprise, qu'on a oublié les choses dont on se croyait le plus sûr. Le temps s'écoule : on est fiévreux; on dévore à la hâte toutes sortes de manuels, et les connaissances vont s'entassant confusément dans la mémoire, de telle sorte que l'esprit est bientôt submergé. Cette préparation inintelligente conduit fatalement à un échec.

« Le dernier mois devrait être consacré exclusivement à classer les idées, par une revision rapide des notes de classe, par des discussions, des rédactions et de courts résumés oraux : l'ordre engendre la lumière. Alors seulement l'intelligence se meut à l'aise dans les questions ; elle les fouille jusque dans leurs replis les plus imperceptibles ; elle les tourne et retourne, les presse en tout sens, et finit par en faire jaillir la substance demandée.

« Quel que soit le sujet à traiter, le candidat, par la seule force de l'entendement, est obligé de grouper, d'enchaîner, suivant un ordre logique, une foule d'idées éparses dans son esprit. Mais, pour concentrer et retenir ainsi les pensées sur un objet déterminé, il faut s'en être rendu maître par un travail opiniâtre, par une préparation lente, régulière et rationnelle.

« Les méthodes suivies aujourd'hui dans les écoles normales amènent heureusement ce résultat. Les efforts des professeurs tendent à donner aux élèves de saines habitudes mentales.

« Le moment des épreuves écrites arrivé, il s'agit donc d'abord de conserver sa liberté d'esprit. Après que le texte d'une composition a été dicté, il faut le lire avec une scrupuleuse attention, en peser tous les mots, afin de se rendre un compte exact de leur signification. De ce travail préliminaire se dégage une *première vue* du sujet, encore vague et confuse, une *idée générale* autour de laquelle viendront se grouper les idées accessoires, la *pensée* enfin, qui sera le principe de tous les autres. Le *plan* dépendra entièrement de la manière dont on aura envisagé le sujet. Ici un danger peut naître de la fécondité même de l'esprit du candidat ou de l'abondance des idées fournies par la question posée. Quand le sujet est facile, — *défiez-vous des sujets faciles*, — les idées se présentent en foule, et on peut être tenté de les accueillir toutes. Ce serait mauvais et l'on aboutirait à un travail prolixe, obscur et embarrassé. Il y a un choix rigoureux à faire.

« Le plan une fois arrêté, le candidat commencera la rédaction en entrant vivement dans le sujet. Il évitera tout ce qui ne se rattache pas directement à la question. Les hors-d'œuvre indisposent singulièrement les examinateurs. Le style sera correct, clair et simple, simple surtout : la simplicité est la marque d'un esprit bien fait.

« Enfin, le candidat aura soin de toujours résumer et conclure, c'est-à-dire condenser le développement dans quelques mots et en tirer des conséquences justes.

« D'une manière générale, les qualités requises pour bien composer sont : une conception aisée et prompte, un jugement sain, une imagination vive, une oreille délicate et sensible à l'harmonie. »

III

COMPOSITIONS ÉCRITES (SUITE)

Pendant toute une année scolaire, nous avons demandé aux professeurs de notre école normale de rédiger, sous forme de notes, leurs observations au sujet des compositions qu'ils corrigeaient à tour de rôle. Il en est résulté un petit traité de pédagogie spéciale, dont tous les éléments ont été fournis par l'expérience. Nous en donnons quelques extraits qui corroboreront et complèteront les enseignements ci-dessus.

— « Travailler une composition, ce n'est pas écrire beaucoup, mais beaucoup réfléchir. La réflexion se montre par l'ordonnancement des parties, le choix des développements, la précision des détails; la phrase est nourrie, et les faits ne sont pas remplacés par de stériles banalités. Une rédaction scientifique en particulier a pour qualités : l'ordre, la clarté, la concision. On met chaque idée à sa place; on dit tout ce qu'il faut, rien au-delà. Mais ceci suppose des connaissances confiées à l'entendement plus qu'à la mémoire, et surtout une application très soutenue au moment où l'on compose. »

— « Les incorrections et les obscurités nous semblent résulter de la nonchalance ou paresse d'esprit, qui recule devant l'effort nécessaire à l'éclosion complète des idées. Ces idées, on n'en est qu'à moitié

maître et on les exprime au petit bonheur par les mots qui se présentent, sans se préoccuper beaucoup de leur justesse et de leur arrangement. Qu'on veuille bien, par vigilance, mettre à profit ces réflexions de M. Gréard : « C'est dans la méditation
« du travail écrit que les idées pénètrent, qu'on s'ap-
« prend à les classer, à les coordonner, à en peser la
« valeur, à les rendre avec la précision d'un esprit
« attentif, à ne dire que ce qu'il faut et comme il
« faut. La parole est volontiers négligente ou ris-
« quée ; en écrivant on s'observe, et il est tant d'a-
« berrations de pensées qui n'ont d'autre cause que
« la déformation du langage ! »

— « Trop souvent on donne le détail, le fait particulier, mais on oublie le fait général caractéristique, vraiment instructif. »

« Les candidats ne commenceront à écrire convenablement que le jour où, se montrant très sévères dans l'emploi des expressions, ils sentiront qu'ils composent avec une grande difficulté. »

— « Il ne faut mettre nulle part, ce qu'on peut mettre partout ; il faut retrancher ce qui n'est pas absolument nécessaire... »

IV

ÉPREUVES ORALES

Dans tout ce qui précède, il n'a pas été question des *épreuves orales* qui forment la deuxième partie essentielle de tout examen, et sont très concluantes aussi pour juger des connaissances et des aptitudes du candidat. C'est que les directions à donner sur cette matière ne seraient que la répétition de ce qui a été dit déjà à propos des exercices oraux dans l'école normale. L'élève-maître qui a fait convenablement ses études, qui a l'habitude d'exprimer sa pensée avec ordre, dont l'intelligence est une puissance active, capable de fournir des arguments personnels sur une question, est certainement armé pour parer à toutes les éventualités d'un examen oral. Tout au plus hasarderons-nous un conseil.

Les examinateurs ont chacun leur manière d'interroger, qui tient à leur tempérament et à leurs habitudes d'esprit, et parfois cette manière est gênante pour l'examiné. Il ne faudrait pas leur attribuer pour cela une sévérité outrée, encore moins de l'hostilité. *A priori*, le candidat doit croire à l'équité et à la bienveillance de ses juges. Seulement, il fera bien de chercher à se rendre compte de leurs méthodes, à en comprendre les intentions et à répondre adroitement sans se laisser troubler.

RÉSUMÉ

I. — But des examens à l'entrée des carrières publiques.

Ils donnent satisfaction aux principes de justice et d'égalité, qui sont la base de la société moderne. Utilité pédagogique des examens. Sanction efficace du travail des élèves. Critérium pour apprécier la valeur propre de chacun d'eux et la marche générale des études.

II. — Hygiène des examens. Pas de préparation artificielle ni de surmenage. Revision et classement des matières dans l'esprit. Précautions à prendre pour bien composer. Qualités d'une bonne composition.

III. — Notes relevées sur des devoirs écrits et corrigés. Rôle de la réflexion. Défaut de proportion dans le développement d'un sujet. La netteté de la pensée amène la clarté du langage.

IV. — Épreuves orales. Croire à l'équité et à la bienveillance des examinateurs. Se familiariser avec la méthode propre à chacun d'eux.

SEIZIÈME LEÇON

RAPPORTS ENTRE LES ANCIENS ÉLÈVES-MAITRES ET L'ÉCOLE NORMALE

SOMMAIRE. — I. Les visites à l'école normale. — II. L'école normale succursale du Musée pédagogique.

I

LES VISITES A L'ÉCOLE NORMALE

Jetons un regard sur le beau spectacle que donne la famille modèle. Les fils ont grandi, sous l'égide d'une autorité ferme et prévoyante. Ils sont devenus des hommes éclairés, aux vertus viriles. Alors un jour est arrivé où, après avoir reçu les recommandations suprêmes, ils ont franchi le seuil de la maison paternelle pour s'engager dans une carrière et fonder à leur tour une famille. Dorénavant, ils ne relèveront que d'eux-mêmes. Mais ils n'ont pas, pour cela, rompu les liens qui les rattachent à leurs parents. Ils retournent volontiers à la maison natale continuer leur culte d'affection et de gratitude. Dans les circonstances graves, ils ne manquent pas de recourir à l'expérience des anciens, et les avis qui tombent de la bouche paternelle sont pris en grande considération.

On devine où nous voulons en venir. L'école normale est aussi une famille, où maîtres et disciples doivten mutuellement éprouver les sentiments qui unissent les bons parents aux enfants dociles et reconnaissants. Lorsque ceux-ci se séparent de la mère commune et des frères adoptifs, ils ne disent pas un éternel adieu à la maison qui les a formés. Ils seront heureux d'y revenir. L'ancien normalien sait qu'il sera accueilli avec empressement, quand il y retournera; il sait également que ses anciens maîtres sont disposés à lui accorder tous les secours dont il aurait besoin pour ses études.

Grâce à ces relations, et à d'autres moyens encore, l'action de l'école normale s'étendra bien au delà de ses murs; elle rayonnera sur tout le département. Expliquons-nous.

II

L'ÉCOLE NORMALE SUCCURSALE DU MUSÉE PÉDAGOGIQUE

Tous les instituteurs connaissent le *Musée pédagogique* qui a son siège à Paris, ou du moins ils en ont entendu parler. C'est une belle institution, plus utile encore que belle. Ses commencements ont été fort modestes; puis elle s'est développée, et aujourd'hui, dans le bâtiment qu'elle occupe rue Gay-Lussac, sont entassées des richesses précieuses pour les maîtres et les étudiants, pour les administrateurs, pour toute personne enfin qui s'intéresse aux choses de l'enseignement.

Citons en première ligne une riche bibliothèque,

où sont réunis les principaux ouvrages anciens et modernes, étrangers et français, ayant trait à l'éducation. Il faut y ajouter les volumineuses statistiques scolaires venues de tous les pays. Le Musée renferme ainsi une source abondante d'informations et remplit le rôle du fameux *Bureau d'éducation* des États-Unis. Le simple candidat aux examens y trouve de bons livres élémentaires, et l'érudit, qui prépare des travaux en vue des concours de l'Institut, y consulte aussi tel livre rare du seizième siècle qu'il chercherait vainement ailleurs. Si ces richesses ne pouvaient être consultées que sur place, peu de personnes en profiteraient ; mais on a eu l'ingénieuse idée d'organiser une *bibliothèque roulante*, de telle sorte que les livres vont visiter les lecteurs dans les provinces les plus reculées. Le Musée s'est fait lui-même éditeur ; il publie une excellente revue mensuelle. De plus, sous le titre de *Mémoires et documents pédagogiques*, il envoie dans les bibliothèques publiques de nombreux fascicules, renfermant des matériaux d'études, et des œuvres de valeur peu connues ou inédites [1].

Il y a aussi, au Musée pédagogique, une exposition permanente de tous les types de mobilier scolaire, depuis l'humble table de sapin d'une école de hameau en Suède, jusqu'au pupitre perfectionné d'une école supérieure de Paris. Les éditeurs et inventeurs y déposent un matériel de classe des plus variés : cartes, tableaux, gravures, compendiums, musées scolaires, appareils de démonstration, instruments de physique, ustensiles de laboratoires ; collections de minéraux, de plantes et d'animaux ; modèles pour l'enseignement du dessin industriel et artistique, etc.

---

1. Les *Mémoires et documents scolaires publiés par le Musée pédagogique*, sont en vente à la librairie A. Picard et Kaan.

Enfin, on a organisé au Musée pédagogique des conférences littéraires et scientifiques, des séances de manipulations chimiques, autant pour introduire de bonnes méthodes et de saines doctrines dans l'enseignement primaire, que pour venir en aide à la jeunesse studieuse, qui veut se perfectionner et affronter les examens du professorat. Ces conférences gratuites sont faites par des professeurs distingués. Elles sont suivies par de nombreux auditeurs des deux sexes.

Le Musée pédagogique est donc appelé à faire beaucoup de bien. Malheureusement les instituteurs de la province n'auront pas souvent occasion de le fréquenter et de s'y instruire. Ne pourrait-on pas au moins créer dans les départements comme des succursales du Musée? Et les écoles normales ne sont-elles pas toutes désignées pour remplir cet office?

Déjà elles ont une bibliothèque importante, des collections scientifiques composées avec soin, des modèles de dessin, un cabinet de physique, un laboratoire de chimie, des ateliers de travail manuel, un musée scolaire sans cesse grossi par les apports des élèves et aussi par les envois des instituteurs. Les portes de nos écoles sont toutes grandes ouvertes, et les professeurs sont heureux de se mettre à la disposition des instituteurs. Leur rôle est, bien entendu, désintéressé et limité aux choses de la pédagogie. Ils ne veulent, en aucune façon, s'immiscer dans les affaires administratives, et substituer leur action à celle des autorités universitaires.

Dans les années qui suivirent la création de la plupart des écoles normales, c'est-à-dire de 1833 à 1840, on organisa auprès de chacune d'elles des *cours de perfectionnement* à l'usage des instituteurs en fonction. Leur éducation professionnelle était nulle, et leur instruction très sommaire. Il s'agissait de raffermir leurs petites connaissances et de les initier aux méthodes régulières, particulièrement au mécanisme du mode mutuel, alors en grande vogue. Ces cours firent le plus grand bien. Plus tard on les reconstitua sur quelques points, sous forme de *retraites pédagogiques*. Enfin, le Ministère, en 1882 et en 1887, a appelé les instituteurs dans les écoles normales, pour les familiariser avec l'enseignement des matières qui figurent depuis peu dans les programmes, tels que la gymnastique et le travail manuel. A cette occasion, les inspecteurs et les professeurs d'écoles normales ont fait des conférences sur d'autres points de l'éducation et de l'enseignement, et les instituteurs, après un séjour d'une semaine à l'École, se sont retirés emportant d'excellentes impressions. Il est à désirer que ces réunions soient définitivement instituées et réglementées. L'action morale de l'école normale en deviendrait plus étendue, et les inspecteurs auraient par là un moyen de plus pour imprimer une forte direction au personnel de l'enseignement primaire.

RÉSUMÉ

I. — Rapports analogues à ceux qui subsistent entre les jeunes gens établis et la maison paternelle. Aide et conseils que l'instituteur rencontrera auprès de ses anciens maîtres.

II. — L'école normale succursale du *Musée pédagogique*. Matériel d'enseignement. Collections diverses. Conférences et retraites pédagogiques.

SEPTIÈME PARTIE

L'INSTITUTEUR ADJOINT

DIX-SEPTIÈME LEÇON
CONSIDÉRATIONS GÉNÉRALES

Sommaire. — I. Le dossier du fonctionnaire. — II. La politesse.

I

LE DOSSIER DU FONCTIONNAIRE

L'étudiant est désireux de voir arriver le jour où il pourra librement s'épanouir et suivre ses goûts pour unique loi. Le normalien ne fait point exception, mais il est moins impatient. Et pourtant nous devons le prévenir que les difficultés sérieuses commenceront pour lui à dater de ce moment-là : nous en appelons au témoignage de ses anciens condisciples.

Aujourd'hui, le champ de son action est limité, et, à tout instant, il est guidé et soutenu par une règle prévoyante. Il lui est, pour ainsi dire, impossible de s'écarter de la bonne voie. Si cependant cela lui arrivait, les sanctions qui le frapperaient n'entraîneraient point pour lui des conséquences irréparables, et son avenir n'en serait pas gravement compromis.

Mais quand il sera engagé seul dans un chemin inconnu, absolument laissé à sa propre initiative, comme il sentira lourde la responsabilité qui lui sera imposée! Sans doute, il rencontrera encore de la bienveillance auprès de ses chefs. Mais les chefs ont aussi leurs devoirs, et des devoirs qui ne transigent point. L'excès d'indulgence serait parfois de leur part une véritable forfaiture.

Chaque fonctionnaire a quelque part, à la Préfecture ou au Ministère, ce qu'on appelle son *dossier*. C'est là que, depuis le jour de son installation jusqu'à l'heure où sonne sa retraite, sont réunis les notes et les rapports relatifs à son service, à sa compétence et à son honorabilité. On y consigne les éloges qu'il a mérités; mais s'il a encouru un blâme, s'il a donné lieu à des plaintes, si des enquêtes ont été nécessaires, il reste au dossier des taches indélébiles, et quand ces accidents arrivent au début d'une carrière, on a beau ensuite mériter que de belles pages soient ajoutées au dossier, on ne fait point disparaître celles qui sont maculées. Vingt années de louables efforts sont parfois nécessaires pour réparer le dommage causé par une faiblesse, en un jour d'oubli! Nous ne saurions donc trop recommander au jeune maître de veiller sur son dossier et de le préserver de toute injure.

Nous allons encore lui donner quelques conseils pour l'aider à éviter les écueils, au moment où il quitte le port pour accomplir un long voyage.

Conformément au programme tracé au début de ces leçons, les rapports de l'instituteur adjoint avec le directeur de son école, avec les autorités locales, avec ses chefs universitaires, seront l'objet de nos entretiens; sa vie privée, ses mœurs, le règlement de ses affaires d'intérêt donneront lieu aussi à des réflexions nécessaires; nous continuerons à nous intéresser à ses études; nous l'assisterons dans l'organisation de sa classe et dans ses premières leçons; nous lui signalerons, en nous plaçant au point de vue disciplinaire, les dangers que les novices ne savent pas toujours éviter; enfin, toutes les fois que l'occasion s'en présentera, nous parlerons des devoirs de convenance que comporte la vie en société. Il nous revient de divers côtés qu'il arrive à de jeunes maîtres de commettre en cette matière de singuliers oublis. Cela nous touche au cœur et nous chercherons à y remédier. Qu'on nous permette, dès maintenant, quelques réflexions à ce sujet.

II

LA POLITESSE

Les gens du peuple ont, à leur façon, de la délicatesse dans les sentiments et dans les manières, mais il y a des usages sociaux plus raffinés qu'ils ne connaissent guère. Or, les instituteurs nés au village sont moins favorisés, à cet égard, que les jeunes gens de la classe bourgeoise, où une politesse exquise fait partie de l'éducation de famille et s'apprend par le seul exemple. Il est des habitudes que nos jeunes gens n'ont jamais vu pratiquer et qu'il faut leur enseigner. Mais d'abord, n'oublions pas que la vraie civilité vient du cœur et de la bonne volonté. Un jeune homme doué de bons instincts, qui n'est pas encore allé dans le monde, paraîtra gauche et timide; mais la douceur de ses mœurs, le désir visible qu'il montrera d'être agréable, d'avoir pour chacun les égards qui lui sont dûs, l'empêcheront d'être jamais ridicule et le préserveront de tout jugement défavorable. Si, au contraire, les manières inciviles de certaines gens froissent de justes susceptibilités, c'est parce qu'elles sont l'indice de sentiments plus ou moins malveillants. On peut manquer par ignorance aux règles de l'étiquette, mais on est incivil par sot orgueil, par dédain, par indifférence ou par égoïsme. La bienséance est composée en grande partie d'affection et de gratitude, sentiments qui ne germent que dans les natures généreuses, et, d'autre part, elle entraîne une foule de menus sacrifices que l'égoïste ne veut pas s'imposer. Les honnêtes gens, comme les gens honnêtes, ont raison de juger sévèrement l'impolitesse.

RÉSUMÉ

I. — L'élève-maître ne sera plus dorénavant placé sous l'empire immédiat d'une règle tutélaire. Il s'appartiendra davantage, mais sera plus directement responsable. Directions pour les jeunes maîtres plus nécessaires que jamais. Leur objet.

II. — Quelques réflexions à l'égard de la politesse

et des usages sociaux. La vraie politesse est l'indice de sentiments nobles et délicats.

L'élève-maître a terminé ses études normales. Il a quitté l'école avec un brevet supérieur gagné honorablement, et il est allé dans sa famille prendre un repos bien mérité, en attendant une nomination. Dans quelques semaines, il sera un fonctionnaire, c'est-à-dire un agent des pouvoirs publics, un serviteur direct de l'État. Ce caractère entraîne, en dehors des obligations professionnelles, un certain nombre de devoirs communs à tous les fonctionnaires, sur lesquels nous voudrions appeler l'attention de l'instituteur. Ils dérivent tous d'un devoir fondamental : l'*obéissance administrative*, et c'est par là que nous commencerons.

DIX-HUITIÈME LEÇON

L'OBÉISSANCE ADMINISTRATIVE

Sommaire. — I. Nécessité de la subordination dans les fonctions publiques. — II. Inconvénients de la résidence dans le pays natal. — III. Constance et stabilité. Ambition raisonnable. — IV. Conduite correcte à l'égard des promotions et des récompenses.

I

NÉCESSITÉ DE LA SUBORDINATION DANS LES FONCTIONS PUBLIQUES

Dans tous les services publics, les fonctionnaires sont groupés suivant une hiérarchie, et la subordination s'impose. On admet sans conteste l'obéissance absolue à l'armée, et l'on conçoit le péril auquel la patrie serait exposée, si la force matérielle qui la protège était divisée et discordante avec elle-même. Le fonctionnaire est lui-même un soldat, et doit avoir la vertu dont ne peut se passer le soldat. Il est un organe de la machine compliquée qui règle le mouvement et la vie de la nation. Il reçoit l'impulsion du moteur puissant qui commande à tout l'organisme. Mais il n'est pas une unité inconsciente dans le groupe de forces dont il fait partie. Il assiste à l'action qui l'entraîne et en comprend le but. Sa volonté fait acte d'adhésion, et ajoute au courant initial sa propre initiative. Il peut mesurer le travail produit, grâce à l'entente et aux efforts de tous.

Cela l'encourage, le stimule et accroît en lui le sentiment de sa dignité. Le fonctionnaire, respectueux de l'autorité sous laquelle il est placé, n'est pas, en effet, humilié et amoindri. Il garde entiers les attributs de l'homme intelligent et libre, et ne saurait, en aucune façon, être comparé à l'esclave déprimé, qui est pour ainsi dire sans pensée, sans initiative et sans responsabilité. Il a un maître, c'est vrai ; mais ce maître c'est l'État, mandataire de la nation, et l'on ne s'abaisse pas en mettant, par un contrat librement consenti, sa volonté au service des chefs qui ont entre les mains les destinées et le salut de la patrie.

Tels sont les sentiments qui doivent animer l'élève-maître jusqu'au bout de sa carrière. Il cultivera en lui-même toutes les vertus du soldat loyal et dévoué.

Comme première application de cette loi de discipline, il aura soin de se mettre entièrement à la disposition de M. l'inspecteur d'académie, pour occuper le poste qu'il désignera. Les convenances personnelles devront s'effacer devant l'intérêt du service, et il faudra des raisons bien impérieuses pour qu'il se décide à les faire valoir avant d'avoir reçu une destination.

II

INCONVÉNIENTS DE LA RÉSIDENCE DANS LE PAYS NATAL

Nous voudrions préserver le jeune instituteur d'une faiblesse commune à bien des fonctionnaires. Ils éprouvent de la répugnance à s'éloigner de leur pays natal. Quand ils sont en instance pour obtenir un poste, ils demandent à être placés à proximité de leurs familles. Ils seraient au comble de leurs vœux, s'ils pouvaient exercer dans leur commune même. S'ils sont déjà en fonction et momentanément placés au loin, ils se croient exilés et font agir toutes les influences pour obtenir un rapprochement.

Cette tendance est bien naturelle ; elle se justifie par les mobiles les plus respectables. Et pourtant il ne sera pas difficile de démontrer qu'elle est fâcheuse à divers points de vue.

Toute charge publique est accompagnée d'une certaine autorité. Eh bien ! celui qui en est revêtu aura de la peine à la faire accepter parmi ses propres concitoyens. On a dit que l'école est l'image de la société. Or, voyons ce qui a lieu, et c'est pour nous un avertissement direct, quand l'ancien élève d'une école y revient en qualité d'instituteur. Ses condisciples d'autrefois ne peuvent se résigner à l'accepter comme un véritable maître, à le respecter et à lui obéir. Les hommes sont de grands enfants qui agissent de même à l'égard de tout compatriote sorti des rangs pour les soumettre dans sa personne à l'autorité publique.

D'autre part, si le fonctionnaire, vivant parmi les siens, doit réclamer l'application d'une mesure légale onéreuse ou simplement gênante, il éprouvera un réel embarras. Son indépendance et son intégrité seront en péril. Ou bien il sera indulgent : alors sa vigilance endormie compromettra les intérêts publics ; ou bien, et c'est ce qui aura lieu presque toujours, il fera courageusement son devoir : alors il rencontrera des oppositions, peut-être des inimitiés, des rancunes, et il sera froissé dans ses sentiments les plus intimes. Placé dans un autre milieu, il ne connaîtrait pas ces misères.

Autre considération : le fonctionnaire doit servir loyalement son pays et se mettre au-dessus des partis. C'est là un devoir élémentaire. Ces partis existent partout et les luttes qu'ils occasionnent sont d'autant plus vives et intolérantes que les localités sont plus petites. Or, voyez le fonctionnaire demeuré parmi les siens lorsqu'il se trouve aux prises avec de nouvelles difficultés. Il veut bien rester neutre et en dehors des querelles; mais il n'y parvient pas. Avant même d'agir, il est classé et jugé. On le fait complice du parti auquel appartiennent sa famille et ses amis. Ceux-ci comptent sur lui; le parti opposé le considère à priori comme un adversaire, et fait tout, le juste et l'injuste, pour le compromettre et l'éloigner. Que ne s'éloigne-t-il lui-même pour se soustraire aux mesquines tracasseries, à l'esprit exclusif et antilibéral, qui rapetisse la vie et étouffe tout noble sentiment !

Il est un autre danger d'une nature toute différente. On admettra sans peine que les intérêts publics doivent occuper la première place dans les préoccupations du fonctionnaire. Ses intérêts privés, qu'il ne négligera pas sans doute, ne doivent venir qu'après, et ne nuire jamais aux premiers. Or, quand il demeure dans son propre pays et y possède quelque bien, son activité se trouve doublement sollicitée. Nous ne voulons point le calomnier : le plus souvent, il saura résister à une tentation que l'on devine ; il donnera d'abord à ses fonctions son temps, son intelligence et son cœur, et ne réservera que le superflu pour ses affaires personnelles. Malheureusement il peut suffire de quelques apparences pour que son zèle et son désintéressement soient mis en doute. Il ne serait pas exposé à la tentation et aux attaques malveillantes, s'il était placé en dehors de ses intérêts trop immédiats.

Enfin voici peut-être la considération la plus importante : chaque pays (province, cité ou village) a sa manière de voir, de penser et de juger. C'est ce qu'on appelle « l'esprit de clocher ». Cet esprit n'est pas entièrement à condamner. Il engendre des sentiments très forts; mais, en retour aussi, il entraîne des idées étroites, entachées de préjugés. Celui qui vit sans cesse dans un même milieu a beaucoup de peine à s'en affranchir. Il ne vit pas de la vie complète des hommes en général, et il lui est difficile de bien connaître l'humanité, de voir de haut et de loin, à moins d'être un génie comme Kant, qui n'a jamais quitté sa ville de Kœnigsberg. L'inconvénient n'est pas grave pour le simple citoyen; mais c'est une infirmité pour l'homme public qui, plus qu'un autre, a besoin d'un esprit juste, large et indépendant.

Si donc les circonstances appellent le jeune maître loin des siens, au lieu de s'en désoler, il sera plus sage de s'en réjouir. Une belle occasion lui sera offerte d'étendre son esprit et d'agrandir son expérience. Mais qu'on n'exagère point notre pensée : nous ne voulons pas donner le goût des aventures. D'ailleurs, tout est relatif: un diplomate devra étudier chez les diverses nations leurs lois et leur tempérament politique, tandis qu'à la rigueur il suffit à l'instituteur de franchir la colline qui sépare sa vallée des autres régions du département.

III

CONSTANCE ET STABILITÉ — AMBITION RAISONNABLE

Passons à d'autres qualités très appréciées chez le fonctionnaire. Nous lui recommandons la *constance* et la *stabilité*. Quand, après réflexion, il a choisi sa voie, il doit s'y habituer, s'y plaire et la poursuivre résolument. N'y rencontrerait-il pas toutes les satisfactions espérées, qu'il devrait persister et n'en changer que dans le cas de nécessité. Les années où l'on jouit pleinement de son activité s'écoulent vite ; il ne faudrait pas sans cesse faire des expériences et recommencer sa vie.

Être constant dans la fonction choisie et bien assortie à ses facultés, c'est beaucoup ; mais ce n'est point assez : il faut se plaire dans la résidence où l'on a été appelé et ne point promener une humeur inquiète et chagrine de ville en ville, ou de village en village. Cette manie du changement est désastreuse pour le petit budget de l'employé ; elle ne l'est pas moins au bien du service. Pour administrer sérieusement et faire produire à une fonction tout le bien dont elle est susceptible, il faut la connaissance des hommes et des affaires. Le temps et l'esprit de suite ne sont pas moins nécessaires pour mener à bien les réformes et en juger les résultats. La considération du fonctionnaire inconstant souffre également d'une instabilité continuelle. Quand ses chefs lisent sur sa *notice* la longue liste des postes qu'il a occupés, ils ne peuvent se défendre d'une impression fâcheuse. Sans doute il y a des causes légitimes et très honorables qui motivent des changements ; mais souvent aussi ils sont occasionnés par des défauts de caractère ou des fautes professionnelles.

Pour se convaincre de la vérité de ces remarques, on n'a qu'à comparer au point de vue de la considération, tel instituteur qui a occupé dix postes en vingt ans, et tel de ses collègues, qui a parcouru une longue carrière dans la même commune, y a obtenu successivement ses grades et des récompenses honorifiques. Ce dernier est très estimé et sa réputation s'étend bien au delà de sa commune. Sans avoir recherché cette considération, et par le seul mérite de ses services, il est, dans son canton, l'un des hommes les plus influents et les mieux écoutés.

Les fonctions publiques sont généralement hiérarchisées. Il y a, pour chacune d'elles, des degrés que le titulaire gravit au choix ou à l'ancienneté. Souvent aussi, dans la même administration, il y a des fonctions supérieures, accessibles, après examen, aux sujets les plus distingués de l'ordre inférieur. Pour tout débutant, il y a donc des perspectives d'avancement qui le stimulent dans ses études et dans l'accomplissement de ses devoirs. Ici nous avons à le prémunir contre deux défauts opposés. D'abord qu'il ne soit pas témérairement ambitieux et ne sollicite point trop tôt des fonctions pour lesquelles il ne serait pas tout préparé. Celui qui a ces dispositions-là ne réussit pas et se fait mal juger. Il n'est jamais heureux, son mécontentement déteint sur ses occupations ordinaires, et il se montre médiocre, même dans son modeste emploi. Par contre, il ne faut pas avoir une défiance exagérée de soi-même. Ce sentiment serait de nature à endormir l'activité, à paralyser les plus heureuses facultés. L'ambition légitime est une vertu, parce qu'elle est un élément de progrès. Que le jeune fonctionnaire essaye donc de s'élever sans impatience comme sans fausse honte. Ses efforts ne seront point infructueux. Ne monterait-il pas très haut, qu'il atteindrait au moins ce résultat : son perfectionnement et une plus grande compétence dans les fonctions actuelles.

N'oublions pas un point important : si, dans l'intérêt du service, les chefs offrent un poste d'avancement, on ne déclinera point cet honneur. On pourrait cependant avoir des motifs sérieux de se soustraire à de flatteuses propositions : ces motifs, qu'on les fasse connaître, et si les chefs passent outre, il faut obéir. Là est le devoir et aussi l'intérêt du fonctionnaire. Les supérieurs qui ont échoué dans leurs projets bienveillants auprès d'un subordonné, ne s'exposent pas volontiers à de nouveaux refus, et si plus tard ce dernier est un peu oublié, il ne devra s'en prendre qu'à lui.

D'autre part, quand on a reçu une mission de confiance, il faut l'accomplir jusqu'au bout, avec la fidélité scrupuleuse du soldat à l'égard de sa consigne.

IV

CONDUITE CORRECTE A L'ÉGARD DES PROMOTIONS ET DES RÉCOMPENSES

Nous devons encore appeler l'attention de l'instituteur sur une question de haute convenance administrative. On vient de voir que le fonctionnaire est récompensé de l'ancienneté et de la bonté de ses services par des grades et des promotions de classes, qui se traduisent par des élévations de traitement. Il y a, en outre, des récompenses honorifiques pour les services distingués. Or voici la question posée : Est-il convenable que le fonctionnaire sollicite lui-même un avancement ou une distinction?

La réponse est absolument négative dans le deuxième cas. Quand les récompenses arrivent naturellement, sur l'initiative des chefs, elles ont toute leur signification, et il faut en être très honoré. Mais lorsqu'elles ont été demandées, elles ont, par ce fait, perdu la moitié de leur valeur. Laissons à nos supérieurs et à l'opinion publique le soin de reconnaître nos mérites, et si les honneurs tardaient à venir, la satisfaction de notre conscience devrait nous suffire.

On peut se montrer moins absolu pour le premier cas. Il faut avoir pleine confiance dans la justice des chefs, et s'en remettre à eux pour l'avancement. Néanmoins si une promotion se faisait attendre, le fonctionnaire ne blesserait nullement les convenances en faisant discrètement valoir ses titres auprès de ceux *qui ont qualité pour le juger;* mais auprès de ceux-là exclusivement. L'instituteur, en particulier, ne s'adressera jamais aux influences *extra-universitaires.*

De tout temps, on a eu la funeste habitude de s'adresser aux hommes politiques pour obtenir des places et des faveurs. Ceux-ci ont été entraînés, souvent malgré eux, à s'occuper plus que de raison des affaires privées. Ils ont ainsi entravé l'administration, empiété sur les attributions du pouvoir exécutif, et il en est résulté un véritable danger national.

Essayons, pour notre part, de porter remède à un tel abus, et, comme nous contribuons un peu à former les mœurs publiques par l'éducation de la jeunesse, peut-être aurons-nous de proche en proche des imitateurs. Nos chefs naturels sont nos meilleurs protecteurs; n'en cherchons pas d'autres; car ils savent au besoin résister à des influences qui pourraient occasionner des injustices. Mais le cas se produirait-il à notre détriment; serions-nous victimes d'une honnêteté appelée naïve par les gens qui s'en tiennent à la morale courante, que nous devrions nous en consoler, parce que le beau rôle serait encore pour nous!

RÉSUMÉ

I. — L'élève-maître en instance pour obtenir un poste. L'obéissance administrative. Les convenances personnelles s'effaçant devant l'intérêt public.

II. — Beaucoup de fonctionnaires désirent ne pas s'éloigner de leur pays natal : tendance fâcheuse à divers points de vue. Autorité et indépendance menacées; le fonctionnaire mêlé malgré lui aux divisions locales. Esprit étroit et préjugés des gens qui ont toujours vécu dans le même milieu.

Avantages contraires pour le jeune homme appelé à vivre loin des siens : formation du caractère; étude et connaissance plus complètes des hommes.

III. — Constance et stabilité. N'être ni inquiet, ni impatient, ni témérairement ambitieux. Se garder également d'une timidité et d'une modestie exagérées. Règle générale : Répondre docilement aux avances des chefs, et mener à bien les missions de confiance acceptées.

IV. — Discrétion à l'égard des intérêts personnels. Avancement et récompenses. Recommandation essentielle : les protecteurs naturels de l'instituteur seront ses chefs; il ne recourra pas aux influences extra-universitaires.

DIX-NEUVIÈME LEÇON

LES DÉBUTS DU STAGIAIRE — PREMIÈRES RELATIONS

SOMMAIRE. — I. Nécessité et utilité du stage. — II. Premières relations officielles. — III. Autres relations réclamées par la bienséance.

I

NÉCESSITÉ ET UTILITÉ DU STAGE

Les lois de 1807 et de 1882 ont amené la création d'un grand nombre d'écoles de hameau dirigées par des instituteurs adjoints. Le dédoublement des écoles importantes a motivé, en outre, la création d'un nombre considérable d'emplois. Par suite, il s'est formé un corps d'adjoints, dont le chiffre total atteint près de la moitié du nombre des titulaires. Cette conséquence en a entraîné une autre que voici : tandis qu'autrefois l'élève-maître pouvait, au sortir de l'école normale, être envoyé directement à la tête d'une école, il est aujourd'hui forcément employé d'abord en qualité d'adjoint pendant plusieurs années. Dans certains départements, la direction d'une école ne peut être espérée qu'après cinq ou six années d'exercice. Ajoutons que, dans les villes, les instituteurs demandent quelquefois, pour des raisons de famille, à passer toute leur carrière dans les fonctions d'adjoint.

La loi du 30 octobre 1886 a réglé et consacré cette situation. Elle divise les instituteurs publics en deux catégories : les *titulaires* et les *stagiaires*, et ceux-ci peuvent devenir titulaires sans cesser d'être adjoints. Pour le titulariat, la loi exige un stage de deux années et la possession d'un certificat d'aptitude pédagogique.

Ce stage obligé est d'ailleurs très utile. Lorsque les élèves-maîtres quittent l'école normale, ils ont de l'instruction, ils connaissent théoriquement les grands principes d'éducation, ainsi que les méthodes les plus recommandables; déjà ils ont essayé de les appliquer dans les exercices signalés plus haut. Tous ces éléments, ajoutés à un fond naturel éprouvé, constituent des germes d'aptitude, qui, placés dans un bon milieu, ne tardent pas à donner des fruits. Mais ce ne sont encore que des germes, qui ont besoin de croître et de mûrir sous l'action d'un maître plein de savoir et d'expérience, comme il y en a beaucoup à la tête de nos principales écoles.

Ce sera donc une bonne fortune pour le jeune maître de continuer et compléter son apprentissage dans l'une de ces écoles; et lorsqu'un beau matin le facteur lui apportera la première nomination tant désirée, c'est avec une généreuse ardeur qu'il entrera en fonction.

Nous allons, selon notre promesse, le suivre pas à pas dans la carrière.

II

PREMIÈRES RELATIONS OFFICIELLES

Si pressé qu'il soit de se rendre à son poste, nous conseillons à notre jeune stagiaire de se détourner au besoin de sa route, et de passer par le chef-lieu d'arrondissement pour voir M. l'inspecteur primaire. Quand il sera en exercice, il ne s'adressera à ce fonctionnaire, pour affaires de service, que par l'intermédiaire du directeur de son école, son supérieur immédiat; mais aujourd'hui, et pour de très bonnes raisons, il faut qu'il voie d'abord le chef de la circonscription à laquelle il appartiendra. L'inspecteur lui donnera, relativement au service dont il est chargé, des instructions précises et appropriées aux besoins locaux. De plus, il pourra discrètement le renseigner sur l'esprit de la population, sur le caractère des personnes avec lesquelles il va se trouver en relation, et sur les précautions bonnes à prendre pour éviter certains dangers. Le stagiaire connaîtra ainsi d'avance la nature et l'étendue de ses attributions, le milieu où il sera appelé à vivre; il sera moins exposé à ces imprudences très préjudiciables, que parfois les débutants commettent par ignorance. Si M. l'inspecteur est absent, il laissera une carte qui témoignera de ses intentions, et il remettra à la première occasion une démarche que nous considérons comme convenable et nécessaire.

Une fois rendu à son poste, il se présentera d'abord à son titulaire, dont il sollicitera également les conseils. Il se mettra pleinement à la disposition de son nouveau chef, sans être prodigue de promesses et de démonstrations, laissant à ses actes le soin de prouver son zèle et son excellent esprit. Ensuite, soit seul, soit accompagné du directeur de l'école, il visitera les *autorités locales*, c'est-à-dire le *maire*, les *adjoints* et les *délégués cantonaux*.

Il nous revient que dans les villes un peu considérables, les jeunes instituteurs éprouvent la tentation de se soustraire à cette obligation. Ils allèguent la coutume : leurs collègues se sont abstenus, et ils ne voudraient pas se singulariser. C'est un tort : il est toujours permis de faire mieux que ses devanciers. Ils allèguent aussi la trop grande distance sociale qui les sépare des magistrats de la cité. Cette mauvaise raison ne saurait autoriser de leur part la suppression d'un devoir de convenance absolument élémentaire. A ce sujet, qu'on nous permette de nous expliquer sur un point délicat.

III

AUTRES RELATIONS RÉCLAMÉES PAR LA BIENSÉANCE

Nous avons répété souvent aux instituteurs, et sous bien des formes : soyez modestes ! Mais la modestie n'exclut pas la dignité, et nous venons leur dire aujourd'hui : honorez vos fonctions, et faites qu'elles soient respectées ! En est-il de plus nobles que celles qui consistent à élever le jeune être humain, à cultiver son intelligence et son cœur à en faire un honnête homme et un citoyen utile à la République? Et pourtant, le personnel de l'enseignement primaire n'a pas encore dans la société toute la considération à laquelle il a droit. Cela tient à diverses causes. Il y a des préjugés et de l'ignorance : on ne réfléchit pas et l'on ne comprend pas assez l'importance de la tâche confiée à l'instituteur. D'autre part, aux yeux du monde frivole et superficiel, la considération que méritent les personnes est en raison des émoluments qu'elles reçoivent. Or comme le traitement de l'instituteur ne lui permet pas de faire grande figure en société, on le confond volontiers avec les agents subalternes de nos administrations.

Enfin l'enseignement primaire, régulièrement organisé, est de date relativement récente. L'instituteur de nos jours, instruit, réservé et correct dans ses habitudes, n'a pas encore fait oublier complètement le maître d'école improvisé de 1830, dont M. Lorrain, dans la fameuse enquête Guizot, a fait un portrait si peu flatteur! Nous en avons la preuve dans un livre qui a été très remarqué[1]. « Quel abîme, s'écrie M. Maneuvrier, entre les professeurs de l'enseignement secondaire et ceux de l'enseignement primaire! Ici des maîtres considérés, distingués, nommés après une série de difficiles concours, et même parfois à peu près convenablement rétribués. Là, des maîtres sans grades, sans considération et sans appointements. » Plus loin l'auteur ajoute : « Ne trouve-t-on pas tout naturel que l'État exige un bachelier pour percevoir les impôts ; un bachelier pour enregistrer les aliénations et mutations d'immeubles ; un bachelier pour dresser et conserver les

---

1. *L'éducation de la bourgeoisie sous la République*, chez Léopold Cerf.

actes civils : mais que pour élever les enfants, il accepte un « frater », un « magister » quelconque, en bon français, un ignorant ! Comme si cette fonction de former l'âme du citoyen n'était pas la plus difficile et la plus auguste de la cité ! » Lorsqu'un homme distingué, ancien élève de l'école normale supérieure, dont la bonne foi n'est pas en cause, commet des erreurs si singulières, porte des jugements si peu mérités sur les instituteurs actuels, il n'y a pas à s'étonner que nombre de personnes les aient en médiocre estime.

Le temps et l'opinion publique mieux renseignée, finiront bien par mettre l'instituteur à sa vraie place; mais il doit y contribuer lui-même par ses qualités privées et professionnelles, par la pratique des usages sociaux auxquels se conforment les autres fonctionnaires.

Ainsi, pour rentrer dans notre sujet, nous recommanderons à l'instituteur, stagiaire ou titulaire, nouvellement installé dans une commune, de ne pas se contenter des visites officielles. Il imitera les gens du monde, qui, pour acquérir droit de cité dans le pays qu'ils vont habiter, commencent par se présenter chez toutes les personnes avec lesquelles ils désirent avoir des relations ou au moins desquelles ils ne veulent point rester inconnus. Les fonctionnaires ne manquent pas de se conformer à cette règle : l'instituteur ne doit pas faire exception. S'il s'abstenait, il rabaisserait volontairement ses fonctions, et passerait pour un homme sans éducation. Il faut d'ailleurs pour cela s'inspirer des circonstances. Ainsi, dans les grandes villes, les relations de l'instituteur sont forcément restreintes, il n'en est pas de même dans les bourgs et dans les petites villes, où tout le monde se connaît et se rencontre journellement.

Après les visites officielles viendront donc, pour

l'instituteur, dans les premières semaines qui suivront son arrivée, les visites aux collègues, aux magistrats, aux fonctionnaires de divers ordres et autres personnes notables. Une fois ces visites faites, il sera libre de ne les renouveler que dans des occasions spéciales, au premier de l'an par exemple, et n'aura des relations assidues qu'avec le petit nombre de personnes qui vivront de la même vie que lui.

Parmi les personnes marquantes, il y a les *ministres des cultes*, à l'égard desquels nous nous expliquerons nettement selon notre habitude. Pendant une longue suite de siècles, l'enseignement a été sous la tutelle ecclésiastique, et c'est seulement depuis 1882, que les représentants des cultes ne sont plus des *autorités scolaires*. Or, on comprend que la neutralité au point de vue religieux n'ait pas été obtenue sans difficultés. Les passions politiques s'en sont mêlées aussi, et il en est résulté un antagonisme qui, des principes, s'est trop souvent étendu aux personnes, et celles-ci se sont trouvées en maint endroit sur le pied de guerre les unes contre les autres.

Mais, comme nous le disions précédemment, l'apaisement des esprits se fait peu à peu; les questions, mieux comprises, se montrent sous leur vrai jour, et l'on peut espérer que l'école et le presbytère s'accoutumeront à vivre pacifiquement côte à côte, chacun dans son rôle et ses attributions.

Partant de là, nous dirons à l'instituteur nouvellement arrivé dans une commune : le curé et le pasteur occupent dans la localité une place en vue et respectée, et vous leur devez une visite comme aux autres notables. On vous saura gré de cette démarche, et peut-être vous évitera-t-elle des difficultés dans la suite. Votre abstention, au contraire, ferait supposer que, de parti pris, vous vous posez en ennemi ; ce qui ne doit pas être et serait même en opposition formelle avec les instructions officielles. Remarquez d'ailleurs qu'en vous montrant correct et courtois à l'égard de ceux qui, néanmoins, persisteraient à vous traiter en adversaire, vous mettriez le bon droit de votre côté, et n'en seriez que plus fort pour défendre contre leur mauvais vouloir votre école et vous-même.

RÉSUMÉ

I. — Le stage, aujourd'hui imposé à tous les débutants, est un bien au point de vue professionnel.

II. — Visite à l'inspecteur primaire. Pourquoi il est convenable et utile que le stagiaire le voie d'abord avant de se rendre à son poste.

Visites au titulaire et aux autorités scolaires locales.

III. — Autres visites aux fonctionnaires et personnes notables.

Rang que l'instituteur devrait tenir dans la société. Causes pour lesquelles l'enseignement primaire n'a pas encore la considération qu'il mérite.

VINGTIÈME LEÇON

INSTALLATION MATÉRIELLE DU STAGIAIRE

Sommaire. — I. Le logement du stagiaire. — II. La chambre de l'instituteur. — III. Alimentation

I

LE LOGEMENT DU STAGIAIRE

Nous allons présider à l'installation matérielle du jeune instituteur, et l'aider à monter son ménage de célibataire.

Si sa mère ou une sœur aînée pouvaient l'accompagner et demeurer avec lui, notre tâche serait facile ; ces personnes dévouées pourvoiraient à ses besoins, veilleraient sur lui, et lui assureraient les douceurs de la famille. Mais, en général, il n'a point ce bonheur. Il arrivera seul dans la commune où il a été appelé et devra y vivre seul.

Occupons-nous d'abord de son logement. La commune le lui doit. Si un petit appartement était disponible dans la maison d'école, ce serait avantageux à tous égards. Et même, pour n'avoir pas à quitter l'école, il devrait se contenter de peu, d'une chambrette avec une échappée sur le ciel bleu. Il ne sera pas plus exigeant que l'étudiant des grandes villes, qui habite une mansarde, haut perchée sous les toits.

Mais souvent l'adjoint recevra une maigre indemnité et prendra un logement à son choix. Il ne s'ins-

16.

tallera pas dans une maison quelconque. Cette maison sera, par ses habitants, honnête et de bonne réputation : il faut éviter les promiscuités gênantes ou dangereuses. Elle sera paisible, car le jeune maître a besoin, pour ses études, de calme et de silence : une chambre d'auberge ne remplirait pas cette condition. Enfin l'hygiène y trouvera son compte. L'appartement pourra être petit ; mais au moins qu'il soit bien exposé ; qu'il reçoive un air pur, une lumière abondante ; et si un beau paysage se déroule sous les yeux, ce complément ne sera pas à dédaigner ; car nous désirons que l'instituteur se plaise dans son modeste réduit. Pour cela, et pour d'autres raisons encore, nous lui demanderons de l'orner et de l'embellir dans la mesure de ses moyens.

S'il le veut bien, nous allons meubler avec lui sa chambre, une chambre idéale, dont il dépendra de lui de faire, avec du goût, un peu d'industrie, sans beaucoup d'argent, une réalité.

II

LA CHAMBRE DE L'INSTITUTEUR

D'abord là-bas, dans le coin, nous dresserons une couchette en fer, recouverte de sa housse, et ramenée tous les jours à des formes géométriques, comme si c'était un lit de Saint-Cyrien. A côté, ou mieux encore dans un cabinet contigu, nous placerons une toilette, avec du linge blanc et de menus objets qui prouveront que le locataire a le respect de sa personne, sans aller jusqu'à la recherche. Nous mettrons en face une commode ou une armoire ;

dans le cas contraire, il se contentera d'une chapelière rangée au pied du lit. Autour de la chambre, il y aura des chaises de paille, nettes de toute éclaboussure. Au milieu du parquet ciré, sur une natte qui préservera les pieds du froid et de l'humidité, nous mettrons une table recouverte d'un magnifique tapis, taillé dans un châle antique, tiré de la garde-robe maternelle. Contre le mur, et à la portée du travailleur, nous accrocherons une gentille bibliothèque. Cette bibliothèque se garnira peu à peu de livres de valeur, de ceux que l'on relit avec plaisir, que l'on consulte souvent ; elle ne sera pas encombrée de ces livres de littérature futile qu'on laisse de côté après les avoir parcourus. Pour le moment, il n'y a guère sur les rayons que les classiques rapportés de l'école normale. Ce sont de bons amis, bien connus, qui rendent tous les jours de précieux services. Non loin de là, sur un chevalet, ou contre le mur, sera également un tableau noir, si commode pour les études et pour les leçons particulières. A côté aussi, il y aura une vitrine dans laquelle l'instituteur rangera son herbier, ses appareils de physique et ses diverses collections scientifiques. Fixons une glace sur la cheminée derrière un réveille-matin ; suspendons près de la fenêtre une cage habitée par des oiseaux chanteurs, et ornons cette fenêtre de quelques plantes verdoyantes et parfumées. Voilà le nécessaire pour le moment : mais nous rêvons autre chose pour le jour où l'adjoint pourra se le permettre. Alors nous voudrions à la place d'honneur un piano ou un harmonium, et, sur cet instrument, un recueil choisi de belles partitions. L'ornementation de la chambre sera complétée par quelques bibelots, par exemple par des réductions en plâtre de beaux modèles de sculpture. Il y aura aussi des estampes qui dénoteront une certaine connaissance de l'art. Les procédés de l'héliogravure mettent aujourd'hui les chefs-d'œuvre à la portée de toutes les bourses.

Voilà, ma foi, une gentille demeure qu'il fera bon habiter.

Et puis, comme tout cela sera soigneusement entretenu, au besoin par l'instituteur, qui, dès l'école normale, a appris à se servir lui-même, il pourra recevoir, sans rougir, la visite des autorités, de ses collègues et des parents de ses élèves. On sera favorablement impressionné en pénétrant dans ce petit sanctuaire de l'ordre, du travail et du bon goût.

Quelle différence avec le taudis négligé du célibataire désordonné, qui déserte son logis le plus qu'il peut, et n'a de goût à rien de ce qui est beau !

N'insistons pas, pour ne point gâter par la fâcheuse vue de ce contraste, l'image de l'intérieur gracieux et confortable que nous venons d'esquisser.

III

ALIMENTATION

Nous avons pourvu à l'habitation du stagiaire. Mais il lui faut aussi le vivre. Quel arrangement prendra-t-il si, bien entendu, il n'est pas en famille ? Il n'y a pas ici de règle absolue. L'intéressé jugera lui-même ce qu'il a de mieux à faire. Voici seulement quelques indications.

Si l'adjoint pouvait être admis, soit dans une famille, soit à la table de son titulaire, la combinaison serait simple et heureuse. Il aurait le bon exemple et échapperait ainsi à bien des tentations. De plus, s'il prenait pension chez son directeur, au point de vue professionnel, il ne pourrait qu'y gagner.

Nous lui recommanderions alors de s'accommoder avec bonne grâce du régime adopté dans le ménage.

Mais cet arrangement n'est point toujours possible. Cherchons autre chose. S'il y a dans la localité, nous ne disons pas un cabaret, où notre adjoint ne serait guère à sa place, mais un restaurant bien tenu, il lui serait commode d'y prendre ses repas. Seulement ce serait dispendieux, probablement au-dessus des moyens du jeune fonctionnaire. Et puis il s'exposerait à y rencontrer des convives menant un autre train de vie, à y faire des suppléments de dépense qui aggraveraient encore sa situation. De petites fêtes s'organisent entre jeunes gens ; on n'a pas toujours le courage de se tenir à l'écart, et à la perte d'argent s'ajoute le gaspillage d'un temps précieux.

Mais notre adjoint ne pourrait-il pas être son propre traiteur et confectionner lui-même sa nourriture selon ses goûts? Bon nombre de célibataires ont pris ce parti, et ne s'en sont pas mal trouvés : leur considération n'en a pas souffert. Seulement ce système a aussi ses inconvénients ; il demande du temps et de la constance. Il ne faudrait pas succomber à une dangereuse tentation, celle de se négliger et de se contenter d'une alimentation irrégulière et mal préparée. Une nourriture saine et abondante est nécessaire, particulièrement à l'âge où se forme le tempérament, où l'on fait une grande dépense d'activité physique et intellectuelle. Combien de santés ont été compromises par un mauvais régime alimentaire !

Dans les localités où il y a plusieurs écoles et plusieurs adjoints par école, ceux-ci ont quelquefois essayé du système employé par les officiers d'une même garnison : ils ont organisé un *mess*, c'est-à-dire une association, gérée à tour de rôle par chacun d'eux. Ils louent un local, emploient une cuisinière, font leurs approvisionnements, règlent les menus, et, à la fin du mois, répartissent la dépense entre les associés. Ce système est économique et permet une vie à plusieurs qui n'est pas sans agréments. Mais on a vu souvent, dans les associations les mieux organisées, s'introduire des divisions, résultant de la diversité des goûts et des caractères, et amener, à bref délai, la dissolution du *mess*.

Rabattons-nous sur un arrangement, qui offre des avantages et peu d'inconvénients. Le voici : notre stagiaire aura un baril de vin dans son cellier, et le boulanger lui apportera son pain. Ensuite le traiteur du voisinage lui enverra son potage et un ou deux mets à sa convenance. La maison paternelle a sans doute eu soin déjà de lui faire une provision abondante de fruits. De cette façon, il aura une nourriture régulière et de bonne qualité ; il vivra chez lui, en dehors de toute compagnie gênante, et enfin sa bourse s'en trouvera bien.

Cette dernière considération nous amène à parler du budget de l'instituteur. Ce sera l'objet du prochain entretien.

RÉSUMÉ

I. — Le stagiaire logé dans la maison d'école, ou au dehors. Précautions à prendre ; conditions hygiéniques ; éviter les voisinages gênants, ou dangereux à divers égards.

II. — Une chambre idéale d'instituteur. Ameublement. Soins journaliers.

III. — Divers modes d'alimentation : avantages et inconvénients de chacun d'eux.

VINGT-UNIÈME LEÇON

LE BUDGET DE L'INSTITUTEUR — ÉCONOMIE

Sommaire. — I. Faire honneur à ses affaires. — II. Moyens économiques à employer. — III. Institutions de prévoyance.

I

FAIRE HONNEUR A SES AFFAIRES

La situation morale et matérielle des instituteurs est l'objet constant de la sollicitude du gouvernement. Néanmoins, les paroles suivantes, que M. Guizot adressait, en 1833, aux instituteurs, sont toujours de circonstance : « La prévoyance de la loi, les ressources dont le pouvoir dispose, ne réussiront jamais à rendre la simple profession d'instituteur aussi attrayante qu'elle est utile. La société ne saurait rendre à celui qui s'y consacre tout ce qu'il fait pour elle. Il n'y a point de fortune à faire, il n'y a guère de renommée à acquérir dans les obligations pénibles qu'il accomplit. » Le maître doué d'une robuste vocation en prendra son parti et trouvera des compensations dans les satisfactions morales promises par cette même circulaire mémorable de 1833. Et puis, il prendra courageusement les mesures nécessaires pour faire quand même honneur à ses affaires, car il sait que la condition des gens obérés est pitoyable. Ceux-ci sont atteints dans leur repos, dans leur indépendance et dans leur considération ; ils sont même sur la pente de la dégradation morale. Franklin a des expressions énergiques pour caractériser un état aussi malheureux : « Celui qui va faire un emprunt va chercher une mortification. Hélas ! pensez-vous bien à ce que vous faites lorsque vous vous endettez ? Vous donnez des droits à un autre sur votre liberté ; si vous ne pouvez pas payer au terme fixé, vous serez honteux de voir votre créancier, vous serez dans l'appréhension en lui parlant, vous vous abaisserez à des excuses pitoyablement motivées ; peu à peu vous perdrez votre franchise et vous en viendrez à vous déshonorer par des menteries les plus évidentes et les plus misérables. Car le *mensonge monte en croupe derrière la dette.* Un homme né libre ne devrait jamais rougir ni redouter de parler à quelque homme que ce soit, ni hésiter à le regarder en face ; mais souvent la pauvreté efface et courage et vertu. *Il est difficile qu'un sac vide se tienne debout.* » D'autre part, celui qui, par ses dettes, s'est mis sous la sujétion d'autrui, semble atteint dans ses facultés mentales. Il est gauche et timide ; il paraît sans esprit ; il est paralysé dans ses moyens d'action ; il réussit moins bien que d'autres, que pourtant il égalerait et surpasserait même s'il pouvait recouvrer l'assurance des gens libres. Tel est le personnage que La Bruyère a dépeint d'une façon si saisissante dans son portrait de l'*Homme pauvre :* « Phédon, avec de l'esprit, a l'air d'un stupide. »

Lorsque le besogneux est un fonctionnaire, le malheur est plus grand encore, parce que la fonction même est atteinte dans sa considération et dans son activité bienfaisante. Cela est particulièrement visible chez l'instituteur. Son crédit moral baisse auprès des familles, en même temps que l'autre crédit auprès des fournisseurs. Au lieu d'avoir l'humeur gaie qui attire les enfants, il est sombre, aigri, mécontent ; il jette le froid autour de lui. Au lieu d'avoir cet esprit alerte, qui anime l'enseignement, il est obsédé par l'idée fixe de ses malheurs, et il est comme absent de son école. Dans ces conditions, il ne réussit guère et prend sa tâche en dégoût. Il est bien à plaindre et ses élèves aussi !

Notre conclusion est qu'il faut à tout prix se suffire avec ses ressources ordinaires.

Maintenant nous allons esquisser un petit cours d'économie, montrer comment, avec un modique budget, on peut pourvoir à ses besoins et même réaliser un commencement d'épargne.

II

MOYENS ÉCONOMIQUES A EMPLOYER

Il y a deux moyens à employer : 1° augmenter ses revenus ; 2° diminuer ses dépenses. Il y en a un troisième, le meilleur : c'est de pratiquer à la fois les deux précédents.

Le premier est-il à la portée de l'instituteur ? Peut-il, d'une manière licite, ajouter quelques ressources à son traitement ? Oui, mais dans une mesure bien restreinte. Faisons tout de suite une réserve : l'instituteur ne doit pas être détourné de ses fonctions absorbantes ; la dignité de sa situation ne doit pas non plus être abaissée par des occupations subalternes et mercantiles. La loi interdit à l'instituteur certains emplois qu'il cumulait autrefois pour vivre, mais qui avaient le tort de le mettre à la merci de tous et de reléguer sa tâche principale à un rang accessoire. C'est pour la même raison qu'il ne peut exercer « les professions commerciales et industrielles » ni « les fonctions administratives », sauf celles de secrétaire de mairie, avec l'autorisation du conseil départemental.

Cette charge municipale lui apporte une recette qui lui facilite l'équilibre de son budget. Il a également la faculté, sous certaines réserves, de donner des leçons particulières et de se procurer ainsi une source de revenus fort appréciable. Enfin il ne lui est pas défendu d'accomplir des travaux généralement bien rémunérés, qui réclament des connaissances spéciales, par exemple, des expertises en écritures, des tracés graphiques, des opérations d'arpentage, etc. Il est parfois désigné par les tribunaux pour cet office. Mais une réserve expresse est encore faite ici : l'instituteur ne tiendra pas un *cabinet d'affaires* et ne se substituera pas aux officiers ministériels. Il ne tarderait pas à être distrait de son devoir essentiel ; il causerait du préjudice à des fonctionnaires qui, ayant payé leur charge un gros prix, en ont besoin pour vivre. D'un autre côté, son ignorance des questions de droit, si déliées et si complexes, pourrait compromettre les intérêts des familles, au lieu de les servir. *Non, l'instituteur ne doit pas être un homme d'affaires.*

Mais ces divers éléments d'un lucre honorable et licite sont aléatoires et surtout ne sont guère à la portée du débutant. Nous allons aviser à des moyens plus certains, qui sont à la disposition de tous. Il s'agit des règles à suivre pour réduire les dépenses.

1° *Il faut éviter de se créer des besoins factices.* « Avec ce que coûte un vice, dit Franklin, on élèverait deux enfants. » Sans aller jusqu'au vice, on contracte des habitudes qui finissent par être onéreuses. Combien de petits budgets se solderaient en excédent, si l'on retranchait de la dépense ce que coûtent l'usage du tabac, la fréquentation des cafés et des cercles, l'amour du jeu, le goût exagéré de la toilette, etc. !

2° *Il faut savoir se limiter dans la satisfaction des besoins ordinaires.* Nos sens, aiguisés par l'amour du plaisir et du bien-être, sont presque toujours plus exigeants que la nature. Si l'homme savait modérer ses désirs, sa santé s'en trouverait mieux, et sa bourse aussi.

3° Après avoir pourvu à l'indispensable, il est prudent, lorsque les ressources sont restreintes, *d'ajourner l'acquisition des choses simplement utiles et agréables.* « Achète ce dont tu n'as pas besoin, tu vendras bientôt ce qui t'est nécessaire. C'est folie de dépenser son argent pour acheter un repentir », dit encore Franklin, par la bouche du bonhomme Richard. L'instituteur est assailli par des prospectus et des commis-voyageurs qui lui font les offres les plus séduisantes ; on veut absolument lui vendre des vins, des étoffes, des livres, etc., à des conditions très avantageuses, en apparence du moins. Il devra résister. Pourquoi acheter des choses superflues, quand le nécessaire n'est pas assuré ? Combien de petits capitaux sont de la sorte consumés ou rendus improductifs ? Ainsi, pour notre part, nous n'aimons rien tant que les bons livres, et nous désirons que ce goût soit partagé par l'instituteur. Mais nous ne lui conseillons pas de monter sa bibliothèque en une seule fois. Il achètera ses livres un à un ; il les lira d'abord, et ces ouvrages seront d'une qualité telle qu'il ait ensuite l'occasion de les consulter souvent. A quoi bon entasser sur des rayons plus de livres qu'on n'en peut lire, ou des œuvres qu'on ne lira jamais, par exemple des dictionnaires vieillis, des encyclopédies démodées, payées bien cher, et dont on se débarrassera ensuite à vil prix chez le bouquiniste ?

Afin de mieux séduire ses clients, le marchand accorde des délais pour le paiement. On s'acquittera par petites sommes de mois en mois ; on ne s'en apercevra pour ainsi dire pas, dit le dangereux tentateur. Rien n'est moins vrai; les échéances ne tarderont pas à être singulièrement gênantes. Ce n'est pas tout; comme le négociant veut retirer les intérêts de son argent, et se couvrir des risques courus auprès des clients insolvables, il vend ses articles au-dessus de leur valeur. Ceci nous conduit à un autre conseil.

4° *N'achetez pas à crédit sans une nécessité absolue.* Attendez, pour vous procurer même les objets indispensables, d'avoir réalisé la somme qui couvrira la dépense. C'est le moyen d'acheter à bon marché et de ne pas consommer son blé en herbe.

5° Aussi bien voulez-vous voir clair dans vos affaires, vous rendre un compte sincère de vos recettes, dresser l'exact bilan de vos fonds, constater s'il y a, comme on dit, du coulage, si certains frais ne sont pas exagérés au détriment d'autres plus utiles? *Enregistrez tous les jours vos recettes et vos dépenses.* Un vieux fonctionnaire qui est parvenu à réaliser de sérieuses économies, nous disait un jour que, grâce à sa petite comptabilité intérieure, soigneusement tenue, il est vrai, pendant un demi-siècle, il avait épargné 10 000 francs de plus qu'il n'aurait fait sans cela.

6° *Pratiquez l'ordre* que nous avons tant recommandé à l'école normale. Grâce à l'ordre, avons-nous dit, les objets ne s'égarent pas, durent longtemps, et l'entretien du mobilier n'est plus qu'un léger article du budget.

7° Mieux que cela, soyez dans votre ménage actifs et industrieux. *Diminuez autant que possible les frais de la main-d'œuvre étrangère:* c'est-à-dire ne demandez au travail d'autrui, nécessairement salarié, que ce que vous ne pouvez pas faire vous-mêmes. Un objet est-il endommagé? réparez-le avant qu'il ne soit hors d'usage et ne nécessite une réparation onéreuse. Renouvelez-le au besoin par votre propre industrie. Nous connaissons un inspecteur primaire des plus distingués, ancien élève-maître et instituteur, qui, avant de se marier, a fabriqué lui-même les meubles de son ménage. N'allez pas chercher des ouvriers pour votre jardin, cultivez-le vous-même : l'occupation sera hygiénique et d'un bon exemple. Faites-lui rapporter aussi abondamment que possible des fruits et des légumes. Votre budget en sera allégé ; et puis, quel plaisir vous aurez à servir sur votre table les produits de votre travail ! Ceux-là, n'en doutez pas, vous paraîtront bien autrement frais et savoureux que ceux que vous auriez achetés au marché.

8° Enfin, si vous êtes en ménage, *communiquez votre science économique à votre compagne*. Instruisez-la avec douceur et gravité, comme le faisait si bien Ischomaque dans le gracieux entretien rapporté par Xénophon. Encouragez-la à soigner le linge et les vêtements, à en confectionner une bonne partie ; un des premiers cadeaux à lui faire sera une mignonne machine à coudre. En toute chose, elle apprendra à faire beaucoup avec peu, ce qui n'est nullement, quoiqu'en pense maître Jacques, un paradoxe. Telle ménagère inhabile sera dépensière et ne procurera aucun confort; telle autre, au contraire, tiendra sa maison sur un pied honorable, donnera à son mari et à ses enfants le nécessaire, agrémenté de petites douceurs, et le tout à un bon marché étonnant. Combien on a raison d'introduire l'économie domestique dans l'éducation féminine, d'exercer une jeune fille à tous les travaux intérieurs : couture, blanchissage et repassage; de lui apprendre la cuisine, de la conduire au marché, pour lui enseigner à faire en chaque saison les approvisionnements les plus avantageux à la fois pour la bourse et pour la santé !

La pratique de ces quelques conseils assurera le bien-être et la sécurité dans le présent ; elle facilitera l'épargne pour l'avenir. C'est ici le lieu de rappeler qu'on n'est pas riche en proportion de l'argent qu'on reçoit ; car, avec de gros revenus, on est pauvre si l'on dépense tout. On est riche, au contraire, si, avec un gain modique, on parvient à ne pas tout dépenser.

Ce ne serait point assez, en effet, de vivre sans faire de dettes. Il faut encore se mettre en situation de parer aux dépenses imprévues ou extraordinaires : à celles, par exemple, qui résultent du chômage, des maladies et de la vieillesse, comme à celles que nécessitent l'éducation et l'établissement des enfants. Il y a heureusement des institutions de prévoyance qui collaborent avec l'épargne ou contribuent à la développer. Citons-en quelques-unes.

III

INSTITUTIONS DE PRÉVOYANCE

En première ligne, nous placerons les *Sociétés de secours mutuels* entre instituteurs. C'est presque un devoir ; en tout cas, c'est un acte de bonne confraternité que d'en faire partie. Moyennant une faible cotisation, et grâce à la puissance de l'association, le sociétaire reçoit, en temps de maladie, les soins du médecin et les médicaments, ou bien une indemnité fixe pour chaque jour de maladie. S'il vient à mourir, on pourvoit aux frais de ses funérailles ; sa veuve et ses enfants recevront aussi des secours. Quand les sociétés sont riches, elles accordent, en outre, aux vieux sociétaires une retraite, qui s'ajoute à la pension civile.

L'*Association des membres de l'enseignement*, fondée par le baron Taylor, assure aussi de grands avantages : des secours en cas de besoin extrême, et une retraite de 300 francs au bout d'un temps qui deviendra de plus en plus court, à mesure que l'association se développera.

La Caisse nationale de retraite pour la vieillesse permet également, à l'aide de petits sacrifices annuels, au simple citoyen de se faire une retraite pour les ans où il ne pourra plus travailler, et au fonctionnaire d'augmenter celle que lui accorde l'État.

Mentionnons l'*œuvre de l'orphelinat de l'enseignement primaire*, qui ne date que de quelques années et fait déjà du bien. Celle-là n'exige pas de grands sacrifices : 3 francs par an.

Mais nous signalerons surtout les *assurances sur la vie*, depuis longtemps populaires en Amérique et en Angleterre, et déjà bien propagées en France. Elles constituent un acte de haute prévoyance pour tout fonctionnaire ou employé ayant charge de ménage. Tant qu'il est en fonction et qu'il a de la santé, il pourvoit aisément aux besoins de tous les siens; mais s'il venait à leur manquer, ce serait immédiatement la redoutable misère pour les survivants. Laisserait-il un peu de fortune, ce serait encore la gêne. Aussi la plus élémentaire prudence lui doit-elle faire comprendre que moyennant une somme prélevée annuellement sur son traitement et ses revenus, s'il en a, il peut, en cas de décès, garantir à ses héritiers, fût-ce au lendemain du jour où aura été signé le contrat d'assurance, un capital qui leur permettra de supporter moins lourdement leur malheur. L'assuré s'ôte ainsi un gros souci. L'argent déposé dans les caisses d'assurance constitue en outre un placement de fonds ; car l'assuré peut adopter une combinaison qui lui réserve une part des bénéfices réalisés par la compagnie. L'expérience prouve que, indépendamment des effets de l'assurance, les capitaux versés rapportent bien près de 3 0/0. C'est presque le taux servi par la Caisse d'épargne et le Crédit foncier.

Nous terminerons par deux recommandations. Il ne faudrait pas contracter des obligations au delà de ses moyens, parce que si l'assuré ne pouvait plus un jour acquitter ses primes, il se verrait obligé de résilier le contrat à des conditions désavantageuses. Si l'on ne croit pas pouvoir mettre beaucoup de côté chaque année, il ne faut s'assurer que pour un petit capital.

La plupart des compagnies d'assurances forment aujourd'hui un syndicat et sont solidaires les unes des autres. Néanmoins nous conseillerons de ne s'adresser qu'à l'une des grandes compagnies connues depuis longtemps et offrant toutes les garanties. L'instituteur devra n'écouter qu'avec défiance les courtiers de sociétés prétendues financières qui promettent des merveilles et ne font guère que des dupes et des victimes.

RÉSUMÉ

I. — Situation pécuniaire de l'instituteur. Faire honneur à ses affaires.

Conditions fâcheuses dans laquelle se trouve le fonctionnaire obéré. Considération atteinte et service public compromis.

II. — Moyens économiques à employer :

Accroissement des ressources par des voies honorables et licites. Travaux permis à l'instituteur. Occupations extra-scolaires qui lui sont interdites.

— Diminution des dépenses en évitant de se créer des besoins factices; en limitant les besoins ordinaires; en ajournant l'acquisition des choses simplement utiles ou agréables; en achetant au comptant;

en tenant une comptabilité exacte des recettes et des dépenses ; en pratiquant l'ordre qui conserve les choses ; en recourant le moins possible à la main-d'œuvre étrangère et en y suppléant par son industrie ; et, en général, par l'application bien entendue des règles de l'économie domestique.

III. — Institutions de prévoyance qui apportent du secours dans la maladie, la vieillesse et les revers. Société de secours mutuel. Association Taylor. Orphelinat de l'enseignement primaire. Caisse des retraites pour la vieillesse. Assurances sur la vie, etc.

VINGT-DEUXIÈME LEÇON

CONDUITE PRIVÉE DE L'INSTITUTEUR

Sommaire. — I. La vie privée du fonctionnaire, contrôlée et jugée par l'opinion publique. — II. La moralité, devoir professionnel pour l'instituteur. — III. Règles de conduite.

Notre stagiaire est installé, et il a rempli les devoirs de convenance à l'égard des personnes au milieu desquelles il vivra dorénavant. La première impression a été bonne ; on a été charmé de ses manières polies sans affectation, de ses prévenances, de son air honnête, de son désir visible d'être agréable à tous par la droiture de ses intentions et son évidente bonne volonté.

Mais il faut que ce jugement favorable persiste et se confirme de plus en plus. Deux grands moyens, certains dans leurs effets, sont à sa disposition : une conduite privée irréprochable, du zèle dans ses fonctions.

La première de ces conditions fera l'objet de l'entretien de ce jour et de l'entretien suivant.

I

LA VIE PRIVÉE DU FONCTIONNAIRE, CONTROLÉE ET JUGÉE PAR L'OPINION PUBLIQUE

Faisons d'abord une remarque.

L'opinion publique, qui a trop souvent une indulgence excessive pour les écarts de conduite des jeunes gens, pour ce qu'on appelle les péchés de jeunesse, se ravise quand il s'agit des fonctionnaires. Elle examine et contrôle toutes leurs démarches, et, s'ils donnent prise à la critique, ses jugements sont sévères. Ils en sont étonnés et froissés; ils font des comparaisons entre leur conduite et celle de personnes envers lesquelles on se montre si indulgent; ils sont prêts à crier à l'injustice. Ils ont parfaitement tort, et voici pourquoi :

Les gens revêtus d'un caractère officiel sont plus en vue que les autres, et leurs faits et gestes appartiennent, comme leur charge, au domaine public. Mais il y a une raison autrement importante. C'est que le fonctionnaire est toujours, sous des formes très variées, dépositaire ou administrateur de quelque intérêt général, et la société a le droit d'exiger des garanties de solvabilité morale de la part de ceux qui gèrent ses affaires.

Lorsque le fonctionnaire est un instituteur, la moralité constitue l'essence même de l'aptitude professionnelle. Puissent les considérations suivantes se graver profondément dans les consciences !

II

LA MORALITÉ, DEVOIR PROFESSIONNEL POUR L'INSTITUTEUR

L'enfant occupe une grande place dans la famille. Toutes les affections, toutes les sollicitudes se concentrent sur lui. Il est cet être charmant auquel les parents tiennent plus qu'à leur vie et pour qui ils dépensent sans compter.

Eh bien ! viendra un moment où le père et la mère devront s'en séparer plus ou moins complètement, pour lui faire donner cette partie de l'éducation qui ne peut être acquise dans la maison paternelle, un moment où ils devront en quelque sorte déposer entre les mains d'autrui leur autorité et leur amour. Ne faut-il pas que celui qu'ils vont ainsi substituer à leur action directrice possède toute leur confiance? S'ils appartenaient à la classe fortunée, ils choisiraient eux-mêmes le précepteur de leur enfant. Au besoin, ils iraient le chercher très loin. Mais cette faculté n'appartient qu'à un petit nombre de privilégiés. La grande masse de notre population scolaire est comprise dans la classe des travailleurs, qui doivent utiliser les moyens d'instruction mis sur place à leur portée, qui y sont même obligés par la loi. Or, voyez-vous quelle torture morale on infligerait à des parents, en les contraignant de confier leurs fils à un maître qui n'aurait pas, qui ne pourrait pas avoir leur estime? Aussi la nation qui a inscrit dans ses codes le principe de l'obligation scolaire a-t-elle pris toutes les précautions possibles pour former de bons instituteurs et leur recommande-t-elle, par dessus tout, une conduite honorable.

Passons à un autre motif qui n'est d'ailleurs pas sans rapports directs avec le précédent.

L'instituteur n'est pas seulement chargé d'instruire ses élèves; il doit aussi les *élever*, c'est-à-dire favoriser en eux l'éclosion des facultés qui président à la formation des habitudes et des bonnes mœurs. Il est même, de par la loi, *professeur de morale*. Or qui ne sait, étant donné le penchant naturel des enfants à l'imitation, que le meilleur des enseignements est l'exemple, et que la morale serait profanée par la bouche d'un maître dont les paroles seraient en désaccord avec les actions?

« Pour l'instituteur, donner le bon exemple, dit M. Cazes, inspecteur d'Académie, c'est mettre sa conduite publique et privée en harmonie avec les préceptes qu'il donne en classe, avec les principes et les bonnes habitudes qu'il essaye d'inculquer à ses élèves. Le maître qui, par sa conduite, justifierait cette parole : *faites ce que je dis et ne faites pas ce que je fais*, serait indigne de parler à la jeunesse.

« Celui qui enseigne la morale autrement que du bout des lèvres, a qualité pour apprendre le respect d'autrui, parce qu'il est lui-même respectueux; la tempérance, parce qu'il est sobre; la bienveillance, parce qu'il n'a pas pour système de tourner en ridicule ou de haïr; la douceur et la politesse des manières, parce qu'il sent tout le prix de ces qualités précieuses, qui engendrent la sympathie et rendent les rapports faciles et aimables [1]. »

Enfin, pour réussir dans une école, il faut exercer sur les enfants, non point une autorité qui n'excite

---

(1) *Bulletin des Bouches-du-Rhône*, janvier 1888.

guère que la crainte, mais l'ascendant moral qui s'attache au mérite, inspire le respect et entraîne la soumission volontaire des cœurs et des esprits. Voici encore sur ce point une remarque judicieuse de M. Cazes : « Il ne suffit pas d'être instituteur pour être investi de l'autorité morale. Elle n'est pas acquise à l'ancienneté des services, pas plus qu'elle n'est interdite aux débutants. J'ai toujours constaté que ceux qui la possédaient le mieux pour le plus grand bien de leurs fonctions, étaient irréprochables dans leur vie privée, professionnelle et publique, et donnaient toujours le bon exemple ».

La conclusion de ce qui précède est facile à formuler. Une conduite exemplaire est le devoir par excellence de l'instituteur. Il veillera sur lui-même pour éviter non seulement les graves fautes, mais encore les peccadilles jugées légères chez les autres. Il faudra prévenir jusqu'aux apparences.

III.

RÈGLES DE CONDUITE

Comment l'instituteur, jeune, libre, exposé à bien des séductions, parviendra-t-il à conserver l'honneur et la pureté de sa vie ?

Il faut d'abord que l'idée de ce devoir de dignité personnelle se présente vive et nette à sa conscience. C'est à quoi tendent nos réflexions et nos conseils. Il faut encore avoir le courage de se débarrasser de certains préjugés fort préjudiciables à la moralité, comme ceux-ci : le jeune homme n'est pas au même point que la jeune fille tenu à une conduite réservée ; ce serait d'ailleurs lui demander l'impossible ; il se rendrait ridicule, etc. Tous ces dires sont contraires au bon sens, à la morale, à la vérité.

Les bonnes dispositions aidant, la volonté ne tardera pas à s'aguerrir dans la lutte contre les passions.

Pourtant, comme il n'est pas toujours donné à l'homme d'être un héros, ni au même homme de l'être constamment, la prudence est nécessaire. Mieux vaut prévenir les dangers que d'aller au devant d'eux pour les combattre. Voici, à cet égard, quelques préceptes :

— L'instituteur sera sévère pour lui-même ; il s'interdira toute licence vénielle, qui, en éveillant l'imagination, en émoustillant les passions endormies, le mettraient sur la pente des désordres graves.

— Il ne se répandra point au dehors ; il aimera son chez soi, et livrera son existence au travail, qui est le moralisateur par excellence. Après avoir préparé et dirigé ses classes avec le sérieux et la conscience du bon maître, il entreprendra d'autres travaux, dont nous parlerons plus loin. Alors les séductions étrangères auront peu de prises sur lui.

— Les distractions nécessaires, qui viendront reposer et embellir sa vie, seront empreintes de sa délicatesse habituelle. Au lieu de se livrer aux plaisirs vulgaires, il fera des promenades et des explorations dans la belle campagne, ou bien il s'adonnera aux travaux manuels, tels que le jardinage, le tournage et la menuiserie ; ou bien encore il fera des lectures récréatives, s'adonnera au dessin et à la musique. Ces derniers talents, ébauchés à l'école normale, perfectionnés ensuite par une pratique assidue, épurent les goûts et donnent un cachet distingué. Ils permettent, en outre, au jeune instituteur de se créer des relations agréables, et peut-être avantageuses pour son avenir.

Par là nous sommes conduits à une dernière considération.

Tout en recommandant la retraite à l'instituteur, nous ne prétendons pas le réduire à la condition de l'ermite. Nous trouvons bon qu'il ait, en dehors de ses rapports officiels, des relations amicales avec un petit nombre de personnes estimables, partageant ses goûts. Il distinguera celles-ci parmi les autres, en y mettant de la prudence et en évitant la précipitation. Mieux vaudrait certes vivre isolé que d'entrer en commerce avec des personnes compromettantes ou simplement importunes.

En général, le jeune instituteur fera bien de rechercher la société des personnes plus instruites et plus âgées que lui. Ce sujet me remet en mémoire les premières années de ma carrière. J'étais, dès l'âge de dix-huit ans, seul à la tête d'une petite école de campagne. Je fis connaissance avec les collègues du voisinage. Les uns étaient jeunes et légers; les autres avaient acquis déjà de la gravité et de l'expérience. Eh bien! les premiers, malgré leurs qualités aimables, devenues depuis qualités sérieuses, m'auraient entraîné dans des folies déplorables, si je n'avais été retenu par les seconds. L'un d'eux surtout, presque un vieillard, avait eu plus spécialement le don de m'attirer. Il avait un esprit exceptionnellement cultivé, et discourait volontiers, mais sans pédantisme, sur les lettres, les arts et la pédagogie. J'avais grand plaisir à aller l'entretenir les jours de congé. Quand il faisait beau, nous nous rendions dans son jardin, et là, parmi les fleurs et les parfums, s'engageait une conversation pleine de charme, qui se prolongeait parfois très tard, à la clarté des étoiles. Cet excellent homme a exercé sur ma jeunesse une influence plus décisive peut-être que bien des livres et bien des conférences.

RÉSUMÉ

I. — L'opinion publique contrôle rigoureusement la conduite de l'instituteur, et se montre très susceptible à son égard. Pourquoi cette susceptibilité est légitime.

II. — Les bonnes mœurs s'imposent à l'instituteur comme devoir envers lui-même et surtout comme devoir social.

1° Il doit inspirer de la confiance aux familles. Pour quelles raisons l'obligation scolaire lui en fait un devoir impérieux;

2° L'instituteur est *éducateur*, et de plus, *professeur de morale*. L'exemple est le meilleur des enseignements, et les actes de l'instituteur ne doivent point démentir ses paroles;

3° L'autorité de l'instituteur dépendra en grande partie de sa valeur morale.

III. — Préceptes de conduite : être sévère pour soi et savoir se commander; avoir des habitudes sédentaires et se moraliser par le travail; se procurer des distractions intelligentes et de bon goût; être prudent dans ses relations et dans le choix de ses amis.

VINGT-TROISIÈME LEÇON

CONDUITE PRIVÉE DE L'INSTITUTEUR (suite)

SOMMAIRE. — I. Séductions auxquelles le jeune instituteur est exposé. — II. Réserve imposée par la décence et l'honnêteté. — III. Respect de la jeune fille.

I

SÉDUCTIONS AUXQUELLES LE JEUNE INSTITUTEUR EST EXPOSÉ

Fénelon a dit, en parlant du rôle social des femmes, qu' « elles ont la principale part aux bonnes et aux mauvaises mœurs du monde », et il a ajouté : « les désordres des hommes viennent souvent de la mauvaise éducation qu'ils ont reçue de leur mère et des passions que d'autres femmes leur ont inspirées dans un âge plus avancé [1] ». Il en conclut qu'on ne saurait accorder trop de soins à l'éducation de la jeune fille. Nous en tirerons, nous, cette autre conséquence : il y a lieu, dans un cours d'éducation à l'usage des jeunes gens, de traiter la question de leurs devoirs à l'égard de l'autre sexe. La vie sociale amène des rapports qui peuvent adoucir les manières et épurer les sentiments du jeune homme, mais qui peuvent aussi faire naître plus d'un danger. L'opportunité de conseils précis sur cette matière

1. *Éducation des filles*, chap. 1er. Édition Compayré. Librairie A. Picard et Kaan.

délicate est plus grande encore quand il s'agit de l'instituteur, d'abord pour les raisons données dans le précédent entretien, ensuite parce que l'instituteur nous paraît plus exposé que beaucoup d'autres.

Après avoir été tenu en tutelle dans sa famille et à l'école normale, le voilà tout d'un coup seul et libre, à l'âge où les passions commencent à parler. Il n'a pas eu encore à lutter, à éprouver sa force de résistance aux entraînements du cœur et des sens. Saura-t-il non seulement réprimer ses désirs qui le feraient se porter au devant de la tentation, mais encore résister aux séductions dont il sera entouré ? Car il n'y a nulle fanfaronnade à faire cette remarque : l'instituteur a des habitudes et des goûts moins vulgaires que ceux des autres garçons du village ; de plus, celle qu'il épousera se trouvera, selon toute apparence, dans une condition supérieure à l'existence de simple paysanne. Or, cette perspective est de nature à produire de l'impression sur les jeunes filles, et celles-ci, avec autant d'innocence que de coquetterie, parviendront aussi sans grand peine à troubler ce cœur novice.

Sans doute, il devra un jour choisir une compagne ; mais le moment n'est pas venu. Toute liaison prématurée ne peut que lui être funeste, à supposer qu'il sache se surveiller assez pour ne point tomber dans le désordre. Le jeune homme dont le cœur et l'imagination sont agités est dans un état de fièvre perpétuelle : les désirs non satisfaits, les contraintes obligées, les doutes, les appréhensions diverses qui se mêlent à la passion, tout cela le tourmente et le rend incapable de s'appliquer aux choses sérieuses. Lorsque, au contraire, il sait demeurer maître de lui et prévenir les causes de trouble, il mène une existence calme et ne dépense pas follement des trésors de sensibilité. Quand vient le jour où son cœur a le droit de parler, il rencontre un autre cœur digne de lui; une entente s'établit sous l'égide des parents, et, en attendant le jour qui consacrera l'union à laquelle tous les deux aspirent, une douce quiétude, une confiance mutuelle remplace chez les fiancés la fièvre et les angoisses de la folle passion. L'amour devient alors un aiguillon, car le jeune homme veut mériter sa compagne par ses qualités morales, et il veut aussi conquérir pour elle plus encore que pour lui-même, une honorable place au soleil.

Une réserve absolue est donc imposée au stagiaire. Nous avons déjà indiqué à cet égard les meilleurs préservatifs. Il nous reste à compléter nos recommandations.

II

RÉSERVE IMPOSÉE PAR LA DÉCENCE ET L'HONNÊTETÉ

Nous nous garderons bien de porter un jugement sur la moralité comparée des gens du peuple et des gens du monde. Ceux-ci montrent plus de décence, mais leurs dehors corrects dissimulent parfois une corruption profonde; les autres, au contraire, peuvent avoir un fond d'honnêteté sous des manières choquantes. Il est certain pourtant que la jeune personne de condition aisée, protégée par son éducation, par la surveillance constante de ses parents, est infiniment moins exposée que la fille du prolétaire, qui n'a guère que ses sentiments naturels pour la guider dans le chemin du devoir; qui est trop souvent confiée à sa propre garde; qui est même quelquefois obligée d'aller seule, hors de sa famille, gagner son pain; qui, enfin, est si fréquemment l'objet des convoitises du riche dissolu et sans scrupules.

A défaut de principes, on aurait encore, dans le monde, une garantie dans la susceptibilité ombrageuse que l'on témoigne en tout ce qui touche la vertu des femmes; une ombre de soupçon suffit pour compromettre l'avenir d'une jeune personne. Chez le peuple, on y regarde d'un peu moins près, et quelques jeunes filles croient pouvoir, sans que cela tire à conséquence, accorder aux jeunes gens certaines privautés; ceux-ci en usent avec un abandon qui confine souvent à la grossièreté. Heureux encore lorsque ce laisser-aller n'est pas le prélude d'autres excès !

Voilà les mœurs de la jeunesse que l'instituteur coudoiera chaque jour. Comme il est lui-même issu du peuple, il est de longue date averti; ces habitudes se sont déroulées sous ses yeux d'enfant, et ont pu émousser sa susceptibilité. Or, nous exprimons de nouveau ici la crainte de le voir, une fois retourné à son ancien milieu, céder à ces fâcheux exemples, si contraires à son caractère d'éducateur. Combien nous désirons que l'éducation imprime chez l'élève-maître un cachet d'honnêteté et de finesse tel que toute grossièreté lui répugne et devienne pour lui sans danger!

Nous ne négligerons aucun moyen de le convaincre et de le toucher. Après avoir invoqué les devoirs personnels et professionnels qui réclament de lui une conduite exemplaire, il sera bon aussi de mettre sous ses yeux les devoirs de justice, de respect, de bonté délicate et généreuse, que l'homme bien élevé pratique envers la femme.

III

RESPECT DE LA JEUNE FILLE

Nous n'avons pas un seul instant supposé l'instituteur capable de se compromettre auprès d'une femme perdue; nous ne l'avons pas davantage cru capable de tendre des pièges à l'innocence. Ces fautes sont tellement graves, qu'il vaut mieux les passer sous silence et admettre que dans le corps enseignant il se rencontrera peu de sujets assez indélicats pour en charger leur conscience. Mais, sans se rendre aussi coupable, il arrivera au jeune homme de commettre de véritables injustices et de causer des malheurs, simplement pour avoir voulu se divertir, satisfaire une triste vanité, céder à un penchant inexcusable! Nous voulons combattre ici cette *flirtation* (puisque ce mot anglais est passé dans le langage) à laquelle des jeunes gens, qui n'ont pas l'intention de s'établir, se livrent pour leur agrément, ou sous prétexte de rendre hommage à la grâce et à la beauté. Ces hommages sont une insulte, ou tout au moins un jeu cruel.

Le jeune homme est sûr de lui-même et a bien soin de ne pas s'engager à fond; mais est-il aussi sûr des sentiments qu'il provoque chez une autre personne? De quel droit va-t-il par sa légèreté et ses imprudences, attirer sur elle une attention malveillante, et peut-être empêcher son établissement? Pourquoi troubler le calme de son âme, éveiller son imagination et sa sensibilité, faire naître des espérances qu'il n'a pas l'intention de réaliser? Agir ainsi, c'est faire acte d'indélicatesse, presque de méchanceté. Combien il serait plus honnête et plus généreux de partager les scrupules de Silvio Pellico, et de pratiquer les conseils émus qu'il donne en une circonstance analogue !

« Rien de plus délicat, dit-il, que l'innocence et la réputation d'une jeune fille : ne vous permettez avec aucune la plus légère liberté de manières ou de paroles qui puisse en rien ternir ses pensées, ni troubler en rien son cœur. Ne vous permettez en parlant à une jeune fille, ni loin d'elle, aucun mot qui puisse faire supposer en elle une âme légère et facile à se passionner. La plus faible apparence suffit pour ravir l'honneur d'une jeune fille, éveiller contre elle la calomnie et lui faire peut-être manquer un mariage qui l'aurait rendue heureuse.

« Si vous vous sentez épris d'amour pour une jeune fille, et que vous ne puissiez aspirer à sa main, ne laissez point paraître votre flamme ; cachez-la plutôt avec toute espèce de soin. Sachant qu'elle est aimée, elle pourrait s'émouvoir à son tour, et devenir ainsi victime d'une passion malheureuse.

« Si vous vous apercevez avoir inspiré de l'amour à une jeune fille que vous ne vouliez ou puissiez épouser, ayez une égale considération pour son repos et pour sa position : cessez entièrement de la voir. Se complaire dans l'idée qu'on a excité dans le cœur d'une pauvre innocente une passion qui ne peut produire que la douleur et la honte, est la plus coupable des vanités [1]. »

Il faudrait être dépravé et ce n'est pas le cas de l'instituteur, pour n'être point touché par ces considérations. Elles contribueront à donner de la correction et de la dignité à sa vie et à le préserver de

---

1. *Des devoirs des hommes,* édition Garnier frères.

ces lourdes chutes, de ces douloureuses responsabilités qui peuvent pour toujours empoisonner une existence !

RÉSUMÉ

I. — Nécessité d'une conversation sur les rapports des jeunes gens avec les jeunes personnes. Séductions auxquelles l'instituteur est exposé.
II. — Manières libres dans la classe populaire dont l'instituteur devra se préserver.
III. — Respect de la jeune fille. Diverses formes de ce respect. Conseils de Silvio Pellico.

VINGT-QUATRIÈME LEÇON

RAPPORTS DE L'INSTITUTEUR ADJOINT AVEC SON TITULAIRE

Sommaire. — I. Respect de l'autorité.— II. Devoirs de l'instituteur adjoint. — III. Conduite à tenir dans les cas difficiles.

I

RESPECT DE L'AUTORITÉ

Un élément essentiel de l'ordre social, c'est le respect des autorités légitimement établies. Ce respect est d'autant plus nécessaire que les institutions sont plus démocratiques et libérales. Montesquieu l'a fort bien démontré, et nous n'avons pas à répéter ses arguments. Seulement il est bon de rappeler ce devoir civique à une époque où il est méconnu par beaucoup de consciences troublées ou passionnées. Lorsqu'une nation a conquis des libertés, elle ne sait pas tout d'abord en user avec mesure ; ce n'est qu'après s'y être accoutumée qu'elle en use avec modération et équité. Or, nous en sommes encore à l'abus sur plus d'un point, et le pays, en attendant sa complète éducation, peut courir des dangers, perdre même quelques-unes de ses conquêtes. M. Vessiot a jeté le cri d'alarme dans son excellent livre : l'*Éducation à l'école*. Il consacre tout un chapitre [1] à constater l'affaiblissement général du respect, à en expliquer les causes et à indiquer comment, par l'action de l'instituteur sur ses élèves, ce sentiment peut être ranimé dans les cœurs et se traduire par de bonnes habitudes sociales. Un des grands moyens, c'est l'exemple. Que l'instituteur soit lui-même un modèle de respect à l'égard de tous les représentants de l'autorité, à commencer par ses chefs naturels.

Nous allons parler des rapports de l'instituteur adjoint avec le titulaire de l'école à laquelle il est attaché.

L'adjoint n'est plus cet auxiliaire subalterne aux gages d'un instituteur, qui pouvait disposer de lui arbitrairement. Il n'est même plus le sous-maître de la loi de 1850, qui recevait sa nomination de son titulaire et pouvait être révoqué dans la même forme, le tout, il est vrai, avec l'agrément des autorités départementales. Il est devenu un fonctionnaire investi de sa mission par l'Inspecteur d'Académie ; d'abord stagiaire, il peut, tout en

---

[1] Chapitre X. — *Sentiments à ranimer*.

demeurant adjoint, recevoir une nomination préfectorale de titulaire. La loi prévoit certaines garanties pour sa sécurité ; mais elle n'a pas prétendu l'affranchir d'une subordination indispensable. Il reste sous l'autorité immédiate d'un directeur d'école, responsable de tout ce qui se fait dans l'école. L'organisation des études, l'interprétation des programmes, les mesures concernant la discipline, appartiennent exclusivement au directeur, sous le contrôle de l'autorité universitaire, et les adjoints, comme les élèves, ont le devoir de se conformer aux règles établies, tout comme le titulaire a le devoir d'en surveiller l'exécution chez ses collaborateurs.

Il est même tenu de fournir périodiquement des notes sur le caractère et les aptitudes de chacun d'eux. Si nous ne craignions de rabaisser la question au niveau de la morale utilitaire, nous rappellerions que ces notes qui vont grossir le dossier du jeune instituteur, exerceront une grande influence sur son avenir, et que la simple prudence l'invite à bien remplir ses devoirs ; mais nous aimons mieux qu'il s'inspire de sentiments plus élevés.

Nous allons passer en revue les principales obligations de l'instituteur adjoint, et montrer dans quel esprit elles devront être accomplies.

II

DEVOIRS DE L'INSTITUTEUR ADJOINT

La qualité primordiale est l'esprit de *soumission* à l'égard de l'autorité légitime. Le stagiaire mettra son honneur à maintenir l'accord entre sa volonté et ses devoirs, particulièrement celui d'obéissance. Mais cette soumission ne sera pas seulement extérieure ; elle sera consentie par le cœur, et fortifiée par des sentiments justes, tels que la *modestie*. Le débutant comprendra que son savoir est petit et son expérience faible. Il s'estimera heureux de recevoir les conseils de son titulaire : les directeurs de nos grandes écoles ont fait leurs preuves ; ce sont des hommes de devoir, de grand sens, et souvent des éducateurs de mérite. Admettons que le normalien soit appelé auprès d'un vieux maître épuisé par de longues années de service, dont l'instruction n'aurait pas été aussi développée que celle des instituteurs d'aujourd'hui ; son auxiliaire ne se prévaudra pas de son apparente supériorité et il n'en sera ni moins respectueux ni moins docile à l'égard d'un vétéran, qui a quand même sur lui un incontestable avantage : celui de l'expérience.

D'ailleurs un homme plein de lui-même est réfractaire au progrès ; il n'est pas disposé à subir l'influence de ceux qui sont plus sages que lui, parce qu'il se trouve déjà parfait, ou au moins supérieur aux autres. M. Spuller ajoute : « Un instituteur qui croit ne relever que de son propre jugement ne peut pas prétendre au rôle d'éducateur [1]. »

Nous demandons ensuite à l'adjoint l'exactitude et la ponctualité. C'est, en effet, l'un des plus sûrs moyens d'obtenir l'ordre, la discipline et les progrès. D'autre part, le titulaire confiant dans l'assiduité et la vigilance de ses auxiliaires, peut s'adonner aux parties sérieuses et élevées de son œuvre. Il n'en est pas sans cesse détourné par les préoccupations et les tracasseries qui absorbent un chef sans grand profit.

---

[1]. Discours prononcé au banquet de l'Association des anciens élèves de l'école normale d'instituteurs de la Seine. (*Revue pédagogique,* décembre 1887).

A l'*assiduité* il faut joindre le *dévouement*, c'est-à-dire l'adhésion complète de l'âme à la tâche entreprise, afin de ne point ressembler au mercenaire, qui travaille sans chaleur ni conviction, et qui, arrivé à la fin de sa consigne, s'échappe sans plus se soucier de la besogne abandonnée. Le maître vraiment zélé s'intéresse au contraire à tout ce qu'il fait. Il veut que tout marche bien chez lui, et s'ingénie à trouver les meilleurs moyens de réussite. Il y pense partout, à l'école, dans sa chambre d'études, pendant les promenades. Il en cause volontiers avec ses collègues. En un mot, ses pensées et ses sentiments semblent n'avoir qu'un objectif, le *devoir professionnel*.

Mieux que cela, l'adjoint, tel que nous le désirons, ne s'intéresse pas seulement à sa propre classe; il s'identifie à l'école tout entière. Il en poursuit la prospérité et se réjouit de ses succès, auraient-ils été obtenus par d'autres que par lui. Il se considère comme l'associé de son chef et de ses collègues. Ainsi se réalisera cette union belle et féconde, cette unité de vue et de moyens d'action qui impose aux enfants le respect et la confiance. Il faut reconnaître aussi que, dans ces conditions, les relations de chef à subordonné sont agréables et la vie en commun heureuse.

Pour arriver à cette précieuse entente, il faut, outre le zèle, le sentiment de solidarité et de confraternité qui amène des concessions réciproques et des dispositions à se rendre mutuellement service. C'est pourquoi nous demanderons encore au jeune maître de se montrer *serviable*. Il ne marchandera ni son temps ni sa peine, même au delà de son devoir strict, dès qu'il s'agira d'être utile à ses élèves, à ses collègues et à son chef. Quand autrefois nous faisions des inspections, nous avons souvent constaté avec plaisir la complaisance de tel adjoint qui, voyant son titulaire accablé de travaux, mettait de l'empressement à lui offrir son aide ; nous remarquions aussi que ce bon procédé provoquait une réciprocité dont l'adjoint n'avait ensuite qu'à se féliciter.

III

CONDUITE A TENIR DANS LES CAS DIFFICILES

Dans ce qui précède, nous avons supposé le cas le plus ordinaire, celui où l'adjoint rencontre un chef équitable. Mais il est prudent de prévoir l'exception. Le titulaire peut se montrer dur et capricieux ; les intentions du stagiaire peuvent être mal interprétées et ses services appréciés trop sévèrement ; on peut entretenir à son préjudice des abus, profiter de sa jeunesse timide et même de sa complaisance, pour exiger de lui au delà des règlements et de ses forces. Or, autant le dévouement offert spontanément, ou demandé de bonne grâce, coûte peu, autant il devient amer lorsqu'il est réclamé comme un droit.

Quelle sera, dans ces circonstances difficiles, la conduite du jeune instituteur ?

Nous l'engagerons d'abord à prendre garde à commettre des méprises. La sévérité n'est pas nécessairement injuste ; elle peut s'inspirer du plus pur amour du devoir. Elle peut tenir aussi à l'éducation reçue jadis par le titulaire. Nous avons vu que le régime des écoles normales a été singulièrement adouci, et que la façon de diriger les élèves-maîtres n'est plus étroite et entachée de défiance. Mais le vieux maître n'a peut-être pas remarqué cette modification ; il se peut qu'il traite cavalièrement ses subordonnés comme il a été traité lui-même. Ce serait une véritable supériorité de la part de l'adjoint de savoir s'en rendre compte et ne pas s'en froisser. Les difficultés peuvent tenir uniquement au caractère des personnes, et nullement à leurs intentions. Nous dirons au stagiaire de travailler à l'amélioration du sien, et d'apprendre à supporter celui des autres. Tel est en substance le conseil que donne Nicole dans le fameux Traité *sur les moyens de conserver la paix parmi les hommes*, dont Mme de Sévigné aurait voulu faire un « bouillon, » pour l'envoyer à sa fille, « Le désaccord entre les hommes provient, dit-il, de ce qu'on les blessant on les porte à se séparer de nous, et de ce qu'étant blessés nous venons nous-mêmes à nous éloigner d'eux. Donc l'unique moyen d'éviter ces divisions, c'est de ne point blesser les hommes et de ne pas s'en sentir blessés. » Une concession faite à propos, une précaution prise en temps opportun, sans qu'il en coûte rien à l'amour-propre ou au moins à la dignité, peuvent prévenir des orages, provoquer quelque reconnaissance de la part de celui qui a la perception de ses défauts, et amener à la longue une confiance qui finisse par rendre les rapports agréables.

Néanmoins il faut prévoir encore le cas très rare où l'adjoint aurait à souffrir un évident déni de justice. Alors nous lui recommanderons de se défendre avec calme et modération, mais aussi avec cette fermeté et cette assurance que donne la conscience de son droit. Il ne se départira jamais du respect qu'il doit garder, et des scènes scandaleuses ne se produiront jamais par sa faute. La réserve prudente et digne, la victoire qu'il aura remportée sur lui-même, lui donneront une singulière force ; et si l'inspecteur intervient ensuite, il ne se produira pas ce fait regrettable, très souvent constaté dans les enquêtes :

l'accusé ayant de bonnes raisons à faire valoir, et néanmoins compromis par la façon incorrecte dont il les a défendues.

Après avoir conseillé le respect et la modération, nous demanderons la *loyauté*. Il ne faut point imiter les procédés hypocrites de celui qui discrédite sourdement son chef en lui suscitant des embarras, en le desservant auprès des autres autorités, en se faisant à son détriment une popularité de mauvais aloi. Cette vilaine conduite est cent fois plus coupable que les torts que l'on prétend venger!

En dernier ressort, après avoir épuisé tous les moyens ordinaires de défense et de conciliation, il faut, sans mystère, en appeler à la justice des chefs universitaires et s'en remettre à leur jugement. Ceux-ci sauront aplanir les difficultés, dissiper les malentendus et protéger les faibles. Si le remède ne peut être appliqué sur place, si quelque sérieux intérêt de service est en jeu, l'adjoint sera peut-être envoyé dans une autre école; mais alors le changement n'aura aucun caractère fâcheux pour lui.

RÉSUMÉ

I. — Respect de l'autorité nécessaire à l'ordre social. Ce sentiment a besoin d'être ranimé. Action de l'instituteur. Enseignement par le précepte et surtout par l'exemple.

II. — Devoirs de l'adjoint à l'égard du directeur de son école. Dans quel esprit ces devoirs seront remplis. Soumission digne ; modestie, assiduité, dévouement. Ne point agir en mercenaire. S'intéresser à l'œuvre commune. Aimer à rendre service. Les bons procédés amèneront la réciproque.

III. — Conduite à tenir dans les cas rares où l'adjoint ne rencontrerait pas de la justice et de la bienveillance. D'abord ne pas se montrer susceptible; examiner les causes d'une sévérité qui peut n'être pas malveillante. Ensuite demeurer respectueux et modéré; éviter les conflits et garder le droit pour soi. Ne pas employer des moyens de défense cachés et déloyaux. Au besoin, recourir à la protection des chefs universitaires.

VINGT-CINQUIÈME LEÇON

RAPPORTS DE L'INSTITUTEUR AVEC SES CHEFS UNIVERSITAIRES

Sommaire. — I. Les autorités universitaires. Leurs attributions. — II. L'inspection des écoles. — III. Qualités qu'il faut apporter dans les rapports avec les chefs. — IV. Correspondance administrative. Respect des règles hiérarchiques.

I

LES AUTORITÉS UNIVERSITAIRES — LEURS ATTRIBUTIONS

Autrefois les petites écoles des campagnes et des villes étaient placées, comme les autres établissements d'instruction, sous l'autorité directe et exclusive des pouvoirs ecclésiastiques. Le maître d'école recevait de l'évêque l'autorisation d'enseigner; il avait pour chef immédiat le curé de la paroisse. Plus tard l'école devint communale et l'instituteur releva à la fois du maire et du curé. Plus tard encore on comprit que les écoles primaires ne devaient pas être abandonnées à une simple direction locale, mais qu'il fallait leur donner une organisation, des méthodes et des programmes plus uniformes que par le passé. A côté et au-dessus des autorités municipales et ecclésiastiques, on créa des comités chargés de la surveillance et de l'inspection des écoles. C'était devant ces comités que l'instituteur devait justifier de ses connaissances et répondre de sa conduite. Les comités eux-mêmes recevaient des autorités universitaires leurs pouvoirs et leurs instructions. Enfin, sous l'empire de la loi de 1833, les écoles se multiplièrent et prirent une importance inconnue jusqu'alors. Les comités ne furent plus suffisants pour régler ce grand mouvement en faveur de l'éducation populaire. M. Guizot créa le corps des inspecteurs primaires. Les inspecteurs furent chargés de porter partout les ordres du pouvoir central, ainsi que des directions pédagogiques. Ils furent chargés aussi d'instruire sur place toutes les questions scolaires. Les événements ont prouvé que cette création était heureuse ; elle a traversé tous les régimes en s'affermissant constamment par les services rendus.

Depuis 1833, la concentration en matière scolaire s'est faite de plus en plus ; l'enseignement primaire est devenu un service national au même titre que les autres ordres d'enseignement. Il ne s'est pas, pour cela, détaché de la commune. Le maire reste une autorité respectée dans l'école. Les délégués cantonaux choisis parmi les notables, sont aussi les représentants des intérêts locaux. On les consulte sur les besoins des écoles, sur la situation morale des instituteurs, et leurs avis sont pris en sérieuse considération.

En dehors de ces autorités et de l'autorité administrative représentée par le préfet et les sous-préfets, la loi du 30 octobre 1886 établit comme chefs universitaires de l'enseignement primaire : 1° les inspecteurs généraux; 2° les recteurs; 3° les inspecteurs d'académie; 4° les inspecteurs primaires.

L'instituteur ne sera pas souvent en relation directe avec les hauts fonctionnaires des trois premières catégories, qui se doivent surtout aux grands établissements d'instruction et ne peuvent visiter qu'un petit nombre d'écoles ordinaires. Leur mission n'est pas d'ailleurs tout entière dans l'inspection : ils administrent et traitent des affaires très diverses et très importantes; ils règlent les programmes, inspirent les méthodes, dirigent et contrôlent les examens, etc. Dans cette double tâche d'administrateurs et de magistrats de l'enseignement, ils sont secondés par les inspecteurs primaires, véritables *missi dominici*, qui sont en rapport immédiat avec l'instituteur. Parmi leurs nombreuses attributions, celles auxquelles ils tiennent assurément le plus, sont la visite des écoles et aussi la protection des instituteurs.

Pénétrons avec l'inspecteur primaire dans la classe d'un maître qui a fait ses preuves de dévouement et de capacité. L'inspecteur connaît déjà la physionomie de l'école et son caractère propre. Ce n'est point un contrôle qu'il va exercer; mais, par ses causeries et ses interrogations, par l'intérêt qu'il témoigne aux travaux des élèves, il les stimule et sanctionne ainsi les efforts de l'instituteur. Ensuite, comme en matière d'éducation, il y a toujours des perfectionnements à réaliser, des questions nouvelles à examiner, c'est avec ses meilleurs maîtres que l'inspecteur s'en ouvre d'abord. Il fait appel à leurs lumières et à leur bonne volonté; il leur demande de faire des expériences, et, à son passage dans leurs écoles, il en recueille les résultats. Les problèmes les plus délicats sont ainsi étudiés et quelquefois résolus dans une collaboration aussi agréable que féconde.

L'action de l'inspecteur est sensiblement différente auprès d'un jeune maître. Celui-ci a plus d'un progrès à accomplir; il a besoin d'être conseillé. L'inspecteur, au lieu d'interroger constamment les élèves, assiste volontiers aux leçons en spectateur silencieux, mais attentif. Après quoi, on le voit diriger lui-même les exercices, reprendre la leçon qui vient d'être exposée, et la refaire sur un plan et avec des procédés nouveaux, à moins qu'il ne choisisse, pour le développer, quelque sujet analogue. C'est ainsi, par l'exemple et par des allusions discrètes que se forme l'instituteur. L'inspecteur se réserve d'ailleurs, une fois les enfants partis, de lui communiquer ses impressions et de lui donner des conseils précis. Ces directions, motivées par des remarques prises sur le vif, sont pratiques et répondent bien aux besoins actuels de l'école et du maître. Elles sont en outre empreintes d'intérêt et de mansuétude, même quand l'instituteur a mérité des reproches; de sorte qu'après chaque inspection, il se sent plus éclairé, plus fort et mieux disposé à faire son devoir.

Les inspecteurs ont encore un autre rôle à l'égard des instituteurs. Lorsque l'un d'eux a, par exception, commis une faute, ils ont la pénible tâche de recueillir des renseignements et de proposer des répressions. Mais ils sont chargés aussi de défendre le maître injustement attaqué; ils ont également la mission plus agréable de faire ressortir les mérites des bons sujets, de réclamer pour eux de l'avancement et des récompenses.

C'est dans ces occasions que se montrent le zèle et l'attachement de l'inspecteur pour ses subordonnés. Lorsque ceux-ci ont failli, il est tenu à la sévérité; mais cette sévérité est équitable, elle recherche et met en lumière toutes les circonstances qui peuvent atténuer la faute et attirer l'indulgence. L'instituteur est-il injustement accusé? Est-il en butte aux cabales malveillantes, aux rancunes inspirées par l'esprit de parti? C'est alors que pour le défendre et le maintenir à un poste où il n'a pas démérité, l'inspecteur déploie toute son énergie. Il ne craint pas d'encourir lui-même l'animosité de personnages puissants, qui, égarés ou mal renseignés, mettent leur redoutable influence au service d'une mauvaise cause. C'est avec une véritable ardeur que les inspecteurs, réunis en comité, plaident la cause de leurs clients respectifs, quand il s'agit de dresser une liste de mérite ou de faire leurs propositions pour des récompenses honorifiques!

En notre qualité d'ancien inspecteur, et dans le courant de nos fonctions actuelles, nous avons été en relation avec un grand nombre d'inspecteurs, et nous pouvons affirmer que cette affection, cette profonde sympathie sont générales, que les instituteurs n'ont pas d'amis plus sincères ni de protecteurs plus sûrs que leurs chefs universitaires.

II

L'INSPECTION DES ÉCOLES

Nous n'aurons pas de peine à faire partager notre conviction. Loin de redouter la venue des supérieurs, on la souhaitera plutôt. Qu'on nous comprenne bien; nous ne demandons pas que l'instituteur voie venir les inspections avec légèreté et les tienne pour de simples formalités. Nous comprenons très bien, au contraire, que le meilleur maître soit ému à l'approche d'une inspection, s'inquiète de savoir si les élèves répondront à son attente, si tels procédés, récemment essayés, produiront les effets voulus. Cette émotion prouve que le maître est modeste, qu'il a le sentiment de ses obligations, et, sous une forme élevée, le respect de l'autorité. Mais il restera maître de lui, et ne perdra pas confiance : il a fait son devoir du mieux qu'il a pu, et il est convaincu que ses chefs lui en tiendront compte. Il s'attend à recevoir des observations et se prépare à en bien profiter. Quand on est seul en présence de son œuvre, on est exposé à des illusions ; l'inspection est, à cet égard, très salutaire ; elle ouvre les yeux, fait apercevoir les imperfections ; enseigne le moyen de les corriger.

Ce n'est pas le maître, tel que nous le concevons, qui aura jamais besoin des misérables précautions auxquelles a recours l'instituteur ordinairement négligent. Celui-ci a quelque raison d'appréhender la visite de son chef ; il est aux aguets. Le facteur ou ses collègues complaisants sont chargés de lui signaler la présence de l'inspecteur dans le pays. Alors seulement il s'aperçoit qu'il doit avoir ses registres au courant, qu'il doit préparer ses classes, corriger les compositions de ses élèves ; que la maison d'école doit être tenue en état de propreté, etc. Mais ces précautions sont inutiles ; ce n'est pas en quelques heures, ni même en quelques jours, qu'on peut former une bonne classe, tenir en haleine ses élèves et leur donner de saines habitudes en tout.

L'œil exercé de l'inspecteur démêlera vite les artifices employés pour mettre sa vigilance en défaut, et son jugement sera sévère pour un maître qui ajoute la mauvaise foi à l'incurie et à la paresse. Et puis, que doivent penser les élèves, témoins de ces agissements ? Quel triste exemple leur donne celui qui a pour mission de les instruire, et combien il s'amoindrit à leurs yeux !

L'instituteur honnête et zélé peut, par respect pour ses chefs, lorsqu'il attend leur visite, renouveler avec instance ses recommandations de chaque jour, et, de son côté, préparer avec un redoublement de soin sa tâche quotidienne. Mais il ne se permettra rien de plus : il est *toujours prêt* à recevoir ses chefs, et il a tout intérêt à se montrer au naturel !

III

QUALITÉS QU'IL FAUT APPORTER DANS LES RAPPORTS AVEC LES CHEFS

L'instituteur ne verra pas seulement ses chefs dans son école. Il peut avoir besoin, pour affaires scolaires ou personnelles, d'aller consulter son inspecteur primaire, et même l'inspecteur d'Académie.

Nous le prions, à propos de ces visites, de se conformer aux règles suivantes :

— Il ne fera pas de frais de voyage et n'ira pas déranger ses chefs pour un motif futile, ou pour une question qui serait facilement traitée par correspondance. Il ne se rendra pas importun par la multiplicité de ses visites. Cela ne veut pas dire que l'instituteur n'ira chez son inspecteur que pour affaires. Les visites de simple déférence ont aussi leur prix. Ainsi, un instituteur se trouve accidentellement dans la ville où réside son chef, il en profitera pour aller lui rendre visite.

— Il ne tombera pas dans le défaut des gens qui ont peu d'éducation, et, en revanche, beaucoup de loisirs. Quand ils sont dans le cabinet d'un homme occupé, ils s'y mettent à l'aise comme chez eux et prennent tout leur temps pour exposer l'objet de leur visite. Puis, quand ils ont fait et qu'on leur a répondu, ils continuent la conversation sans s'apercevoir que le chef de service auquel ils s'adressent est surchargé de travail et qu'ils lui enlèvent des moments précieux, sans s'apercevoir davantage que d'autres visiteurs attendent impatiemment leur tour d'audience. Il faut donc savoir se retirer, dès que l'objet de la visite est rempli, et ne pas attendre que la personne qui reçoit congédie le visiteur, ou lui annonce, par certains mouvements significatifs, que la visite a trop duré.

— Dans les rapports avec les chefs, il faut encore pratiquer la discrétion sous une autre forme. Ceux-ci n'ont pas à leur confier de secrets. Il y a néanmoins des circonstances où, dans l'intérêt du service, leur langage prendra un caractère plus confidentiel. L'instituteur aura le tact et le bon sens de ne s'en point prévaloir. Il se contentera des choses qu'on voudra bien lui dire, et ne cherchera point, par des questions insidieuses, à connaître ce qui n'est pas de sa compétence, pour se targuer ensuite, auprès de ses collègues, d'un crédit imaginaire.

— Enfin, si l'instituteur doit, en toute confiance, exposer à son inspecteur ses besoins, ses désirs, ses peines, cela veut bien dire aussi qu'il doit le faire avec une entière franchise. La dissimulation, les petites habiletés de l'intrigant, rusé plutôt que fin, peuvent gâter une excellente cause. Il est, en ce genre, une faute que nous tenons à signaler : un instituteur va trouver son chef pour une affaire très déterminée ; mais, au lieu de l'exposer tout de suite et clairement, il prend une foule de précautions et de chemins détournés ; il donne des motifs dont, au fond, il se soucie peu, et enfin il présente subrepticement sa requête comme chose accessoire. L'inspecteur, qui voit clair dans ce jeu, sourit intérieurement, et s'il ne coupe pas court à une diplomatie déplacée, c'est par pure bonté d'âme. Il y a aussi des maîtres qui désirent vivement une chose, par exemple un poste d'avancement ; mais au lieu de le dire franchement, et de manifester par avance leur contentement, quand ils voient leurs chefs disposés à les satisfaire, ils simulent l'indifférence, prennent des airs de sacrifice, et iraient volontiers jusqu'à dire que c'est pour *rendre service* à l'administration qu'ils se *résignent* à accepter. On croirait vraiment qu'ils prennent des précautions pour n'avoir pas à montrer de gratitude !

IV

CORRESPONDANCE ADMINISTRATIVE — RESPECT DES RÈGLES HIÉRARCHIQUES

Les mêmes qualités de franchise et de loyauté se retrouveront dans les relations par correspondance. Il y a, en outre, quelques autres règles à observer.

L'une des plus importantes est le *respect de la hiérarchie*. Nous voulons dire par là que l'instituteur n'écrira point à l'inspecteur d'académie en passant par dessus la tête de l'inspecteur primaire, et que le stagiaire adressera ses demandes d'abord à son chef immédiat, c'est-à-dire à son titulaire. Cette règle s'impose pour les affaires personnelles, aussi bien que pour les questions scolaires ; il faut l'observer même quand il y aurait un conflit à faire juger par l'autorité supérieure. Elle est motivée par d'excellentes raisons administratives : l'ordre, la bonne gestion des affaires et le principe de la responsabilité demandent que chaque fonctionnaire soit d'abord informé de tous les faits intéressant le service, qui se produisent dans l'étendue de son ressort, de sorte qu'il soit à même de les étudier, de donner son avis, au besoin de prendre certaines mesures urgentes. Mais la règle hiérarchique repose, en outre, sur des raisons morales de la plus haute importance. Celui qui cherche à s'y soustraire a le plus souvent une intention peu avouable. A-t-il une demande à formuler ? S'il craint de n'avoir pas l'appui de son chef immédiat, il essaye d'éviter l'obstacle. A-t-il rencontré auprès de son inspecteur primaire une désapprobation pour certain projet qu'il caresse ? Au lieu de se rendre aux bonnes raisons qui lui sont données, il s'adresse sournoisement aux supérieurs, leur présentant les choses à sa manière, dans l'espoir de surprendre leur religion. Que dire des attaques plus ou moins dissimulées, qui sont parfois dirigées contre un chef et à son insu ? Ces motifs, vous le voyez, sont absolument contraires au respect, à la confiance, à la franchise qui doivent exister à tous les degrés de la hiérarchie. Nous admettons fort bien qu'un subordonné en appelle d'une autorité à une autorité plus élevée, que même il veuille réclamer justice en haut lieu ; mais la loyauté demande que la partie intéressée soit informée et mise en situation d'expliquer son jugement et sa conduite.

D'ailleurs toutes ces pratiques condamnables tournent presque toujours à la confusion de ceux qui les emploient, attendu que le ministre, le recteur, l'inspecteur d'académie, ne prennent jamais une décision à l'égard d'un instituteur ou d'une affaire locale sans avoir l'avis des autorités intermédiaires. La première chose qu'ils font, en recevant une affaire en dehors de la voie hiérarchique, est de la retourner, précisément par ce chemin qu'on a voulu éviter, à la première autorité compétente. Le procédé indélicat reste pour compte à son auteur, et il n'aide pas à lui faire obtenir gain de cause.

Nous reconnaissons que ceux qui s'affranchissent de la règle hiérarchique n'ont pas toujours des intentions malveillantes. Quelquefois ils ne veulent que gagner du temps ; mais nous venons de voir qu'au lieu d'en gagner ils en perdent.

Avant d'abandonner ce point, nous ferons aussi remarquer que les supérieurs peuvent, dans des cas urgents, ou pour des raisons dont ils sont juges, s'adresser directement à un fonctionnaire inférieur. Il va sans dire qu'alors ce dernier n'est pas tenu de suivre la filière administrative ; il doit répondre directement au chef qui s'est adressé à lui.

Nous ne saurions trop recommander à l'instituteur de soigner sa correspondance. Il y a longtemps que l'on a dit : « les paroles s'envolent et les écrits restent. » Si, dans la conversation, on laisse échapper une parole hasardée, une expression impropre, cela est regrettable ; mais enfin, il n'en reste pas de trace matérielle. Au lieu que quand une lettre imprudemment conçue, ou mal construite, arrive aux mains d'un chef, elle reste un témoin à charge contre l'auteur, et nous savons, pour l'avoir maintes fois constaté, que la valeur d'un sujet est souvent jugée d'après sa correspondance.

Nous n'avons pas à faire ici un cours de style épistolaire : on vous a enseigné les préceptes du genre. Nous rappellerons seulement quelles qualités doivent caractériser le style administratif : l'ordre, la simplicité et la concision. Il faut aller tout de suite au but. Une longue lettre s'expose à n'être pas lue en entier. Les chefs sont surchargés de besogne, et, pour ménager leur temps, quand ils ont entre les mains une missive interminable, ils la parcourent des yeux, arrivent à l'objet essentiel, et s'en tiennent là. Les frais d'éloquence de l'intéressé sont en pure perte.

Autre point : les convenances demandent que l'inférieur n'écrive pas à son supérieur sur un papier quelconque, par exemple sur un papier de couleur ou de petit format. La feuille doit être blanche et, autant que possible, de format in-4° coquille double. Quand la lettre s'adresse au Ministre, il faut de plus grandes dimensions, celles du papier *ministre*.

Une qualité très appréciée encore dans la correspondance et les écritures administratives, c'est l'exactitude et la célérité.

Lorsque l'instituteur est invité à fournir un renseignement, il doit lire attentivement les dépêches pour les bien comprendre et répondre avec justesse aux questions posées. Cette recommandation semble puérile ; et pourtant, combien de fois l'inspecteur est obligé de refaire le travail d'un instituteur, ou de le jeter au panier, faute de pouvoir le mettre à profit !

La célérité n'est pas moins nécessaire. Il y a malheureusement des instituteurs négligents. Au lieu de répondre sans délais à une dépêche, ils remettent la chose à plus tard, l'oublient et se font adresser des lettres de rappel. Ils commettent une inconvenance et occasionnent parfois des embarras dont ils ne paraissent pas se douter. Par exemple, l'inspecteur est chargé de fournir des tableaux de statistique pour une époque déterminée. Il écrit d'abord à tout son personnel pour avoir les éléments de l'enquête, et, à mesure que les renseignements arrivent, il dresse les tableaux. Mais il ne pourra faire les totaux et tirer des conclusions que lorsque les tableaux seront complets. Or on comprendra aisément qu'il suffit d'un seul négligent pour arrêter tout le travail, et mettre l'inspecteur en défaut vis-à-vis de ses supérieurs. Si l'on appliquait des peines sévères aux retardataires, on n'aurait en vérité pas tort. L'instituteur, comme les hommes de bureau, devrait chaque jour « vider son portefeuille, » c'est-à-dire expédier immédiatement les affaires à mesure qu'elles se présentent.

Enfin nous recommanderons à l'instituteur de prendre lui-même souvent l'initiative de la correspondance avec ses chefs. Sans doute il ne faut pas écrire à tout propos et pour des riens. Mais dès qu'un incident un peu important se produit dans l'école, il faut en informer les autorités, au lieu d'attendre qu'elles en soient averties par la rumeur publique ou par la presse. Des intérêts graves peuvent être en jeu, et réclamer de promptes mesures.

De son cabinet, l'administrateur doit pour ainsi dire suivre sur tous les points le fonctionnement de son service; et, pour cela, il lui faut pouvoir compter sur le bon vouloir, la vigilance, la ponctualité et le dévouement de tous ses collaborateurs.

RÉSUMÉ

I. — Les inspecteurs représentants de l'administration centrale. Caractère élevé de leurs fonctions. Ils sont les magistrats de l'enseignement et les protecteurs-nés de l'instituteur.

II. — Accepter leurs directions avec déférence et savoir en profiter. Désirer les inspections au lieu de les redouter. Être toujours prêt à recevoir l'inspecteur. Les précautions de la dernière heure sont inutiles et peu dignes.

III. — Visites aux inspecteurs. S'adresser à eux avec discrétion, confiance et franchise. Se montrer reconnaissant.

IV. — Mêmes observations au sujet des rapports par correspondance. Respect des règles hiérarchiques. Bien soigner la correspondance écrite ; style administratif. Autres recommandations. Exactitude et célérité dans les écritures administratives.

VINGT-SIXIÈME LEÇON

L'INSTITUTEUR ADJOINT DANS SA CLASSE
ENSEIGNEMENT

Sommaire. — I. Attributions de l'instituteur adjoint. — II. Qualités qu'il faut apporter dans l'enseignement. — III. Les maîtres qui parlent trop. — IV. Double but poursuivi dans le développement des programmes.

I

ATTRIBUTIONS DE L'INSTITUTEUR ADJOINT

Nous savons que le directeur d'une école à plusieurs maîtres, en vertu de son autorité et sous sa responsabilité propre, dresse l'emploi du temps général de sa maison, procède à la répartition des matières d'enseignement pour chaque cours et distribue les rôles à ses adjoints. Il peut même préparer, pour chaque classe, des emplois du temps particuliers, qui correspondent à l'organisation générale. Ensuite, dans des réunions périodiques, il donne ses instructions, fait part de ses remarques, provoque celles de ses collaborateurs, et traite, de concert avec eux, toutes les questions courantes d'enseignement, d'éducation et de discipline.

C'est donc avec un programme déterminé et une organisation scolaire arrêtée dans ses principales lignes, que le stagiaire se présentera pour la première fois devant ses élèves. Les grandes difficultés seront ainsi aplanies pour lui. Mais là se bornera, pour le moment, l'intervention de son chef. Puisque l'adjoint va se trouver responsable de la tenue de sa classe, il lui faut une certaine liberté et une part d'initiative. Qu'il n'en doute pas, le cadre laissé à sa disposition sera assez large pour que cette initiative puisse se donner carrière. Les procédés, les éléments et les applications des leçons lui appartiennent à peu près exclusivement. Enfin l'esprit du maître, sa parole, l'accent et les sentiments qui la colorent sont bien à lui, et impriment à son œuvre le cachet de sa personnalité. Des comparaisons s'établiront inévitablement entre lui et ses collègues. Si elles n'étaient pas à son avantage, il n'en serait ni jaloux ni découragé, mais il étudierait les causes de ses échecs, comme aussi des succès obtenus par ses émules.

II

QUALITÉS QU'IL FAUT APPORTER DANS L'ENSEIGNEMENT

Les difficultés de l'enseignement sont d'autant plus grandes que les élèves sont plus petits. On trouvera sans trop de peine des professeurs compétents pour un cours de lettres ou de sciences dans une école supérieure, tandis que l'on compte les maîtres possédant l'aptitude particulière qui convient à la direction d'une classe d'enfants. Ils sont si rares qu'on a essayé d'y suppléer pour les jeunes garçons, et cela même dans les lycées, par des institutrices qui possèdent, elles, cet avantage d'être secondées par l'instinct maternel. Les élèves-maîtres, par exemple, peuvent, dès leur sortie de l'École normale, rendre des services satisfaisants dans les divisions supérieures, tandis qu'ils sont assez longtemps embarrassés et maladroits dans les classes élémentaires. C'est donc généralement dans la division des grands que nous voudrions les voir débuter. Malheureusement il y a un préjugé encore très répandu qui fait que l'on voit se produire le contraire. Le titulaire garde pour lui les élèves les plus avancés, ceux qui se préparent à des examens, et le maître novice est mis tout de suite aux prises avec le cours préparatoire. Bon nombre de grands établissements pratiquent cette règle : que les débutants gagneront d'abord leurs éperons dans les basses classes, et que la marche ascensionnelle dans la direction des classes constituera une sorte d'avancement. Cette manière illogique de répartir l'enseignement nuit beaucoup aux progrès, sans parler des ennuis éprouvés par les jeunes maîtres.

Quoi qu'il en soit, le jeune instituteur n'aura pas à choisir sa première classe ; il acceptera celle qu'on lui offrira, et se tirera d'affaire le mieux possible.

Si on lui confie de petits élèves, il lui faudra captiver leur attention mobile, agir sur leur sensibilité, descendre à leur niveau, se faire petit comme eux, tout en évitant la puérilité et les mièvreries banales. Pour cela, il importe d'observer l'enfant, de pénétrer sa nature, d'assister à l'éclosion de ses facultés. Il faut du zèle, de la patience et une bonté que rien ne rebute; il faut un travail constant pour être simple et ingénieux, trouver les procédés qui conviennent à chaque caractère. La monotonie serait un danger : les enfants veulent de la variété, et l'instituteur a besoin d'être lui-même fécond et varié. Jamais la préparation des classes n'a été plus nécessaire.

Un effort de volonté et une tension d'esprit considérables sont donc requis pour réussir auprès des jeunes écoliers. Aussi lorsqu'on triomphe de cette épreuve, on est pour la vie un bon maître.

Si, selon notre désir, le débutant est chargé d'un cours supérieur, les mêmes qualités trouveront leur emploi; mais, nous l'avons dit, les difficultés seront moindres. L'important ici est d'avoir un enseignement solide. Les jeunes gens ont l'imagination vive, ils sont curieux; parfois ils sont malicieux et se donnent le plaisir d'éprouver l'érudition de leur maître. Il faut savoir déjouer leurs manœuvres, les dominer, et, dans tous les cas, satisfaire leur légitime curiosité; sans quoi, on baisserait dans leur estime, on perdrait pied et l'autorité disparaîtrait.

L'enseignement forme un cycle qui, chaque année, se ferme pour se rouvrir à nouveau. Il semble donc que le travail de la préparation, une fois accompli, ne doive plus se renouveler, et qu'il suffise, pour chaque leçon, de recourir aux notes des années précédentes. Grave erreur! Sans doute, il faut des idées arrêtées, et il serait fâcheux de se jeter dans des expériences perpétuelles! Mais le maître consciencieux et modeste, après avoir fait de son mieux, n'est pas toujours content de lui : il s'aperçoit qu'il a été obscur et incomplet, qu'il n'a pas été compris ou n'a pas obtenu tout ce qu'il espérait. Alors il se remet à l'œuvre avec ténacité. Voilà comment il reprend chaque année le même enseignement sans se répéter, mais « avec des accents nouveaux » selon la gracieuse expression de Buffon. D'ailleurs ne l'oublions pas : le mouvement, c'est-à-dire le changement, est la caractéristique de tout ce qui vit. Un enseignement qui serait arrivé à l'état de formule finie, parfaite si l'on veut, serait un enseignement mort.

III

LES MAÎTRES QUI PARLENT TROP

Nous avons vu qu'à l'école normale la parole vivante du professeur remplaçait l'enseignement muet du livre. Cette réforme est en train de s'opérer aussi à l'école primaire ; le mouvement ira en s'accentuant, car nous verrons tous les ans, dans les cadres, de jeunes instituteurs qui ont été très exercés à l'enseignement oral. Mais, singulière infirmité de l'esprit humain, et particulièrement de l'esprit français, la réforme n'est pas encore achevée, et déjà l'abus contraire à celui que l'on combat commence à se faire sentir ! Il y a des maîtres qui *parlent trop*. Que reprochait-on à l'enseignement par le livre ? C'était l'absence de vie, et le rôle passif auquel l'enfant était confiné. Or si le maître se substitue simplement au livre par un flot incessant de paroles, ne voit-on pas que l'enfant restera quand même passif ? Et si, ce qui arrive quelquefois, le maître ne fait que répéter une science d'emprunt, sauf à la délayer, c'est-à-dire à l'obscurcir, l'ancien système ne serait-il pas préférable ? Au moins le livre avait l'avantage de la précision et de la correction.

Il est encore un autre danger résultant de la perfection même de l'enseignement, ou de l'excès de zèle du maître.

Celui-ci croit n'avoir jamais assez fait pour favoriser le travail et la compréhension de l'élève ; il explique tout, prévient les plus petites difficultés, si bien que l'enfant n'a qu'à emmagasiner les connaissances, de même que l'oisillon, en ouvrant le bec, reçoit la pâtée toute préparée. Dans ces conditions, l'écolier ne fait aucun effort ; ses facultés élaboratrices restent en repos, s'atrophient, et plus tard il sera incapable de produire par lui-même. Pour le moment, il accueille avec complaisance tout ce qu'on lui offre, et il a l'air de savoir. Hélas ! le temps effacera bien des choses, et le jeune homme redeviendra ignorant ; pis que cela, il sera impuissant. Nous craignons que l'avenir ne lui réserve de douloureuses surprises.

Le bon maître sera donc celui qui, à l'aide de la parole et du livre, saura exciter les activités, en écartant seulement du chemin de son élève les gros obstacles. Mais quelle habileté, quelle sûreté de main il faut pour éviter les exagérations, employer sagement les meilleures méthodes et répandre autour de soi la lumière et la vie !

On sait que, depuis 1882, plusieurs matières d'enseignement, considérées comme facultatives (dessin, musique, sciences physiques et naturelles, agriculture, travail manuel, gymnastique) sont devenues obligatoires au même titre que les autres. Nombre de maîtres anciens, qui n'y avaient pas été préparés, n'ont pas beaucoup changé leur manière de faire ; on a été indulgent pour eux. Il n'en sera pas de même toujours. C'est sur les nouveaux maîtres fournis par les écoles normales que l'on compte pour propager l'enseignement national. Ils reçoivent chez nous les connaissances théoriques et pratiques à ce sujet. Or, voici ce que nous leur recommandons :

Mettez-vous tout de suite à l'œuvre pour donner dans votre classe un enseignement complet. Votre titulaire, habitué au régime ancien, n'y pensera peut-être pas. N'hésitez pas alors à lui en parler et à faire preuve d'initiative. Il ne faudrait pas non plus vous arrêter à cette considération que des collègues plus anciens que vous s'abstenant, vous seriez mal venus à vous singulariser. Si vous avez été initiés aux enseignements et aux perfectionnements nouveaux, c'est pour que vous en soyez les propagateurs, nous pourrions dire les apôtres. Ne vous laissez arrêter ni par la timidité, ni par une réserve mal entendue, ni par l'esprit de routine.

Il faut en convenir, les progrès de l'enseignement, quoique réels, sont loin encore d'être en rapport avec l'immense effort accompli par la nation. Il y a des forces perdues, et il en est de mal appliquées. Voyons comment le maître pourrait éviter les déperditions et les fausses manœuvres.

IV

DOUBLE BUT POURSUIVI DANS LE DÉVELOPPEMENT DES PROGRAMMES

Il y arrivera d'abord en perfectionnant ses procédés. La pratique quotidienne, attentive et assidue de l'enseignement lui révèleront les secrets du métier; il en prendra possession, et finira par obtenir facilement les résultats qui, au début, lui coûtaient une grande peine.

En second lieu, il se pénètrera bien du double but instructif et éducatif poursuivi dans le développement des programmes. Toute matière enseignée a une partie théorique et spéculative, une partie usuelle ou utilitaire. Cette dernière ne sera point négligée. Elle fera même la grande préoccupation de l'instituteur. Ainsi l'étude de la langue maternelle donnera à l'enfant un langage aisé et correct soit parlé, soit écrit; l'histoire et la géographie lui feront bien connaître son pays dans le passé et dans le présent, avec ses ressources et ses beautés ; les mathématiques lui fourniront les moyens de résoudre promptement les questions d'affaires, de comptabilité, de géométrie usuelle, qui se présentent dans la vie du laboureur, de l'artisan, du négociant, etc. ; les notions de dessin permettront de suivre un plan d'architecte ou d'ingénieur, et, au besoin, de faire comprendre ses propres projets, car le dessin est aussi une langue ; les sciences physiques et naturelles fourniront à tout le monde, particulièrement au cultivateur, les connaissances positives qui remplacent la routine par des procédés raisonnés et sûrs ; l'instruction civique, accompagnée des notions élémentaires du droit et de l'économie politique, éclaireront le citoyen sur ses devoirs de français, lui donneront l'intelligence des affaires, lui permettront de gérer ses biens, de régler les questions où ses intérêts peuvent être engagés, tout en évitant les ruineux procès. Fénelon réclamait déjà pour les femmes du xviie siècle cette connaissance du droit pratique. Nous serions mal venus à rester au-dessous de son idéal. Enfin, quand le travailleur comprendra les lois qui président à la formation, à la distribution et à la consommation des richesses, les doctrines dangereuses du socialisme n'auront plus de prise sur lui.

L'instituteur n'abandonnera point d'ailleurs le côté élevé des études. La littérature ornera l'esprit, épurera les goûts et les sentiments ; l'histoire et la géographie fortifieront le patriotisme ; le dessin et la musique se joindront à la saine littérature pour cultiver le sentiment du beau et préserver l'âme des plaisirs vulgaires ; les sciences, et, en général, toutes les études, donneront à l'esprit de la méthode, au jugement de la rectitude, et à toutes les facultés des principes excitateurs. Toutes aussi apporteront leur contingent à l'enseignement de la morale générale, au développement de la conscience et à la formation des bonnes habitudes ; toutes enfin, réclamant de l'énergie, de la résolution et de la ténacité, constitueront une grande école de la volonté.

RÉSUMÉ

I. — Objet de la leçon. — Conseils et réflexions.
Initiative et responsabilité de l'adjoint.

II. — Difficultés de l'enseignement, surtout dans les classes des commençants. Le débutant devrait être placé dans les cours supérieurs. Il est regrettable que le contraire ait lieu généralement.

Qualités qu'il faut pour réussir auprès des enfants

III. — Abus de l'enseignement oral, succédant à l'abus de l'enseignement muet du livre. Défaut des méthodes trop parfaites.

Aptitude particulière des anciens élèves-maîtres pour l'enseignement des matières récemment inscrites au programme. S'y appliquer. Ne pas se laisser envahir par la routine et par des scrupules peu justifiés.

IV. — Les résultats de l'enseignement ne sont pas encore en rapport avec les efforts dépensés. Arriver à mieux par le perfectionnement des méthodes et une conscience plus exacte de la valeur éducative de l'instruction.

Double but à réaliser : côté *utilitaire* ; rechercher

les applications usuelles dans toutes les branches des études ; — côté *éducatif* ; gymnastique de l'intelligence, culture des sentiments et surtout du sens moral, éducation de la volonté, formation des habitudes.

VINGT-SEPTIÈME LEÇON

L'INSTITUTEUR ADJOINT DANS SA CLASSE
DISCIPLINE

Sommaire. — I. Les écueils de la discipline. — II. Discipline préventive. — III. Discipline effective. — IV. Les mobiles élevés de la discipline.

I

LES ÉCUEILS DE LA DISCIPLINE

L'enseignement a ses difficultés : celles de la discipline sont plus grandes encore. La discipline peut susciter de graves embarras à de jeunes maîtres, d'ailleurs méritants, et finalement les faire échouer, après leur avoir causé d'amers chagrins. Il n'y a pas, en effet, de position plus pénible que celle d'un surveillant ou professeur, qui, à cause de sa jeunesse, de son inexpérience, ou de quelque imprudence, se voit mal accueilli par ses élèves, et comprend que la science, le zèle et l'affection qu'il était disposé à dépenser sans compter, sont d'avance stériles, et seront peut-être tournés en ridicule. Une fois que les enfants sont entraînés les uns par les autres dans la mauvaise voie, une fois qu'ils ont perdu la notion du respect, on ne sait plus où ils s'arrêteront; ils peuvent, inconsciemment ou de parti pris, commettre les plus grosses fautes, et justifier de tout point le jugement sévère du poète : « cet âge est sans pitié. » Si l'homme préposé à la garde et à l'éducation des enfants n'a pas l'âme fortement trempée et, de plus, ingénieuse pour se tirer d'un mauvais pas, il se décourage, prend en haine les écoliers, et abandonne une carrière où il aurait pu rendre des services; ou bien il se résigne à supporter avec indifférence une situation humiliée, et un grand mal se produit encore, la discipline n'étant pas moins nécessaire que l'instruction, pour faire une éducation bonne et complète.

Nous voudrions aider le débutant à vaincre, et, ce qui vaudrait mieux encore, à éviter les difficulté de la discipline. Elles ne se présenteront guère dans les écoles de la campagne, fréquentées par un petit nombre d'enfants timides; mais ces ennuis sont à prévoir dans les écoles populeuses de la ville, où les écoliers sont plus vifs, plus hâtivement développés par la civilisation.

La discipline, avec ses mobiles et ses règles, a été étudiée dans plusieurs leçons à l'école normale : le moment est venu d'en faire les applications. Mais la chose ne sera point aisée, et, si l'on n'y prenait garde, la pratique mettrait en défaut la théorie. En principe, la discipline est chose excellente. Seulement elle demande de l'à-propos, un terrain préparé, et certaines conditions auxquelles l'écolier et le maître, ne satisfont pas tout d'abord. Ainsi l'*appel à la raison* suppose l'existence de la raison ; or, sans tomber dans le système exclusif de Rousseau, nous pouvons dire que la raison, chez l'enfant, s'épanouit moins vite que les autres facultés. L'*appel au sentiment* est aussi très recommandé ; mais l'affection et la reconnaissance ont besoin d'être précédées par le respect. Le poète royal des Hébreux a exprimé une grande vérité quand il s'est écrié : « La crainte du Seigneur est le commencement de la sagesse. » Plus on vit avec les enfants et les hommes, plus on reconnaît que le premier principe de gouvernement est la crainte basée sur le droit et le devoir, et aussi sur la force. Il ne faut pas d'ailleurs la confondre avec cette autre crainte qui ne convient qu'aux esclaves, et qui, pour ce motif, a été appelée *servile*. Enfin le respect, cette crainte salutaire, pas plus que les autres agents disciplinaires, n'ont de l'efficacité que lorsque celui qui les emploie possède lui-même l'*autorité morale*. Malheureusement celle-ci ne s'improvise pas. Les dons naturels y contribuent ; mais elle est surtout le fruit du travail, de l'expérience, et, comme nous l'avons vu, d'une noble vie consacrée au devoir.

En attendant que l'expérience soit venue, on peut indiquer au jeune maître plus d'un moyen de la devancer.

II

DISCIPLINE PRÉVENTIVE

Le moyen le plus général, et le meilleur assurément, est la discipline *préventive*, qui consiste à écarter de la route de l'enfant les occasions de mal faire, et qui, par suite, supprime les occasions de sévir.

Rien ne contribue plus à cet heureux résultat qu'une bonne et forte organisation pédagogique. Lorsque l'emploi du temps scolaire occupe constamment l'élève d'une matière utile et agréable; lorsque l'enseignement l'intéresse, le captive et absorbe ses facultés; lorsque l'instituteur ne néglige aucune partie de son service, se montre partout zélé, compétent et assidu, le premier arrivé à l'école et le dernier sortant... l'enfant est pris dans un engrenage et n'a pas le temps de songer à mal faire. D'ailleurs, cet entraînement satisfait son besoin d'activité, et il en sent bien les avantages. Au fond, les plus turbulents sont *in petto* amis de l'ordre. S'ils parvenaient à mettre le désordre dans leur classe, ils seraient les premiers ensuite à se plaindre de ne pouvoir travailler, à réclamer l'ordre et le silence absents par leur faute!

Voilà une discipline indirecte, négative pour ainsi dire, et qui, pourtant, est très positive par les résultats.

Le jeune maître s'attachera aussi à connaître le caractère de ses élèves, à distinguer les natures hautaines et emportées, qui, attaquées de front, se laisseraient aller à des excès violents et scandaleux, difficiles ensuite à réprimer autrement que par les mesures extrêmes. Nous ne disons pas à l'instituteur de capituler: ces élèves finiront sans doute par s'assouplir sous l'action du maître qui sera en pleine possession de ses moyens; mais, en attendant, c'est faire preuve de tact et de prudence que de prévenir et d'empêcher les occasions qui mettraient la discipline en péril.

Nous ferons encore entrer dans la discipline préventive l'*équité* du maître. Le sentiment de la justice est l'un des premiers qui se montrent chez les enfants, et ils le possèdent à un très haut degré. Cela se remarque dans les rapports qu'ils ont entre eux: leurs jugements sont très souvent plus scrupuleusement justes que ceux des hommes. Cela se remarque aussi dans l'école, à propos des notes de classe et des places de compositions. Les élèves savent s'incliner devant la supériorité reconnue de l'un d'entre eux. Ils corroborent les jugements de l'instituteur et acceptent fort bien les raisons qu'il en donne, pourvu qu'elles rencontrent de l'écho dans leur propre jugement. Les élèves se connaissent si bien entre eux! Ils savent donc gré à leur maître de sa clairvoyance et en conçoivent un respect qui vient en aide à la discipline. Mais si, par malheur, l'instituteur se montrait passionné, partial, ou commettait simplement une méprise, ces fautes seraient vivement relevées ; les élèves en garderaient du ressentiment, de la défiance ; le mauvais esprit soufflerait dans la classe et la discipline serait compromise. L'instituteur prendra les mêmes précautions, observera la même équité, quand il s'agira de blâmer ou de punir. Là aussi des erreurs ne seraient guère pardonnées.

Indiquons encore quelques autres précautions.

III

DISCIPLINE EFFECTIVE

Le respect, qu'on pourrait appeler aussi la crainte vertueuse, est, avons-nous dit, un mobile salutaire qui précède et favorise les autres mobiles de discipline. L'instituteur l'obtiendra par son excellente tenue et sa compétence dans les choses de l'enseignement ; mais, dès les premiers jours, ce sentiment s'accusera aussi par une contenance ferme et décidée. Il fera effort sur lui-même pour dissiper ses hésitations et sa timidité, parce qu'on en abuserait vite. On le mettra à l'épreuve, on essayera d'escompter sa faiblesse. Qu'il se tienne sur ses gardes et montre à la première occasion, par son attitude résolue, qu'on n'aura pas beau jeu avec lui.

Cela ne l'empêchera pas d'être modéré dans la répression, car les exagérations de sévérité produiraient un effet contraire à celui qu'il attendrait : elle affaiblirait son autorité au lieu de la fortifier. Surtout qu'il ait assez d'empire sur lui-même pour rester calme, impassible, ce qui ne veut pas dire indifférent. Il ne fera pas aux élèves l'honneur de s'emporter à propos de leur légèreté, de leur malice ou de leur paresse. Une vive indignation, exprimée d'une façon véhémente, peut, dans certains cas très rares, produire une impression profonde; mais, en général, les éclats de voix, les scènes à effet, finissent par amuser les enfants, tout heureux de les provoquer, et par devenir ridicules comme les foudres de Jupiter dans les opérettes.

La colère est, à d'autres points de vue, mauvaise conseillère. Elle fait perdre la notion du juste et amène des punitions imméritées, ou hors de proportion avec les fautes. Elle conduit aussi à des brutalités, à des corrections manuelles, que nos mœurs, les bonnes manières et les règlements défendent expressément. Trop souvent encore les débutants frappent leurs élèves. Il n'y a pas de signe plus certain de leur faiblesse. Ils perdent le respect des enfants, s'attirent des désagréments auprès des familles et de l'administration. Nous ne parlons pas des accidents plus graves qui peuvent mener l'instituteur jusque sur les bancs de la police correctionnelle. Cela s'est vu. Il faut se surveiller et éviter même toute menace, tout geste qui pourraient donner prise à la malveillance.

On peut d'ailleurs invoquer une considération plus élevée; pour être respecté de l'enfant, il faut d'abord le respecter lui-même. Et on le respecte en évitant les excès que nous venons de dire, en se montrant constamment bienveillant et poli à son égard, même alors qu'il le mérite le moins. Combien est coupable le maître qui prend presque plaisir à humilier l'enfant, sous prétexte de le corriger, qui lui adresse de ces épithètes grossières, qu'on ne devrait jamais rencontrer sur les lèvres d'un éducateur !

IV

LES MOBILES ÉLEVÉS DE LA DISCIPLINE

En suivant ces quelques indications, le débutant éludera les plus gros embarras de la discipline. De plus, son autorité grandira, et le moment viendra où il règnera sur l'esprit et le cœur de ses élèves. Alors il s'apercevra que l'enfant « sans pitié » avec certains maîtres, a des trésors de délicatesse et de bon vouloir pour ceux qu'il estime ; alors il pourra faire agir des mobiles élevés et vraiment moraux ; alors enfin il sera en état de résoudre l'un des problèmes les plus difficiles de l'éducation : nous voulons parler de l'accord entre la discipline purement *autoritaire*, qui contient les élèves, mais les laisse enfants, et la discipline *libérale*, qui façonne les volontés, mais qui est difficile à acclimater chez des enfants légers, peu raisonnables, très disposés à confondre la licence avec la liberté.

RÉSUMÉ

I. — Les écueils de la discipline pour le débutant. Comment les éviter. Les principes pédagogiques sont parfois en défaut dans la pratique. Ils supposent la raison chez l'enfant, et chez le jeune instituteur, une autorité qu'il n'a pas encore.

II. — Y suppléer d'abord par la discipline *préventive*. Influence sur la discipline d'une bonne organisation scolaire, d'un enseignement régulier et intéressant. Vigilance, tact et prudence pour prévenir les difficultés. Équité dans les rapports du maître avec les élèves.

III. — Contenance ferme et décidée. Égalité d'humeur. Éviter les éclats de voix, les scènes à effet, les corrections manuelles. La sévérité outrée est un signe de faiblesse. Respecter les enfants, se montrer poli à leur égard.

IV. — Après les premières difficultés vaincues, l'instituteur pourra de plus en plus recourir aux mobiles élevés de la discipline et de l'éducation : l'affection et le devoir.

VINGT-HUITIÈME LEÇON

LE CERTIFICAT D'APTITUDE PÉDAGOGIQUE

Sommaire. — I. Continuation des études. — II. Préparation de l'examen du certificat d'aptitude pédagogique. — III. Conseils sur les diverses parties de l'examen.

I

CONTINUATION DES ÉTUDES

Après avoir donné à sa profession tout le temps nécessaire, le jeune instituteur réservera quelques heures, chaque jour, pour les études qui continuent le perfectionnement de l'homme, lui ouvrent quelquefois des carrières nouvelles, et, dans tous les cas, lui procurent des plaisirs élevés.

Or, pour mener de front cette double tâche, il faut conserver les habitudes laborieuses de l'école normale. Il en est une qui se perdrait vite, et qui demande sans cesse des efforts, c'est l'habitude de se lever de bonne heure. Il faut la continuer. Si l'élève-maître était fidèle à cette résolution de travailler *pour lui* tous les matins, pendant une ou deux heures, alors que le corps et l'esprit sont reposés et les études faciles, il obtiendrait à la longue des résultats surprenants.

Remarquez que cet énorme bénéfice viendrait pour ainsi dire gratuitement ; le petit progrès de chaque jour serait acquis au moment où commencent les travaux ordinaires ; et il n'y aurait aucun préjudice pour les occupations officielles.

Mais pour avoir l'énergie et la persévérance nécessaires à un semblable effort, il ne faut pas se livrer à une étude quelconque, selon le goût du moment : on s'exposerait à gaspiller son temps ; il faut se fixer un but et le poursuivre résolument, selon une méthode également arrêtée.

Le savant qui s'est déjà fait un nom, le lettré qui dispose librement de ses loisirs, peuvent s'adonner aux études de leur choix sans but immédiat. Ils professent le culte désintéressé des lettres, des sciences et des arts. Mais l'ancien élève-maître n'en est point là encore. Il a d'abord à reprendre toutes ses études, pour les approfondir et les soumettre, comme Descartes, à la lumière d'un jugement plus mûr ; pour les mieux pénétrer dans leurs principes et leurs applications, les posséder pleinement et savoir s'en servir dans l'enseignement. Ce travail de refonte demandera du temps. Ensuite, nous l'avons dit, celui qui se sent de l'aptitude et un peu d'ambition, se propose un examen à subir, et il s'astreint à remplir un programme déterminé. Certes, les voies qui s'ouvrent devant le jeune instituteur intelligent et studieux sont multiples et conduisent toutes à des avantages qui méritent d'être recherchés. Il n'a qu'à se bien consulter et à choisir celle qui lui convient. Il peut par exemple, préparer le concours d'admission aux écoles normales supérieures de Cluny et de Saint-Cloud. S'il avait le bonheur de réussir, une honorable carrière lui serait réservée. Il peut aussi, en y mettant du temps, travailler en vue des examens du professorat des écoles normales. On a institué un certificat d'aptitude à l'enseignement des classes élémentaires dans les lycées, qui est également accessible aux maîtres de l'enseignement primaire. D'autre part, il n'est pas rare de voir des instituteurs conquérir les grades universitaires, tels que le baccalauréat et la licence. On compte même, dans l'enseignement supérieur plusieurs docteurs qui ont été d'abord élèves-maîtres primaires et simples instituteurs.

Mais, pour le moment, il ne faut pas avoir de trop hautes visées. Il est un examen qui s'impose à tous les maîtres de l'enseignement primaire; c'est celui du *certificat d'aptitude pédagogique*.

Ce certificat a été créé par le décret du 4 janvier 1881, et définitivement consacré par la loi du 30 octobre 1886. Les règlements du 18 janvier 1887 et du 25 juillet 1888 arrêtent les conditions de l'examen, qui comprend :

1° Une *composition française* sur un sujet élémentaire d'éducation et d'enseignement ;

2° Une *épreuve pratique* consistant en une classe de trois heures faite aux élèves mêmes du candidat ;

3° Une *épreuve orale* où le candidat doit donner

ses appréciations sur un cahier de devoirs mensuels, et, en outre, répondre aux questions qui lui sont posées, soit sur les épreuves qu'il a subies, soit sur des sujets relatifs à la tenue et à la direction d'une école, soit enfin sur des sujets de pédagogie pratique.

Ce programme est, on peut le dire, familier aux élèves-maîtres, et ils ont souvent obtenu le certificat d'aptitude à leur sortie de l'école, quelquefois même au cours de leurs études normales. Néanmoins, hors le cas où le certificat serait exigé pour un autre examen ou une fonction spéciale, nous leur conseillons de ne point se hâter, et de ne pas bénéficier des dispenses de stage motivées par le séjour à l'école normale. En effet, l'instruction n'est pas le seul élément de cet examen professionnel. La pratique de l'enseignement, la vie permanente au milieu des enfants, la réflexion et la maturité des idées sont aussi des conditions essentielles que l'élève-maître ne réunit guère au sortir de l'école normale. Mais, un ou deux ans après, il sera en état de subir les épreuves d'une manière satisfaisante, s'il veut bien tenir compte des quelques conseils qui vont suivre et que nous a suggérés une expérience acquise dans les jurys d'examens, depuis que le certificat existe.

II

PRÉPARATION DE L'EXAMEN DU CERTIFICAT D'APTITUDE PÉDAGOGIQUE

Nous voyons d'abord trois grands moyens de préparation : les lectures pédagogiques, les exercices de rédaction, et la direction réfléchie de la classe du stagiaire.

L'élève-maître a assisté aux leçons de pédagogie de l'école normale ; il a lu des traités d'éducation ; on lui a parlé des ouvrages des grands éducateurs ; quelques-uns mêmes ont été analysés à son intention. Tout cela constitue un fond d'idées très utiles ; mais ce n'est encore que le degré élémentaire des connaissances pédagogiques. Le moment est venu de connaître directement les belles œuvres qui ont été recommandées. Il faudra chaque jour méditer quelques pages des anciens et des modernes ; par exemple, lire les passages relatifs à l'éducation dans Platon, Xénophon, Aristote, Plutarque, Quintilien, St-Jérôme et quelques autres Pères des Églises grecque et latine ; étudier aussi ceux des fragments de Rabelais, où il est traité de l'éducation de Gargantua et de Pantagruel, ainsi que deux ou trois chapitres de Montaigne ; lire le *Traité de l'éducation des filles*, le *Télémaque* et les *Dialogues de Fénelon*, quelques parties du *Traité des études* de Rollin, les *Pensées sur l'éducation* de Locke, l'*Émile* de Rousseau, l'*Enseignement régulier de la langue maternelle* du Père Girard, etc, sans parler de certaines œuvres contemporaines exquises. Après chaque lecture, il faudra faire un résumé qui mette en relief les principales idées recueillies. Cette étude lente et progressive des ouvrages originaux produira des effets merveilleux ; elle jettera une vive lumière dans les esprits pour résoudre les problèmes quotidiens de l'enseignement et de l'éducation ; et, quand il s'agira de développer une question spéciale, l'instituteur aura de la facilité pour en comprendre la portée et en dégager les éléments. Plus sa modeste érudition sera sûre et réelle, moins il sera tenté de l'étaler avec complaisance, comme il arrive trop souvent aux candidats à la fois suffisants et ignorants.

Nous venons de dire que les lectures seront suivies de résumés. Il faudra faire aussi des rédactions de plus longue haleine, composer des mémoires, en leur donnant à loisir tous les développements que comportent les sujets traités. Les exercices de ce genre sont une excellente gymnastique pour plier l'esprit aux lois d'une logique rigoureuse, pour préciser les idées, en les coulant pour ainsi dire dans un moule. Le travail de la composition est laborieux et demande une grande dépense d'énergie ; mais on sera ensuite largement payé de sa peine. A ces exercices sans but immédiat, il convient d'ajouter des compositions sur des sujets d'examens, rédigés dans les conditions de temps prescrites par les règlements. C'est là un utile entraînement. Mais il ne faudrait pas rester seul en présence de soi-même ; on s'exposerait à se mal juger. On se soumettra à la critique sévère soit des anciens maîtres de l'école normale, soit des comités de correction organisés par les Inspecteurs d'Académie ou par les journaux pédagogiques.

Enfin, veut-on savoir la meilleure des préparations aux épreuves du certificat d'aptitude pédagogique ? Le stagiaire n'aura qu'à remplir tous les jours de son mieux les devoirs de sa profession ! Il peut être assuré d'un succès prochain s'il prépare avec soin les exercices de sa classe, s'il les conduit avec réflexion, en notant les points faibles, les lacunes, les impossibilités, pour y remédier le lendemain. Il deviendra ainsi peu à peu un praticien de mérite, il sera prêt pour toutes les éventualités de l'examen.

Il ne nous reste plus qu'à donner, sous forme de notes recueillies dans les examens, quelques avertissements pour chacune des épreuves.

III

CONSEILS SUR LES DIVERSES PARTIES DE L'EXAMEN

1° *Épreuves écrites.* — Embrasser le sujet dans son étendue, de manière à en dégager les points essentiels. Prendre la question par le détail, serait le sûr moyen de ne composer qu'un travail diffus, sans unité et sans lien.

— Éviter un défaut très fréquent : le candidat dresse un plan bien conçu ; mais il ne sait pas remplir son programme. Il fait un beau cadre et il n'a pas d'image à y mettre, ou bien l'image est pâle et inachevée.

— Exprimer ses idées personnelles, plutôt que de chercher à deviner celles des examinateurs. Ne pas reproduire servilement les pensées trouvées dans les livres, surtout ne pas abuser des citations. Une pensée d'un bon auteur, fidèlement rapportée et bien mise à sa place, donne de l'autorité à une composition ; mais lorsque les citations sont accumulées, parfois défigurées et données à contre-temps, les examinateurs n'y voient qu'un artifice pour masquer la stérilité du candidat.

2° *Épreuves pratiques.* — Rien n'est plus facile que de distinguer la préparation artificielle de la préparation sérieuse, l'instruction apparente de l'instruction vraie. Le candidat insuffisant se trahit toujours par quelque point. Il n'y a qu'un moyen honnête et sûr d'arriver : c'est l'étude.

— C'est pécher contre la simplicité et le bon goût que d'employer dans les leçons un ton prêcheur et solennel, ou de pratiquer une mise en scène comme s'il s'agissait de donner une représentation.

— L'attention du candidat doit se porter particulièrement sur les exercices d'une nature difficile, tels que la *lecture expliquée*, les *exercices d'invention*, la *préparation* et la *correction* d'une *composition française*, le *calcul mental*, etc. Précisément parce que ces enseignements sont délicats, les revues et journaux s'en occupent et en donnent d'excellents modèles. Il faut les étudier, et mieux que cela s'y beaucoup exercer dans sa classe.

— Que l'on évite un défaut grave : l'absence de plan et d'ordre dans l'exposé de la leçon. Les examinateurs se demandent parfois à quels exercices ils assistent, tellement ces exercices sont vagues, indéfinis, sans commencement ni fin, pouvant indifféremment durer dix minutes ou une heure.

— Autre défaut : certains candidats, afin d'être plus sûrs d'eux-mêmes, croient devoir écrire leurs leçons et les débiter par cœur. La méthode est mauvaise : une leçon récitée est froide, guindée, pénible à dire et à entendre, et, en somme, peu efficace sur l'esprit des enfants. C'est aussi une imprudence : une défaillance de mémoire peut survenir, et le maître rester en plan. Mieux vaut, par une solide préparation, faire ample provision d'idées, les ordonner dans sa tête, s'aider au besoin de notes, puis se fier à l'improvisation pour l'expression des idées. Les périodes ne seront peut-être pas très arrondies, mais la leçon sera vivante. Si telle pensée ne paraît pas comprise, on la reprend sous une autre forme et l'on finit par arriver à l'esprit de l'enfant.

— Enfin nous ne saurions trop recommander au candidat de se perfectionner dans *l'art d'interroger*. Cet art a ses règles, qui sont exposées dans les cours de pédagogie. Il faut se les rendre familières par la pratique de chaque jour, apprendre à poser des questions claires, à éviter les questions qui comportent plusieurs réponses, ou bien qui renferment la réponse et n'exigent aucun effort. Il faut éviter aussi les tics désagréables ou ridicules, comme celui qui consiste à commencer les phrases et même les mots, pour laisser aux élèves la peine de les terminer.

3° *Épreuves orales*. — Nous retrouvons, pour cette dernière épreuve, le défaut signalé au sujet de la composition française. Le candidat paraît se défier des procédés qu'il emploie, ou manquer de courage pour les soutenir. Il n'a souci que d'entrer dans les vues de la commission d'examen. Or, les commissions ne sont pas exclusives.

Elles savent que les méthodes ne sont ni bonnes ni mauvaises absolument, mais que leur principale efficacité vient de la valeur des maîtres qui les appliquent. Les examinateurs savent toujours gré au candidat de défendre ses opinions par des arguments raisonnables.

— Dernière recommandation : ne pas se contenter de simples affirmations, mais fournir les preuves de ce qu'on avance. Ainsi le candidat porte-t-il à propos du *cahier mensuel*, un jugement sur un devoir ou sur son auteur? qu'il en lise un fragment, qu'il cite un passage significatif, en un mot, qu'il mette clairement, sous les yeux de la commission, les motifs sur lesquels il a fait reposer son jugement.

RÉSUMÉ

I. — Conserver les habitudes laborieuses de l'école normale. Le travail du matin est particulièrement profitable. Se fixer un but et le poursuivre avec constance. Examens divers accessibles au jeune maître. Examen nécessaire : celui du CERTIFICAT D'APTITUDE PÉDAGOGIQUE.

II. — Préparation à cet examen. Trois moyens principaux: *lectures pédagogiques*, œuvres originales qu'il faut lire ; — *exercices de rédaction*, notes de lectures, études développées et compositions analogues à celles de l'examen ; — *pratique raisonnée de l'enseignement*.

III. — Conseils particuliers résultant d'observations faites dans les examens.

HUITIÈME PARTIE

L'INSTITUTEUR TITULAIRE

VINGT-NEUVIÈME LEÇON

L'INSTITUTEUR A LA CAMPAGNE

Sommaire. — I. L'instituteur rural. — II. Avantages du séjour à la campagne. — III. Les avantages de la ville transportés à la campagne.

I

L'INSTITUTEUR RURAL

Après quelques années d'un stage laborieux, et après sa réussite à l'examen du certificat d'aptitude pédagogique, le jeune instituteur sera pourvu d'une nomination de titulaire. Hors le cas exceptionnel où il désirerait demeurer adjoint auprès d'une grande école urbaine, il sera envoyé à la tête d'une école rurale. On peut même dire que la plupart de nos jeunes maîtres sont destinés à passer leur vie à la campagne. Seront-ils plus à plaindre que les autres? Nous ne le pensons pas. Dans tous les cas, comme l'homme n'est pas le maître absolu de son sort, il se montre sage en s'accommodant de celui qui lui incombe.

Si donc nos lecteurs sont appelés à partager la vie de l'homme des champs, ils en prendront gaiement leur parti et tireront de la situation, grâce à leur intelligence et à leur bonne humeur, les éléments de bonheur qu'elle renferme. Cherchons-les ensemble.

II

AVANTAGES DU SÉJOUR A LA CAMPAGNE

L'air pur de la campagne vaut mieux que l'atmosphère lourde et contaminée des villes : voilà une banalité qu'on ose à peine exprimer; mais ce n'en est pas moins une vérité. L'instituteur est heureux de voir ses enfants se développer et se fortifier dans un milieu sain. Lui-même, dont la fatigue physique, résultant de ses fonctions, porte surtout sur les voies respiratoires, il a particulièrement besoin du grand air pour refaire sa poitrine.

D'autre part, avec un traitement modique, on peut plus facilement faire honneur à ses affaires à la campagne qu'à la ville. Les denrées essentielles y coûtent moins cher; quelques-unes peuvent être fournies sur place sans bourse délier. Ainsi, l'instituteur récolte en abondance dans son jardin des légumes et des fruits; sa ménagère, active et industrieuse, réalise souvent le rêve de Perrette. Les relations au village sont simples et ne nécessitent pas les frais de toilette, d'hospitalité, etc., qui pèsent toujours un peu sur l'habitant des villes.

Enfin le plus agréable et le plus précieux avantage du fonctionnaire rural est la grande liberté dont il jouit ; une fois ses occupations du jour terminées, il s'appartient et n'est pas accaparé par ces devoirs sociaux multiples qui encombrent la vie du citadin, et réduisent à presque rien son indépendance et ses loisirs. S'il a le goût des études, il peut y consacrer de longues heures et s'y livrer avec un esprit calme et vigoureux, au sein d'une belle nature qui inspire et poétise ses travaux. Celui, au contraire, qui va dans le monde est dans un état de fièvre perpétuelle ; il renverse l'ordre naturel de l'existence, dort le jour et veille la nuit ; et, dans les rares moments où il se trouve seul avec lui-même, son corps et son esprit sont fatigués ; ces conditions ne sont guère favorables au recueillement et au travail fécond.

Tout cela est si vrai, que les hommes de science, les hommes de lettres, les artistes et les professeurs, dont les noms illustres retentissent fréquemment dans la presse, habitent rarement la capitale. Le poète n'y trouverait pas aisément ses gracieuses et nobles images ; le savant y serait trop souvent dérangé dans ses profondes méditations. Ils vont s'installer aux bords de la Seine, ou dans un frais bosquet. Si leurs travaux les obligent à aller passer quelques heures à Paris, ils se hâtent, le soir, de regagner leur retraite. Les séductions de la ville merveilleuse ne les tentent guère.

Voyez également comme les gens riches s'empressent d'abandonner la ville au printemps, pour les bois et les prairies. Les personnes de fortune plus modeste, qui peuvent disposer de vacances ou de simples congés : magistrats, universitaires, employés, attendent avec impatience le moment où ils pourront aller, avec leurs familles, sur une plage ou dans quelque station balnéaire. Là ils oublient les soucis, les affaires, réparent leurs forces et raffermissent la santé de leurs enfants anémiés.

L'ambition du plus petit négociant n'est-elle pas d'amasser un pécule qui lui permette d'aller vivre paisiblement dans une villa bâtie sur ses plans, ornée de ses mains pendant de longues années ?

Dès qu'il peut disposer d'une couple d'heures, il s'y échappe ; le suprême bonheur pour lui sera réalisé le jour où il s'y retirera définitivement.

Mais ces avantages, que tant de personnes envient, l'instituteur de nos hameaux, de nos villages, en jouit pleinement. Combien il serait sage, s'il savait les apprécier et en faire aussi son bonheur !

III

LES AVANTAGES DE LA VILLE TRANSPORTÉS A LA CAMPAGNE

On répondra que les citadins, amoureux de la nature, ne sont pas moins attachés à la civilisation raffinée des villes ; que le séjour à la campagne est simplement pour eux une trêve, une diversion, une variété dans leurs agréments, et qu'ils sont tout heureux de se replonger dans le tourbillon des affaires et des plaisirs, dès que les brouillards et la chute des feuilles annoncent l'hiver. On objectera aussi que nous avons nous-même vanté les avantages offerts par la ville pour la haute éducation.

Nous ne nions pas le grand attrait de la ville, et les ressources que seule elle peut fournir pour les besoins intellectuels. Mais on voudra bien remarquer que les hommes riches et indépendants, pouvant à leur gré choisir leurs occupations et leurs agréments tantôt à la ville, tantôt à la campagne, sont la très petite exception. Les travailleurs, et nous sommes de ceux-là, où qu'ils se trouvent, sont retenus à une tâche qui les absorbe. L'artisan et le fonctionnaire des villes passent à côté du plaisir, sans oser ou sans pouvoir se l'offrir. Entre eux et l'homme des champs, il n'y a qu'une différence : c'est que le second est exempt du supplice de Tantale infligé aux premiers.

D'ailleurs, il ne s'agit point de sevrer l'habitant rural des jouissances délicates et des moyens d'instruction accumulés dans les villes. Les journaux, si répandus aujourd'hui, les publications littéraires et scientifiques, les livres, accessibles aux plus petites bourses, portent partout les nouvelles et la civilisation. Les voyages, devenus aussi très faciles, surtout pour l'instituteur, permettent au campagnard de se retremper de temps à autre à la ville et d'y contempler les merveilles de l'art et de l'industrie. Cela ne doit-il pas suffire? Et vraiment l'instituteur est-il à plaindre dans son joli village, à la tête d'une gentille école, qu'il aura pour ainsi dire créée?

Nous pensons, au contraire, que sa situation ne laisse pas d'être enviable, et nous souhaitons, chers élèves, que telle soit aussi votre conviction.

RÉSUMÉ

I. — Le stagiaire nommé titulaire, et mis à la tête d'une école rurale. Prendre ses dispositions pour y vivre heureux.

II. — Avantages du séjour à la campagne : excellentes conditions hygiéniques, économies possibles, indépendance, isolement favorable aux études. Exemple donné par les citadins.

III. — L'habitant des campagnes n'est pas privé des bienfaits de la civilisation. Les livres et les journaux sont répandus partout, et les visites à la ville sont faciles.

TRENTIÈME LEÇON

LE MÉNAGE DE L'INSTITUTEUR — SA FAMILLE

Sommaire. — I. Moment opportun pour l'établissement de l'instituteur. — II. Choix d'une compagne. — III. La femme de l'instituteur. — IV. Mariage entre instituteur et institutrice. — V. La famille de l'instituteur.

I

MOMENT OPPORTUN POUR L'ÉTABLISSEMENT DE L'INSTITUTEUR

Nous avons particulièrement insisté sur la moralité de l'instituteur, qui doit être pure et reconnue telle. (Pages 297 et suivantes.) Nous avons indiqué les préservatifs auxquels le jeune homme devra recourir. Cependant il en est un, assurément le meilleur, dont nous n'avons rien dit encore : c'est le *mariage*.

Lorsque le mariage est contracté avec le sérieux et le respect que comporte cette institution, du coup tous les périls qui menacent le célibataire disparaissent. La vie prend un nouvel intérêt et, pour ainsi dire, une nouvelle dignité. Il est donc désirable que l'instituteur se marie jeune. Mais, d'autre part, un acte de cette gravité ne doit pas être accompli prématurément et à la légère. Aussi avons-nous attendu, pour en parler, que l'instituteur fût pourvu d'un poste de titulaire.

Nous ne croyons pas, sauf exception, que l'instituteur simplement stagiaire puisse déjà prudemment s'établir. Il est encore trop jeune de caractère; sa position n'a rien de définitif; il a rarement les ressources voulues pour subvenir aux dépenses d'un ménage.

Nous avons vu de jeunes maîtres aliéner leur cœur et leur avenir à la première rencontre séduisante, et se précipiter dans le mariage avec la dernière des imprudences. Nous avons été ensuite témoin de la misère poignante assise à leur foyer.

Quelques-uns, à force de courage et d'intelligence, ont triomphé des plus grosses difficultés, et se sont, à la longue, tirés d'affaire; mais les autres, rivés à leur chaîne, ont été malheureux pendant toute leur carrière.

C'est donc après que l'instituteur aura été nommé titulaire, c'est-à-dire entre vingt-cinq et trente ans, qu'il pourra raisonnablement songer à s'établir. Il recherchera alors les garanties qui amènent le bonheur dans le mariage.

II

CHOIX D'UNE COMPAGNE

La liberté de l'esprit, l'indépendance du jugement ne sont jamais plus nécessaires que le jour où l'homme choisit la compagne de sa vie. Celui qui se laisse subjuguer par la passion, contemple son idole à travers un prisme charmeur.

> « Et l'on voit les amants vanter toujours leur choix :
> Jamais leur passion n'y voit rien de blâmable,
> Et dans l'objet aimé, tout leur devient aimable ;
> Ils contemplent les défauts pour des perfections,
> Et savent y donner de favorables noms [1]. »

Que le jeune homme se surveille donc pour rester maître de lui-même, de façon à se laisser guider, dans le choix d'une épouse, par la raison en même temps que par l'amour.

Nous n'énumérerons point les avantages matériels, ainsi que les qualités physiques et morales nécessaires à une union sortable. Les lumières du bon sens, les avertissements du cœur, les conseils des parents et des amis éclairés aideront à les reconnaître. Mais, nous plaçant au point de vue des intérêts généraux de l'instituteur, nous lui donnerons simplement quelques avis.

L'instituteur doit y bien réfléchir avant d'épouser une personne « sans dot ». Ce n'est pas que de telles unions ne soient très honorables, parfois très heureuses et, à coup sûr, bien supérieures à celles que le seul intérêt aurait fait contracter. Mais notre jeune maître doit songer combien il lui serait difficile, avec de trop modiques ressources, d'arriver à entretenir une famille, qui peut devenir nombreuse, à élever ses enfants, à leur donner une position ne jurant pas trop avec la sienne. Il faut prévoir aussi les accidents qui privent la famille de son chef ou le réduisent à un repos prématuré. Lorsque, au contraire, la femme apporte dans la communauté un appoint raisonnable, c'est tout de suite l'aisance, la sécurité et la dignité extérieure.

---

1. MOLIÈRE, Le Misanthrope, acte II, scène V.

Remarquez pourtant que la dot peut être avantageusement remplacée par une honorable profession. Le bien-être est encore assuré quand le mari et la femme apportent chacun de leur côté, dans le ménage, le salaire de leur travail.

Si nous demandons à l'Instituteur les précautions réclamées par la prudence, il nous répugnerait, cela va sans dire, de le voir chasser à la dot, si c'était la seule ou même la principale condition de son établissement. On voit de ces quêteurs de dot, fascinés par l'appât de la fortune, faire bon marché de tout le reste : caractère, habitudes, éducation. Quelquefois même, ils ne reculent pas devant une réputation suspecte! Eh bien! s'ils ont rencontré la fortune, ils n'ont pas trouvé le bonheur, encore moins la considération. Lorsque la femme riche n'a pas les qualités du cœur, qui font pour ainsi dire oublier sa fortune, elle apporte dans le mariage, une hauteur, un dédain, une indiscipline qui empoisonnent l'existence du mari; et si elle est en outre ignorante et grossière, comme telle rustaude épousée par l'instituteur à cause de ses écus, loin de lui faire honneur, elle le compromet. Disons donc à l'Instituteur de rechercher une compagne qui se rapproche le plus possible de cet idéal tracé par Sylvio Pellico :

« Si vous jugez une femme capable d'un noble enthousiasme pour toutes les vertus, si elle vous paraît attentive à faire tout le bien qu'elle peut faire, si vous la voyez l'ennemie irréconciliable de toutes les actions qui sont moralement basses; si elle joint à ces mérites un esprit cultivé, sans aucune ambition de le faire paraître, si, avec un tel esprit, elle est encore la plus humble des femmes; si toutes ses paroles et toutes ses actions respirent la bonté, la grâce naturelle, l'élévation des sentiments, un attachement prononcé à ses devoirs, une grande attention à n'affliger personne, à consoler les affligés, à se servir de ses charmes pour ennoblir les pensées d'autrui, alors aimez-la d'un amour profond, d'un amour digne d'elle [1] »

Cette femme accomplie peut se rencontrer dans les classes sociales les plus modestes. Toutes ces exquises qualités peuvent n'être pas d'abord pleinement épanouies. Il suffit qu'elles existent en germe, que la jeune personne ait ce qu'on appelle un *bon naturel*. Le temps, la confiance, la délicatesse d'un mari prévoyant et affectueux achèveront l'œuvre heureusement commencée.

III

LA FEMME DE L'INSTITUTEUR

Un ménage bien assorti est particulièrement désirable pour l'homme revêtu d'une charge publique. On a vu des fonctionnaires compromis par leurs femmes, soit à cause de l'inconséquence de leur conduite, soit parce qu'elles ont voulu se mêler des affaires administratives. Aussi dirons-nous avec instance à la femme de l'instituteur de se confiner dans ses devoirs de ménagère et de mère de famille, d'ignorer ou paraître ignorer ce qui se rapporte aux fonctions de son mari. Jamais une parole indiscrète ne tombera de sa bouche, jamais elle ne se targuera d'influence dans des questions auxquelles elle doit demeurer étrangère. Nous n'admettons son concours dans la chose publique qu'en matière de dévouement.

Ainsi dans une catastrophe, dans une calamité

---

1. *Des devoirs des hommes,* chapitre XX.

générale, on aime à voir la femme du fonctionnaire aux côtés de son mari pour soulager les malheureux, organiser des secours ou rassembler des moyens de défense contre le danger. Dans des conditions plus ordinaires, on trouve fort bon que la femme de l'instituteur s'intéresse au bien-être et à la santé des petits écoliers. Les enfants arrivent-ils à l'école transis par le froid ou mouillés par la pluie ? elle les réchauffera et fera sécher leurs vêtements ; constate-t-elle du désordre et une propreté douteuse dans leur toilette ? vite, elle y remédiera par quelques points d'aiguille et des ablutions salutaires. Un enfant est-il indisposé ou a-t-il éprouvé un accident ? elle lui prodigue des soins intelligents ; les enfants passent-ils la journée à l'école avec une maigre pitance pour leur déjeuner ? elle y ajoute une soupe chaude qui fait grand bien aux pauvres petits. Son mari dirige-t-il une école mixte ? elle est attentive auprès des fillettes pour leur donner cette partie de l'éducation qui regarde surtout les femmes : voilà une collaboration bienfaisante qui sera appréciée des familles et qui n'a aucun rapport avec les ingérences que nous condamnons.

La femme de l'instituteur ne sera pas seulement discrète en ce qui concerne la charge de son mari ; elle le sera aussi dans ses relations particulières. D'abord, elle se plaira dans son intérieur et n'éprouvera guère le besoin de se répandre au dehors. Dans ses rapports obligés avec le monde, elle ne prendra aucune part aux commérages, aux dissensions féminines, si vivaces dans les petites localités ! Lorsque plusieurs ménages de fonctionnaires, comme il arrive dans les grands établissements scolaires, habiteront sous le même toit, les femmes feront en sorte de vivre en bonne intelligence ; elles ne chercheront pas à s'éclipser les unes les autres ; il ne s'établira pas entre elles des rivalités d'influence, et chacune d'elles demeurera à sa place et à son rang. Ce ne sera pas toujours chose toute facile; mais il appartient aux maris d'user, au besoin, de leur autorité pour l'obtenir.

IV

MARIAGE ENTRE INSTITUTEUR ET INSTITUTRICE

Depuis que l'enseignement laïque s'est développé et que des écoles de filles se sont créées à peu près partout à côté des écoles de garçons, on a vu souvent l'instituteur épouser l'institutrice.

Ces mariages créent bien quelques embarras à l'Administration; ainsi quand des changements de résidence s'imposent, il est difficile de déplacer simultanément deux fonctionnaires. Néanmoins elle ne saurait voir d'un mauvais œil des unions qui présentent tant de garanties d'honorabilité et de stabilité.

Il y a aussi d'autres avantages : les traitements réunis de l'instituteur et de l'institutrice amènent tout de suite l'aisance dans le ménage; l'union des époux est d'autre part assortie par une égale culture intellectuelle et par la similitude des occupations. Les fonctions de l'enseignement elles-mêmes y gagnent. Les époux se prêtent mutuellement leurs lumières pour bien diriger leurs classes ; le plus expérimenté vient en aide à l'autre, et tous deux rivalisent de zèle et d'émulation. Nous avons, dans nos pérégrinations d'inspecteur, rencontré de ces couples modèles : c'était un spectacle charmant de les voir préparer ensemble leurs leçons, corriger les devoirs de leurs élèves, échanger leurs réflexions sur des points délicats d'enseignement. Leurs classes respectives reflétaient l'harmonie qui existait entre eux : même esprit, mêmes tendances, mêmes procédés... D'ailleurs, d'après la législation actuelle, l'institutrice sera assez souvent l'adjointe de son mari. Où rencontrerait-il un auxiliaire plus dévoué ?

Voilà donc des conditions qui militent en faveur des mariages entre instituteurs et institutrices. Mais, ne l'oublions pas, ces conditions ne dispensent pas des autres. Ici, comme ailleurs, les époux devront s'aimer, se convenir par le caractère, par une estime et une confiance réciproques. Il y aurait quelque ridicule, de la part du jeune maître, à dire *à priori* : j'épouserai une institutrice, et à jeter son dévolu sur la première collègue rencontrée selon les hasards de sa carrière.

V

LA FAMILLE DE L'INSTITUTEUR

Tout porte enseignement dans ce qui touche à la vie de l'instituteur. Qu'il soit personnellement un honnête homme, c'est fort bien, et pourtant ce n'est pas assez. Sa femme et ses enfants devraient être aussi des modèles. Nous l'avons vu déjà pour la femme : un mot au sujet des enfants.

Il n'y en aura pas dans la commune de mieux élevés que ceux de l'instituteur, c'est-à-dire de mieux instruits, de plus polis et de plus foncièrement honnêtes. C'est par ses enfants qu'il établira d'abord sa compétence en éducation. Si ceux-ci étaient mal dirigés, s'ils tombaient dans le désordre, provoquaient du scandale, quelle autorité leur père aurait-il pour présider à l'éducation des autres enfants ?

Il y a sans doute des natures mal douées et rebelles à tous les efforts ; il y a aussi des caractères indomptables. Enfin il est, dans la vie des jeunes gens, des écarts qu'on ne saurait, sans injustice, imputer à leurs parents. Si un pareil malheur arrivait à l'instituteur, il faudrait au moins que l'opinion publique fût pour lui et ne l'en rendît aucunement responsable, protégé qu'il serait par une bonne réputation solidement établie.

RÉSUMÉ

I. — Le mariage, garantie de moralité. Ne pas s'établir trop tôt pourtant ; attendre d'avoir une position définitive et des ressources suffisantes.

II. — Choix d'une compagne. Pas de précipitation. La dot, ou position tenant lieu de dot. Les avantages matériels ne peuvent excuser une mésalliance. Qualités morales qu'il faut rechercher dans la femme.

III. — La femme du fonctionnaire : vie retirée, modestie et discrétion ; pas d'ingérence dans les affaires publiques ; mais, au besoin, dévouement.

Services que la femme de l'instituteur peut rendre aux enfants de l'école.

IV. — Mariages entre instituteurs et institutrices avantageux à divers points de vue : ressources assurées, éducations assorties, etc. ; mais ces conditions ne dispensent pas des autres.

V. — Ménage modèle de l'instituteur ; ses enfants. C'est d'abord dans sa famille qu'il prouvera sa compétence en éducation.

TRENTE-UNIÈME LEÇON

TENUE DE LA MAISON D'ÉCOLE — INSTALLATION DES SERVICES SCOLAIRES

Sommaire. — I. Bonne tenue des locaux et du matériel scolaire. — II. Améliorations réalisées ou obtenues par l'instituteur. — III. Le confort compatible avec la vie champêtre.

Pour nous conformer à la méthode que nous avons suivie jusqu'ici, nous supposerons le titulaire placé récemment à la tête d'une école, et nous le suivrons dans les diverses phases de sa nouvelle existence.

L'installation matérielle de l'école attirera d'abord son attention. Ou bien cette installation sera convenable, et il n'y aura guère qu'à veiller à la conservation de ce qui est; ou bien elle sera défectueuse, et l'instituteur en tirera le meilleur parti possible, tout en agissant auprès des autorités pour obtenir des améliorations.

Tel est le sujet fort simple que nous allons développer.

I

BONNE TENUE DES LOCAUX ET DU MATÉRIEL SCOLAIRE

Nous avons montré, à diverses reprises, les avantages de l'ordre. Il suffira ici de rappeler que l'ordre et la propreté doivent régner dans toutes les parties de la maison d'école. Les salles seront balayées et époussetées chaque jour; les parquets seront frottés et lavés à grande eau plusieurs fois dans l'année; les excréments des mouches et la poussière ne formeront pas sur les vitres un rideau repoussant et malsain; les boiseries et les meubles seront également nets de poussière; les murs, dans les salles et les corridors, seront préservés de toutes éclaboussures; les préaux et autres dépendances seront aussi visités fréquemment par le balai; on n'y verra point traîner à l'abandon le bois de chauffage, les outils, des loques et autres objets sans nom. On ne laissera pas les oiseaux de basse-cour prendre leurs ébats sous les pas des enfants, etc., etc.

Dans les grandes écoles, il y a des gens payés pour vaquer à ce service. Mais, dans les communes rurales, l'instituteur ne peut guère compter que sur ses élèves et sur lui-même. Qu'il ne dédaigne pas de manier lui-même la brosse et le plumeau.

Ce que nous demandons pour la partie des bâtiments scolaires fréquentée par le public, nous l'exigeons, bien entendu, pour les appartements de l'instituteur.

Nous voudrions éviter cette impression désagréable, trop souvent éprouvée par les visiteurs. Quand ils arrivent aux abords de l'une de ces belles et monumentales constructions, comme on en a bâti beaucoup depuis quinze ans, ils sont surpris et agréablement frappés; malheureusement, le dedans ne répond pas au dehors. Ils n'ont pas plus tôt franchi le seuil de l'édifice, qu'un contraste lamentable fait tomber leur enchantement, et cela, parce que l'instituteur et les siens sont indolents, désordonnés et sans goût.

Dernièrement, à l'époque des vacances, nous allâmes passer quelques jours chez des amis à la campagne. L'aïeul de la famille était un ancien instituteur retraité de la localité. Nous le priâmes de nous conduire à la maison d'école, qu'il avait habitée pendant de longues années. Nous trouvâmes la maison fermée, l'instituteur étant, lui aussi en vacances, et nous ne pûmes que visiter l'extérieur. Eh bien! je n'oublierai jamais la consternation du vieillard lorsqu'il constata la ruine, la disparition de tout ce qu'il avait créé pour le confort et l'embellissement de sa chère école. Les plates-bandes qu'il avait dessinées sur le devant de la maison se distinguaient à peine sous les orties et les ronces; les arbres fruitiers du jardin, autrefois savamment taillés et dirigés, envoyaient de tous côtés des rameaux étiques; la cour de récréation était encombrée et souillée comme la basse-cour d'une ferme mal tenue...!

II

AMÉLIORATIONS RÉALISÉES OU OBTENUES PAR L'INITIATIVE DE L'INSTITUTEUR

Malgré l'immense effort accompli par le pays pour doter les communes d'écoles convenables, tout n'a pas été fait. Il y a encore nombre d'écoles installées dans des locaux défectueux et dépourvus de matériel.

Si l'une de ces écoles est dévolue un jour au jeune instituteur, il tâchera d'abord de s'en accommoder; mais il ne se résignera point à la voir indéfiniment dans cet état d'infériorité. Il appellera l'attention des autorités sur ses besoins. Il s'adressera particulièrement à la municipalité. Les conseils élus sont généralement très économes des deniers publics; ils veulent mériter la confiance des électeurs par une administration sage et prudente. L'instituteur fera donc bien de recourir au moyen recommandé par un inspecteur général ; il essayera d'intéresser à son œuvre les pères de famille, c'est-à-dire les électeurs, et, s'il réussit, la cause sera gagnée d'avance devant le conseil municipal.

Mais la bonne volonté ne suffit pas toujours, et il arrive parfois que, les ressources faisant défaut, les municipalités sont obligées de résister. L'État, de son côté, a fait de si grands sacrifices, qu'il éprouve le besoin de se recueillir avant de jeter de nouveaux millions dans la Caisse des Écoles. Dans ce cas, lorsque les dépenses à faire ne sont pas trop élevées, l'instituteur peut recourir à d'autres moyens : il fera appel au bon vouloir des personnes aisées, il ouvrira des souscriptions où le père de famille déposera son obole. On n'aime pas à solliciter pour soi ; mais on est hardi quand il s'agit d'un intérêt public ; beaucoup de bibliothèques ont été ainsi fondées, et des mobiliers scolaires acquis, grâce à l'initiative des instituteurs et à la générosité des particuliers.

Enfin, la plupart de ces ressources viendraient-elles à manquer, que l'instituteur ne devrait point perdre courage. Harpagon, qui voulait donner à souper, demandait à maître Jacques de faire faire bonne chère à ses invités, sans grande dépense. Le complaisant Valère, renchérissant sur l'avare, ajoutait : « Voilà une belle merveille de faire une bonne chère avec bien de l'argent ! C'est une chose la plus aisée du monde, et il n'y a pas si pauvre esprit qui n'en fît autant ; mais, pour agir en habile homme, il faut parler de faire bonne chère avec peu d'argent. »

Nous tiendrons le même langage, et avec plus de raison, à l'instituteur. S'il aime passionnément son école, s'il en fait sa chose de prédilection, son génie industrieux opérera des merveilles. Sans doute, il ne pourra point bâtir des maisons et agrandir des locaux étroits, mais on le verra armé d'une grande brosse passer un lait de chaux sur les murs d'une salle obscure; un autre jour, on le surprendra le rabot ou la scie à la main, pour mettre une pièce à un plancher à jour, ou raffermir sur ses pieds une table branlante. S'il ne peut se procurer une armoire-bibliothèque, il ajustera des rayons dans un coin de la salle de classe, et, sur ces tablettes, il placera quelques-uns de ses livres ainsi que les spécimens que lui envoient les éditeurs : ce sera le commencement de la bibliothèque scolaire. Assisté d'un père de famille charpentier, il dressera, sous un hangar, des poteaux destinés à supporter une perche, une corde, un trapèze : voilà un gymnase monté. Si la commune et le département ne lui fournissent pas des cartes géographiques, il en tracera lui-même sur les parois de la salle de classe. Ces cartes auront le mérite d'être simples, très apparentes et bien appropriées à l'enseignement du maître. Quant aux collections qui constituent un musée scolaire, nous avons vu déjà qu'elles pouvaient être formées au jour le jour par le maître et les élèves.

La même activité inventive se déploiera dans les appartements de l'instituteur, qui deviendront commodes et agréables à habiter. La maison d'école sera également parée à l'extérieur : aux ornements architecturaux s'associeront ceux que la nature prodigue à peu de frais. Des plantes grimpantes encadreront les fenêtres; des arbres et des fleurs répandront aux alentours l'ombre, la fraîcheur, les couleurs gaies et les doux parfums. Le tout donnera à la maison un aspect hospitalier.

Que dans ces embellissements et ces utiles créations, l'instituteur ne se laisse jamais arrêter par une pensée égoïste. Serait-il sûr de quitter bientôt son poste et de ne pas profiter de ses travaux, il devrait les faire quand même, dans l'intérêt des enfants et de ses successeurs. Il imitera le bon vieillard de La Fontaine, qui,

> de se donner des soins pour le plaisir d'autrui,

faisait son plus doux plaisir !

III

LE CONFORT COMPATIBLE AVEC LA VIE CHAMPÊTRE

Si nous insistons sur ces conditions d'une bonne installation scolaire, c'est assurément pour que l'instituteur se plaise dans son intérieur et dans son école ; pour que les enfants y soient attirés et y trouvent la santé du corps et de l'esprit. Certes, ces considérations ne sont pas à négliger !

Mais nous avons d'autres visées. Nous voudrions, par l'exemple et les leçons de l'instituteur, faire pénétrer les pratiques de l'hygiène et le bien-être matériel jusque dans l'humble demeure du paysan ; montrer qu'un certain confort, qui semblait réservé aux seuls favoris de la fortune, n'est pas incompatible avec les professions manuelles. Il y a, en France, à cet égard, des inégalités qui pourraient disparaître, au moins en partie. Parcourez les départements industriels de l'Est et du Nord, ou la fertile vallée de la Garonne, non loin des rives où s'élève la superbe cité bordelaise, vous rencontrerez à chaque pas des maisons blanches s'épanouissant sur un fond de verdure, et riant au soleil. Si vous pénétrez dans ces maisons, vous y trouverez de la propreté, cela va sans dire ; mais, de plus, un ameublement simple et de bon goût, qui révèle une civilisation avancée. Vous vous croiriez dans la demeure de quelque heureux bourgeois vivant de ses rentes. Eh bien! non, vous êtes chez un ouvrier de la manufacture voisine, à moins que ce ne soit un jardinier ou un vigneron. Les personnes avenantes qui vous reçoivent sans embarras et vous répondent en bon langage portent la livrée du travail. Le dimanche, par exemple, elles sont vêtues avec quelque élégance, et ne se distinguent du monde des villes que par leurs robustes mains de travailleurs, qui, le lendemain, reprendront, sans marchander, la besogne quotidienne.

Quel contraste avec les taudis humides, malpropres, à peine éclairés, des colons, fermiers et même petits propriétaires, qu'on rencontre à peu près partout! Si un La Bruyère visitait les tristes habitants de ces misérables réduits, il serait tenté de refaire le sombre portrait qu'il nous a tracé du paysan au xvii° siècle. Il n'est que trop vrai qu'une portion considérable du peuple vit encore en dehors de la civilisation et en ignore les bienfaits.

On a cité avec admiration l'œuvre accomplie par un personnage libéral, qui s'éloigna des affaires publiques sous le second Empire, et consacra ses loisirs, ainsi que sa fortune, à civiliser un village de sa province natale. Il bâtit des écoles, traça des routes, fit jaillir du sol des fontaines, améliora l'agriculture, créa des industries, organisa des institutions de prévoyance, et, par ces moyens, modifia les mœurs des habitants, si bien qu'au bout de quinze ou vingt ans, le pays fut transformé et parut en avance d'un siècle sur les régions d'alentour.

Voilà une œuvre vraiment belle, que chaque instituteur devrait imiter de loin et dans la mesure de son pouvoir. Certes, il n'a ni l'autorité, ni les ressources de l'illustre philanthrope auquel nous faisons allusion, et nous ne voulons point établir une comparaison impossible. Mais si, pour son compte, il se faisait une habitude et un besoin de l'ordre et d'un confort raisonnable; s'il créait les mêmes habitudes et les mêmes besoins chez ses élèves, à la longue il réaliserait autour de lui de sérieux progrès et son œuvre ne serait pas vaine.

RÉSUMÉ

I. — Ordre et propreté dans l'école et ses dépendances et dans l'habitation particulière de l'instituteur. Contrastes pénibles.

II. — Action de l'instituteur auprès des autorités, pour obtenir des améliorations dans les bâtiments et le matériel scolaires.

Comment l'instituteur suppléera, par son industrie, aux ressources manquantes. Son zèle ne sera enrayé par aucune pensée égoïste.

III. — Au point de vue spécial de l'hygiène et du confort, l'instituteur peut exercer une bonne influence. Un certain confort est compatible avec la vie champêtre.

TRENTE-DEUXIÈME LEÇON

ORGANISATION PÉDAGOGIQUE DE L'ÉCOLE PRIMAIRE

Sommaire. — I. Classement des élèves. Emploi du temps. — II. Équité à l'égard des vieux maîtres.

I

CLASSEMENT DES ÉLÈVES — EMPLOI DU TEMPS

L'installation matérielle d'une école, nous venons de le voir, est chose importante; mais une bonne organisation pédagogique l'est encore davantage. Il y a des maîtres zélés, se donnant énormément de peine, qui n'aboutissent qu'à des résultats médiocres. D'autres, au contraire, ont l'air de faire bien moins; et pourtant ils obtiennent beaucoup plus. Ces derniers sont méthodiques, les autres ne le sont pas : voilà l'explication.

Le jeune instituteur, appelé à diriger non plus un seul cours, mais une école complète, mettra donc toute son habileté à concevoir et réaliser une organisation scolaire bien ordonnée dans toutes ses parties. Il sera aidé dans cette tâche difficile par le règlement du 18 janvier 1887, document pédagogique de haute valeur. Nous en rappellerons ici les prescriptions essentielles.

1° *Répartition des élèves dans les cours.* — Lorsqu'il n'y a qu'un petit nombre de divisions, et que des écoliers de force très différente reçoivent les mêmes leçons, les uns sont exposés à rester stationnaires et à perdre l'habitude de l'effort; les autres, à ne pas profiter d'un enseignement au-dessus de leur portée, et, par suite, à se décourager.

Si, au contraire, les élèves sont distribués en un grand nombre de sections, le maître tombe dans les graves inconvénients du mode individuel; son activité s'éparpille et s'affaiblit; la discipline et les progrès deviennent alors difficiles.

Le règlement a donc pris une sage mesure en fixant à *quatre* le nombre des cours, y compris le *cours préparatoire*, et en ne permettant des sectionnements que sous certaines conditions.

2° *Répartition horaire de l'enseignement.* — Il importe au premier chef d'établir un bon *emploi du temps* quotidien; mais une autre opération doit précéder celle-là. Il faut déterminer le nombre d'heures à consacrer par semaine à chaque matière du programme, selon l'étendue, l'importance et la difficulté des matières. L'arrêté du 18 janvier 1887 est venu en aide à l'instituteur en fixant lui-même les bases de la répartition.

La détermination précise du nombre de leçons et de leur durée se fera ensuite. Certaines leçons reviendront plusieurs fois par jour, d'autres tous les jours, d'autres une ou deux fois seulement par semaine.

3° *Emploi du temps.* — Les principales conditions à remplir dans un bon emploi du temps sont les suivantes : clarté et simplicité (que de choses dans ces deux mots !); durée des leçons proportionnée à l'âge des enfants; leçons qui demandent le plus d'effort placées aux heures où les enfants sont le moins fatigués; variété dans les exercices.

4° *Interprétation des programmes.* — On fera le plus grand cas des commentaires qui accompagnent le plan d'études officiel. L'*objet*, la *méthode* et les *programmes*, pour la triple éducation physique, intellectuelle et morale, y sont précisés en quelques pages d'une haute et saine pédagogie.

Le règlement donne seulement le programme général des études pour chaque cours. Cette indication ne suffit pas. Si l'instituteur s'en contentait, il s'exposerait à faire des omissions ou à délayer outre mesure certains points. Nous lui demanderons donc de développer selon son degré d'importance chaque partie du programme et d'en faire une répartition mensuelle.

Il ne faudra pas oublier de réserver un temps suffisant pour les *revisions*, si nécessaires à l'école.

Tels sont les principaux points de l'organisation pédagogique, à laquelle tout instituteur doit procéder, sous le contrôle de son inspecteur, au commencement de chaque année scolaire, et principalement quand il est appelé à diriger une école qui lui est nouvelle.

Dans ce dernier cas, nous conseillerons à l'instituteur, avant de dresser son plan, d'étudier d'abord le terrain, nouveau pour lui, sur lequel il va édifier. Il examinera attentivement les allures des élèves et l'esprit de l'école. Il s'attachera à bien connaître le plan d'études de son prédécesseur, et l'appliquera provisoirement, jusqu'à ce qu'il soit en mesure de réaliser ses propres vues. Qui sait si dans l'œuvre de son prédécesseur, il ne trouvera pas des choses excellentes qu'il sera heureux de conserver? Plus il se montrera conservateur en cette circonstance, plus il fera preuve de sagesse.

Malheureusement, cela ne se passe pas toujours ainsi. Trop souvent, l'instituteur a une tendance à critiquer ce qui se faisait avant lui, et, par suite, à tout transformer.

II

ÉQUITÉ A L'ÉGARD DES VIEUX MAÎTRES

Nous admettons très bien que deux instituteurs n'aient ni les mêmes vues ni la même manière de faire. Cela tient à la diversité naturelle qui existe entre les hommes. D'ailleurs, le maître qui se contenterait de copier servilement un autre maître ferait apparemment de mauvaise besogne. Il doit imprimer sa personnalité à son travail. Mais parce que deux hommes parcourent des chemins différents pour aboutir au même point, cela ne veut pas dire que l'un des deux se trompe nécessairement.

L'instituteur pratiquera donc l'équité à l'égard de ses collègues, en reconnaissant leurs efforts, — en constatant loyalement leurs succès. Quand il agit différemment et qu'il fait sonner haut ses critiques et ses réformes à lui, s'il n'est pas injuste et téméraire, il manque au moins de modestie et de charité.

D'une manière générale, nous recommanderons aux jeunes le respect des anciens. On peut bien reconnaître les mérites des nouveaux maîtres, sans pour cela amoindrir l'œuvre de ceux qui nous ont précédés. Ils ont beaucoup fait, dans des circonstances difficiles, et avec moins de ressources que nous : voilà la vérité. Et si maintenant nous n'obtenions pas de meilleurs résultats qu'eux, en réalité nous leur serions inférieurs.

Une revue belge, l'*Avenir*, a publié un article, intitulé le *Crépuscule des vieux*, qui renferme plus d'une bonne réflexion :

« Les *vieux* s'en vont de nos écoles ; quelques années encore et il ne restera plus en fonction un seul de nos anciens.

« Que les *jeunes* se réjouissent, c'est parfait ; c'est même dans l'ordre de la nature... Mais qu'ils ne se hâtent pas trop de crier qu'il était temps, et que tout va changer désormais ; qu'ils n'aient pas la présomption de croire que l'enseignement va se transformer, se rénover, briller d'un éclat extraordinaire.

« Il est certainement beau d'être jeune, il est bon, il est nécessaire d'être jeune, d'avoir de l'initiative, d'être plein de fougue, de brûler du feu sacré ; mais il n'est ni nécessaire, ni bon, ni beau de traiter pour cela les *vieux* de croûtes, de ramollis, de routiniers.

« Les *vieux* n'ont malheureusement que trop connu la vie réelle de nos écoles ; ils ont été aux prises avec des difficultés sans nombre, et s'ils n'ont fait avec Montaigne et Rousseau qu'une connaissance assez imparfaite, ils ont du moins le mérite — qui n'est pas mince — d'apprécier à leur juste et exacte valeur le besoin de notre population...

« Ils dirigeaient, dans le temps où ils étaient les *jeunes*, d'immenses classes de 60, 80, 100, 120 élèves, des classes telles que les *jeunes* actuels ne peuvent s'en faire une idée, et l'ordre et la discipline régnaient cependant dans la classe, et les enfants apprenaient cependant à lire, à écrire, à calculer !

« Ah ! certes, les *vieux* n'avaient pas trop bonne vie à cette époque, et si, le soir, ils ne trouvaient plus la force d'ouvrir un Rabelais, un Pestalozzi, un Coménius, les *jeunes* d'aujourd'hui oseraient-ils bien leur en faire un crime impardonnable ?

« Les *vieux* s'en vont ; il ne faut pas qu'ils s'en aillent tristement oubliés, presque méconnus ; ce serait de l'ingratitude et d'un effet moral déplorable... »

Cet article, dont nous avons supprimé les passages les plus vifs, est empreint d'une amertume qui dénote un esprit de rivalité que nous ne connaissons heureusement pas en France. On ne pouvait manquer d'y répondre par un autre article portant ce titre significatif : l'*Aurore*. Toutefois, l'auteur de la riposte croyait pouvoir prendre la défense des *jeunes* sans pour cela dénier aux *vieux* tout mérite, et il rappelait ce jugement de Pascal :

« On peut aujourd'hui prendre d'autres sentiments et de nouvelles opinions sans mépriser les anciens et sans ingratitude, puisque les premières connaissances qu'ils nous ont données ont servi de degré aux nôtres, et que dans ces avantages nous leur sommes redevables de l'ascendant que nous avons sur eux ; parce que s'étant élevés jusqu'à un certain degré, où ils nous ont portés, le moindre effort nous fait monter plus haut, et avec moins de peine et moins de gloire nous nous trouvons au-dessus d'eux. C'est de là que nous pouvons apercevoir des choses qu'il leur était impossible d'apercevoir [1]. »

RÉSUMÉ

I. — Interprétation du règlement du 18 janvier 1887 : classement des élèves, emploi du temps, répartition des programmes.

Quand il y a lieu, opérer des réformes avec fermeté, mais sans précipitation. Utiliser le plus possible les choses existantes.

II. — Défaut à éviter : critique injuste ou déplacée de l'œuvre des prédécesseurs.

Équité et respect à l'égard des anciens.

---

1. *Traité sur le vide.*

TRENTE-TROISIÈME LEÇON

L'ÉCOLE A PLUSIEURS MAITRES

Sommaire. — I. Principes de direction. — II. Devoirs du directeur à l'égard de ses adjoints.

I

PRINCIPES DE DIRECTION

Quelques-uns des instituteurs les plus recommandables seront appelés un jour à diriger une école à plusieurs classes. Faisons tout d'abord, à ce sujet, une remarque. Dans les villes, il y a des écoles où sont réunis plus de quatre cents enfants, et qui réclament sept ou huit maîtres. Alors le directeur, très absorbé par l'administration, par le gouvernement des maîtres aussi bien que des enfants, est lui-même dispensé de faire une classe. Si les postulants pour ces emplois importants croyaient qu'ils seront soulagés, en n'ayant plus le souci et la fatigue d'une classe personnelle, ils se tromperaient : leurs occupations, pour changer de nature, n'en seraient pas moins lourdes et assujétissantes. Ajoutons qu'ils ne tarderaient pas à s'apercevoir que l'enseignement a par lui-même plus d'un attrait, sans compter qu'il entretient les forces intellectuelles et fortifie l'autorité morale. Celui qui ne fait plus de leçons ne tarderait pas à être amoindri, s'il n'y suppléait d'une autre manière. C'est pour tous ces motifs que les directeurs et directrices d'écoles normales, consultés sur la question de savoir s'ils ne devaient point être déchargés de cours, ont répondu presque à l'unanimité qu'ils entendaient rester professeurs en même temps que directeurs.

Nous avons déjà, incidemment, fait connaître les conditions d'une organisation rationnelle de l'école à plusieurs maîtres, les rôles respectifs du directeur et des adjoints, la solidarité qui doit unir les fonctionnaires d'un même établissement, etc. Il reste à compléter nos réflexions.

On peut dire que les difficultés d'organisation diminuent à mesure que le nombre des maîtres augmente. Ainsi, l'école où il y a un maître pour chaque cours, et l'école où chaque cours est divisé en deux années, où chaque année forme une classe distincte, sont des types excellents. Ils permettent l'application complète et progressive de tout le programme, l'emploi du mode simultané avec ses puissantes ressources, une marche ascensionnelle des élèves, exactement réglée sur leurs aptitudes et leurs efforts. Mais il est bien nécessaire que les classes soient reliées entre elles, qu'elles exécutent chacune une partie d'un plan fortement conçu, minutieusement arrêté dans ses détails. Toutes doivent obéir à la même impulsion.

C'est dans ce travail d'organisation que se révèleront les qualités du chef de l'école.

Il ne lui suffit pas d'avoir des idées justes, traduites selon un ordre précis, ce qui serait déjà beaucoup pourtant; il doit encore obtenir l'adhésion des esprits et des volontés.

Supposez un directeur intelligent, énergique, mais jaloux de son autorité, au point de n'en consentir jamais le partage avec qui que ce soit, portant son conseil dans sa tête comme Louis XI, et procédant sans cesse par injonctions. Il sera obéi mais sans chaleur ni conviction. Ses maîtres protesteront dans leur for intérieur ou même entre eux contre un absolutisme qui les humilie. Leur initiative n'étant pas sollicitée, ils se sentiront peu responsables et se désintéresseront des résultats; n'ayant guère occasion de se concerter avec leur chef et leurs collègues, ils se laisseront aller à la pente particulière de leur esprit, et l'unité des vues sera compromise. Enfin, si capable et intelligent que soit un homme, il ne peut avoir le monopole de toutes les bonnes idées; il ne peut éviter que quelques-unes d'entre elles rencontrent de la contradiction; et, comme les contradicteurs n'ont pas eu occasion de discuter et d'être éclairés, ils gardent leur opinion. Alors les instructions du directeur, critiquées, mal comprises, sont ensuite mal appliquées. En définitive, l'autorité d'un chef est d'autant plus contestable, qu'il se montre plus absolu.

Il est un autre mode de direction, basé sur les principes du gouvernement constitutionnel, qui a de beaucoup nos préférences. Le directeur considérera sincèrement ses adjoints comme des associés et des collaborateurs. Il admettra qu'eux aussi puissent avoir des idées justes, et prennent sur eux de les exprimer. Dans les grandes circonstances, le directeur, après avoir soigneusement mûri ses projets, réunira ses maîtres, exposera ses plans et provoquera l'exposé de leurs opinions.

A la fin de chaque semaine, les maîtres iront *au rapport*. Le directeur sera ainsi mis au courant de tous les incidents de la vie scolaire. Il dirigera, conseillera, avertira au besoin, et les questions de détail seront résolues sans retard de la meilleure façon.

Et cette manière de faire n'est pas seulement juste et convenable; elle est en même temps habile. Les maîtres suivent avec zèle et intelligence des instructions dont ils connaissent le principe et le but; de plus, leur responsabilité est directement engagée dans l'application de mesures décidées en partie par eux-mêmes.

On objectera peut-être que dans ces délibérations, l'autorité qui appartient et doit rester au directeur, sera compromise. Nous croyons tout le contraire, à la condition préalable que le chef soit à la hauteur de sa tâche. Son autorité s'imposera par la persuasion. C'est la récompense d'une direction aimable et libérale, qui n'a pas de peine à être forte quand les circonstances le demandent.

II

DEVOIRS DU DIRECTEUR A L'ÉGARD DE SES ADJOINTS

Nous avons été très exigeant, quand il s'agissait de tracer au stagiaire ses devoirs à l'égard de son chef d'école. Par contre nous devons, pour le jour où il aura lui aussi des adjoints, lui recommander d'exercer sur eux une tutelle bienfaisante.

Il leur donnera d'abord le complément d'instruction professionnelle que l'école normale n'a pu leur fournir.

Le directeur se rendra dans les classes de ses adjoints : après avoir assisté à leurs leçons, il donnera des conseils; d'autres fois, il joindra l'exemple au précepte, en faisant devant eux la classe lui-même; et tout cela avec tact et mesure, pour instruire sans humilier.

Mieux que cela, pour entretenir la vie intellectuelle dans sa maison, pour encourager le goût de l'étude, le directeur organisera des conférences où les adjoints, les uns après les autres, exposeront une question, liront un mémoire et prendront part ensuite à une discussion instructive. Toutefois qu'il se garde bien de faire trop, car, au lieu d'exciter l'intérêt, il provoquerait la fatigue, et son but serait manqué.

Tout en veillant à l'instruction de ses adjoints, qu'il ne néglige pas leur bien-être matériel. Il leur offrira ses bons offices pour leur procurer le vivre et le couvert dans de bonnes conditions. Lorsqu'il pourra les prendre chez lui en qualité de pensionnaires, il le leur proposera de lui-même. Il usera de son crédit auprès des autorités pour leur valoir quelques avantages. Peut-être pourra-t-il leur procurer des ressources à l'aide des études surveillées, ou en les recommandant aux familles qui désirent faire donner des leçons particulières à leurs enfants.

Lorsqu'il aura à fournir des notes sur ses subordonnés, il s'efforcera de bien renseigner l'administration, en se montrant à la fois juste et bienveillant. Il y a peu d'hommes radicalement mauvais, et peu de défauts sans remèdes; or, avant de réprimer, et surtout avant de supprimer, il faut d'abord essayer d'améliorer. Dans tous ses jugements donc, il sera guidé par l'intérêt du service, sans perdre pour cela de vue l'intérêt des individus, se souvenant, ainsi que le disait un de nos inspecteurs généraux, « que les répressions proposées à l'égard d'un inférieur, sont plus facilement obtenues que les récompenses ». Combien serait heureux un chef, si, à la fin d'une longue carrière, il pouvait se rendre ce témoignage : j'ai eu sous mes ordres un grand nombre de fonctionnaires ; quelques-uns étaient excellents, j'ai pris plaisir à les mettre en évidence et à favoriser leur avancement; ils sont aujourd'hui des sujets distingués ; d'autres avaient des qualités mêlées de défauts, j'ai tiré parti des premières, et, quand je n'ai pu corriger les secondes, je les ai réduites à l'impuissance, de sorte que ces fonctionnaires ont été aussi des serviteurs du pays, utiles et honorables; enfin, j'ai rencontré bien rarement des sujets méchants et rebelles à toute amélioration; rarement, par conséquent, j'ai eu à proposer des mesures de rigueur !

Il ne faudrait pas conclure de ce qui précède que nous prêchons l'indulgence et condamnons la sévérité. Non, certes ! La sévérité est nécessaire, et c'est rendre un signalé service à un jeune homme que de l'arrêter dans une voie funeste pendant qu'il en est temps encore. Seulement, sauf dans les cas tout à fait graves, il faut avertir, frapper même, sans amoindrir le coupable, sans lui ôter le peu de dignité qui lui reste, de façon à le désespérer et à perdre complètement son avenir. Laissons-lui l'espoir et la possibilité de la réparation.

Un exemple, qui nous est personnel, achèvera de faire comprendre notre pensée. Il nous arriva un jour, — nous n'avions pas vingt ans ! — de commettre une légère mais évidente infraction au règlement scolaire. La chose fut constatée par notre inspecteur primaire. Il aurait pu sévir, provoquer un blâme de la part des autorités académiques. Eh bien ! l'excellent homme, qui avait remarqué en nous quelques bonnes dispositions, nous en tint compte pour nous épargner un désagrément administratif; mais il ne laissa pas que de nous donner une verte leçon on ne peut plus piquante pour notre amour-propre. Nous fûmes parfaitement corrigé, et plus jamais le règlement ne nous trouva en défaut. A partir de ce moment, nous nous attachâmes à notre chef par de forts liens de reconnaissance et d'amitié que la mort seule, hélas ! a rompu.

On pense bien que nous gardâmes fidèlement le souvenir de son exquise et judicieuse bonté. Nous tâchâmes de nous en inspirer quand nous eûmes à notre tour à juger les instituteurs.

M. Lavisse, dans un discours sur les réformes à opérer dans l'enseignement, discours prononcé à la distribution des prix de l'École alsacienne, disait à ses jeunes auditeurs : « Avec notre habitude française de penser tout haut, de tout dire devant tous, et par l'effet de cette sociabilité bienveillante qui rapproche chez nous les rangs et les âges, nous vous prenons pour confidents de nos idées [1]. » C'est précisément pour cette raison là que nous n'avons pas hésité à traiter des devoirs des directeurs d'école devant des élèves-maîtres qui, avant d'avoir à les observer, devront d'abord faire leurs preuves dans des situations plus modestes. Nous pensons même que plus ils seront éclairés sur le rôle et la responsabilité de leurs supérieurs, plus ils seront disposés à les seconder et à leur accorder la déférence qui leur est due.

RÉSUMÉ

I. — Organisation des études et répartition des services. Direction, d'après les principes du gouvernement constitutionnel. Collaboration des adjoints. Réunions hebdomadaires.

II. — Devoirs du directeur à l'égard de ses adjoints : instruction professionnelle ; dévouement pour leurs intérêts ; protection, bienveillance et justice ; circonspection et modération dans les jugements ; sévérité opportune et indulgence bien entendue.

---

1. *Revue internationale de l'enseignement*, 15 août 1888.

TRENTE-QUATRIÈME LEÇON

CHOIX D'UNE CARRIÈRE POUR LES ENFANTS DES ÉCOLES PRIMAIRES

Sommaire. — I. Objet de l'instruction primaire. — II. A quels signes on reconnaît les études primaires bien faites. — III. L'avenir des enfants. Détermination de leurs aptitudes.

I

OBJET DE L'INSTRUCTION PRIMAIRE

L'objectif d'un gouvernement démocratique, en matière d'instruction, est de mettre à la portée de chaque enfant toutes les connaissances qu'il est susceptible d'acquérir. Il est d'abord un premier degré d'instruction considéré comme indispensable à tout simple citoyen qui veut de bonne heure demander sa subsistance au travail. Le même enseignement est, en outre, une base nécessaire à l'édification des études plus complètes qui seront continuées par une partie de la jeunesse. Tous les enfants donc, du haut en bas de l'échelle sociale, commencent par recevoir cette instruction justement appelée *primaire*.

L'idée n'en est pas récente. Déjà au XVIIe siècle, elle était nettement formulée par Coménius : « Nous poursuivons, dit-il, une éducation générale : l'enseignement à tous les hommes de toutes les choses humaines. Le but de l'école populaire sera que tous les enfants des deux sexes, de la sixième à la douzième ou treizième année soient instruits des connaissances dont l'usage s'étend à toute la vie [1]. »

Une autre définition plus moderne, très exacte aussi, a été donnée par Condorcet : « On enseigne dans les écoles primaires ce qui est nécessaire à chaque individu pour se conduire lui-même et jouir de la plénitude de ses droits [2]. »

La législation française, depuis la Révolution jusqu'à nos jours, a maintes fois déterminé des programmes susceptibles de répondre à cette généreuse et prévoyante idée de l'enseignement primaire. Enfin cette préoccupation a abouti aux programmes de 1882, dont la bonne interprétation est la grande affaire de l'instituteur.

Il n'est pas seulement l'instituteur des fils du prolétaire, il est l'instituteur de tous les petits Français, quelle que soit leur destinée future. Qu'il veuille bien réfléchir à la responsabilité qui pèse sur lui. S'il ne sait pas extraire des programmes leur vertu éducatrice pour en faire profiter tous ses élèves, les uns, — les humbles, — seront mal préparés à la vie laborieuse ; ils lutteront avec désavantage à côté de rivaux plus forts et mieux armés ; les autres, — les privilégiés de l'intelligence ou de la fortune, — seront également mal préparés à continuer leurs études dans des établissements supérieurs ; ils en souffriront et manqueront peut-être une belle carrière !

A quels signes l'instituteur reconnaîtra-t-il qu'il remplit convenablement son mandat ? il y en a plusieurs. Par exemple, si les élèves se rendent à l'école avec empressement, s'ils ont la physionomie ouverte, si leur esprit se débrouille, s'il leur vient des idées qu'ils expriment avec aisance ; s'ils apportent de la régularité, du goût et de l'application à leurs tra-

---

1. *Grande didactique.*
2. *Rapport à la Législative.*

vaux; si leur caractère devient aimable, si leurs sentiments s'épurent, si leur sens moral s'aiguise, c'est qu'il ne fait point fausse route. Les mêmes qualités persistent-elles chez les anciens élèves? Les apprentis et les ouvriers, tout en étant adroits et assidus à l'atelier ou aux champs, conservent-ils une certaine distinction intellectuelle et morale; d'autre part, les anciens élèves de l'école primaire qui continuent leurs études dans un autre établissement, se signalent-ils par leurs succès? Eh bien! notre maître peut avoir confiance dans son œuvre.

Pour le moment, appelons son attention sur un critérium des études élémentaires bien conduites. Il s'agit de l'examen du *certificat d'études primaires*, qui est la sanction légale des études du premier degré.

II

A QUELS SIGNES ON RECONNAIT LES ÉTUDES PRIMAIRES BIEN FAITES

L'instituteur ne sera satisfait que lorsque naturellement, c'est-à-dire sans préparation spéciale, ses élèves se trouveront, entre onze et treize ans, mûrs pour cet examen. Il ne faudrait admettre dans les exceptions que les enfants dont l'intelligence serait au-dessous de la moyenne, ou que la maladie aurait éloignés de l'école. On objectera que la fréquentation irrégulière des classes est un sérieux obstacle: cela est vrai. Pourtant l'excuse n'est pas suffisante. Les inspecteurs, très compétents dans la question, sont d'accord pour dire que l'assiduité dans la fréquentation scolaire dépend beaucoup de l'instituteur. Partout où il y a un maître zélé, capable, sachant faire aimer l'école, celle-ci est bien suivie, en dépit des circonstances défavorables.

Tant que le nombre des candidats heureux à l'examen du certificat d'études sera sensiblement inférieur à celui des élèves sortants, c'est qu'il restera beaucoup de progrès à accomplir.

Ce petit nombre de certificats entraîne des conséquences fâcheuses à un autre point de vue.

Si, conformément au vœu de la loi, la plupart des garçons et filles emportaient leur certificat de l'école, ceux qui ne doivent pas pousser leurs études plus loin seraient bien préparés à commencer l'apprentissage intelligent d'un métier ; et, en même temps, ils seraient à l'égard de leurs compagnons dans des conditions d'égalité au moins apparente. Mais tant que le certificat demeurera une rareté, ceux qui en auront fait la conquête seront considérés comme des phénix, et ce sera le point de départ d'ambitions souvent mal fondées. Combien de parents, s'exagérant la signification d'un succès très modeste, ont cru que leur enfant était appelé à des destinées supérieures à leur condition, et se sont imposé des sacrifices inutiles, suivis d'amères déceptions !

III

L'AVENIR DES ENFANTS — DÉTERMINATION DE LEURS APTITUDES

Une question capitale, qui se greffe sur la précédente, est celle de la vocation des jeunes gens. Le soin de les diriger, à la sortie de l'école, dans la voie qui leur convient le mieux, appartient d'abord aux familles. Il est si délicat et il comporte une si lourde responsabilité, que l'instituteur fera bien de se tenir à cet égard dans une prudente réserve et de n'intervenir que lorsqu'il en sera fortement prié.

Et pourtant comment déclinerait-il toute part dans la grave décision à prendre? Pendant plusieurs années, il a eu l'enfant sous les yeux; il l'a observé dans les circonstances les plus variées; l'opinion qu'il s'en est formée s'est traduite dans ses notes de classe, dans ses conversations avec les parents, et l'opinion de ceux-ci s'est peu à peu déduite de la sienne.

Toutes les fois donc qu'il aura à se prononcer sur les élèves, qu'il ne se laisse pas éblouir par la grâce, l'esprit naturel, les succès faciles et quelquefois trompeurs; qu'il ne se laisse pas non plus impressionner défavorablement par la lourdeur apparente d'un esprit robuste, et par des imperfections de caractère susceptibles d'amendement; mais qu'il n'assoie ses jugements que sur des observations répétées, puis corrigées ou corroborées les unes par les autres.

D'une manière générale, nous signalerons deux dangers opposés :

1° Il ne faut pas lancer les jeunes gens dans une carrière ambitieuse, où ils échoueraient faute d'aptitude.

2° Il ne faut pas arrêter l'essor de ceux qui sont capables de s'élever.

Les parents sont portés à s'exagérer les qualités de leurs enfants. Cette tendance, jointe au désir de voir leurs fils arriver à de belles positions, les pousse, pour peu qu'ils soient excités, à des projets coûteux et hasardés.

D'abord il en résulte le dédain des travaux manuels, puis un encombrement dans les carrières publiques, dont la société souffre, tout le monde en convient. Ce n'est pas tout : si les jeunes gens ne réussissent pas dans des études trop fortes pour leurs petites capacités, s'ils échouent dans les examens ou dans leurs démarches auprès des administrations, il y aura, en outre, de l'argent perdu, peut-être la ruine d'un ménage, sans compter les chagrins et les humiliations.

Les *fruits secs*, rentrés au foyer paternel auront dépassé l'âge où l'on apprend facilement un métier, et ne s'adonneront pas avec beaucoup d'entrain aux travaux rustiques. Ceux-là encore finiront par oublier leurs ambitions déçues, par cicatriser les blessures de leur amour-propre, et par accepter courageusement leur modeste condition. Mais combien de sujets ne reviennent plus au village, préfèrent aller grossir l'armée redoutable des déclassés, et demander leur existence à des occupations vagues, et parfois pis encore! Ils sont malheureusement perdus pour eux-mêmes, pour leurs familles et pour la société; que dis-je? ils se retournent contre la société qu'ils rendent responsable de leurs déceptions.

Voilà de grands maux que l'instituteur cherchera à enrayer par sa prudence.

Après avoir pris ces précautions, nous n'en serons que plus autorisé à recommander les enfants vraiment intelligents, doués d'aptitudes remarquables. Pour peu qu'on leur vienne en aide, qu'on leur tende la main au départ, ils marcheront d'un pas assuré et deviendront des sujets distingués dont le pays s'honorera. Ces sujets sont rares, mais ils peuvent se rencontrer dans la plus infime condition. Quand l'instituteur sera assez heureux pour en découvrir dans son école, il les signalera aux familles et fera comprendre que quelques capitaux dépensés pour l'éducation d'un enfant d'élite produiront plus tard de gros intérêts. Si les parents n'ont pas de fortune, il aura soin de les informer que l'État, les départements et parfois les communes accordent des bourses dans les Lycées et Collèges de l'État, et il dirigera les études des jeunes gens de façon à les faire réussir aux examens d'admissibilité.

Enfin, nous engagerons l'instituteur à diriger quelques-uns de ses meilleurs élèves vers l'enseignement, c'est-à-dire d'abord vers l'école normale. Il rendra par là un nouveau service à une cause qui lui est chère, et il payera, sous une forme excellente, la dette de reconnaissance qu'il a contractée jadis envers l'école normale. Nous n'avons pas à rappeler ici les qualités qui constituent la vocation de l'enseignement. Elles sont assez saillantes pour qu'un instituteur expérimenté parvienne assez vite à les reconnaître.

RÉSUMÉ

I. — L'enseignement nécessaire à tous, est justement appelé *primaire*.

II. — Le *certificat d'études primaires*. Tous les élèves, sauf de rares exceptions, peuvent et doivent l'obtenir.

III. — Renseignements donnés aux familles sur l'aptitude des enfants.

Ne pas encourager l'amour-propre, la vanité et les espérances mal fondées. Ne pas contribuer à augmenter le nombre des déclassés.

En revanche, favoriser l'essor des aptitudes reconnues. Bourses.

Vocations pour l'enseignement. Diriger quelques bons sujets vers les écoles normales.

TRENTE-CINQUIÈME LEÇON

LES ANNEXES DE L'ÉCOLE

Sommaire. — I. Causes de la désertion des campagnes et de l'abandon des professions manuelles. — II. Extension de l'enseignement scolaire. — III. Propagation des œuvres utiles.

I

CAUSES DE LA DÉSERTION DES CAMPAGNES ET DE L'ABANDON DES PROFESSIONS MANUELLES

Les recensements officiels de la population en France révèlent un fait indéniable : le nombre des habitants augmente dans les villes, tandis qu'il diminue presque partout dans les bourgs et les villages. D'autre part, il y a encombrement de candidats à la porte de toutes les administrations, alors qu'il y a déjà trop de fonctionnaires. Il résulte évidemment de cette disproportion un malaise social.

Or, comme cette perturbation se produit à la suite des grands efforts accomplis pour répandre partout l'instruction, il s'est trouvé des personnes de bonne foi, qui y ont vu un danger. Nous ne parlons pas des hommes de parti qui s'en sont fait un argument politique.

Il ne sera pas difficile de démontrer que l'instruction n'est pas la grande coupable, et que d'elle il faut au contraire attendre en partie le remède.

Nous avons vu précédemment que des erreurs et des imprudences étaient quelquefois commises au sujet de l'avenir des jeunes gens, et nous avons invité l'instituteur à apporter de la clairvoyance et de la circonspection dans les renseignements qu'il fournit aux familles. Nous avons fait comprendre aussi que dans les temps de transition entre l'ignorance presque générale du peuple et son initiation totale aux connaissances primaires, les individus un peu plus instruits que les autres étaient regardés comme des êtres supérieurs et pouvaient en concevoir des idées ambitieuses. Nous avons ajouté que le meilleur moyen de mettre tout le monde à sa place était d'instruire tout le monde. « Dans le royaume des aveugles, les borgnes sont rois »; mais s'il était possible de faire aux uns et aux autres l'opération de la cataracte, il n'y aurait plus que des voyants, et la royauté des borgnes n'aurait plus sa raison d'être.

Toutefois, dans la question qui nous occupe, il est une science qui nous apportera d'inappréciables lumières : l'économie politique. Or, voici ce que nous apprend cette science : Si le paysan déserte les campagnes, c'est surtout parce qu'il y vit péniblement; si le travail agricole est délaissé pour le travail industriel, c'est que ce dernier est plus rémunérateur; enfin si l'on préfère le plus petit emploi aux professions manuelles, c'est qu'on espère trouver dans les fonctions publiques une vie plus douce pour le présent et la sécurité pour l'avenir. D'où viennent maintenant les souffrances de l'agriculture et la crise intense qui pèse sur certaines industries? C'est que les fléaux naturels, tels que le phylloxera, ont anéanti bien des richesses; c'est que, grâce aux communications de plus en plus faciles par terre et par mer, les pays neufs et fertiles nous inondent de leurs produits, et que notre vieux sol épuisé, ne peut plus soutenir la concurrence. Enfin, les progrès extraordinaires réalisés coup sur coup dans le travail industriel, par un merveilleux outillage, ont diminué la main-d'œuvre et troublé momentanément la vie et les habitudes de la classe ouvrière. Celle-ci finira par tracer de nouvelles voies à son activité ; les campagnes elles-mêmes se repeupleront le jour où l'on y ramènera la prospérité.

Ainsi donc, en fin de compte, toute invention, tout perfectionnement matériel et tout débouché nouveau tournent au profit de l'humanité, malgré les souffrances passagères qu'ils entraînent. La science, qui, à côté d'une grande somme de bien, occasionne un peu de mal, révèlera le vulnéraire pour guérir les blessures qu'elle fait, et aura raison, dans une large mesure, des maux engendrés par les forces aveugles du monde physique.

La science, ou plutôt le progrès dans la science, a pour point de départ l'intelligence de chaque individu, éveillée et appliquée à des choses utiles et honnêtes ; elle a pour premier instrument la modeste instruction donnée par l'instituteur.

II

EXTENSION DE L'ENSEIGNEMENT SCOLAIRE

La mission de l'instituteur ne s'exerce pas entièrement dans les limites étroites de sa classe ordinaire. Certes il a beaucoup fait déjà quand il a rempli les intentions du législateur auprès des enfants, pendant les sept années de la scolarité obligatoire. Mais son zèle ira au delà. Il voudra continuer son œuvre auprès de ses anciens élèves, et aussi fournir des moyens d'instruction à ceux qui en auraient été privés dans leur jeunesse, ou qui auraient besoin d'un supplément de connaissances en vue d'une profession : il organisera des *cours d'adultes*.

Il y a un peu plus de vingt ans, sous l'énergique impulsion de M. Duruy, des cours d'adultes s'ouvrirent partout, et des récompenses furent décernées solennellement aux maîtres qui avaient obtenu le plus de succès. Ces cours ont eu leur moment de vogue, et l'on comptait par centaines de mille le nombre des élèves adultes. Ensuite la décadence est venue, le chiffre des élèves a diminué rapidement, et la plupart des classes du soir ont disparu.

Faudrait-il accuser le zèle des maîtres? Non, la bonne volonté des instituteurs est restée la même, et l'administration, tout en se montrant plus exigeante pour les résultats, n'a pas cessé de rémunérer les succès dûment constatés. Mais, dans l'engouement de la première heure, il y avait un enthousiasme factice, qui est tombé; de plus, l'expérience a prouvé que les cours d'adultes n'étaient guère faits pour les illettrés. Ceux qui, à vingt ou trente ans, ne savent pas lire, éprouvent une extrême difficulté à apprendre les éléments de la lecture et de l'écriture; ils se rebutent presque toujours avant d'être parvenus à des résultats appréciables.

Mais ce n'est pas une raison pour abandonner les cours d'adultes, qui produisent les meilleurs effets à la condition que ceux qui les suivent aient reçu déjà un commencement d'instruction. Ce sont alors de véritables cours de perfectionnement, ou même, vu la nature et les applications de l'enseignement, des écoles professionnelles rudimentaires. Il n'y a, pour s'en convaincre, qu'à voir les magnifiques résultats obtenus à Paris par les Associations polytechnique et philotechnique, et, dans les villes de province, par les cours municipaux et les classes organisées sous le patronage des sociétés philomathiques, des chambres de commerce, etc. Chose remarquable, la plupart des professeurs de ces cours sont de simples particuliers qui mettent de bonne grâce leur temps et leur savoir à la disposition de ceux auxquels manque l'instruction.

L'instituteur officiel ne saurait faire moins. Il ne refusera pas au travailleur des champs les ressources que l'ouvrier des villes reçoit si libéralement : il persistera à tenir des classes d'adultes. Il fera bon accueil aux jeunes gens qui viendront à lui avec le désir sincère et persévérant de s'instruire.

Le nombre des élèves importera peu ; s'il n'y en a qu'un petit groupe, il sera d'autant plus aisé de diriger l'enseignement selon les vues de chacun. Après avoir raffermi les connaissances premières, l'instituteur fera de la comptabilité rurale avec le laboureur, de la tenue des livres avec le commerçant, du dessin avec l'apprenti menuisier ou tailleur de pierres, etc.; en un mot, les applications de son enseignement seront usuelles, et les élèves, qui y trouveront des avantages immédiats, les suivront avec assiduité.

Nous demanderons autre chose encore à l'instituteur; mais seulement lorsqu'un séjour de plusieurs années dans la même commune lui aura valu la confiance générale, et à la condition qu'il ait l'assentiment formel de ses chefs : il s'agit des *lectures publiques* et des *conférences populaires*.

Le peuple a des besoins esthétiques. Satisfaire ces besoins, c'est le moraliser et lui rendre plus supportable son austère condition. Abandonné à lui-même, il sera exposé à nourrir son imagination et son cœur des productions trop souvent malsaines des journaux, des romans-feuilletons, ou de ces livres innommables, échappés clandestinement des bas-fonds du colportage; il ignorera les sublimes conceptions et la langue incomparable de nos grands écrivains! L'instituteur comprendra qu'il a ici encore un beau rôle à remplir. Par exemple, ne pourrait-il pas s'exercer dans l'art de la lecture à haute voix, selon les préceptes de M. Legouvé, et, le dimanche, ou le soir, après les exercices du cours d'adultes, réunir autour de sa chaire tous les auditeurs de bonne volonté? Des lectures expressives, accompagnées de quelques commentaires, leur feraient goûter les plus belles pages des auteurs classiques. Nos campagnards ne seraient-ils pas également fort intéressés quand on lirait des passages des meilleures histoires nationales, tels que la Vie de Jeanne d'Arc, racontée par Michelet? Et quelles leçons de patriotisme!

La *conférence* est une autre forme de l'éducation populaire. Mentionnons ici l'un de nos plus lointains souvenirs. Il remonte à 1848. La République venait d'être proclamée; les esprits étaient animés, et, dans beaucoup de communes s'étaient organisés des *clubs*, où les docteurs de village donnaient carrière à une éloquence parfois bien excentrique. Or, voici ce dont nous avons été témoin : un jeune instituteur, tout à fait gagné aux idées nouvelles, mais que la prudence n'abandonna pas, fut invité à parler aux séances du club, qui se tenaient dans sa propre classe. Il accepta; mais comprenant qu'il avait mieux à faire que de discourir sur la politique, il fit des leçons sur l'*économie rurale*, sur la *taille* et la *greffe* des arbres, sur le *système métrique*, encore peu connu à cette époque, et le conférencier improvisé obtint un plein succès! Ce qu'un simple instituteur faisait, il y a quarante ans, ne saurait-il être répété par l'instituteur contemporain du centenaire de 1789?

Les *sciences physiques et naturelles* appliquées à l'agriculture, à l'industrie, à l'hygiène, donneront lieu à une longue série de causeries instructives. L'*économie politique* vulgarisée, expliquée par des faits tangibles, s'opposera aux doctrines pernicieuses du socialisme. Ces doctrines seraient sans danger, si les gens étaient mieux éclairés sur leurs intérêts et sur les véritables facteurs des richesses.

Mais ce nouvel ordre d'enseignement exige plusieurs conditions. Le vulgarisateur a d'abord besoin de connaissances bien digérées, sans quoi, il obscurcirait la science au lieu de la rendre accessible à tous. Il a besoin de tact, pour ne blesser aucune conviction respectable ainsi que pour éviter les pièges tendus par les passions politiques et religieuses. Il lui faut, en outre, un savoir-faire particulier, nous dirons même un certain talent, pour être simple et ne pas tomber dans la déclamation ennuyeuse, pour trouver le langage qui convient à son auditoire.

Les leçons scientifiques auront besoin d'être appuyées de nombreuses expériences probantes. Il est donc nécessaire encore que l'instituteur soit un manipulateur adroit et ingénieux.

S'il pouvait *illustrer* ses entretiens scientifiques, ses récits de voyages, à l'aide d'un appareil à projection, ce serait un grand attrait de plus et un moyen puissant d'enseignement.

L'appareil à projection rendrait d'autres services : il contribuerait à la propagation des notions d'art. On ne peut pas toujours étudier et disserter; il faut des séances récréatives. Or, les chefs-d'œuvre de la sculpture et de la peinture ont été photographiés sur des verres à projections : ne serait-ce pas charmant de faire connaître ces trésors artistiques à de braves gens dont beaucoup n'auront peut-être jamais occasion de visiter les musées? Ne serait-ce pas ajouter à leurs jouissances, éveiller en eux des sentiments nouveaux, et leur faire au moins entrevoir l'idéal dans les arts?

Enfin, pour compléter et perpétuer les effets de

ces enseignements divers, l'instituteur aura à sa disposition une *bibliothèque* composée de livres appropriés au goût et aux besoins de lecteurs novices. Il en sera le secrétaire-conservateur, et saura mettre entre les mains de chacun le livre qui conviendra le mieux.

III

PROPAGATION DES ŒUVRES UTILES

L'action bienfaisante de l'instituteur peut se faire sentir encore d'une autre manière. Nous lui avons conseillé déjà de recourir pour lui-même aux institutions qui provoquent l'épargne, rendent les consommations moins onéreuses, parent aux accidents, etc. En agissant ainsi, il assure d'abord son bien-être et celui de sa famille, et, de plus, il donne un bon exemple. Qu'il aille plus loin et se fasse prudemment le propagateur de ces excellentes institutions. Dans les lectures du soir, ou dans les lectures particulières, il en démontrera les avantages. De l'enseignement, il passera au besoin à la pratique en se faisant l'auxiliaire des personnes qui, par leur influence et leur situation, seraient capables de se mettre à la tête des œuvres de prévoyance.

Encore un mot.

Les nations civilisées entretiennent dans les principaux pays du globe des agents diplomatiques ou consulaires. Ceux-ci représentent la patrie, soutiennent ses intérêts, transmettent ses désirs et ses volontés auprès des autres gouvernements ; ils protègent aussi les citoyens, commerçants, fonctionnaires ou explorateurs, qui, sans abandonner leur nationalité, vivent loin du sol natal.

Eh bien! pour exprimer jusqu'au bout notre pensée sur le rôle de l'instituteur, nous ajouterons qu'il devrait être, auprès des habitants de la commune, le représentant accrédité du progrès dans toutes ses légitimes manifestations. Tout ce qui précède est déjà dans le rôle. Voici le complément :

Les savants font des découvertes merveilleuses, qui, par leurs applications, tournent au profit de l'humanité. La liste serait longue, si nous devions énumérer les belles inventions qui, dans ce siècle, ont transformé les conditions de l'existence. Or, quel est l'homme bien placé pour vulgariser les conquêtes de la science, pour en faire pénétrer les conseils et les préceptes dans les couches profondes de la société? L'instituteur.

RÉSUMÉ

I. — Réflexions sur la désertion des campagnes et l'abandon des professions manuelles. L'instruction primaire n'en est guère responsable. Les principales causes sont expliquées par l'économie politique. Une partie des remèdes doit être demandée à l'instruction.

II. — Extension de l'enseignement scolaire : cours d'adultes; lectures publiques et conférences populaires; bibliothèque communale.

III. — Propagation des institutions de prévoyance et autres œuvres de progrès.

L'instituteur vulgarisateur des inventions et découvertes; auxiliaire et collaborateur des hommes d'études et des sociétés savantes.

TRENTE-SIXIÈME LEÇON

RELATIONS ENTRE INSTITUTEURS
CONFÉRENCES ET CONGRÈS PÉDAGOGIQUES

Sommaire. — I. Réunions privées d'instituteurs. — II. Conférences pédagogiques. — III. Congrès officiels et congrès libres.

I

RÉUNIONS PRIVÉES D'INSTITUTEURS

Les hommes exerçant la même profession, malgré la concurrence et les inévitables jalousies de métier, ne peuvent pas se considérer les uns à l'égard des autres comme des étrangers. Ils éprouvent du plaisir à se réunir, à discuter sur leurs communes questions d'intérêt. Les instituteurs, par exemple, aiment à se rapprocher, à organiser entre eux des réunions périodiques. Ceux qui habitent la même région se rencontrent chez l'un d'eux le jeudi, et passent ainsi des moments agréables, qui les reposent des fatigues et des soucis des autres jours. Et puis, les choses de l'enseignement interviennent dans la conversation, et, sans pédantisme, les collègues échangent leurs impressions, s'éclairent et s'encouragent mutuellement.

Au sujet de ces réunions amicales, nous ferons deux recommandations très courtes. D'abord, les réceptions seront simples : si elles devaient entraîner des frais un peu considérables, elles cesseraient bien vite, parce que les instituteurs, dont les ressources sont modestes, ne pourraient pas se les permettre.

Nous recommanderons ensuite une tenue correcte : la gaieté des honnêtes gens et des gens bien élevés n'est pas tapageuse et n'a nullement besoin de s'étaler dans les rues et dans les estaminets. La malignité publique est facilement éveillée, surtout chez le paysan, dont la vie est faite de travail et de privations, et qui jalouse volontiers l'instituteur, « bien payé, dit-il, pour ne pas beaucoup travailler. » Les jugements qu'il porte sont mal fondés : raison de plus pour ne pas les provoquer.

II

CONFÉRENCES PÉDAGOGIQUES

Les réunions d'instituteurs ont été depuis longtemps déjà encouragées et même prescrites par le Ministère de l'Instruction publique. Sous l'empire de la loi de 1833 (règlement du 10 février 1837), des conférences pédagogiques cantonales furent instituées par toute la France. Elles avaient lieu tous les mois en hiver, et deux fois par mois en été (c'était trop souvent). Elles avaient un président désigné par le recteur, un secrétaire, un trésorier et un bibliothécaire nommés par les instituteurs. Ces conférences ont laissé un souvenir très honorable, et il en est sorti parfois des travaux distingués, tels que les *Conférences sur les devoirs des instituteurs*, de M. Salmon, qui se lisent encore avec profit.

Ces réunions cantonales disparurent après 1848. La loi de 1850 ne les rétablit pas. Les inspecteurs continuèrent à réunir les instituteurs à des époques indéterminées, moins pour agiter avec eux des questions d'enseignement que pour donner ou transmettre des ordres. Ces conférences, quoique diminuées dans leur action et leur influence, étaient encore un bien. En 1878, dans une assemblée d'instituteurs, à la Sorbonne, M. Jost plaida chaleureusement la cause des conférences pédagogiques, en rappelant tout le bien qu'elles avaient produit autrefois, et, le 5 juin 1880, un arrêté ministériel les réorganisa selon l'esprit et les traditions de 1833.

Le règlement de 1880 est toujours en vigueur. Les conférences cantonales sont présidées par l'inspecteur d'académie ou l'inspecteur primaire. Le soin de désigner les secrétaires et rapporteurs est laissé aux membres de la réunion. Les inspecteurs continuent à donner leurs instructions, puis certains points d'enseignement ou d'éducation, préalablement désignés, sont discutés et donnent lieu à des résolutions. Assez souvent, quand une question de méthode est en cause, elle est présentée sous la forme saisissante et pratique d'une leçon faite par un instituteur à des enfants appelés pour la circonstance. Enfin, l'administration lorsqu'elle projette une réforme, consulte quelquefois les intéressés sur l'opportunité de la réforme et sur la façon dont elle doit être faite.

Que fera l'instituteur pour tenir un rôle utile et honorable dans ces conférences? D'abord, il étudiera personnellement les sujets sur lesquels on délibérera, afin d'avoir déjà des idées et un commencement d'opinion. Si un mémoire écrit a été demandé, il ne négligera pas de rédiger le sien et de l'envoyer à l'inspecteur primaire.

Pour composer des travaux de cette nature, il sait qu'il faut méditer longuement, faire appel à sa propre expérience, rechercher ce que d'autres ont pensé sur le même objet. Après un certain temps d'incubation, un ensemble d'idées claires se dégagent et s'ordonnent dans l'esprit. C'est le moment de prendre la plume et d'exprimer ses pensées. Le travail vaudra ce qu'il pourra. Toutefois il aura le mérite de l'honnêteté; ce qui n'a pas lieu quand l'instituteur, pour s'épargner de la peine ou pour briller, a recours à des collaborateurs anonymes!

Le jour de la conférence arrivé, il faut s'y rendre avec un esprit droit, modeste, sincèrement désireux de s'instruire.

Faisons ici une remarque : dans nos conférences, comme dans toutes les assemblées, à côté des personnes qui parlent à propos, avec mesure et bon sens, il y a deux autres catégories de personnes : celles qui *parlent trop* et celles qui ne *parlent pas assez*.

Le premier défaut provient ou de l'esprit de contradiction, qui épilogue sur tout et ne peut se rendre aux raisons d'autrui; ou d'un esprit faux, qui prend les questions de travers et qu'irrite l'opposition qu'il rencontre; ou enfin d'un esprit vaniteux, qui abuse d'une certaine facilité d'élocution, prend pour de l'éloquence ses phrases filandreuses, et se complaît à ses redites. Ces gens-là ne sont pas nombreux; mais il n'en faut pas beaucoup pour jeter le désarroi dans une discussion. Nous ne voyons malheureusement pas le moyen de les guérir, car, aux uns comme aux autres, manque le bon sens, qui est la chose du monde la moins susceptible d'être communiquée.

Parmi les personnes muettes, beaucoup plus nombreuses, il y a les somnolents, qui ne pensent pas et n'ont rien à dire; les indifférents, qui ont leur esprit et leur cœur occupés ailleurs; il y a aussi les sceptiques, qui, du haut de leur dédain, contemplent curieusement les naïfs, capables d'éprouver pour les choses de l'intérêt et de l'enthousiasme, et de croire que « c'est arrivé ».

Ces divers types n'existent guère dans nos réunions d'instituteurs. Mais il y a chez eux des timides et des peureux : ne les confondons pas. Les timides ont de l'esprit et du jugement; ils s'aperçoivent des théories fausses et pourraient les redresser ; ils pourraient aussi émettre des idées justes, dont les autres ne se sont pas avisés. Mais voilà ! il faudrait demander la parole, développer ses pensées, affronter la contradiction, et ils ont une telle défiance d'eux-mêmes, qu'ils en sont comme paralysés. Ils se veulent beaucoup de mal de cette fausse honte, mais se contentent de rougir et de se taire. Eh bien ! ils ont tort. Leur infirmité n'est pas incurable. Ils s'en guériront s'ils veulent bien se rappeler qu'ils n'ont pas le droit de garder pour eux des idées bonnes à répandre; s'ils veulent bien aussi ne pas s'exagérer les difficultés de la discussion. Quelques mots sensés, dits nettement, font autant d'effet que les longs discours. Et puis, ici comme ailleurs, ce sont les premiers pas qui coûtent. L'habitude donne vite du sang-froid et de l'aisance.

Les peureux sont moins excusables. Leur silence est voulu. Ils trouvent prudent et politique d'être de l'avis de la majorité; ils craignent de se trouver en opposition avec leurs collègues; surtout ils s'attachent à connaître l'opinion des autorités, qui sera certainement la leur ! Aussi les pauvres gens (qui se croient habiles) concilient dans leur esprit, selon les temps et les milieux, les idées les plus contradictoires. Il faut convenir que cette attitude n'a rien d'héroïque. Elle n'est pas de nature à attirer l'estime.

Mais, un autre motif retient l'initiative de beaucoup d'instituteurs : ils redoutent la critique malveillante de leurs collègues; ils ont peur de servir de cible à leurs brocards ou bien ils craignent d'être suspectés de vouloir se mettre en avant et se faire valoir au détriment des autres... Ces craintes sont puériles et ne devraient pas arrêter un instant celui qui a quelque chose de bon à présenter.

III

CONGRÈS OFFICIELS ET CONGRÈS LIBRES

Le même esprit libéral qui a présidé à la réorganisation des conférences pédagogiques, a créé aussi les congrès nationaux d'instituteurs, analogues à ceux qui, depuis longtemps, existent en Suisse, en Allemagne, et dans d'autres contrées. Déjà, en 1867 et en 1878, les membres de l'enseignement primaire, convoqués à Paris pour admirer les splendeurs des Expositions universelles, y ont entendu de doctes conférences, qui ont été le commencement de beaucoup de réformes. L'idée a grandi depuis. En 1880, 1881 et 1883, de véritables congrès se sont organisés. Les inspecteurs primaires, les directeurs et les professeurs d'écoles normales ont été convoqués à Paris, et, dans des assemblées de sections, suivies d'assemblées plénières, un programme de questions a été élaboré, discuté, et il en est sorti des vœux dont le gouvernement s'est inspiré pour préparer la législation actuelle. Un pas de plus a été fait : des congrès libres d'instituteurs se sont constitués en 1885, au Havre, et en 1887, à Paris. L'Administration, respectueusement invitée à y prendre part, y a envoyé quelques-uns de ses représentants les plus éminents.

Ces assises de l'enseignement primaire français ont donné lieu à des discussions qui n'ont pas été sans intérêt, et qui ont prouvé qu'il y a, chez nos instituteurs, de l'initiative et un bon fond de sagesse.

Pourtant, des tendances fâcheuses ont commencé à se manifester. Elles sont excusables dans une institution nouvelle qui cherche encore sa voie. Mais comme elles peuvent constituer un danger et compromettre l'existence même des congrès, nous demandons la permission de nous étendre un peu sur ce point délicat.

Le plus grave de ces dangers serait de retourner contre le gouvernement lui-même son libéralisme. Il lui a plu, nous le rappelions tout à l'heure, de provoquer l'opinion des intéressés sur les grandes mesures qu'il projetait, de sorte que les administrés ont eu voix consultative dans la préparation des règlements auxquels ils devaient être soumis. La chose en elle-même est excellente; mais une fois l'habitude prise de la discussion des affaires, les congressistes seraient exposés, s'ils n'y prenaient garde, non seulement à émettre des vœux, ce qui est convenable, mais à anticiper sur les attributions administratives, à convertir en droit une simple et honorable faveur accordée pour un cas déterminé; à critiquer sans cesse les lois et les règlements, pour essayer d'y substituer une réglementation nouvelle. Des fonctionnaires soumis à une subordination nécessaire, seraient en outre portés à se mettre dans la situation des ouvriers libres qui discutent avec leurs patrons les conditions de travail, de salaire, d'avancement, etc. Nous en avons eu des exemples, qui ont été vite réprimés, dans une autre administration. Si des mœurs semblables étaient capables de s'acclimater chez nous, nous ferions un grand recul dans la voie libérale où le gouvernement a voulu nous conduire.

L'État dans l'État n'a jamais été, et ne sera jamais qu'une utopie.

En deuxième lieu, il ne faudrait pas accorder une trop grande part aux questions d'intérêt personnel, et faire supposer qu'elles priment les autres. Les besoins sont urgents, il y a des situations pénibles, et les instituteurs sont très excusables de faire entendre leurs doléances. Mais une fois qu'ils ont exprimé leurs vœux, signalé des lacunes ou des imperfections dans l'économie des projets mis à l'étude, ils ont rempli leur rôle. C'est à l'Administration et au Parlement que le reste appartient.

La manie de la réglementation est telle, que certains congressistes referaient volontiers les lois, décrets et arrêtés, afin d'introduire partout imprudemment le régime de l'exception en faveur du personnel de l'enseignement primaire. Ils oublient que les mesures exceptionnelles, quelquefois adoptées sous l'influence d'un courant momentané, n'ont rien de stable, et sont emportées ensuite par un courant contraire. Ces discussions ne sont pas dangereuses, mais elles font perdre du temps; et puis elles pourraient faire supposer que nous ne sommes pas capables de nous élever à cette idée que, dans les pays régulièrement constitués, l'organisation des services publics repose sur un certain nombre de principes, qui portent partout l'ordre, l'unité et la cohésion. Une administration particulière qui voudrait s'en affranchir, serait aussi sage qu'une planète qui, rompant avec les lois régulières et monotones du système solaire, s'en irait courir les aventures des astres errants à travers le ciel.

RÉSUMÉ

I. — Agrément et utilité des relations entre instituteurs. Conseils.

II. — Conférences pédagogiques. Libéralisme qui les a inspirées. Rôle de l'instituteur dans les conférences. Dispositions qu'il faut y apporter. Les gens qui parlent trop et ceux qui ne parlent pas assez.

III. — Congrès officiels et congrès libres. Plusieurs tendances à éviter : ne point anticiper sur les attributions administratives; ne pas accorder une trop grande part aux questions d'intérêt personnel; se défier du régime de l'exception.

TRENTE-SEPTIÈME LEÇON

RAPPORTS DE L'ENSEIGNEMENT PRIMAIRE AVEC LES AUTRES ORDRES D'ENSEIGNEMENT

Sommaire. — I. Préjugés et injustices. — II. Solidarité des divers ordres d'enseignement.

I

PRÉJUGÉS ET INJUSTICES

Les gens du monde et les gens d'affaires, absorbés par leurs plaisirs ou leurs spéculations; les savants, les professeurs même du haut enseignement, confinés dans leurs études, n'ont que des données vagues sur l'enseignement primaire, et sont exposés à ne pas l'apprécier à sa valeur. Cela est arrivé à l'auteur de l'*Éducation de la bourgeoisie sous la République*, qui juge les instituteurs comme s'ils n'avaient pas marché depuis soixante ans! Hâtons-nous d'ajouter que le cas est loin d'être général. Dans les mêmes milieux, nombre de personnes jettent un regard attentif et bienveillant sur nos modestes travaux, et sont à la fois surprises et charmées des courageux efforts que nous accomplissons pour mener à bonne fin des réformes sagement entreprises.

Mais si des opinions peu justifiées sont émises à notre préjudice, avouons que les instituteurs portent aussi quelquefois de singuliers jugements sur le personnel des Lycées et des Facultés. Il n'est pas absolument rare d'entendre dire : « Les professeurs de l'enseignement secondaire et de l'enseignement supérieur, n'entendent rien à l'enseignement primaire. » Il est bien vrai que les sujets les plus remarquables ont besoin, pour être compétents dans notre service, de l'étudier dans ses principes, et ses applications; mais ils tirent de leurs fortes études antérieures, de la gymnastique exceptionnelle à laquelle leur intelligence a été exercée, une facilité de compréhension, une hauteur de vues et une autorité sur les esprits qui, soit dans l'administration, soit dans l'enseignement, leur créent souvent une véritable supériorité. D'ailleurs, abstraction faite des programmes, ne s'agit-il pas partout d'élever l'être humain par les mêmes méthodes éprouvées? Quant à l'application des programmes, puisque celui de l'enseignement primaire est la simplification ou le premier degré de tous les autres, n'est-ce pas le cas de rappeler le proverbe : « Qui peut le plus peut le moins? »

D'autre part, appelons-en aux faits. Des réformes importantes, des créations d'une haute valeur ont été accomplies dans notre service : personne ne l'ignore en France et même à l'étranger; et, sur ce point, les autres peuples nous rendent une justice plus équitable qu'en politique. Eh bien! quels ont été les architectes et les maîtres ouvriers de ce grand œuvre? Une respectueuse réserve nous interdit de citer des noms. Mais chacun sait que des hommes d'État illustres, des universitaires éminents, des penseurs et des écrivains d'un rare mérite, tous nourris aux fortes études des humanités, ont été les chefs du mouvement. On sait aussi que ces initiateurs ont été secondés par des hommes distingués dans l'administration centrale, dans les académies et les départements, également sortis des rangs du haut enseignement. Enfin, on n'ignore pas davantage que, parmi les livres les plus appréciés à l'usage des établissements primaires, il en est un grand nombre qui sont dus à la plume autorisée des professeurs de l'Université.

Comment, après cela, délivrer en principe un brevet d'incompétence à tous les maîtres qui n'ont pas été exclusivement préparés par et pour l'enseignement élémentaire ?

II

SOLIDARITÉ DES DIVERS ORDRES D'ENSEIGNEMENT

Nous avons simplement voulu, par ces considérations, rétablir les droits du bon sens et de la justice ; mais nous sommes loin de blâmer les sentiments qui poussent les membres de l'enseignement primaire à rechercher leur autonomie. Les maîtres jeunes, intelligents et travailleurs, désirent que les postes les plus en vue leur soient réservés, pour le jour où ils auront fourni leurs preuves de capacité ; ils ont aussi la très louable ambition de suffire eux-mêmes à tous les besoins de l'enseignement primaire. Ces mobiles sont naturels et respectables. Ce sont, en outre, des stimulants qui provoquent au travail et contribuent au progrès de toute la corporation. De son côté, le gouvernement encourage ces légitimes aspirations. C'est pour leur venir en aide que des moyens puissants d'instruction ont été offerts aux instituteurs par la création des écoles normales supérieures, par l'institution du Musée pédagogique, avec ses conférences, sa bibliothèque, sa revue et ses multiples publications; c'est encore en vue de répondre aux mêmes intentions que des certificats d'aptitude ont été créés, non seulement pour l'inspection primaire, la direction et le professorat des écoles normales, mais encore pour tous les enseignements spéciaux, tels que le dessin, la musique, les langues vivantes, le travail manuel, etc., avec des avantages pécuniaires attachés à chacun de ces diplômes. Voilà de hautes marques d'intérêt, qui doivent exciter la reconnaissance aussi bien que l'émulation.

Nous admettons également qu'en vertu du principe d'égalité, cher aux Français, les instituteurs expriment le vœu que les maîtres de l'enseignement secondaire qui sollicitent des emplois chez nous, subissent les épreuves essentiellement pédagogiques exigées par nos examens professionnels, ce qui n'exclut nullement l'équivalence des grades.

Mais n'allons pas plus loin dans nos desiderata. Réservons bon accueil aux hommes estimables qui, par leurs titres, pourraient faire leur carrière dans un autre ordre d'enseignement, mais qui préfèrent venir prendre place dans nos rangs. Leur mérite ne peut qu'augmenter le prestige et la réputation du corps primaire.

Surtout, ne cherchons pas à rompre les liens qui nous rattachent aux autres branches de l'éducation nationale. L'enseignement primaire, abandonné à lui-même, n'aurait plus à sa disposition les mêmes éléments de progrès et s'en irait, peu à peu, à la dérive. Le législateur a voulu que chacun des trois ordres d'enseignement fût dépendant des autres et nécessaire aux autres. Nos écoles alimentent l'enseignement secondaire, en dirigeant vers ses lycées et ses collèges leurs meilleurs sujets, déjà initiés aux premières connaissances par de bonnes méthodes; l'enseignement secondaire envoie à son tour, dans les Facultés, les sujets d'élite. Mais en retour, le haut enseignement nous fait de proche en proche bénéficier de ses travaux.

C'est une bonne fortune, en cette circonstance, de pouvoir invoquer l'autorité d'un maître éminent. « L'esprit même de l'éducation, dit M. F. Pécaut, le but à atteindre, les méthodes à suivre, la direction générale et la préparation mutuelle des diverses études, la correspondance à établir entre les programmes et l'état politique, social, économique du pays ; surtout la communauté morale de la nation à fonder ou à resserrer, les classes sociales à rapprocher les unes des autres par des manières de voir et des sentiments communs, de façon qu'il n'y ait pas, au sein du même peuple, deux âges différents, sinon ennemis, de civilisation : tels sont, en particulier, les services que le haut enseignement est appelé à rendre à l'enseignement populaire[1]. »

RÉSUMÉ

I. — Préjugés et injustices.

II. — Le personnel de l'enseignement primaire a raison de désirer son autonomie; mais il aurait tort de chercher à s'isoler des autres ordres d'enseignement. Solidarité nécessaire dans toutes les branches de l'enseignement national.

1. *Revue pédagogique*, 15 octobre 1888.

TRENTE-HUITIÈME LEÇON

RAPPORTS DE L'INSTITUTEUR AVEC LES HABITANTS DE LA COMMUNE

Sommaire. — I. L'instituteur secrétaire de mairie. — II. Réserve et désintéressement.

I

L'INSTITUTEUR SECRÉTAIRE DE MAIRIE

L'instituteur rural est nécessairement en rapport avec tous les habitants du village : comme maître, avec les familles et avec ses anciens élèves; très souvent, comme secrétaire de mairie, avec les nombreuses personnes qui ont besoin du concours de la municipalité pour leur état civil et pour leurs affaires. Nous nous sommes expliqué déjà sur les relations de l'instituteur avec les parents des élèves; disons quelques mots des qualités qu'il faut apporter dans le secrétariat municipal.

D'abord l'ordre, la méthode et la ponctualité sont indispensables. Toutes les affaires qui passeront par la mairie seront traitées avec attention, expédiées sans oubli ni retard. Les actes seront dressés avec un respect scrupuleux des formes légales. Trop souvent, des irrégularités ou des omissions, commises par des secrétaires négligents, ont occasionné des ennuis, même des préjudices considérables. Il est, par exemple, arrivé à des individus, au moment où ils voulaient s'établir ou entrer dans une carrière publique, de n'avoir pas d'état civil et cela parce que le secrétaire de la mairie avait oublié de rédiger leur acte de naissance; il a donc fallu y suppléer par un acte judiciaire coûteux et difficile à obtenir.

Les archives de la mairie seront également tenues avec beaucoup d'ordre. Les registres, le cadastre, les recueils législatifs, tous les papiers de quelque importance seront classés, catalogués, étiquetés, conformément aux règles sur la matière. Indépendamment de leur utilité actuelle, quelques-unes de ces pièces auront plus tard un intérêt historique. Combien de documents, qui seraient précieux pour l'histoire locale, et même pour l'histoire nationale, ont disparu par l'incurie des agents municipaux !

La discrétion est une autre qualité très appréciée chez le secrétaire de mairie. Ses fonctions le mettent au courant de toutes les affaires communales et de beaucoup d'affaires privées. Il n'y fera pas allusion dans ses conversations. La plus petite indiscrétion peut occasionner un grand mal.

Savoir se taire n'empêche pas d'être complaisant et de se tenir à la disposition des gens pour leur fournir les renseignements licites, ou leur rendre des services plus importants. Le secrétaire de mairie fera bon visage à tous les visiteurs qui réclameront son ministère, en dehors des heures de classe, bien entendu. Il aura des égards pour les gens pauvres, timides, ignorants; il aura toute la patience nécessaire pour écouter l'exposé de leurs besoins et répondre à leurs questions.

Dans bon nombre de communes, les chefs des municipalités sont des hommes instruits, parfois des personnages considérables, très expérimentés en affaires, qui gèrent eux-mêmes leur mairie. Les instituteurs ont alors une tâche facile ; ils n'ont qu'à se renfermer dans les attributions exclusives du secrétaire. Mais dans les autres communes, le maire, pour des motifs divers, laisse volontiers à l'instituteur le soin de régler les affaires courantes et d'instruire les questions qui nécessitent l'intervention du conseil municipal. Dans ce cas, sa tâche demande bien du tact. En réalité, l'administration de la commune repose sur lui, et il doit, à son corps défendant, veiller à ce qu'il ne se commette point d'erreur, à ce qu'aucun service ne reste en souffrance. Seulement qu'il n'aille point au delà, qu'il ne se substitue pas au maire, qu'il ne paraisse point au conseil municipal, sans y être formellement appelé ; qu'il réserve toujours, dans ses rapports avec les administrés, l'opinion et la décision de la municipalité. Ces précautions sont nécessaires, parce que les magistrats municipaux, même quand ils ne peuvent se passer de l'instituteur, sont, en général, jaloux de leur autorité, et surtout parce qu'il convient de laisser la responsabilité des actes publics à ceux à qui elle revient légalement.

II

RÉSERVE ET DÉSINTÉRESSEMENT

D'autre part, celui qui chercherait ainsi à étendre une autorité d'emprunt se laisserait bientôt gagner au plaisir que l'homme éprouve naturellement à exercer le pouvoir, il s'érigerait peu à peu en maître de la commune, ou au moins en maître des petites gens, obligés de lui confier leurs affaires, d'implorer son secours, d'accepter les décisions de sa volonté omnipotente, et parfois de subir ses exigences peu justifiées. Si à cet esprit dominateur, l'instituteur joignait l'esprit tracassier, qui embrouille les questions les plus simples, crée les difficultés et suscite des embarras onéreux, il serait comme un fléau dans la commune, et réaliserait le vilain type du « tyranneau de village ».

Ce n'est pas tout. La domination, répréhensible et pleine de dangers chez l'instituteur, n'est pas toujours et nécessairement malfaisante ; elle peut invoquer pour excuse, sinon pour justification, le bien public et les intérêts des particuliers. Mais que dire de la cupidité qu'on rencontre parfois aux côtés de l'ambition vulgaire ? Comment faudrait-il qualifier l'instituteur qui, profitant de sa situation d'homme nécessaire, et sous prétexte de services rendus, mais souvent imposés, attirerait à lui, sous des formes mêmes détournées, d'injustes bénéfices ?

Il fallait que les élèves-maîtres fussent avertis de toutes les tentations possibles, même les plus exceptionnelles, afin d'être mieux en mesure de les combattre. Mais hâtons-nous d'ajouter que les cas répréhensibles sont rares. Les instituteurs, en très grande majorité, ne méritent que des éloges pour la réserve et le désintéressement qu'ils apportent dans leurs fonctions et dans leurs rapports avec le public.

RÉSUMÉ

I. — L'instituteur *secrétaire de mairie*. Qualités qu'il faut apporter dans ces fonctions : ordre, ponctualité, respect des formules légales, discrétion, complaisance.

Se confiner dans les seules attributions de secrétaire de mairie. Tentations à éviter.

II. — Ne pas profiter de certaines circonstances pour exercer dans la commune une domination qui ne sied pas à l'instituteur. Les tyranneaux de village.

Ne point chercher, avec des intentions cupides, à exploiter la commune et ses habitants.

TRENTE-NEUVIÈME LEÇON

L'INSTITUTEUR ET LA POLITIQUE

Sommaire. — 1. Rapports de l'instituteur avec les personnages politiques. — II. L'instituteur et la politique de parti. — III. Attitude digne et loyale en matière politique. — IV. Dissensions locales.

I

RAPPORTS DE L'INSTITUTEUR AVEC LES PERSONNAGES POLITIQUES

Il est bon que les instituteurs sachent ce que le public pense d'eux. Si parfois des appréciations blessantes pour leur amour-propre, fâcheuses pour leur dignité, sont émises, ils n'ont qu'un parti sage à prendre : c'est de prouver, par leur conduite et leur attitude, que les jugements portés sur eux ne sont pas fondés. Ils nous pardonneront si, pour les éclairer, et surtout pour les défendre, nous faisons connaître ici les sentiments de personnes honorables, bien placées pour voir juste, qui ne sont nullement prévenues, et sont, au contraire, sincèrement dévouées à l'enseignement laïque.

Elles rendent hommage à la correction de conduite et de caractère de la plupart des membres de l'enseignement primaire; mais elles remarquent un grave défaut chez quelques-uns d'entre eux. Ainsi, au lieu d'être simplement respectueux vis-à-vis des autorités et des personnages influents, certains instituteurs sont obséquieux; ils multiplient leurs visites, prodiguent les assurances de dévouement. Mais il est facile de voir que ces protestations sont inspirées par l'intérêt ou la crainte. Les mêmes personnes envers lesquelles ils ont montré tant d'adulation viennent-elles à descendre du pouvoir, à perdre leur influence, ou simplement à exercer ailleurs leur autorité? l'attitude des subordonnés change tout d'un coup; ils sont indifférents, impolis, arrogants même, et tout à fait oublieux des services rendus.

Ce défaut est grave, et il faut bien en convenir, il n'est que trop commun à l'humanité elle-même.

Recherchons-en les causes. Nous constaterons que les instituteurs qui tombent dans cette faute sont des victimes, au moins autant que des coupables. Une grande partie du mal vient du régime qui a pesé si longtemps sur les maîtres et a déprimé ceux qui n'étaient pas soutenus par un robuste tempérament moral.

D'abord, l'époque n'est pas éloignée où l'instituteur était tenu d'obéir, non seulement à ses chefs universitaires, mais, dans son école et dans ses trop nombreuses fonctions subalternes, à diverses autorités locales, parfois exigeantes, tyranniques. De plus, ces mêmes personnalités étant souvent rivales et divisées, pour plaire aux unes, sans déplaire aux autres, le pauvre instituteur devait avoir une souplesse humiliante, ou croyait pouvoir recourir à une diplomatie compliquée, dont sa franchise, hélas! faisait les frais.

On n'a pas oublié davantage les temps malheureux

où les gouvernants imaginaient de demander à l'instituteur toutes sortes de services politiques. « Il a été fait des choses détestables, disait M. Jules Ferry au congrès pédagogique de 1880. Les instituteurs sont devenus en quelque sorte des pions qu'on faisait mouvoir sur je ne sais quel échiquier électoral menteur et frelaté. On les a déplacés, on les a frappés, inquiétés; on a voulu en faire ce qu'il y a de plus triste au monde : des agents d'élections ».

L'instituteur, sans cesse menacé, était donc, sous ce régime de terreur, tenté de se donner corps et âme aux puissants du jour. Mais comme notre pays a traversé maintes crises, à la suite desquelles les vainqueurs se sont trouvés subitement les vaincus et se sont vus remplacés au pouvoir par leurs adversaires, l'instituteur changeait de maître aussi, et se faisait le serviteur non moins dévoué des hommes nouveaux. Il croyait même devoir se montrer d'autant plus zélé à l'égard de ceux-ci, qu'il s'était plus compromis avec leurs prédécesseurs ! Quel triste spectacle ! Est-il étonnant que les caractères les moins bien trempés ne soient pas sortis indemnes de cette redoutable épreuve ?

Les considérations qui précèdent nous amènent à parler, de l'attitude qui convient à l'instituteur en matière politique.

II

L'INSTITUTEUR ET LA POLITIQUE DE PARTI

Posons d'abord en principe que l'instituteur ne *doit* pas et ne *peut* pas être un homme de parti.

Il ne le *doit* pas, parce que son école est ouverte aux enfants des hommes de tous les partis.

Ceux-ci ne savent pas toujours distinguer dans le même individu l'instituteur et le politicien ; comme pères de famille, ils accorderaient difficilement à leur adversaire militant une confiance pourtant indispensable pour le bien des enfants.

Mais il ne le *doit* pas pour une raison plus haute : c'est qu'il y a incompatibilité entre les luttes passionnées de la politique et l'œuvre pacificatrice de l'école. Au congrès pédagogique de 1880, le Ministre de l'Instruction publique, s'adressant aux inspecteurs primaires, prononçait ces mémorables paroles : « Dites aux instituteurs qu'ils ne doivent être ni les serviteurs, ni les chefs d'un parti ; dites-leur que leur ambition doit viser plus haut qu'aux petites luttes des petits milieux dans lesquels ils sont jetés. Ils ne doivent pas faire de la politique, non ! Ils doivent être en dehors de la politique, pourquoi ? parce qu'ils doivent être, parce que nous voulons qu'ils soient éducateurs. »

Ajoutons que l'instituteur ne *peut* pas faire de la politique militante, parce que sa situation de fonctionnaire et sa position de fortune ne lui permettent pas de se jeter ainsi dans la mêlée. Obligé, pour vivre et pour faire vivre les siens, de rester attaché à ses fonctions, il ne pourrait imiter la conduite correcte des chefs de parti et des hauts fonctionnaires d'ordre politique, qui se retirent sous leurs tentes, lorsqu'ils sont vaincus dans les batailles parlementaires. Et si le parti vainqueur, qui n'est pas toujours généreux, s'avisait de frapper ses plus petits ennemis restés debout, on sait trop quels désastres et quelles misères poignantes en seraient la conséquence ! C'est ce que prévoyait M. Jules Ferry quand, au congrès de 1881, s'adressant cette fois aux instituteurs, il leur disait : « Restez, Messieurs les instituteurs, là où nos lois et nos mœurs vous ont placés, restez avec vos petits enfants dans les régions sereines de l'école ! Cette abstention de l'instituteur est d'autant plus nécessaire que le régime sous lequel nous vivons est plus profondément démocratique.

« Oui, si le gouvernement démocratique est nécessairement destiné à voir de fréquents changements de personnes, si cette mobilité du personnel gouvernant est la force de ce gouvernement, si elle fait sa sécurité contre les révolutions, en même temps qu'elle est un gage de la bonne conduite des affaires, à côté de cette administration changeante, il faut qu'il existe un corps enseignant digne, stable, durable, veillant d'un œil jaloux sur le plus grand et le plus permanent des intérêts publics, l'enseignement national, sur la chose la plus sacrée et la plus respectable qui soit dans le monde, l'âme de l'enfant ! »

III

ATTITUDE DIGNE ET LOYALE EN MATIÈRE POLITIQUE

Il ne faudrait cependant pas aller trop loin dans cette voie de prudence et d'effacement, parce que nous dépouillerions l'instituteur de sa qualité de citoyen, et le ramènerions à la condition du pédagogue de l'antiquité, qui, le plus souvent, était un esclave, et n'avait qu'un rôle très secondaire dans l'éducation des enfants. Comment l'instituteur pourrait-il, dans cet état de déchéance, former des âmes viriles et libres ?

Il a le droit et le devoir d'avoir des opinions et de s'en inspirer dans ses actes civiques. Il ne se lancera point dans les luttes politiques, soit ! mais il n'est pas mauvais que ses opinions soient connues ; cela est au contraire très loyal. Il faut, en général, se défier des gens aux allures mystérieuses et contraintes, à l'égard de qui on en est sans cesse réduit à se poser des points d'interrogation. Seulement l'instituteur sera tellement homme de bien, attaché à ses devoirs professionnels, qu'il s'imposera au respect de ceux mêmes qui ne pensent pas comme lui en politique.

Après tout, cette attitude droite et courageuse, nous paraît en même temps la plus prudente. Les petites habiletés dissimulées ne sauvent pas toujours ceux qui s'en servent; et, quand ils succombent, aux époques tourmentées, ils ne peuvent recourir à la suprême consolation du vaincu de Pavie: ils ont tout perdu, *même* l'honneur!

IV

DISSENSIONS LOCALES

Si l'instituteur ne doit pas faire de la politique de parti, à plus forte raison doit-il s'abstenir de toute ingérence dans les controverses ardentes qui se produisent à peu près partout à propos des questions d'intérêt local. Ici la neutralité absolue s'impose.

Il arrivera peut-être que l'instituteur, secrétaire de mairie, confident involontaire des parties adverses, soit obligé de dire son mot. Que ce soit alors pour expliquer des faits mal compris, dissiper des préventions, et, par suite, rapprocher les parties aux prises.

Qu'il ne sorte jamais de ce rôle pacificateur.

RÉSUMÉ

I. — Reproches adressés au caractère de certains

instituteurs dans leurs rapports avec les autorités et les hommes politiques.

Causes ; remèdes.

II. — Raisons professionnelles pour lesquelles l'instituteur ne *doit* pas et ne *peut* pas faire de la politique de parti.

III. — Cela ne le dispensera pas d'avoir des opinions et d'y conformer ses actes civiques, sans mystère ni dissimulation. Attitude vraiment digne et loyale, qui est en même temps la plus prudente.

IV. — L'instituteur restera absolument étranger aux divisions locales, qui se produisent souvent même en dehors de la politique.

QUARANTIÈME LEÇON

LA RETRAITE DE L'INSTITUTEUR

Sommaire. — I. Savoir se retirer à propos. — II. Les derniers jours du vieux maître.

Nous voilà arrivé au terme de nos études sur « l'Éducation de l'instituteur ». Les incidents de la vie de l'instituteur sont si divers, que nous sommes loin d'avoir fourni des solutions pour tous les cas, mais son bon sens, son honnêteté, son profond attachement au bien public, les lui feront découvrir sans trop de peine. Les années s'ajouteront aux années, et le moment ne viendra que trop vite où il lui restera à accomplir un devoir professionnel suprême, celui de remettre sa tâche entre des mains plus jeunes et plus fortes que les siennes. Qu'on nous permette quelques considérations sur cette dernière phase de sa vie.

I

SAVOIR SE RETIRER A PROPOS

L'instituteur, dans son enseignement parlé et dans ses rapports ininterrompus avec les enfants, dépense une activité physique beaucoup plus grande que ne le supposent ceux qui ne sont pas du métier; ces fatigues quotidiennes finissent par ébranler sa santé. Il faut remarquer aussi qu'une grande partie de son existence se passe dans une salle où respirent beaucoup de poitrines. Les enfants n'en sont pas incommodés, grâce à leur énergie reconstituante et au grand exercice qu'ils se donnent; d'ailleurs ils n'y sont exposés que pendant une courte période de leur vie, tandis que leur maître y séjournera pendant trente ou quarante ans. La statistique impitoyable est là pour affirmer que notre profession est l'une des moins favorables à la longévité.

Mais à supposer que l'organisme résistât, il faudrait tenir compte encore de la fatigue intellectuelle. Sans doute les facultés mentales, constamment soumises à la gymnastique de l'étude, gardent, sauf accident, leur puissance et leur lucidité. Le jugement surtout, appuyé sur une longue expérience, sera longtemps encore apte à conseiller et à diriger. Mais l'esprit n'a plus la souplesse, la conception rapide et la fécondité de ressources, que réclame un enseignement varié, avec des applications toujours nouvelles, auprès d'enfants, dont l'esprit est singulièrement vif et mobile. De plus, la pétulance de cet âge contraste avec le caractère, les goûts et les habitudes d'un homme arrivé aux confins de la vieillesse.

L'instituteur devrait avoir le courage de ne pas fermer les yeux sur ces indices précurseurs de la retraite, et la sagesse de se retirer de lui-même, au moment où, parvenu à l'apogée de sa réputation, il ne pourrait plus que décliner. S'il se faisait illusion et persistait à rester sur la brèche, il s'exposerait à compromettre des intérêts qui lui ont été toujours chers. Les enfants, les familles s'en apercevraient et le lui feraient sentir, peut-être sans assez de ménagements. Ses chefs eux-mêmes seraient obligés un jour de l'avertir et de lui donner sa retraite d'office. Qu'il s'épargne ces derniers coups, auxquels il serait très sensible.

La loi du 30 octobre 1886 et les règlements organiques du 18 janvier 1887 accordent l'*honorariat* aux instituteurs retraités qui ont exercé au minimum pendant vingt-cinq années, et qui ont obtenu au moins la médaille de bronze. Cette récompense toute morale a une haute valeur. Seulement elle exige des conditions que tous les instituteurs ne peuvent réaliser et cela ne veut point dire qu'ils ne soient pas méritants. Ils sauront se passer des honneurs, s'ils peuvent s'appuyer sur le témoignage de leur propre conscience et sur l'estime de leurs concitoyens.

II

LES DERNIERS JOURS DU VIEUX MAITRE

Nous venons de sonner l'heure de la retraite, mais non point un glas funèbre. Il n'est pas question d'imposer à l'instituteur un repos absolu et, par suite, de le condamner à une mort anticipée. Si un grand nombre de fonctionnaires ne jouissent pas longtemps de leur retraite, c'est, disent les hygiénistes, parce que chez eux l'oisiveté a succédé sans transition à la vie occupée. Il importe donc que l'instituteur continue à travailler modérément, selon ses goûts et les circonstances dans lesquelles il sera placé. Les occasions ne lui manqueront pas.

S'il est propriétaire d'un domaine rural, il l'exploitera lui-même, ou bien il en dirigera les travaux.

Peut-être sera-t-il attiré par une fonction administrative, ou par un emploi de comptable dans le commerce ou l'industrie. Quelques heures par jour de travail de bureau le divertiraient sans le fatiguer, et lui permettraient d'ajouter un appoint appréciable au chiffre de sa retraite.

Peut-être aussi l'estime de ses concitoyens l'appellera-t-elle à jouer un rôle dans la municipalité de sa commune. Dans ce cas il s'efforcera de prouver que son dévouement à la chose publique n'a point baissé. Il sera content de mettre à la disposition de tous son temps et sa longue expérience.

Il se gardera bien, d'autre part, de rompre les liens qui l'attachent à l'enseignement et à ses maîtres.

Il continuera à recevoir au moins un journal pédagogique, qui le tienne au courant du mouvement scolaire. Quand il était en fonction, nous lui recommandions de s'intéresser aux œuvres populaires annexes de l'école. Comme fonctionnaire, il ne pouvait y consacrer qu'un temps limité, et il était tenu à une certaine réserve. Ces obstacles n'existent plus pour l'instituteur retraité.

Ses anciens collègues, restés ses amis, iront le trouver dans sa retraite hospitalière. Il les recevra avec cordialité, et, plus d'une fois, il aura occasion de les conseiller et de leur rendre service. Il aura des prévenances toutes particulières pour son jeune successeur. Loin de le jalouser, comme cela arrive quelquefois aux vieillards, qui ne savent pas maîtriser leurs regrets, il lui viendra en aide de toute son influence.

Enfin, si une magistrature municipale ou une délégation cantonale lui donnent un accès officiel dans l'école, quel doux plaisir il ressentira de se voir encore entouré des écoliers, de s'intéresser à leurs travaux; de la sorte, il n'aura rien à envier à Pestalozzi, ce grand modèle des instituteurs, qui, à quatre-vingts ans, tout chargé d'infirmités et de peines morales, retrouvait ses forces pour aller s'entretenir avec les enfants de l'école de Birr.

Comme Pestalozzi également, il aura la satisfaction de penser qu'après sa mort, il reposera non loin de cette école qu'il a aimée! Ajoutons ce que sa modestie ne prévoit pas : c'est que sa tombe sera fréquemment visitée par sa famille, ses amis, ses anciens élèves, qui iront y accomplir le pèlerinage de la reconnaissance, et puiser dans le souvenir de sa vie droite, honnête et bienfaisante, l'inspiration et la force nécessaires à l'accomplissement de leurs propres devoirs.

RÉSUMÉ

I. — Fatigues physiques et intellectuelles. Savoir se retirer à propos, et garder intacte une réputation honorablement acquise. L'honorariat.

II. — Les occupations de l'instituteur retraité. Conserver les habitudes actives. Travaux divers, parmi lesquels l'enseignement, l'éducation et les œuvres philanthropiques auront leur part.

L'instituteur en retraite, ami, protecteur, et, au besoin, conseiller de son jeune successeur.

Les derniers jours du vieux maître.

NEUVIÈME PARTIE

LOIS ET RÈGLEMENTS
CONCERNANT L'ENSEIGNEMENT PRIMAIRE

QUARANTE-UNIÈME LEÇON
COUP D'ŒIL SUR L'ANCIENNE LÉGISLATION

Sommaire. — I. La Révolution et l'enseignement primaire. — II. Ordonnance royale du 29 février 1816. — III. Loi du 28 juin 1833. — IV. Loi du 15 mars 1850, Décret-loi du 9 mars 1852, Loi du 14 juin 1854. — V. Lois du 21 juin 1865 et du 10 avril 1867.

I

LA RÉVOLUTION ET L'ENSEIGNEMENT PRIMAIRE

L'instruction du peuple a été l'une des grandes préoccupations de la Révolution française. Déjà notre première Assemblée Nationale avait inséré le passage suivant dans sa Constitution :

« Il sera créé et organisé une instruction commune à tous les citoyens, gratuite à l'égard des parties de l'enseignement, indispensable pour tous les hommes. »

Talleyrand, chargé d'interpréter les intentions de la Constituante, rédigea un remarquable rapport, qui établissait quatre degrés dans l'enseignement national. L'enseignement du premier degré devait être donné gratuitement dans une école au moins par canton.

La Constituante n'eut pas le temps de discuter ce Rapport, et la Législative le dédaigna. En revanche, elle fit un très bon accueil à un autre projet d'une haute valeur qui a inspiré la plupart des mesures édictées sous la Révolution en matière d'éducation, et qui est encore étudié de nos jours avec profit. Il s'agit de l'éloquent rapport présenté par Condorcet. L'éminent philosophe voulait une école primaire élémentaire par 400 habitants, et une école primaire supérieure pour chaque ville de 4 000 habitants et au-dessus. Après avoir admirablement défini l'enseignement primaire, il élaborait un plan d'études qui se rapproche beaucoup des programmes actuels. Malheureusement, la Législative n'eut pas non plus le temps de sanctionner le travail de Condorcet.

La Convention décréta, mais sans aller jusqu'à l'application, une série de lois concernant l'instruction publique. Quelques-unes sont utopiques, incohérentes et se ressentent du trouble qui régnait dans les esprits à cette terrible époque. D'autres, au contraire, se recommandent par des qualités sérieuses, par exemple la loi du 29 brumaire, an III, due à l'initiative de Lakanal. Cette loi donnait un programme d'études très raisonnable, prescrivait la création d'une école de garçons et d'une école de filles par 1 000 habitants, elle accordait 1 200 francs de traitement aux instituteurs et 1 000 francs aux institutrices.

Si les projets de la Révolution n'ont pas été réalisés immédiatement, ils ont au moins jeté dans le pays des idées généreuses et fécondes, dont se sont emparés les législateurs et les éducateurs du temps présent. A ce titre, ils ont droit à notre respect et à notre gratitude.

Le premier Empire, qui a pourtant fondé l'Université de France, s'est trop peu occupé de l'enseignement primaire, pour que nous ayons quelque chose d'important à en dire. Passons à la Restauration.

II

ORDONNANCE ROYALE DU 29 FÉVRIER 1816

L'ordonnance du 29 février 1816, portant « qu'il sera formé dans chaque canton, un comité gratuit et de charité, pour surveiller et encourager l'instruction primaire, » mérite encore, à d'autres points de vue, une mention toute particulière.

Elle crée nos premiers brevets de capacité. Il y en a trois.

« Le *troisième degré* sera accordé à ceux qui savent suffisamment lire, écrire et chiffrer, pour en donner des leçons.

« Le *deuxième degré*, à ceux qui possèdent bien l'orthographe, la calligraphie et le calcul.

« Le *premier degré*, à ceux qui possèdent par principes, la grammaire française et l'arithmétique, et sont en état de donner des notions de géographie, d'arpentage et des autres connaissances utiles dans l'enseignement primaire. »

Ces conditions nous paraissent bien modestes; mais, pour l'époque, elles étaient un progrès.

Un autre article porte que « toute commune sera tenue de pourvoir à ce que les enfants qui l'habitent reçoivent l'instruction primaire, et à ce que les enfants indigents la reçoivent gratuitement. »

Enfin, l'ordonnance de 1816 fait figurer, pour la première fois, un crédit au budget de l'État, en faveur de l'instruction primaire. « Il sera fait annuellement, par notre trésor royal, un fonds de cinquante mille francs, pour être employé, soit à faire composer ou imprimer des ouvrages propres à l'instruction populaire, soit à établir temporairement des écoles modèles dans les pays où les bonnes méthodes n'ont point encore pénétré, soit à récompenser les maîtres qui se sont le plus distingués par l'emploi des méthodes. » Dans les polémiques des journaux, et même dans les discussions parlementaires, on a souvent mis en contraste ce minime crédit avec les nombreux millions accordés aujourd'hui à l'enseignement populaire. Néanmoins, c'est avec un intérêt ému qu'on enregistre ce fait, mémorable par sa signification.

III

LOI DU 28 JUIN 1833

Le gouvernement de Juillet, fort bien secondé par l'opinion publique, a fait faire un progrès considérable à l'enseignement primaire. Il ne l'a pas seulement établi sur des bases que les péripéties politiques n'ont jamais entièrement détruites, il l'a encore animé d'un esprit libéral, qui a pu subir des éclipses mais qui s'est réveillé à l'heure des grandes réformes.

Signalons les parties les plus importantes de la

fameuse loi du 28 juin 1833, appelée aussi *loi Guizot*, du nom de son principal auteur.

« L'instruction primaire est élémentaire ou supérieure. » On lui donne un programme, qui, à quelques additions près, est le programme des écoles d'aujourd'hui.

« Toute commune est tenue, soit par elle-même, soit en se réunissant à une ou plusieurs communes voisines, d'entretenir au moins une école élémentaire.

« Les communes chefs-lieux de départements, et celles dont la population excède 6 000 âmes, devront avoir, en outre, une école supérieure.

Signalons une lacune : il ne s'agit en tout ceci que des écoles de garçons. L'éducation des filles n'a pas encore gagné son procès devant l'opinion. Les écoles de filles ne sont même pas nommées dans la loi de 1833.

Il fallait, pour les nouvelles écoles, et pour l'application des programmes, de nombreux maîtres et des maîtres capables; aussi la loi décide-t-elle que « tout département sera tenu d'entretenir une école normale primaire, soit par lui-même, soit en se réunissant à un département voisin. »

La situation matérielle de l'instituteur est réglée et garantie. « Il sera fourni à tout instituteur communal : 1° un local convenablement disposé; 2° un traitement fixe (indépendamment de la rétribution scolaire), qui ne pourra être moindre de deux cents francs. »

En attendant que la qualité de fonctionnaire soit attribuée à l'instituteur et lui permette d'obtenir une pension de retraite, la loi de 1833 établit, dans chaque département, une caisse d'épargne et de prévoyance, où, grâce à des prélèvements annuels sur le traitement de l'instituteur, s'accumuleront des ressources pour sa vieillesse.

Relatons encore le mode de nomination de l'instituteur.

Il est nommé par un comité d'arrondissement, sur la proposition du Conseil municipal; et celui-ci, pour arrêter ses propositions, peut ouvrir un concours. L'institution définitive est conférée par le Ministre de l'Instruction publique. Cette sorte d'investiture était très enviée.

IV

LOI DU 15 MARS 1850 — DÉCRET-LOI DU 9 MARS 1852
LOI DU 14 JUIN 1854

Les caractères de la loi de 1850, de la *loi Falloux*, sont si connus, que nous n'avons pas à les exposer en détail. Bornons-nous à mettre en lumière les points essentiels; nous laisserons de côté, bien entendu, tout ce qui se rapporte à l'enseignement secondaire.

Avec cette loi, un recul se produit, et certaines de nos institutions sont mises en péril.

Le programme des études primaires est sensiblement réduit. On le divise en matières obligatoires et en matières facultatives; ces dernières ne seront plus guère enseignées.

Le brevet de capacité, pour lequel les exigences ont beaucoup baissé, ne sera même plus indispensable à l'instituteur. On y suppléera au besoin par un certificat de stage, et, dans les écoles de filles congréganistes, par la lettre d'obédience.

Les écoles normales, dont on se défie, et qui, grâce aux mesures précédentes, ne paraissent plus aussi nécessaires au recrutement des maîtres, pourront être supprimées par le Conseil général ou par le Ministre.

Tout n'est pas cependant à critiquer dans la loi de 1850 : entre autres dispositions heureuses, nous y trouvons la consécration légale des salles d'asile, des cours d'adultes et d'apprentis et enfin des écoles de filles.

« Toute commune de 800 âmes et au-dessus est tenue, si ses propres ressources lui en fournissent les moyens, d'avoir au moins une école de filles », sauf dispense par le Conseil académique (départemental).

Sous le régime de 1850, l'instituteur était nommé par le Conseil municipal, sur une liste d'admissibilité et d'avancement dressée par le Conseil académique, et il continuait à recevoir l'institution ministérielle. Mais, après le Deux-Décembre, le gouvernement éprouva le besoin de concentrer tous les pouvoirs entre ses mains : par suite, la nomination des instituteurs fut remise aux recteurs départementaux. (Décret-Loi du 9 mars 1852.) Cela ne parut pas suffisant : la loi du 14 juin 1854 supprima les Académies départementales, et plaça l'instruction primaire sous l'autorité des préfets, qui, désormais, nommèrent les instituteurs.

V

LOIS DU 21 JUIN 1865 ET DU 10 AVRIL 1867

Vers la fin du second Empire, sous la bienfaisante impulsion de M. Duruy, nous voyons poindre l'aurore d'un régime réparateur.

La loi du 21 juin 1865 fonde l'enseignement secondaire spécial, et restaure les programmes primaires, en y introduisant le dessin artistique, la tenue des livres, la géométrie et les langues vivantes.

La loi du 10 avril 1867 fait accomplir un pas en avant encore plus décisif.

L'enseignement des filles est complété. Toutes les communes de 500 habitants et au-dessus auront dorénavant, sauf de rares exceptions, une école spéciale de filles. Les écoles mixtes seront pourvues de maîtresses de travaux à l'aiguille. Les écoles populeuses seront dédoublées par la création d'emplois d'adjoints et d'adjointes. Des écoles seront établies dans les hameaux les plus isolés pour mettre l'instruction à la portée de tous. Enfin, l'histoire et la géographie de la France feront dorénavant partie de l'enseignement obligatoire destiné aux petits Français.

RÉSUMÉ

I. — Rapports de Talleyrand et de Condorcet. Loi Lakanal du 20 brumaire, an III.

L'œuvre législative de la Révolution française n'a pas eu d'applications immédiates, en ce qui concerne l'enseignement primaire; mais elle a inspiré la législation scolaire actuelle.

Le premier Empire ne s'est guère occupé d'enseignement primaire.

II. — L'ordonnance du 29 février 1816 forme des comités de surveillance et d'encouragement pour les écoles, crée les brevets de capacité, prescrit l'instruction gratuite des indigents, et ouvre un crédit d'État en faveur de l'enseignement primaire.

III. — La loi du 28 juin 1833 fonde véritablement l'enseignement primaire en France. Elle lui donne un beau programme, et crée des écoles normales, pour préparer des maîtres capables de l'appliquer dans les écoles élémentaires et dans les écoles supérieures. La situation pécuniaire de l'instituteur est réglée par la loi.

Une lacune est à signaler dans la loi de 1833 : elle ne s'occupe pas de l'instruction des filles.

IV. — Fâcheux effets de la loi du 15 mars 1850 : programme amoindri ; le brevet de capacité suppléé par le certificat de stage et par la lettre d'obédience ; la suppression des écoles normales est autorisée.

Quelques bonnes dispositions de la loi de 1850 : reconnaissance légale des écoles de filles, salles d'asile et cours d'adultes.

Centralisation des pouvoirs opérée par le décret-loi du 9 mars 1852. Nomination des instituteurs remise aux préfets par la loi du 14 juin 1854.

V. — Lois réparatrices du 21 juin 1865 et du 10 avril 1867. Programmes complétés. Écoles de filles et écoles de hameau créées en grand nombre ; postes d'adjoints et d'adjointes multipliés dans les écoles importantes.

QUARANTE-DEUXIÈME LEÇON

GRATUITÉ — OBLIGATION ET LAICITÉ

Sommaire. — I. L'enseignement primaire depuis 1870. — II. Loi du 16 juin 1881, sur la gratuité. — III. Autre loi du 16 juin 1881, sur les titres de capacité. — IV. Loi du 28 mars 1882. Laïcité des programmes et obligation scolaire.

I

L'ENSEIGNEMENT PRIMAIRE DEPUIS 1870

Dans le grand travail de relèvement, où la France a si bien montré les merveilleuses ressources de son génie, l'instruction publique a eu sa part, et une part considérable. En même temps que la République reconstituait son armée et entreprenait de nombreux travaux d'utilité publique, elle consacrait des millions à restaurer et élargir l'enseignement national.

L'enseignement supérieur a été complété et pour ainsi dire transformé. Les hautes études ne se font plus seulement à la Sorbonne et au Collège de France. Les Facultés de province, dont les chaires et le matériel scientifique ont été considérablement accrus, sont devenues des foyers intellectuels intenses.

L'enseignement des lycées et collèges a été, de son côté, un constant objet de sollicitude. Si toutes les réformes dans le régime des études n'ont pas encore été opérées, elles sont en bonne voie. De plus, on a pensé que la femme avait droit à une instruction qui la fit, au sens intellectuel et moral du mot, véritablement la compagne de son mari, et la rendit plus apte à diriger l'éducation de ses enfants; et l'on a créé l'enseignement secondaire des filles.

Mais c'est l'enseignement primaire surtout, qui a bénéficié des largesses de la nation. On s'en convaincra par l'exposé que nous allons faire de la législation existante.

Nous commencerons par les lois qui réalisent le programme que s'était tracé le Gouvernement républicain : *Gratuité, Obligation* et *Laïcité*. D'autres actes législatifs ou administratifs, que l'instituteur doit également connaître, ont précédé ceux-là; mais ils trouveront leur place dans les chapitres où seront traitées les questions particulières.

II

LOI DU 16 JUIN 1881 SUR LA GRATUITÉ

Des esprits très libéraux et sincèrement dévoués à l'instruction se sont demandé, en présence des difficultés financières que nous traversons, s'il n'eût pas été sage de continuer à recevoir une rétribution scolaire des parents aisés, tout en accordant largement la gratuité à ceux qui la solliciteraient. Mais il y avait aussi de très bonnes raisons en faveur de la gratuité absolue. Aussi bien, depuis longtemps déjà un courant d'opinions, contre lequel on ne pouvait guère lutter, précipitait vers cette solution. Les listes de gratuité s'étaient allongées dans chaque commune, si bien que les payants étaient devenus l'infime minorité. C'est pour céder à ce courant que M. Duruy avait fait insérer dans la loi du 10 avril

1867 (article 8) une clause qui permettait aux municipalités d'établir la gratuité absolue, moyennant le vote de quatre centimes additionnels au principal des quatre contributions directes. La loi du 16 juin 1881 présentée par M. Jules Ferry, n'a donc fait que consacrer un principe déjà appliqué.

L'article 1ᵉʳ porte que la rétribution scolaire dans les écoles primaires publiques, et le prix de pension dans les écoles normales sera supprimé [1].

III

AUTRE LOI DU 16 JUIN 1881, SUR LES TITRES DE CAPACITÉ

A la même date, fut promulguée une loi soumettant au régime du droit commun les membres des congrégations religieuses qui enseignaient en vertu d'une simple lettre d'obédience.

Dorénavant, dans l'enseignement privé, comme dans l'enseignement public, nul ne pourra exercer les fonctions d'instituteur et d'institutrice titulaires, d'adjoint et d'adjointe, sans être pourvu au moins du brevet élémentaire de capacité. Toutes les équivalences sont supprimées. (Art. 1ᵉʳ.)

Un délai est accordé aux maîtres déjà en fonction pour se mettre en règle avec la loi. (Art. 3.) Enfin les personnes qui ont trente-cinq ans et comptent au moins cinq années d'exercice, échappent aux exigences de la loi. Mais si elles ne sont qu'adjointes, elles ne pourront pas devenir titulaires. (Art. 4.)

---

1. Les autres articles ont été abrogés par la loi du 10 juillet 1880.

IV

LOI DU 28 MARS 1882 — LAÏCITÉ DES PROGRAMMES ET OBLIGATION SCOLAIRE

Cette loi, soutenue également devant les Chambres par M. Jules Ferry, consacre deux principes : la neutralité de l'école au point de vue confessionnel et l'obligation scolaire.

Passons en revue les principaux articles.

L'article 1er fixe le nouveau programme de l'enseignement primaire. C'est le programme de 1865 et de 1867, augmenté de quelques matières, telles que le modelage, le travail manuel et les exercices militaires. Ces matières ne sont plus divisées en deux parties, l'une obligatoire, l'autre facultative. Elles sont toutes obligatoires. Il n'y aura plus entre les diverses écoles qu'une différence de degré dans l'application du même programme.

L'instituteur, pour les raisons que nous avons expliquées (pages 193 et suivantes), n'est plus chargé du rôle de répétiteur dans l'enseignement religieux. Mais la loi prend des précautions pour que les familles puissent facilement envoyer les enfants aux instructions religieuses de leur culte. Les écoles chômeront, à cet effet, un jour par semaine, en dehors du dimanche.

L'enseignement religieux restera facultatif dans les écoles privées. (Art. 2.)

En conséquence des dispositions ci-dessus, les ministres des cultes n'auront plus le droit d'inspection et de surveillance dans les écoles publiques. (Art. 3.)

L'instruction primaire est obligatoire pour les enfants des deux sexes de six à treize ans. Elle peut être donnée, selon la volonté des parents, à l'école publique ou privée, ou même dans les familles. (Art. 4.)

Une commission scolaire est instituée dans chaque commune pour surveiller l'application de la loi. (Art. 5.)

Le certificat d'études primaires, qui existait déjà en vertu de décisions ministérielles, est reconnu par la loi. L'élève ne pourra se présenter à l'examen du certificat d'études avant onze ans; mais s'il l'obtient à cet âge, l'obligation scolaire cesse pour lui. (Art. 6.)

Les articles 7 et suivants règlent les formalités à remplir de la part des familles et du maire, pour l'application de la loi, ainsi que les peines encourues par les réfractaires.

Nous appelons tout particulièrement l'attention des instituteurs et institutrices, sur les proscriptions suivantes :

3º paragraphe de l'article 8. — « Huit jours avant la rentrée des classes, le maire remet aux directeurs d'écoles publiques et privées, la liste des enfants qui doivent suivre leurs écoles. Un double de ces listes est adressé par lui à l'inspecteur primaire. »

Article 10. — « Lorsqu'un enfant manque momentanément l'école, les parents ou les personnes responsables doivent faire connaître au directeur ou à la directrice les motifs de son absence.

« Les directeurs et les directrices doivent tenir un registre d'appel qui constate, pour chaque classe, l'absence des élèves inscrits. A la fin de chaque mois, ils adressent au maire et à l'inspecteur primaire un extrait de ce registre, avec l'indication du nombre des absences et des motifs indiqués. »

On remarquera que, par une sage réserve, dont il faut savoir gré au législateur, l'instituteur n'est pas chargé de veiller à l'exécution de la loi. Ce n'est pas à lui de provoquer des mesures répressives. Son rôle se borne aux prescriptions précédentes. Mais il ne laisse pas que d'être le principal et le meilleur auxiliaire de la loi. Si son enseignement est profitable, s'il sait faire aimer l'école, l'obligation scolaire sera la bien-venue auprès des familles et des enfants.

D'autre part, la loi s'est montrée prévoyante et soucieuse d'intérêts respectables, en accordant des dispenses de fréquentation scolaire, qui peuvent atteindre un maximum de trois mois. Elle autorise aussi les enfants qui sont en apprentissage ou réclamés hors de leurs familles par les travaux de l'agriculture, à n'assister qu'à l'une des deux classes de la journée. (Art. 15.)

Enfin, l'article 16 prescrit un examen pour les enfants qui sont instruits dans leurs familles, et l'article 17 généralise l'institution de la Caisse des écoles. On veut que les familles pauvres reçoivent des secours en livres, vêtements, etc., pour que leurs enfants puissent fréquenter l'école.

La loi du 28 mars 1882 a été interprétée par les circulaires ministérielles du 7 septembre 1882 et du 12 septembre 1886. De plus, les conditions de l'examen que doivent subir les enfants instruits à domicile, ont été réglées par l'arrêté ministériel du 22 septembre 1882, modifié et complété à son tour par un autre arrêté du 24 juillet 1888.

RÉSUMÉ

I. — Part considérable de la sollicitude du pays accordée à l'enseignement national. Programme du Gouvernement : Gratuité, Obligation et Laïcité.

II. — Depuis longtemps, un courant d'opinion s'était établi en faveur de la gratuité absolue. Elle était déjà presque un fait accompli, lorsqu'elle a été consacrée par la loi du 16 juin 1881.

III. — Une autre loi, promulguée à la même date, soumet au régime du droit commun les congréganistes qui exerçaient en vertu de la lettre d'obédience. Ils devront avoir les mêmes titres de capacité que les laïques.

IV. — Consécration de deux principes, par la loi du 28 mars 1882 : Neutralité religieuse de l'école et obligation scolaire. Détails de la loi.

QUARANTE-TROISIÈME LEÇON

LOI ORGANIQUE DU 30 OCTOBRE 1886

SOMMAIRE. — I. Objet de la loi. Méthode à suivre pour l'étudier. — II. Des établissements d'enseignement primaire. — III. De l'inspection. — IV. De l'établissement des écoles publiques. — V. Du personnel enseignant. Conditions requises. — VI. Nomination du personnel enseignant. Peines disciplinaires. Récompenses.

I

OBJET DE LA LOI. — MÉTHODE A SUIVRE POUR L'ÉTUDIER

La loi considérable du 30 octobre 1886, présentée au Parlement par M. Goblet, achève la réalisation du triple but poursuivi par le Gouvernement. L'Obligation et la Gratuité étaient déjà votées. La Laïcité des programmes dans les écoles publiques était faite aussi; il restait à assurer, dans un délai limité, la Laïcité du personnel enseignant.

C'est ce qu'a fait la loi du 30 octobre. Elle a, en outre, reconstitué les conseils de l'enseignement primaire sur de nouvelles bases. Enfin, elle a codifié, en les complétant ou les modifiant, les actes législatifs ou administratifs, qui, à diverses époques, ont réglé des points particuliers de l'enseignement primaire. La loi elle-même est expliquée et développée dans le décret et l'arrêté organiques du 18 janvier 1887, ainsi que dans plusieurs autres règlements.

Pour étudier une œuvre aussi étendue, il faut de la méthode. Voici celle que nous suivrons : Nous exposerons d'abord à grands traits la loi fondamentale. Ensuite, à l'aide des décrets, arrêtés et circulaires ministérielles, nous traiterons à part les principales questions renfermées dans la loi.

II

DES ÉTABLISSEMENTS D'ENSEIGNEMENT PRIMAIRE

La loi reconnaît quatre sortes d'établissements d'enseignement primaire : écoles maternelles et classes enfantines ; écoles élémentaires ; écoles supérieures et cours complémentaires ; écoles manuelles d'apprentissage. (Art. 1er.)

Ces établissements sont ou publics, ou privés. (Art. 2.)

Pour exercer comme titulaire ou adjoint dans nos écoles soit publiques, soit privées, il faut être Français et posséder les titres de capacité prévus par la loi. Les étrangers peuvent être autorisés à exercer sous certaines conditions. (Art. 4.)

La loi n'admet dans l'enseignement que des personnes morales, et jouissant de tous leurs droits civils et politiques. Aussi, sont incapables de tenir une école publique ou privée, ou d'y être employés, ceux qui ont subi une condamnation judiciaire pour crime, ou même pour délit contraire à la probité ou aux mœurs; ceux qui ont été privés par jugement de tout ou partie de leurs droits civils et politiques, et ceux qui ont été frappés d'interdiction absolue. (Art. 5.)

Une grande part est faite aux institutrices; elles dirigent exclusivement les écoles ordinaires de filles, écoles maternelles, classes enfantines, et peuvent être employées comme adjointes dans les écoles de garçons, sous la condition d'être parentes du directeur.

Les instituteurs peuvent cependant, avec l'autorisation du Conseil départemental, diriger une école mixte. Mais, dans ce cas, une maîtresse de couture sera attachée à l'école. (Art. 6.)

Pour exercer en qualité d'adjoints, les instituteurs doivent avoir au moins dix-huit ans, et les institutrices dix-sept. Pour être titulaire, il faut avoir vingt et un ans. On ne peut pas diriger une école supérieure ou une école élémentaire avec pensionnat avant vingt-cinq ans. (Art. 7.)

Enfin, la loi prévoit des classes d'adultes et d'apprentis pour les personnes qui ont satisfait à la loi sur l'obligation. Ces classes ne peuvent être mixtes. (Art. 8.)

III

DE L'INSPECTION

Les autorités ayant droit d'inspection sur les écoles sont : les Inspecteurs généraux, les Recteurs, les Inspecteurs d'Académie, les Inspecteurs primaires, les membres du Conseil départemental désignés à cet effet, les Maires et les Délégués cantonaux.

Il y a, en outre, pour les écoles maternelles, des Inspectrices générales, et des Inspectrices départementales.

Des médecins-inspecteurs peuvent également visiter les établissements scolaires, au point de vue médical.

L'inspection des pensionnats de jeunes filles, laïques ou congréganistes, en ce qui concerne les locaux et le régime intérieur, est confiée à des dames déléguées par le Ministre de l'Instruction publique. (Art. 9.)

IV

DE L'ÉTABLISSEMENT DES ÉCOLES PUBLIQUES

Toute commune aura au minimum une école primaire publique, à moins qu'elle ne soit autorisée à se réunir à d'autres communes, pour l'entretien d'une ou plusieurs écoles.

Les hameaux d'une commune peuvent être rattachés à l'école d'une commune voisine.

Il y aura au moins une école spéciale de filles par commune, lorsque la population s'élèvera à cinq cents habitants. Le maintien d'une école mixte peut néanmoins, dans ce cas, être autorisé. (Art. 11.)

La circonscription des écoles de hameau peut s'étendre sur plusieurs communes.

En cas de réunion de plusieurs communes, les frais de construction et d'entretien des écoles sont supportés par ces communes, dans des proportions déterminées par les conseils municipaux.

S'il y a désaccord, le Préfet, après avis du conseil départemental, tranche le différend. (Art. 12.)

Le Conseil départemental, après avis des conseils municipaux, et sous réserve de l'approbation ministérielle, règle toutes les questions relatives à l'établissement des écoles, ainsi qu'au nombre des maîtres à y attacher. (Art. 13.)

L'établissement des écoles primaires élémentaires publiques constitue une dépense obligatoire pour les communes.

Sont également dépenses obligatoires : le logement du personnel, l'entretien ou la location des bâtiments, l'acquisition et l'entretien du mobilier scolaire, le chauffage et l'éclairage des classes, et la rémunération des gens de service. (Art. 14.)

Les écoles publiques de filles déjà établies régulièrement dans les communes de plus de quatre cents âmes; les écoles maternelles, dans les communes de plus de deux mille âmes, dont douze cents au moins de population agglomérée, et les classes enfantines publiques, sont mises également à la charge obligatoire des communes. (Art. 15.)

V

DU PERSONNEL ENSEIGNANT. — CONDITIONS REQUISES

L'interprétation et l'application du programme officiel (loi de 1882), pour chaque genre d'école publique, sont confiées au Conseil supérieur de l'Instruction publique, puis aux Conseils départementaux. (Art. 16.)

Dans les écoles publiques de tout ordre, le personnel enseignant sera exclusivement laïque. Un délai est accordé pour la laïcisation. Il ne sera plus fait de nominations nouvelles de congréganistes dans les départements où les écoles normales fonctionneront depuis quatre ans. La laïcisation sera achevée dans les écoles de garçons cinq ans après la promulgation de la loi. (Art. 17 et 18.)

Pour être nommé à une fonction quelconque, il faut être pourvu des titres correspondant à cette fonction.

Ces titres sont, outre les brevets élémentaire et supérieur, le certificat d'aptitude pédagogique, le certificat d'aptitude au professorat des écoles normales, le certificat d'aptitude à l'inspection primaire et à la direction des écoles normales, et les diplômes spéciaux pour les enseignements accessoires. (Art. 19, 20 et 21.) Dans cette énumération ne figure pas le certificat d'aptitude à la direction des écoles maternelles, qui est supprimé. Les directrices d'écoles maternelles seront dorénavant assimilées aux institutrices.

Tout ce qui se rapporte aux examens sera traité plus loin.

Les instituteurs et institutrices sont divisés en stagiaires et titulaires. (Art. 22.)

Pour être titulaire, il faut avoir fait un stage d'au moins deux ans, posséder le certificat d'aptitude pédagogique, et figurer sur une liste d'admissibilité dressée par le Conseil départemental.

Les titulaires qui seront à la tête d'une école de deux classes, prendront le nom de directeur ou directrice. (Art. 23.)

Les instituteurs ou institutrices sont secondés par des adjoints. Les adjoints peuvent être stagiaires ou titulaires.

On ne peut être adjoint dans une école supérieure avant vingt et un ans, et il faut avoir le brevet supérieur. Ceux qui ont le certificat d'aptitude au professorat des écoles normales, prennent le titre de professeur. (Art. 24.)

Les professions commerciales, industrielles et administratives, continueront à être interdites aux instituteurs. Il n'y a d'exception que pour les secrétariats de mairie, avec l'autorisation du conseil départemental. (Art. 25.)

VI

NOMINATION DU PERSONNEL ENSEIGNANT. — PEINES DISCIPLINAIRES. — RÉCOMPENSES

Les stagiaires exercent en vertu d'une délégation de l'Inspecteur d'Académie. Cette délégation peut être retirée par l'Inspecteur d'Académie, sur l'avis motivé de l'Inspecteur primaire. (Art. 26.)

La nomination des titulaires est faite, sur la proposition de l'Inspecteur d'Académie, par le Préfet.

Les directeurs, directrices et professeurs des écoles supérieures sont nommés par le Ministre. Les adjoints de ces écoles, munis seulement du brevet supérieur, et les maîtres auxiliaires sont nommés par le Préfet, sur la proposition de l'Inspecteur d'Académie.

Les directeurs et directrices d'écoles manuelles d'apprentissage sont également nommés par le Ministre. (Art. 28.)

Les peines applicables au personnel de l'enseignement primaire public, sont :

1° La réprimande, prononcée par l'Inspecteur d'Académie ;

2° La censure prononcée par l'Inspecteur d'Académie, après avis motivé du Conseil départemental ;

3° La révocation prononcée par le Préfet, sur la

proposition de l'Inspecteur d'Académie, après avis motivé du Conseil départemental ;

4° et 5° L'interdiction temporaire (maximum cinq ans) et l'interdiction absolue, prononcées par jugement du Conseil départemental.

Dans le cas de révocation ou d'interdiction, le fonctionnaire est appelé à fournir ses moyens de défense devant le Conseil départemental; s'il y a condamnation, il a la faculté d'en appeler devant le Conseil supérieur. (Art. 30, 31 et 32.)

On voit que si l'Administration est armée pour punir les coupables et les ramener dans le devoir, ou pour rejeter les indignes, toutes les précautions sont prises pour éviter les erreurs et permettre aux intéressés de fournir leur justification.

Dans les cas graves et urgents, l'Inspecteur d'Académie peut prononcer la suspension d'un instituteur, à la condition de saisir de l'affaire le Conseil départemental dans sa prochaine session. Cette suspension n'entraîne pas la privation de traitement. (Art. 33.)

La loi (Art. 34.) prévoit, par contre, des récompenses pour les bons fonctionnaires : mention honorable, médailles de bronze et d'argent, honorariat. Nous verrons plus loin les conditions à remplir pour obtenir ces diverses récompenses.

RÉSUMÉ

I. — L'Obligation, la Gratuité et la Laïcité des programmes étaient déjà votées : La loi du 30 octobre 1886 achève cet ensemble de mesures, en laïcisant le personnel enseignant. Autres points traités. Méthode que nous suivrons pour l'étude de la loi et des règlements qui la développent et l'expliquent.

II. — Quatre sortes d'établissements d'enseignement primaire, public ou privé. Conditions à remplir pour exercer dans ces établissements. Part faite aux institutrices.

III. — Énumération des personnes qui ont qualité pour visiter les écoles. Inspection des pensionnats de jeunes filles.

IV. — Création des écoles. Obligations des communes. Réunion des communes pour l'entretien des écoles. Part contributive de chacune d'elles dans les dépenses. Dépenses obligatoires pour les communes. Attributions du Conseil départemental, pour la création des écoles et des emplois d'adjoints.

V. — Laïcisation du personnel. Dans quels délais elle devra être terminée.

Titres de capacité, outre les brevets élémentaire et supérieur. Conditions d'âge, de stage et de titres pour être appelé aux divers emplois de l'enseignement primaire.

Professions interdites à l'instituteur.

VI. — Mode de nomination des membres de l'enseignement primaire. Attributions, à cet égard, de l'Inspecteur d'Académie, du Préfet et du Ministre.

Peines disciplinaires pouvant être infligées aux instituteurs publics, et dans quelle forme.

Récompenses prévues en faveur des instituteurs.

QUARANTE-QUATRIÈME LEÇON

LOI ORGANIQUE DU 30 OCTOBRE 1886 (Suite)

Sommaire. — I. Enseignement privé. — II. Conseil départemental et Conseil supérieur. — III. Commissions scolaires.

I

ENSEIGNEMENT PRIVÉ

Les chefs des établissements privés sont libres dans le choix des méthodes, des programmes et des livres, réserve faite pour les livres interdits par le Conseil supérieur. (Art. 35.)

Ne peuvent donner à leur établissement le titre d'école supérieure que ceux qui possèdent les diplômes exigés pour cet ordre d'enseignement.

Une école privée ne peut recevoir des enfants des deux sexes, à moins d'autorisation du Conseil départemental, s'il y a, au même lieu, une école publique ou privée de filles. Elle ne peut pas non plus recevoir d'enfants au-dessous de six ans, s'il existe dans la commune une école maternelle publique ou une classe enfantine publique, à moins de posséder elle-même une classe enfantine. (Art. 36.)

L'instituteur qui veut ouvrir une école privée, doit d'abord en faire la déclaration au maire et indiquer le local où sera installée l'école. Un récépissé de sa déclaration lui est délivré, et la déclaration est affichée, pendant un mois, à la porte de la mairie.

Si le maire juge que le local n'est pas convenable,

il forme opposition à l'ouverture de l'école. (Art. 37.)

La même déclaration est faite au Préfet, à l'Inspecteur d'Académie et au Procureur de la République. L'Inspecteur d'Académie peut former opposition à l'ouverture de l'école, dans l'intérêt des bonnes mœurs et de l'hygiène. Il peut aussi former opposition dans l'intérêt de l'ordre public, lorsqu'il s'agit d'un instituteur révoqué qui aurait l'intention d'ouvrir une école privée dans la commune même où il a été révoqué.

S'il n'y a pas d'opposition, l'école peut s'ouvrir à l'expiration du mois. (Art. 38.)

Les oppositions sont jugées par le Conseil départemental, dans le délai d'un mois. Ses décisions peuvent être frappées d'appel devant le Conseil supérieur. L'instituteur appelant peut se faire assister par un conseil devant les deux juridictions. (Art. 39.)

L'article 40 édicte des peines correctionnelles pour ceux qui contreviennent aux prescriptions ci-dessus.

L'instituteur privé peut aussi encourir des peines disciplinaires pour inconduite et immoralité. Ces peines, prononcées par le Conseil départemental, sont d'abord la censure et l'interdiction d'exercer dans la même commune ou le même département; ensuite l'interdiction à temps et même l'interdiction absolue.

L'instituteur frappé d'interdiction peut faire appel devant le Conseil supérieur. (Art. 41.)

L'instituteur privé qui se refuse à la surveillance et à l'inspection des autorités scolaires, est traduit devant les tribunaux et passible de peines correctionnelles. (Art. 42.)

Avant la loi de 1886, on ne savait pas clairement quelles étaient les attributions des autorités scolaires à l'égard des écoles établies dans les hôpitaux, hospices, colonies agricoles, ouvroirs, orphelinats, maisons de pénitence et de refuge, etc. Aujourd'hui, ces écoles sont assimilées aux établissements privés ordinaires. (Art. 43.)

II

CONSEIL DÉPARTEMENTAL ET CONSEIL SUPÉRIEUR

Il est institué dans chaque département un Conseil de l'enseignement primaire. L'article 44 en indique la composition. Parmi les membres figurent « deux instituteurs et deux institutrices élus respectivement par les instituteurs et institutrices publics titulaires du département, et éligibles, soit parmi les directeurs et directrices d'écoles à plusieurs classes ou d'écoles annexes à l'école normale, soit parmi les instituteurs en retraite.

« Pour les affaires contentieuses et disciplinaires, intéressant les membres de l'enseignement privé, deux membres de cet enseignement, l'un laïque, l'autre congréganiste, élus par leurs collègues respectifs, seront adjoints au Conseil départemental. » (Art. 44.)

Le mode d'élection de ces divers membres est réglé par le décret du 12 novembre 1886.

Nous avons fait connaître déjà les principales attributions du Conseil départemental.

Les directeurs et directrices d'écoles primaires, membres du Conseil départemental, sont adjoints au corps électoral chargé d'élire les six membres du Conseil supérieur de l'Instruction publique, appartenant à l'enseignement primaire. (Art. 51.)

La Loi du 27 février 1880 donne au Conseil supérieur de l'Instruction le droit de donner son avis :

« Sur les programmes, méthodes d'enseignement, modes d'examens, règlements administratifs et disciplinaires relatifs aux écoles publiques, déjà étudiés par la section permanente ;

« Sur les règlements relatifs à la surveillance des écoles privées ;

« Sur les règlements relatifs aux examens et à la la collation des grades ;

« Sur les livres d'enseignement, de lecture et de prix qui doivent être interdits dans les écoles privées comme contraires à la morale, à la Constitution et aux lois ;

« Sur les règlements relatifs aux demandes formées par les étrangers pour être autorisés à enseigner, à ouvrir ou à diriger une école. »

Nous avons vu que le Conseil supérieur statue en appel et en dernier ressort sur les jugements rendus par le Conseil départemental, en matière disciplinaire et contentieuse.

Le Conseil départemental désigne un ou plusieurs délégués par canton pour surveiller les écoles du canton. Les délégués cantonaux adressent des rapports au Conseil départemental. (Art. 52.) Leur inspection porte sur l'état des locaux, du matériel, sur l'hygiène et la tenue des élèves, et non sur l'enseignement proprement dit.

III

COMMISSIONS SCOLAIRES

Les dispositions de la loi du 28 mars 1882, en ce qui concerne les commissions scolaires, sont revisées et amendées. L'article 54 en indique la composition et le mode de nomination.

La commission se réunit au moins une fois tous les trois mois. Une copie des délibérations prises est adressée, dans le délai de trois jours, à l'inspecteur primaire.

La commission scolaire n'a pas d'autre mission que de veiller à l'exécution de la loi sur l'obligation. « Elle ne peut, dans aucun cas, s'immiscer dans l'appréciation des matières et des méthodes d'enseignement. » (Art. 58.)

L'inspecteur primaire, les parents ou les personnes responsables peuvent, dans le délai de dix jours, faire appel des décisions de la Commission scolaire, devant le Conseil départemental, qui statue en dernier ressort.

RÉSUMÉ

I. — Régime spécial des écoles privées : programmes, méthodes, livres, admission des enfants.

Formalités à remplir pour ouvrir une école privée.

Peines correctionnelles et disciplinaires pouvant être appliquées aux instituteurs privés.

II. — Composition du Conseil départemental. Membres élus par le personnel des instituteurs et institutrices.

Conseil supérieur ; ses attributions.

Délégués cantonaux ; leurs attributions.

III. — Dispositions nouvelles concernant les Commissions scolaires. Réunions trimestrielles. Les Commissions scolaires n'ont pas à intervenir dans les questions d'enseignement.

QUARANTE-CINQUIÈME LEÇON

ÉCOLES MATERNELLES ET CLASSES ENFANTINES

Sommaire. — I. Les écoles maternelles (salles d'asile) en France. Caractère de ces écoles. Objet des classes enfantines. — II. Principales dispositions réglementaires. — III. Organisation pédagogique et programme.

I

LES ÉCOLES MATERNELLES (SALLES D'ASILE) EN FRANCE
CARACTÈRE DE CES ÉCOLES
OBJET DES CLASSES ENFANTINES

La première salle d'asile en France a été fondée en 1770, par le pasteur Oberlin, au Ban-de-la-Roche (Vosges). Cet éminent philanthrope n'eut pas tout de suite des imitateurs. Il fallut l'exemple de l'Angleterre et de l'Écosse pour susciter chez nous un mouvement en faveur d'une institution qui devait rendre de si grands services. Vers 1825, des personnes d'un haut mérite : MM. de Gérando, Denis Cochin, MM^{mes} Delessert, de Pastoret, Mallet, Millet, etc., créèrent à Paris plusieurs salles d'asile, entre autres l'asile-modèle Cochin. Les villes de province ne tardèrent pas à imiter la capitale, si bien qu'en 1835, nous comptions 93 salles d'asile; en 1840, 555; en 1850, 1735; et ainsi de suite, toujours en augmentant. Les derniers états de situation (1887) en signalent 6 090.

Nous ne saurions manquer, à propos des salles d'asile, de mentionner le nom de Mme Pape-Carpantier. En 1835, alors qu'elle n'avait pas vingt ans, on lui confia la salle d'asile de La Flèche où elle se fit déjà remarquer par une aptitude exceptionnelle. La ville du Mans voulut l'avoir pour diriger une importante salle d'asile où elle avait fait elle-même son apprentissage d'éducatrice de l'enfance. Elle s'y rendit en 1842. C'est là qu'elle commença la publication d'une série d'ouvrages qui ont contribué, avec son exemple et ses enseignements directs, à fonder véritablement en France la pédagogie du premier âge, et à donner aux salles d'asiles une méthode et des procédés rationnels. Sa réputation grandit vite, et, en 1847, M. de Salvandy, Ministre de l'Instruction publique, l'appela à Paris, pour la placer à la tête d'une sorte d'école normale, destinée à former des directrices de salles d'asile. Cet établissement est devenu le *Cours pratique des salles d'asile*, qu'elle a dirigé avec éclat jusqu'en 1874. Ce cours, annexé aujourd'hui à l'École normale d'institutrices de Versailles, s'appelle : École Pape-Carpantier [1].

Les écoles maternelles ont été d'abord considérées comme des établissements de charité, des asiles, destinés à recueillir les enfants de la classe ouvrière, et particulièrement des mères de famille obligées de quitter leur ménage pour se rendre dans les ateliers. Or, on ne tarda pas à s'apercevoir que tout en protégeant les enfants contre les dangers et l'isolement de la rue, et en leur prodiguant les soins physiques, on pouvait déjà commencer leur

---

1. Lire dans le *Dictionnaire de pédagogie*, l'article *Écoles maternelles*, où M. F. Pécaut fait une histoire complète et fort instructive des écoles maternelles en France et à l'étranger.

éducation morale, et même leur instruction. On s'aperçut aussi que cette première éducation convenait pour tous les enfants, quelle que fût la condition des parents. C'est ainsi qu'on eut l'idée de transformer les asiles en écoles du premier degré, ouvertes à tous, et servant de préparation à l'école primaire élémentaire.

Seulement la dénomination de *salles d'asile*, qui donnait à l'institution un caractère de charité et en faisait comme une annexe de l'Assistance publique, éloignait les enfants des familles aisées. Pour faire disparaître ce scrupule, ou ce préjugé, on remplaça le titre de *salle d'asile* par celui d'*école maternelle*. Cette qualification est, à un autre point de vue, très heureuse : elle rappelle que les procédés employés dans ces écoles doivent être imités de ceux qu'emploie la mère intelligente auprès de ses propres enfants.

Le titre d'*école maternelle* avait été déjà officiellement consacré par un arrêté ministériel du 28 avril 1848; mais il ne prévalut pas, et l'ancienne dénomination persista jusqu'au décret du 2 août 1881, qui a, d'autre part, donné aux écoles maternelles une organisation que la loi du 30 octobre 1886 a en grande partie conservée.

Aujourd'hui les écoles maternelles sont entrées dans les mœurs et les besoins de tous. Le public, aussi bien que les règlements, les considère comme des « établissements de première éducation où les enfants des deux sexes reçoivent en commun les soins que réclame leur développement physique, moral et intellectuel. » (Art. 1er du décret du 17 janvier 1887.)

Les écoles maternelles ne peuvent guère exister que dans les centres réunissant une population agglomérée un peu importante. Aussi, à partir de 1867 et surtout de 1881, pour étendre les bienfaits de l'institution, et en même temps, pour décharger les écoles spéciales de garçons et de filles des plus jeunes enfants, a-t-on annexé à bon nombre d'écoles de filles des *classes enfantines,* dirigées par une adjointe d'après les procédés de l'école maternelle. Cette innovation fut bien accueillie, et plus tard, en maints endroits, on plaça une institutrice à la tête de la classe enfantine, qui devint indépendante et prit le titre d'*école enfantine*. La loi de 1886 a supprimé cette dernière, mais elle a conservé la *classe enfantine*.

Faisons connaître les prescriptions essentielles des règlements en vigueur sur les écoles maternelles et les classes enfantines.

II

PRINCIPALES DISPOSITIONS RÉGLEMENTAIRES

« Les enfants peuvent être admis à l'école maternelle dès l'âge de deux ans révolus, et y rester jusqu'à l'âge de six ans..... Les enfants des deux sexes sont admis dans les classes enfantines de quatre ans au moins à sept ans au plus..... » Nous venons de dire que les classes enfantines sont annexées aux écoles de filles; mais elles peuvent être annexées aussi à des écoles maternelles. C'est alors le cours préparatoire qui complète l'école maternelle au lieu de commencer l'école élémentaire. « Aucun enfant n'est reçu dans une école maternelle s'il n'est muni d'un billet d'admission signé par le maire et s'il ne produit un certificat du médecin dûment légalisé, constatant qu'il n'est atteint d'aucune maladie contagieuse et qu'il a été vacciné..... » Pour diriger une école maternelle, il faut posséder le certificat d'aptitude pédagogique, comme s'il s'agissait d'une école ordinaire. Les enfants sont divisés en deux sections, suivant leur âge et le développement de leur intelligence. Si la présence moyenne des enfants dépasse le nombre de cinquante, il y aura une adjointe. Celle-ci et la directrice s'occuperont alternativement de l'une et de l'autre section. Il y aura, en outre, dans chaque école maternelle, une femme de service. « Il peut être établi, dans chaque commune où il existe une école maternelle publique, un ou plusieurs comités de dames patronnesses, présidés par le maire. Les membres de ces comités sont nommés pour trois ans par l'Inspecteur d'Académie, après avis du maire. Ce comité a pour attribution exclusive de veiller à l'observation des prescriptions de l'hygiène, à la bonne tenue de l'établissement, à l'emploi des fonds ou dons en nature recueillis en faveur des enfants. » *(Décret organique du 18 janvier 1887.)*

Le programme des exercices de l'école maternelle, dont il sera parlé plus loin, est appliqué dans la première section. Pour les autres enfants, les matières du programme ne seront appliquées que graduellement, selon leur âge et le développement de leur intelligence. « L'enseignement dans les classes enfantines est conforme au programme de la première section des écoles maternelles et à celui du cours élémentaire des écoles primaires... » Les écoles maternelles sont visitées chaque semaine par un médecin. Si un enfant a été malade, il ne peut rentrer à l'école maternelle sans un certificat du médecin. Tous les ans, la directrice adresse un rapport sur son école à l'inspectrice départementale, ou à son défaut, à l'inspecteur primaire. Sauf décision de l'inspecteur primaire, les enfants ne quittent l'école maternelle pour l'école primaire qu'à la rentrée d'octobre, au 1ᵉʳ janvier et à Pâques. Une école maternelle ne peut, sans autorisation, recevoir plus de 150 enfants. Les écoles maternelles ne sont fermées que le dimanche et les jours fériés. Les vacances se bornent à huit jours à Pâques (du Jeudi-Saint au jeudi suivant), et à la première quinzaine d'août. Mais dans les écoles à plusieurs maîtresses, celles-ci prennent alternativement chacune, un mois de congé par an. *(Arrêté organique du 18 janvier 1887.)*

Les règlements particuliers des diverses écoles ne sauraient être identiques pour toute la France. Il faut tenir compte du climat, des usages locaux, des besoins de l'industrie et de l'agriculture. Aussi, le soin de rédiger ces règlements a-t-il été laissé aux Conseils départementaux. Mais, pour faciliter leur tâche et pour conserver l'unité d'organisation, au moins dans les grandes lignes, le Conseil supérieur a dressé des règlements modèles qui ont été annexés à l'arrêté ministériel du 18 janvier 1887. En fait, les règlements départementaux n'en diffèrent presque pas. Celui des écoles maternelles, qui doit être affiché à l'école et à la mairie, reproduit les conditions d'âge et de santé exigées pour l'admission des enfants et les formalités à remplir. Il indique les heures d'entrée et de sortie des classes ainsi que les obligations des parents à cet égard. Le règlement prescrit aussi des mesures d'ordre et de propreté. Il détermine les récompenses et les punitions pouvant seules être employées. Il invite la directrice à tenir régulièrement divers registres. Il lui défend de recevoir des cadeaux des familles. Les longues récitations qui surchargent la mémoire des enfants, les scènes dramatiques et autres exhibitions abusives ou dangereuses sont proscrites. Sont interdites également, les loteries, quêtes, souscriptions, distributions de brochures, etc.

Toutes ces prescriptions sont motivées par des raisons de haute convenance, et surtout par l'intérêt des enfants.

III

ORGANISATION PÉDAGOGIQUE ET PROGRAMME

Après le vote de la loi du 28 mars 1882, qui établissait le programme général de l'enseignement primaire, le Conseil supérieur de l'instruction publique a interprété ce programme, pour chaque catégorie d'écoles, dans des plans d'études et des instructions pédagogiques, dont nous avons déjà signalé la haute valeur (page 381 et suivantes). La loi du 30 octobre 1886 n'y a rien changé; ces plans et instructions ont été annexés aux règlements organiques du 18 janvier 1887. Celui des écoles maternelles dit que « le classement des enfants est fait chaque année par la directrice à l'époque de la rentrée des classes, sous le contrôle de l'inspectrice départementale, ou à son défaut, de l'inspecteur primaire. » Sous le même contrôle, la directrice dresse son emploi du temps hebdomadaire.

Viennent ensuite des conseils faisant ressortir le but des écoles maternelles, la méthode à suivre dans les exercices, le plan et la division du cours d'études.

Nous reproduisons ci-après cette belle instruction qu'une analyse ne pourrait qu'affaiblir. Enfin, le règlement pédagogique des écoles maternelles se termine par un programme spécial de leçons de choses correspondant aux diverses époques de l'année.

PROGRAMME DES ÉCOLES MATERNELLES

1° *Objet*. — L'école maternelle n'est pas une école au sens ordinaire du mot : elle forme le passage de la famille à l'école, elle garde la douceur affectueuse et indulgente de la famille, en même temps qu'elle initie au travail et à la régularité de l'école.

« Le succès de la directrice de l'école maternelle ne se juge donc pas essentiellement par la somme des connaissances communiquées, par le niveau qu'atteint l'enseignement, par le nombre et la durée des leçons, mais plutôt par l'ensemble des bonnes influences auxquelles l'enfant est soumis, par le plaisir qu'on lui fait prendre à l'école, par les habitudes d'ordre, de propreté, de politesse, d'attention, d'obéissance, d'activité intellectuelle, qu'il y doit contracter pour ainsi dire en jouant.

« En conséquence, les directrices devront se préoccuper beaucoup moins de livrer à l'école primaire des enfants déjà fort avancés dans leur instruction que des enfants bien préparés à s'instruire. Tous les exercices de l'école maternelle seront réglés d'après ce principe général : ils doivent aider au développement des diverses facultés de l'enfant sans fatigue, sans contrainte, sans excès d'application; ils sont destinés à lui faire aimer l'école et à lui donner de bonne heure le goût du travail, en ne lui imposant jamais un genre de travail incompatible avec la faiblesse et la mobilité du premier âge.

« Le but à atteindre, en tenant compte des diversités de tempérament, de la précocité des uns, de la lenteur des autres, ce n'est pas de les faire parvenir tous à tel ou tel degré de savoir en lecture, en écriture, en calcul; c'est qu'ils sachent bien le peu qu'ils sauront; c'est qu'ils aiment leurs tâches, leurs jeux, leurs leçons de toute sorte; c'est surtout qu'ils n'aient pas pris en dégoût ces premiers exercices scolaires qui seraient si vite rebutants, si la patience, l'enjouement, l'affection ingénieuse de la maîtresse, ne trouvaient moyen de les varier, de les égayer, d'en tirer ou d'y attacher quelque plaisir pour l'enfant.

« Une bonne santé; l'ouïe, la vue, le toucher, déjà exercés par une suite graduée de ces petits jeux et de ces petites expériences propres à faire l'éducation des sens; des idées enfantines, mais nettes et claires sur les premiers éléments de ce qui sera plus tard l'instruction primaire; un commencement d'habitudes et de dispositions sur lesquelles l'école puisse s'appuyer pour donner plus tard un enseignement régulier; le goût de la gymnastique, du chant, du dessin, des images, des récits; l'empressement à écouter, à voir, à observer, à imiter, à questionner, à répondre; une certaine faculté d'attention entretenue par la docilité, la confiance et la bonne humeur; l'intelligence éveillée enfin, et l'âme ouverte à toutes les bonnes impressions morales, tels doivent être les effets et les résultats de ces premières années passées à l'école maternelle, et, si l'enfant qui en sort arrive à l'école primaire avec une telle préparation, il importe peu qu'il y joigne quelques pages de plus ou de moins du syllabaire.

2° *Méthode*. — Ces principes posés, quelle est la méthode qu'il conviendra d'appliquer aux écoles maternelles? C'est évidemment celle qui s'inspire du nom même de l'établissement, c'est-à-dire celle qui consiste à imiter le plus possible les procédés d'éducation d'une mère intelligente et dévouée.

« Comme on ne se propose pas, dans les écoles maternelles, de former ou d'exercer un ordre de facultés au détriment des autres, mais bien de les développer toutes harmoniquement, on ne devra pas s'asservir à suivre avec rigueur aucune des méthodes spéciales qui se fondent sur un système exclusif et artificiel. On s'appliquera, au contraire, en prenant à toutes les méthodes particulières leurs exercices les plus simples, à former à l'aide de ces divers éléments, un cours d'instruction et d'éducation qui réponde aux divers besoins du petit enfant, et mette en jeu toutes ses facultés. Les exercices qu'elle comprend doivent être très variés : la leçon de choses, la causerie, le chant, les premiers essais de dessin, de lecture, de calcul, de récitation, partagent le temps avec les exercices du corps, les jeux de toute sorte et les mouvements gymnastiques. C'est une méthode essentiellement naturelle, familière, toujours ouverte à de nouveaux progrès, toujours susceptible de se compléter et de se réformer.

« 3° *Plan et division du cours*. — Les jeux se divisent en jeux au préau et en jeux dans la cour; un matériel de jouets sera approprié aux uns et aux autres.

« L'enseignement du chant comprend les chants à l'unisson et à deux parties qui accompagnent les jeux et les évolutions.

« La maîtresse se servira du diapason.

« Les exercices manuels consistent en tressage, tissage, pliage, piquage, découpage avec les doigts, petits ouvrages de tricots, enfilage de perles, petites constructions à l'aide de carton et de paille, de cubes, de sable, etc.

« Sont interdits, les travaux de couture et tous autres travaux de nature à fatiguer les enfants.

« Les premiers principes d'éducation morales sont donnés, non sous forme de leçons suivies, mais à l'aide d'entretiens familiers, de récits, de chants destinés à inspirer aux enfants le sentiment de leurs devoirs envers la famille, la patrie et Dieu.

« Ces premiers principes devront être indépendants de tout enseignement confessionnel.

« Les connaissances usuelles comportent des notions très élémentaires : — sur le vêtement, l'habitation, l'alimentation ; — sur l'homme, les animaux, les plantes et les pierres ; — sur les couleurs et les formes, la division du temps, les saisons ; — sur les points cardinaux, sur la France et les principaux pays de la terre.

« Cet enseignement est donné à l'aide d'objets réels et d'images.

« Les exercices de langage, qui ne doivent être séparés d'aucun des enseignements, ont pour but d'habituer les enfants à exprimer leurs idées d'une façon simple et correcte, d'étendre leur vocabulaire sur la mesure du développement de leur intelligence et de leurs besoins.

« Les premiers éléments de dessin comprennent :

« 1º Des combinaisons de lignes au moyen de lattes, bâtonnets, etc., la reproduction sur l'ardoise de ces combinaisons, ainsi que des dessins faciles, faits par la maîtresse, au tableau noir ;

2º La reproduction, sur l'ardoise et sur le papier, d'objets usuels et d'ornements très simples.

« L'enseignement de la lecture portera, non sur des combinaisons difficiles de lettres, ni sur les syllabes inintelligibles pour l'enfant, mais sur des mots usuels et des phrases simples. Autant que possible, les enfants se serviront de lettres mobiles pour apprendre à lire.

« L'enseignement de l'écriture, comme celui de la lecture, est réservé aux enfants de la première section.

« Les éléments du calcul comprennent :

« 1° La formation et la représentation des nombres de 1 à 10, de 10 à 100, à l'aide d'objets mis entre les mains des enfants (lattes, bâtonnets, cailloux, graines, monnaies et mesures usuelles);

« 2° Les quatre opérations appliquées aux premières centaines, toujours à l'aide d'objets;

« 3° La représentation des cent premiers nombres par les chiffres.

« Les enfants seront exercés au calcul mental sur toutes les combinaisons de nombres qu'ils auront étudiées.

« Les récits ou contes, faits le plus possible sur des images, seront consacrés à représenter des scènes de la vie enfantine; à faire naître par des anecdotes, des descriptions, quelques traits de biographie ou épisodes de voyages, l'idée et l'amour de la France.

« Les exercices intellectuels et les exercices manuels doivent alterner. La durée n'en dépassera pas vingt minutes. Ils seront toujours séparés par des chants, des mouvements, des marches ou des évolutions. »

RÉSUMÉ

I. — Les écoles maternelles en France. Le pasteur Oberlin. Les premières salles d'asile à Paris. L'asile Cochin. Progrès de l'œuvre des salles d'asile en province. Statistique. Mme Pape-Carpantier. Le Cours pratique des salles d'asile. Pourquoi les salles d'asile ont été appelées *écoles maternelles*. Objet et utilité des *classes enfantines*.

II. — Résumé des prescriptions du décret et de l'arrêté du 18 janvier 1887. Conditions d'admissibilité des enfants. Rôle de la directrice et de l'adjointe. Comité des dames patronnesses. Visites du médecin. Registres. Congés. Règlements départementaux.

III. — Classement des enfants. Emploi du temps. Plan d'études et programmes officiels.

QUARANTE-SIXIÈME LEÇON

ÉCOLES PRIMAIRES ÉLÉMENTAIRES

Sommaire. — I. Installation matérielle. Personnel. Enseignement. — II. Organisation pédagogique. — III. Règlement scolaire départemental. — IV. Discipline. Récompenses. Punitions.

I

INSTALLATION MATÉRIELLE — PERSONNEL — ENSEIGNEMENT

Les communes sont obligées de fournir aux instituteurs et institutrices publiques, stagiaires ou titulaires, un local convenable pour leur habitation; à défaut de quoi, une indemnité fixée par le préfet, après avis du Conseil municipal et de l'Inspecteur d'Académie.

L'institutrice ou l'instituteur public, qui veut recevoir des élèves internes, est tenu de déclarer son intention à l'Inspecteur d'Académie (par l'intermédiaire de l'Inspecteur primaire), et de déposer entre les mains du maire le plan du local de l'établissement.

Le maire saisit de l'affaire le Conseil municipal. Si le Conseil municipal est favorable, le Conseil départemental accorde ou refuse, après avis de l'Inspecteur d'Académie.

On voit par là que l'*avis favorable* du Conseil municipal est avant tout *nécessaire* pour l'ouverture d'un pensionnat dans une école primaire publique.

Le temps passé dans l'enseignement secondaire, en qualité de maître élémentaire ou de maître primaire (non de maître répétiteur), compte pour le stage exigé des candidats aux fonctions de titulaire.

Tous les ans, le Conseil départemental prend connaissance des demandes et des titres des candidats qui aspirent au titulariat, et il dresse la liste de ceux qu'il juge dignes d'être nommés. Cette liste est insérée soit au *Bulletin départemental,* soit au *Recueil des actes administratifs.*

Les maîtresses de couture sont nommées par l'Inspecteur d'Académie. Le préfet fixe leur traitement, sur la proposition de l'Inspecteur d'Académie.

L'école élémentaire est ouverte aux enfants de six ans révolus à treize ans révolus.

Nul élève ne pourra être admis avant six ans, s'il existe dans la commune, ou à proximité, une école maternelle publique, et avant sept ans, s'il existe une école enfantine publique. Néanmoins, des dérogations à cette règle peuvent être autorisées par l'Inspecteur d'Académie. Elles sont prévues au règlement scolaire départemental.

Le programme d'études des écoles élémentaires est le programme général de 1882 simplifié ; ainsi, la langue française ne comprend pas les notions de littérature qui sont réservées pour l'école supérieure ; les mathématiques se réduisent au calcul et au système métrique ; les sciences physiques et naturelles sont modestement désignées sous cette rubrique : « Leçons de choses et premières notions scientifiques. » *(Décret du 18 janvier 1887.)*

II

ORGANISATION PÉDAGOGIQUE

Nous avons consacré déjà plusieurs leçons à ce sujet important, dans la deuxième et la troisième partie de cet ouvrage. Nous allons les rappeler et les compléter en nous appuyant sur l'arrêté du 18 janvier 1887.

L'enseignement de l'école primaire ordinaire est divisé en trois cours : le cours *élémentaire,* le cours *moyen* et le cours *supérieur*. Ces trois cours sont, en principe, obligatoires. Mais, en fait, le cours supérieur ne pourra utilement fonctionner que lorsqu'il y aura des élèves capables de le suivre. C'est encore le cas d'un grand nombre d'écoles rurales. Il y a sans doute des circonstances atténuantes. Néanmoins, l'instituteur ne s'accommodera pas de cette situation fâcheuse : il fera tous ses efforts pour arriver à constituer sérieusement un cours supérieur.

L'arrêté du 18 janvier 1887 répartit les enfants

dans les cours suivant leur âge : section enfantine, de cinq ou six ans à sept ans; cours élémentaire, de sept à neuf ans; cours moyen, de neuf à onze ans; cours supérieur, de onze à treize ans. C'est là, en effet, une répartition normale; mais on conçoit qu'il y ait des exceptions. Des enfants se trouvent en retard, parce qu'ils ont été malades, ou parce qu'ils ont l'esprit plus lent que leurs camarades. Or, quel que soit leur âge, on est obligé, avec quelques précautions, de les maintenir dans le cours proportionné à leurs connaissances. D'ailleurs, l'arrêté dit lui-même, que « chaque année, à la rentrée, les élèves, suivant leur degré d'instruction, sont répartis par le directeur dans les diverses classes des trois cours, sous le contrôle de l'Inspecteur primaire. » Les articles 11, 12 et 13 donnent des règles fort sages pour la répartition des classes entre les maîtres plus ou moins nombreux attachés à une école. Lorsque l'augmentation du nombre des élèves donne lieu à une augmentation de personnel, c'est par en bas que se fait le dédoublement des classes; celles des petits étant toujours les plus populeuses et réclamant le plus de soins. Chaque cours peut être divisé en deux années pour former deux classes; cela fera en tout six classes : c'est le maximum des divisions autorisées. Si la population scolaire exigeait un plus grand nombre de maîtres, il faudrait créer des classes parallèles. Lorsqu'un cours formera deux classes, première et deuxième années, elles suivront le même programme; « mais les leçons et les exercices seront gradués, de telle sorte que les élèves puissent, dans la seconde année, revoir, approfondir et compléter les études de la première. »

« Chaque élève, à son entrée à l'école, recevra un cahier spécial qu'il devra conserver pendant toute la durée de la scolarité. Le premier devoir de chaque mois, dans chaque ordre d'études, sera fait sur ce cahier par l'élève, en classe et sans secours étranger, de telle sorte que l'ensemble de ces devoirs permette de suivre la série des exercices, et d'apprécier les progrès de l'élève d'année en année. Ce cahier restera déposé à l'école. »

Cette disposition, qui date de 1882, a donné lieu à des interprétations très diverses, et à maintes communications officielles. Pourtant on arrivera, il faut l'espérer, à une méthode uniforme, grâce à la circulaire ministérielle du 31 août 1887, très explicite, qui pousse les précautions jusqu'à indiquer dans un tableau la série des devoirs à faire dans le cahier, les uns tous les mois, les autres à des intervalles plus éloignés.

« Tout concours entre les écoles publiques auquel ne participent pas l'ensemble de l'un au moins des trois cours, est formellement interdit. » Excellente mesure pour empêcher les instituteurs de soigner particulièrement certains élèves propres à briller dans les concours, au détriment des autres élèves.

Nous renvoyons pour la répartition de l'enseignement aux belles instructions (Plan d'études et programme du règlement du 27 juillet 1882), qui ont été joints à l'arrêté du 18 janvier 1887.

Les conditions que doit remplir un bon emploi du temps scolaire sont toutes indiquées dans l'article 10 de l'arrêté organique que nous reproduisons ici :

« La répartition des exercices doit satisfaire aux conditions générales ci-après déterminées.

« I. — Chaque séance doit être partagée en plusieurs exercices différents, coupés par les récréations réglementaires.

« II. — Les exercices qui demandent le plus grand effort d'attention, tels que les exercices d'arithmétique, de grammaire, de rédaction, seront placés de préférence le matin, ou, dans les écoles de demi-temps, au commencement de la classe.

« III. — Toute leçon, toute lecture, tout devoir sera accompagné d'explications orales et d'interrogations.

« IV. — La correction des devoirs et la récitation des leçons ont lieu pendant les heures de classe auxquelles se rapportent ces devoirs et ces leçons. Dans la règle, les devoirs sont corrigés au tableau noir en même temps que se fait la visite des cahiers. Les rédactions sont corrigées par le maître en dehors de la classe.

« V. — Les trente heures de classe par semaine (non compris le temps que les élèves peuvent consacrer, soit à domicile, soit dans les études surveillées, à la préparation des devoirs et des leçons) devront être réparties d'après les indications suivantes :

« 1° Il y aura chaque jour dans les deux premiers cours, une leçon qui, sous la forme d'entretiens familiers, ou au moyen d'une lecture appropriée, sera consacrée à l'instruction morale. Dans le cours supérieur, cette leçon sera, autant que possible, le développement méthodique du programme de morale.

« 2° L'enseignement du français (exercices de lecture, lectures expliquées, leçons de grammaire, exercices orthographiques, dictées, analyses, récitations, exercices de composition, etc.), occupera tous les jours environ deux heures

« 3° L'enseignement scientifique occupera en moyenne et suivant les cours, de une heure à une heure et demie par jour, savoir : trois quarts d'heure ou une heure pour l'arithmétique et les exercices qui s'y rattachent, le reste pour les leçons de choses et les premières notions scientifiques.

« 4° L'enseignement de l'histoire et de la géographie, auquel se rattache l'instruction civique, comportera environ une heure de leçon tous les jours.

« 5ᶜ Le temps consacré aux exercices d'écriture proprement dite sera d'une heure au moins par jour dans le cours élémentaire, et se réduira graduellement, à mesure que les divers devoirs dictés ou rédigés pourront en tenir lieu.

« 6° L'enseignement du dessin, commencé par des leçons très courtes, dès le cours élémentaire, occupera dans les deux autres cours, deux ou trois leçons chaque semaine.

« 7° Les leçons de chant occuperont de une à deux heures par semaine, indépendamment des exercices de chant qui auront lieu tous les jours à la rentrée et à la sortie des classes.

« 8ᶜ La gymnastique, outre les évolutions et les exercices sur place qui peuvent accompagner les mouvements de classe, occupera tous les jours ou au moins tous les deux jours, une séance dans le courant de l'après-midi.

« En outre, dans les communes où les bataillons scolaires sont constitués, les exercices de bataillon ne pourront avoir lieu que le jeudi et le dimanche; le temps à y consacrer sera déterminé par l'instructeur militaire, de concert avec le directeur de l'école.

« 9ᶜ Enfin, pour les garçons aussi bien que pour les filles, deux ou trois heures par semaine seront consacrées aux travaux manuels. »

L'instituteur a toute liberté dans le choix des livres à mettre entre les mains de ses élèves, pourvu que ces livres figurent sur la liste départementale, dressée conformément aux prescriptions des articles 20, 21 et 22.

« Les registres dont la tenue est exigée des instituteurs et institutrices, sont :

1° Le registre matricule;

2° Le registre d'appel ou de présence;

3° Le registre d'inventaire du mobilier de l'école et du matériel d'enseignement ;

4° Le registre d'inventaire du mobilier personnel, s'il y a lieu ;

5° Le catalogue des livres de la bibliothèque populaire de l'école publique, avec le registre des recettes et des dépenses, et le registre des entrées et des sorties. »

Il y a peu de temps encore, on exigeait aussi la tenue d'un *journal de classe,* dans une forme déterminée. Ce journal n'avait pas grande signification ; on le remplissait d'après des formules banales et ennuyeuses pour les maîtres consciencieux, et peu probantes à l'égard des autres. On l'a supprimé et l'on a bien fait. Mais on n'a pas pour cela voulu dispenser l'instituteur de préparer ses classes sérieusement, et de les préparer la plume à la main. Il ne serait pas un bon maître celui qui n'inscrirait pas, chaque matin, sur un cahier de notes, les sommaires des leçons et les matériaux des exercices écrits ou oraux pour le travail de la journée. Seulement, on s'en remet à sa conscience, et on lui laisse toute latitude de choisir le mode de préparation qui convient le mieux à son esprit et aux besoins de son école.

III

RÈGLEMENT SCOLAIRE DÉPARTEMENTAL

Nous donnerons, comme nous l'avons fait déjà pour les écoles maternelles, les prescriptions essentielles du règlement scolaire modèle, adopté par le Conseil supérieur ; elles ont été certainement conservées dans les règlements arrêtés par les Conseils départementaux.

« Tout enfant dont l'admission à l'école est demandée, doit présenter un bulletin de naissance et un certificat médical constatant qu'il a été vacciné ou qu'il a eu la petite vérole, et qu'il n'est pas atteint de maladies ou d'infirmités de nature à nuire à la santé des autres élèves. » Cela n'a point paru suffisant. Un arrêté ministériel du 29 décembre 1888 y a ajouté ce qui suit : « Lorsque l'enfant a atteint sa dixième année, il doit, pour être admis ou maintenu à l'école, être revacciné par les soins du médecin attaché à l'école, ou délégué à cet effet par l'administration scolaire.

« L'instituteur doit conserver le bulletin de naissance et les certificats de vaccine et de revaccination, tant que l'enfant fréquente l'école.

« La garde de la classe est commise à l'instituteur; il ne permettra pas qu'on la fasse servir à aucun usage étranger à sa destination, sans une autorisation spéciale du préfet.

« Pendant la durée de la classe, l'instituteur ne pourra, sous aucun prétexte, être distrait de ses fonctions professionnelles, ni s'occuper d'un travail étranger à ses devoirs scolaires.

« Les enfants ne pourront, sous aucun prétexte, être détournés de leurs études pendant la durée des classes.

« Les enfants qui ne sont pas rendus à leur famille dans l'intervalle des classes demeurent sous la surveillance de l'instituteur jusqu'à l'heure où ils quittent définitivement la maison d'école.

« Chacun des maîtres attachés à l'école, est tenu, à tour de rôle, de surveiller les récréations et de garder les élèves qui ne sont pas rendus à leur famille, dans l'intervalle des classes du matin et du soir, ainsi que ceux qui sont punis de la retenue après la classe.

« La surveillance des élèves pensionnaires et de ceux qui assistent aux études rétribuées, ne peut être imposée aux instituteurs adjoints; ils ne peuvent en être chargés que de leur plein gré, et suivant une entente établie entre eux et le directeur de l'école, sous l'approbation de l'inspecteur primaire. »

En principe, l'instituteur ne doit pas se substituer aux libraires et spéculer sur tous les profits qu'il pourrait tirer de la vente des objets classiques. Mais, lorsqu'il n'y a pas de libraire dans la localité, ou à proximité de l'école, l'instituteur est autorisé à tenir lui-même les fournitures classiques. Dans ce cas, « un tableau portant le prix de tous les objets que l'instituteur est autorisé à fournir aux élèves sera affiché dans l'école, après avoir été visé par l'inspecteur primaire. »

Toutes les prohibitions relatives aux représentations théâtrales, quêtes, cadeaux, etc., faites dans les écoles maternelles, s'appliquent aussi aux écoles élémentaires.

IV

DISCIPLINE — RÉCOMPENSES — PUNITIONS

Le règlement scolaire départemental énumère, en outre, les punitions qui seront seules permises à l'école.

Les récompenses et les punitions sont le principal moyen disciplinaire de nos écoles. A ce propos, il nous paraît utile de résumer ici les préceptes donnés dans le cours de première année des écoles normales (éducation), dans le cours de deuxième année (sanctions de la loi morale), et enfin page 341.

La discipline, dans son sens le plus général, est « l'ensemble des règles et des influences, au moyen desquelles on peut gouverner les esprits et former les caractères [1]. »

Dans un sens plus restreint, c'est l'ensemble des mesures employées pour assurer l'ordre, le travail et la bonne conduite à l'école.

On peut la diviser en discipline *négative* ou *préventive*, et en discipline *positive*.

La discipline préventive a pour objet d'écarter par avance les occasions de mal faire. Elle est assurée par la capacité, l'assiduité et le zèle du maître, toutes qualités qui lui donnent de l'autorité sur l'écolier; elle l'est encore par une bonne et forte organisation pédagogique.

La discipline positive repose sur des principes d'action élevés, dont il faut veiller à maintenir intacte la puissance, tels que la raison, l'affection, l'honneur et la conscience. Mais ces principes n'ont toute leur influence qu'à un âge avancé, qui n'est presque plus l'âge scolaire; de plus, ils ont besoin d'être aidés par le respect et une crainte de bon aloi. Il faut tenir compte également de la faiblesse de la nature humaine, et particulièrement de la nature enfantine; il faut même accorder une part — mais une part modérée — au mobile de l'intérêt... Pour ces motifs on a dû recourir encore à d'autres moyens disciplinaires.

Ces moyens sont l'émulation bien comprise, ainsi que les récompenses et les punitions, auxquelles on aura soin de conserver leur caractère moral.

Ainsi, les récompenses seront considérées par l'enfant comme la conséquence heureuse d'une bonne action, accomplie par devoir et avec désin-

---

[1]. J. GAILLARD. *Dictionnaire de pédagogie*.

téressement ; elles ne seront pas un salaire, mais un encouragement : elles seront un *moyen*, non une *fin* recherchée pour elle-même.

Réciproquement, les punitions seront regardées comme la suite fâcheuse, désagréable, d'une mauvaise action, comme un commencement de réparation de la faute commise, mais non comme l'acquittement d'une sorte de dette, que l'on pourrait contracter de nouveau, sans scrupule, moyennant semblable payement.

Pour conserver ce caractère aux unes et aux autres, il y a des précautions à prendre.

Les récompenses seront d'une valeur modérée, elles ne seront pas prodiguées et ne provoqueront pas la vanité; elles seront données avec discernement, c'est-à-dire à ceux qui les méritent par leurs efforts; elles seront, autant que possible, en rapport avec les actions à récompenser.

Réciproquement, les punitions seront de nature à être profitables (caractère que n'ont pas beaucoup de pensums!); elles seront rares, mais certaines; raisonnables, c'est-à-dire proportionnées et appropriées à la faute; enfin, elles seront infligées sans colère, et respecteront toujours la dignité de l'enfant.

L'application rigoureuse du règlement sera à cet égard une garantie. Nous terminerons donc par la reproduction intégrale des articles 19 et 20 du règlement scolaire modèle.

« Les seules punitions dont l'instituteur puisse faire usage sont :

« Les mauvais points; la réprimande; la privation partielle de la récréation; la retenue après la classe, sous la surveillance de l'instituteur, l'exclusion temporaire.

« Cette dernière peine ne pourra dépasser trois jours. Avis en sera donné immédiatement par l'instituteur aux parents de l'enfant, aux autorités locales et à l'Inspecteur primaire.

« Une exclusion de plus longue durée ne pourra être prononcée que par l'Inspecteur d'Académie.

« Il est absolument interdit d'infliger aucun châtiment corporel.

« Il est également interdit aux instituteurs et institutrices de tutoyer les élèves. »

RÉSUMÉ

I. — Logement des instituteurs, ou indemnité en tenant lieu. Pensionnats annexés aux écoles publiques. Formalités à remplir. Liste d'admissibilité aux fonctions de titulaire. Admission des enfants à l'école. Programme des études élémentaires.

II. — Cours *élémentaire, moyen* et *supérieur*. Répartition des enfants dans les cours. Répartition de l'enseignement entre les maîtres. Le cahier mensuel. Les divers exercices de l'école. *L'emploi du temps.* Registres scolaires. Préparation des classes.

III. — Principales prescriptions du règlement scolaire modèle des écoles primaires. Formalités à remplir pour l'admission des enfants. Vaccine et revaccinations. Surveillance des études et des récréations. Fournitures classiques.

IV. — Tenue de l'école au point de vue disciplinaire. Discipline préventive et discipline effective. Les mobiles de la discipline. Caractères moraux des récompenses et des punitions. Comment il faut récompenser et punir. Punitions autorisées par le règlement.

QUARANTE-SEPTIÈME LEÇON

ÉCOLES PRIMAIRES SUPÉRIEURES ET ÉCOLES MANUELLES D'APPRENTISSAGE

SOMMAIRE. — I. L'enseignement primaire supérieur avant la législation actuelle. — II. Organisation présente de l'enseignement primaire supérieur. — III. Écoles manuelles d'apprentissage. Leur objet. — Lois et règlements concernant ces écoles.

I

L'ENSEIGNEMENT PRIMAIRE SUPÉRIEUR AVANT LA LÉGISLATION ACTUELLE

Nous avons vu (page 439 et suivantes) que l'enseignement primaire supérieur avait été fondé en France par la loi du 28 juin 1833, qui prescrivait la création de ces écoles dans chaque chef-lieu de département et dans toutes les villes ayant au moins six mille habitants.

Si la loi avait pu être appliquée immédiatement, nous aurions eu 273 écoles supérieures. Mais on rencontra des difficultés de diverses sortes : tant au point de vue de l'installation matérielle, que du recrutement des élèves ou même des maîtres. Il fallut lutter aussi contre des opinions qui ne se montraient pas favorables à cette nouveauté. Néanmoins, en 1841, il y avait 101 écoles supérieures en exercice. A partir de cette date, elles diminuèrent au lieu d'augmenter : pourquoi? Parce qu'à côté de l'école supérieure il y avait, dans beaucoup de villes, un collège d'enseignement secondaire. L'un des établissements nuisait à l'autre. L'administration de l'instruction publique se mit du côté des collèges, et, en vertu d'ordonnances royales, les écoles supérieures furent en grand nombre annexées à ces établissements. Elles formèrent ce qu'on a appelé depuis les « *Cours spéciaux d'enseignement primaire.* »

Lorsque la loi de 1850 fut votée, il ne restait presque plus d'écoles supérieures indépendantes ; et la loi ne leur vint pas en aide, car en ne les mentionnant point parmi les établissements d'enseignement primaire, elle leur ôtait leur caractère légal.

A partir de 1850, l'institution n'existait donc plus guère qu'à l'état de souvenir. Il fallut attendre, pour en voir le relèvement jusqu'au jour où un nouveau Gouvernement construirait de toutes pièces le nouvel édifice de l'éducation nationale.

Alors on comprit qu'entre l'enseignement primaire élémentaire et l'enseignement secondaire, classique et même spécial, il fallait des établissements d'un autre ordre, dont le caractère est bien défini dans les lignes suivantes, extraites du fascicule n° 16 des *Mémoires et documents scolaires :*

« Les établissements d'enseignement primaire supérieur sont, comme le nom l'indique, des écoles primaires où l'enseignement est plus approfondi, sans changer de nature ; où les élèves reçoivent une culture intellectuelle plus élevée, qui leur permet de se préparer dans les meilleures conditions à la profession qu'ils ont choisie. Les cours spéciaux qui peuvent être professés suivant les besoins industriels, commerciaux, agricoles de la région n'en modifient pas le caractère. Avant tout, ces écoles sont des écoles primaires. » L'opinion publique, qui trouva des interprètes d'une haute compétence, tels que M. Marguerin et M. F. Pécaut[1], vint en aide aux intentions du Gouvernement. Dès 1878, sous le ministère de M. Bardoux, on élabora un projet pour ressusciter l'enseignement primaire supérieur. En 1881 et 1882, parurent des décrets qui en commencèrent la réorganisation. L'arrêté ministériel du 27 juillet 1885 leur donna un plan d'études. Il ne leur manquait plus que la consécration légale, qui leur fut accordée par l'article 1er de la loi du 30 octobre 1886.

Ajoutons que, sous l'empire de l'organisation provisoire, qui fut comme la préface des règlements actuels, les anciennes écoles supérieures sortirent de la poussière où elles dormaient depuis quarante ans, et il s'en créa un grand nombre de nouvelles. Ainsi les états de situation de 1886-1887 constatent l'existence de 312 écoles supérieures ou cours complémentaires pour les garçons, et de 153 établissements de même nature pour les filles : total 465.

II

ORGANISATION PRÉSENTE DE L'ENSEIGNEMENT PRIMAIRE
SUPÉRIEUR

Les actes officiels qui régissent actuellement les écoles primaires supérieures sont, indépendamment de la loi du 30 octobre 1886, le décret et l'arrêté organiques du 18 janvier 1887, auxquels on a annexé les programmes revisés de 1885, et le règle-

---

1. *Études au jour le jour sur l'éducation nationale*, par F. Pécaut. Hachette, éditeur.

ment scolaire modèle arrêté par le Ministre, en Conseil supérieur, le 29 décembre 1888.

Nous allons en extraire les parties qui intéressent plus particulièrement les instituteurs, et les familles avec lesquelles ils sont en relation. Pour les compléments : fonctionnement des écoles supérieures, application des programmes, comités de patronages, etc.; nous renvoyons aux règlements ci-dessus mentionnés.

« Les établissements d'enseignement primaire supérieur prennent le nom de *Cours complémentaires* s'ils sont annexés à une école primaire élémentaire et placés sous la même direction. Ils prennent le nom d'*École primaire supérieure*, s'ils sont installés dans un local distinct et sous une direction différente de celle de l'école élémentaire. Toutefois, la réunion sous une même direction d'une école primaire supérieure et d'une école primaire élémentaire dans un même groupe scolaire, pourra être autorisée par le Ministre sur l'avis motivé du Conseil départemental.

« Ne peuvent être nommés directeurs ou directrices d'une école à laquelle est annexé un cours complémentaire que les instituteurs ou institutrices titulaires pourvus au moins du brevet supérieur.

« Aucun élève ne peut être reçu soit dans une école primaire supérieure, soit dans un cours complémentaire, s'il ne justifie de la possession du certificat d'études primaires.

« L'État fonde et entretien des bourses nationales dans les établissements publics d'enseignement primaire supérieur de garçons et de filles. Ces bourses sont de trois sortes : 1° bourses d'internat; 2° bourses d'entretien; 3° bourses familiales.

« Les bourses d'internat sont attribuées à des élèves placés à demeure dans les établissements primaires supérieurs pourvus d'un pensionnat.

« Les bourses d'entretien à des élèves logés dans leur propre famille et fréquentant l'école supérieure ou le cours complémentaire de la localité.

« Les bourses familiales à des élèves placés en pension dans des familles autres que la leur et agréées par le directeur ou la directrice de l'école ou du cours.

« Nul ne peut être appelé à jouir d'une bourse nationale s'il n'a préalablement subi un examen ayant pour objet de constater son aptitude.

« La concession d'une bourse (ou d'une fraction de bourse) est subordonnée à l'appréciation des titres produits par les postulants.

« Il est tenu compte dans cette appréciation :

« En premier lieu et avant tout du mérite de l'enfant et de ses notes d'examen; 2° des services rendus à l'État par les parents; 3° de la situation de fortune, du nombre des enfants et des charges de familles des pétitionnaires. » *(Décret du 18 janvier 1887.)*

« Tous les ans, au chef-lieu de chaque département, les candidats aux bourses fondées par l'État subissent un examen destiné à constater leurs aptitudes.

« Les parents ou tuteurs des candidats aux bourses doivent les faire inscrire dans les bureaux de l'Inspection académique avant le 1er avril.

« Les candidats doivent être âgés de douze ans au moins, et de quinze ans au plus au 1er octobre de l'année durant laquelle a lieu l'examen.

« Le montant annuel des bourses d'internat entretenues par l'État dans les établissements publics ou privés d'enseignement primaire supérieur est égal au prix de pension demandé par les chefs d'établissement aux parents des élèves payants, sans que, toutefois, la somme payée puisse jamais dépasser 500 francs, y compris les frais de literie et de blanchissage.

« Les bourses d'entretien pourront varier de 100 à 400 francs, par fraction de 100 francs.

« Les bourses familiales sont de 500 francs.

« Des dégrèvements de trousseau peuvent, sur la proposition de l'Inspecteur d'Académie, être accordés par le Préfet, sur les crédits mis à sa disposition, aux candidats dont les familles justifient ne pouvoir en supporter les frais.

« Les bourses de séjour à l'étranger, accordées aux élèves des écoles primaires supérieures, sont décernées à la suite d'un concours.

« Les conditions à remplir pour pouvoir concourir sont les suivantes :

1° Avoir au moment du concours, seize ans accomplis, et moins de dix-neuf ans. Toutefois, des dispenses d'âge peuvent être accordées par le Ministre ;

2° Être pourvu du certificat d'études primaires supérieures ;

3° Adresser au Ministre par l'intermédiaire de l'Inspecteur d'Académie, une demande écrite ou signée par le père ou tuteur. *(Arrêté ministériel du 18 janvier 1887.)*

III

ÉCOLES MANUELLES D'APPRENTISSAGE. — LEUR OBJET. — LOIS ET RÈGLEMENTS CONCERNANT CES ÉCOLES

L'idée des écoles manuelles d'apprentissage a eu pour point de départ une proposition faite en 1878, à la Chambre des députés, par M. Martin Nadaud, et quelques autres députés. Après deux ans d'études et de discussions, elle aboutit à la loi du 11 décembre 1880, qui mit au nombre des établissements d'enseignement primaire public « les écoles d'apprentissage fondées par les communes ou les départements, pour développer chez les jeunes gens qui se destinent aux professions manuelles la dextérité nécessaire et les connaissances techniques. »

La pensée du législateur nous paraît bien développée dans le passage ci-après d'un discours de M. Tolain, prononcé lors de la discussion de la loi, devant le Sénat.

« Quand un apprenti quitte le maître dans l'atelier duquel il a passé trois ou quatre ans, quand il reçoit son livret d'ouvrier, il a appris quoi? Le maniement des outils de sa profession, de la profession restreinte dans laquelle il est entré; non pas même le maniement général de tous les outils usuels, sorte d'enseignement que, par parenthèse, il serait très difficile d'organiser dans un atelier adjoint à l'école primaire. Quant à ce qui s'appelle véritablement le métier, la profession, avec ses secrets, avec ses difficultés, pas un de ces enfants ne la sait, pas un ne l'a apprise, parce que tantôt on n'a pas pu, tantôt on n'a pas voulu la lui montrer. Eh bien! l'école d'apprentissage permettra, si elle est organisée sérieusement, de mettre un enfant, au bout de trois années d'apprentissage, en état de gagner sa vie, non seulement dans sa profession, mais dans plusieurs autres. Car ce qui caractérise l'état de notre industrie à l'heure actuelle, c'est la division extrême du travail; il n'y a véritablement plus d'ouvriers, il y a des spécialistes. Or un enfant, sorti au bout de trois ans de l'école d'apprentissage, sera capable d'aborder un nombre considérable de spécialités; et je ne crois pas exagérer en disant que dans tous les centres industriels un peu importants, où il serait possible d'établir une de ces écoles sur le type, par exemple, de celle de la Villette, où l'on fait spécialement l'apprentissage du fer et du bois, chaque enfant serait capable, en sortant de cette école, d'aborder huit ou dix spécialités. Sans doute, le jour où il entrera dans l'une d'elles, il sera un peu moins habile que les spécialistes de la profession qui l'exercent depuis trois ans, cinq ans, dix ans; mais au bout de quinze jours, d'un mois si vous voulez, de pratique, cet enfant sera non seulement aussi habile de la main, mais encore plus intelligent... Ainsi, l'école d'apprentissage, sans faire positivement de l'enfant ce qu'on appelle un menuisier, un serrurier, le rendra capable, au bout de trois ans, de travailler le bois ou le fer, et d'entrer dans n'importe quelle spécialité où il gagnera, dès l'âge de quinze ou seize ans, une journée supérieure à celle de tous les enfants qui auraient passé trois, quatre ou cinq ans, en qualité d'apprentis, dans un atelier industriel privé. »

Nous avons vu que la loi du 30 octobre 1886 avait confirmé, en la visant, l'œuvre législative de 1880.

Les écoles manuelles d'apprentissage sont, en outre, réglementées par le décret du 18 mars 1888, pour tout ce qui concerne la création et l'organisation de ces écoles, le personnel enseignant, les questions financières, les bourses, l'enseignement et l'inspection. Un autre décret du 28 juillet 1888 détermine « les programmes généraux des écoles placées sous le régime de la loi du 14 décembre 1880. »

L'État a lui-même organisé, avec le concours financier des communes, trois écoles nationales d'enseignement primaire supérieur et d'enseignement professionnel préparatoire à l'apprentissage à Vierzon, Armentières et Voiron. Ce sont des établissements types, destinés à servir de modèles aux créations similaires.

RÉSUMÉ

I. — Historique des écoles primaires supérieures en France. Leur développement sous l'empire de la loi de 1833; puis leur absorption dans les collèges d'enseignement secondaire.

Restauration des écoles supérieures à partir de 1881.

II. — Lois et règlements en vigueur concernant les écoles supérieures. Extraits du décret et de l'arr*'* \ organiques de 1887.

III. — Origine des écoles manuelles d'apprentissage. Leur objet. Discours de M. Tolain. Lois et réglements concernant ces établissements. Écoles professionnelles nationales de Vierzon, Armentières et Voiron.

QUARANTE-HUITIÈME LEÇON

ÉCOLES NORMALES PRIMAIRES ET ÉCOLES NORMALES PRIMAIRES SUPÉRIEURES

Sommaire. — I. Documents officiels concernant les écoles normales d'instituteurs et d'institutrices. — II. Extraits des règlements. — III. Objet des écoles normales primaires supérieures. Extraits des règlements.

I

DOCUMENTS OFFICIELS CONCERNANT LES ÉCOLES NORMALES D'INSTITUTEURS ET D'INSTITUTRICES

Au commencement de notre cinquième partie, page 137, nous avons fait l'historique des écoles normales primaires en France. Il ne reste qu'à faire connaître l'organisation présente de ces écoles.

La loi du 9 août 1879 disait que tout département devait être pourvu, dans un délai de quatre années, d'une école normale d'instituteurs et d'une école normale d'institutrices. La loi ajoutait qu'un décret pouvait autoriser deux départements à s'associer pour fonder et entretenir en commun l'une ou l'autre de leurs écoles, ou toutes les deux.

Il n'est pas à notre connaissance qu'aucun département ait profité, jusqu'à ce jour, de cette dernière disposition, et la loi ne laisse pas que d'avoir été appliquée à peu près intégralement. L'œuvre est achevée pour les écoles normales d'instituteurs et il n'y a plus qu'un petit nombre d'écoles normales d'institutrices à ouvrir.

Les écoles normales, en ce qui concerne la comptabilité, ont été et sont encore régies par les décrets du 29 juillet 1882 et du 25 avril 1883. Pour l'administration et l'enseignement, elles ont été soumises à l'important décret du 29 juillet 1881, suivi de l'arrêté ministériel du 3 août 1881. Ces derniers règlements ont été reproduits, après quelques retouches, dans le décret et l'arrêté organiques du 18 janvier 1887. Enfin un arrêté ministériel du 10 janvier 1889, a remanié et légèrement simplifié le programme des études.

Comme pour les autres établissements scolaires, nous allons consigner les points qui peuvent plus particulièrement intéresser les instituteurs et les familles, en renvoyant aux textes pour plus amples informations.

II

EXTRAITS DES RÈGLEMENTS

« Le régime des écoles normales est l'internat. L'internat est gratuit.

« Sur la proposition du Recteur, et avec l'approbation du Ministre de l'Instruction publique, les écoles normales peuvent recevoir des demi-pensionnaires et des externes, à titre également gratuit et aux mêmes conditions d'admission.....

« Les directeurs d'école normale doivent être pourvus du certificat d'aptitude à l'inspection des écoles primaires et à la direction des écoles normales. Ils doivent être âgés de trente ans révolus.

« Un fonctionnaire, spécialement chargé du service de l'économat et pourvu du titre d'économe est attaché à chaque école normale.....

« Les économes doivent fournir un cautionnement...

« Les candidats à l'économat doivent être pourvus du brevet supérieur et du certificat d'aptitude pédagogique.

« Ils doivent être âgés de vingt et un ans au moins et avoir accompli une année de stage auprès de l'économe d'une école normale..... Ils subissent à la fin de leur stage un examen spécial.

« L'enseignement est donné par des professeurs... et, à défaut, par des instituteurs délégués... à titre provisoire en qualité de maîtres-adjoints, et qui doivent être pourvus du brevet supérieur et du certificat d'aptitude pédagogique...

« Tout candidat à l'école normale doit :

« 1° Avoir seize ans au moins, dix-huit ans au plus, au premier octobre de l'année durant laquelle il se présente;

« 2° Être pourvu du brevet élémentaire;

« 3° S'être engagé à servir pendant dix ans dans l'enseignement public;

« 4° N'être atteint d'aucune infirmité ou maladie le rendant impropre au service de l'enseignement.

« Le Recteur peut autoriser à se présenter au concours des candidats âgés de plus de dix-huit ans.

« Nul ne peut se présenter au concours plus de deux fois...

« Tout élève-maître qui quitte volontairement l'école ou qui en est exclu, ou tout ancien élève-maître qui rompt l'engagement décennal, est tenu de restituer le prix de la pension dont il a joui.

« La somme à restituer comprend exclusivement :

« 1° Les frais de nourriture;

« 2° Les frais de blanchissage;

« 3° Le prix des fournitures classiques.

« Toutefois, sur la proposition du Recteur, après avis du conseil des professeurs et de l'Inspecteur d'Académie, le Ministre peut accorder des sursis pour le payement des sommes dues, ainsi qu'une remise partielle ou totale de ces mêmes sommes.

« Tout élève-maître sorti de l'école après les trois années d'études reçoit, quand il est appelé pour la première fois aux fonctions d'instituteur public, titulaire ou stagiaire, une indemnité de 100 francs.

« Les élèves-maîtres qui sortent de l'école normale ont droit, selon leur âge et les titres dont ils sont pourvus, aux premiers emplois d'instituteur public, titulaire ou stagiaire, qui se trouvent vacants dans le département...

« Dans les écoles normales d'instituteurs, les élèves-maîtres ont toute facilité pour suivre les pratiques de leur culte. Dans les écoles normales d'institutrices, les élèves-maîtresses sont, sur la demande des parents, conduites le dimanche aux offices... *(Décret du 18 janvier 1887.)*

« Il est ouvert à la fin de chaque année scolaire, dans tous les départements... un concours d'admission aux écoles normales...

« L'inscription des candidats a lieu du 1ᵉʳ mars au 30 avril, sur un registre ouvert à cet effet dans les bureaux de l'Inspecteur d'Académie.

« Aucune inscription n'est reçue, qu'autant que le candidat a déposé les pièces suivantes :

« 1° Sa demande d'inscription, portant indication de l'école ou des écoles qu'il a fréquentées depuis l'âge de douze ans ;

« 2° Son acte de naissance ;

« 3° Son brevet de capacité ;

« 4° L'engagement de servir pendant dix ans dans l'enseignement public...

« Les candidats non pourvus du brevet peuvent être inscrits provisoirement, sous la condition formelle de le produire avant le concours d'admission... » *(Arrêté ministériel du 17 janvier 1887.)*

III

OBJET DES ÉCOLES NORMALES PRIMAIRES SUPÉRIEURES
EXTRAITS DES RÈGLEMENTS

« Aux écoles normales qui s'ouvraient de toute part, dit M. Jacoulet, il fallait un personnel dont l'instruction et l'aptitude pédagogique fussent à la hauteur de la mission qui allait lui échoir.

« Pour les écoles normales d'institutrices, le besoin était urgent : sans doute l'ancien personnel avait rendu d'inestimables services, et on pouvait compter sur son dévouement; mais il était insuffisant comme nombre, et ses titres de capacité ne répondaient plus aux besoins nouveaux. De là, la pensée de créer une école de haute culture intellectuelle et pédagogique, destinée à recruter le personnel enseignant des écoles normales d'institutrices, comme celles-ci assuraient le recrutement des écoles communales[1]. » Telles sont les raisons qui ont amené la création d'une école normale primaire supérieure à Fontenay-aux-Roses.

« La qualité et l'importance des services rendus par l'École de Fontenay décida l'Administration à fonder une école analogue, pour assurer le recrute-

---

[1]. *Dictionnaire de Pédagogie :* Écoles normales supérieures de Fontenay-aux-Roses et de Saint-Cloud.

ment du personnel enseignant des écoles normales d'instituteurs. » Cette deuxième école normale supérieure, installée provisoirement à Sèvres, par arrêté ministériel du 9 mars 1881, a été ensuite transportée à Saint-Cloud, et définitivement fondée par décret du 30 décembre 1882.

« Ces écoles sont gratuites. Elles recrutent leurs élèves au concours. »

L'organisation de ces deux écoles normales primaires supérieures a été réglée, en dernier lieu, par le décret et l'arrêté organiques du 18 janvier 1887.

« Les élèves sont répartis en deux sections, la section des sciences et la section des lettres...

« Le concours d'admission a lieu chaque année vers la fin de l'année scolaire...

« Pour être admis à concourir, les candidats doivent :

« Avoir dix-neuf ans au moins et vingt-cinq ans au plus au 1er octobre de l'année où ils se présentent. Toutefois des dispenses d'âge peuvent être accordées par le Ministre, sur la proposition du Recteur;

« Être pourvus du brevet supérieur ou de l'un des baccalauréats ou, pour les aspirants, du diplôme de fin d'études de l'enseignement secondaire;

« Avoir contracté, ou contracter, s'ils ne l'ont encore fait, l'engagement de servir pendant dix ans, dans l'enseignement public. » *(Arrêté ministériel du 18 janvier 1887.)*

RÉSUMÉ

I. — Loi du 9 août 1879, obligeant les départements à entretenir une école normale d'instituteurs et une école normale d'institutrices. Décrets du 29 juillet 1882 et du 25 avril 1883, réglant la comptabilité des écoles normales. Décret et arrêté du 18 janvier 1887, concernant l'administration et l'enseignement.

II. — Personnel des écoles normales. Obligations des élèves-maîtres. Concours d'admission aux écoles normales. Formalités à remplir par les candidats.

III. — Fondation des écoles de Fontenay et de Saint-Cloud, pour la préparation des professeurs d'écoles normales et d'écoles primaires supérieures. Recrutement des élèves pour les écoles normales primaires supérieures.

QUARANTE-NEUVIÈME LEÇON

LES EXAMENS DE L'ENSEIGNEMENT PRIMAIRE

SOMMAIRE. — I. Caractère et classement des divers examens. — II. Examens servant de sanction aux études primaires. — III. Brevets de capacité. — IV. Certificats d'aptitude professionnelle. — V. Certificats spéciaux pour les enseignements accessoires.

I

CARACTÈRE ET CLASSEMENT DES DIVERS EXAMENS

Les nombreux examens d'ordre primaire, prévus par nos lois et règlements, peuvent, suivant leur objet, se diviser en quatre groupes. Ainsi, les uns constituent une simple sanction des études faites à domicile, ou dans les établissements d'instruction ; les autres permettent de constater les connaissances générales, avant tout nécessaires à l'Instituteur ; d'autres encore ont un caractère plus professionnel, et comportent des épreuves pédagogiques ; enfin il y a une série d'examens destinés à contrôler les aptitudes pour les enseignements spéciaux, tels que la musique et les langues vivantes.

Nous allons consacrer une courte notice à chacun de ces examens.

II

EXAMENS SERVANT DE SANCTION AUX ÉTUDES PRIMAIRES

Examen pour les enfants qui reçoivent l'instruction dans leurs familles. — On sait que cet examen est un contrôle pour l'application de la loi sur l'obligation scolaire. Les conditions en ont été réglées par l'arrêté ministériel du 25 juillet 1888. Les enfants doivent le subir tous les ans, depuis huit ans jusqu'à treize, dans la commune où ils résident. Il y a d'abord des épreuves écrites et, si elles sont suffisamment probantes, on s'en tient là. Les épreuves écrites consistent soit dans des devoirs faits sous les yeux de la commission d'examen, soit dans une revue des devoirs faits à la maison et certifiés authentiques par une attestation écrite du père de famille.

Certificat d'études primaires élémentaires. — Les nouvelles conditions de cet examen déjà très populaire, sont également réglées par l'arrêté du 25 juillet 1888. Les épreuves ont été rendues plus abordables. Tous les enfants de nos écoles doivent pouvoir acquérir ce petit diplôme. Il y a une session d'examen tous les ans, au chef-lieu de canton, ou dans une autre commune plus centrale désignée par l'Inspecteur d'Académie. Chaque commission d'examen est présidée de droit par l'Inspecteur primaire. L'écolier ne peut se présenter à l'examen avant onze ans accomplis. Les épreuves écrites comprennent une dictée de quinze lignes, un ou deux problèmes d'arithmétique ou de système métrique, une rédaction sur un sujet très simple, et, pour les filles, un travail de couture usuelle. Les épreuves orales ont été réduites à deux exercices : lecture expliquée accompagnée de la récitation d'un morceau choisi, pris sur une liste présentée par le candidat; ensuite quelques questions sur l'histoire et la géographie de la France. L'examen peut comprendre aussi, sur la demande du candidat, un exercice de dessin, et des interrogations sur l'agriculture. Si les candidats réussissent dans ces épreuves facultatives, il en est fait mention sur leur certificat.

Certificat d'études primaires supérieures. — Ce certificat est le pendant du précédent. Il a été institué par le décret du 23 décembre 1882, puis réglementé de nouveau par l'arrêté du 25 juillet 1888. Il y a une session d'examen à la fin de l'année scolaire, au chef-lieu de chaque département. Les épreuves, tant écrites qu'orales, portent exclusivement sur le programme des écoles primaires supérieures. Un arrêté ministériel du 29 décembre 1888 prescrit spécialement des questions à l'examen oral sur le programme de l'enseignement technique (agricole et industriel), arrêté par le Conseil départemental.

III

BREVETS DE CAPACITÉ

Brevet élémentaire. — Ce titre, qui remonte, comme nous l'avons vu, à la loi de 1833, et même plus haut sous une autre dénomination, a été le seul exigé jusqu'en 1886, pour exercer les fonctions d'instituteur public. Aujourd'hui, il donne accès aux fonctions de stagiaire, et il permet l'inscription comme candidat à l'école normale ; mais c'est tout. Les conditions de l'examen ont changé à maintes reprises. Elles sont actuellement réglées par le décret et l'arrêté du 18 janvier 1887. Le candidat au brevet élémentaire doit avoir au moins seize ans le 1ᵉʳ octobre de l'année où il se présente. Des dispenses d'âge peuvent être accordées par l'Inspecteur d'Académie, pourvu qu'elles ne dépassent pas trois mois. Il y a trois séries d'épreuves. La première série comprend une dictée d'orthographe, une page d'écriture, une composition française, une question d'arithmétique et un problème. La deuxième série comprend le dessin (au trait pour les aspirantes, et à main levée avec croquis coté pour les aspirants), des exercices de gymnastique. Il y a, en outre, une épreuve de couture. Les épreuves de la troisième série sont orales. Il y en a cinq : lecture et langue française ; arithmétique et système métrique ; histoire et géographie de la France et instruction civique ; solfège ; notions élémentaires de sciences physiques et naturelles et d'agriculture. (*Arrêté du 25 juillet 1888.*)

Brevet supérieur. — Ce titre de capacité est encore un diplôme d'instruction, qui confère plus de droits que le brevet élémentaire, mais qui ne donne pas davantage accès au titulariat de l'enseignement primaire. Pour le subir, il faut avoir dix-huit ans révolus, à moins qu'on ne possède le certificat d'études primaires supérieures. Les épreuves sont groupées en deux séries. La première comprend quatre compositions écrites : Sciences (question de mathématiques et question de sciences physiques ou naturelles) composition française, dessin et langue vivante. Les épreuves orales constituent la deuxième série. Elles portent sur la morale et l'éducation, la langue et la littérature françaises, l'histoire et la géographie, l'arithmétique, la tenue des livres, et (pour les aspirants seulement) la géométrie et le calcul algébrique; les notions élémentaires de physique, chimie, histoire naturelle, avec applications à l'agriculture. Il y a enfin une traduction à livre ouvert d'un texte facile en anglais, allemand, italien, espagnol ou arabe, au choix du candidat.

Depuis 1887, la loi annuelle des finances prescrit un droit d'examen de 10 francs pour le brevet élémentaire et de 20 francs pour le brevet supérieur. Les élèves des écoles normales en sont exemptés.

IV

CERTIFICATS D'APTITUDE PROFESSIONNELLE

Certificat d'aptitude pédagogique. — Avec l'examen du certificat pédagogique, nous abordons la série des examens professionnels proprement dits. Nous avons dit qu'il était exigé pour le titulariat des fonctions d'instituteur. Comme la plupart des autres certificats d'aptitude, ce titre a son origine dans les règlements qui ont accompagné ou suivi la loi de 1882. Après la consécration légale du 30 octobre 1886, sont intervenues des dispositions nouvelles, apportées par les arrêtés du 17 janvier 1887 et du 28 janvier 1888. Pour se présenter à cet examen, il faut avoir vingt et un ans, être pourvu au moins du brevet élémentaire, et justifier de deux années de stage. Il n'y a plus qu'une session d'examen par an. L'examen comprend une épreuve écrite, une épreuve pratique et une épreuve orale. L'épreuve écrite consiste en une composition sur un sujet élémentaire d'éducation ou d'enseignement. L'épreuve pratique consiste en une classe de trois heures faite par le candidat, à ses propres élèves, s'il est stagiaire public. L'instituteur privé a le choix entre sa classe ou une école publique. A l'épreuve orale, on interroge le candidat soit sur des épreuves déjà subies, soit sur d'autres questions de pédagogie pratique. On lui fait aussi apprécier un ou plusieurs cahiers de devoirs mensuels.

Certificat d'aptitude au professorat dans les écoles normales et dans les écoles primaires supérieures. — L'examen du professorat, institué par le décret du 5 juin 1880, est aujourd'hui réglé par les décret et arrêté du 18 janvier 1887. Les candidats doivent être âgés de vingt et un ans, être pourvus du brevet supérieur, ou de l'un des baccalauréats, ou (pour les femmes) du diplôme de fin d'études secondaires, et justifier de deux ans d'exercice dans l'enseignement public ou privé. Il y a une session tous les ans. Les candidats se font inscrire à l'inspection académique. Les épreuves écrites sont subies au chef-lieu du département. Ceux qui sont admissibles vont à Paris pour subir les épreuves orales et les épreuves pratiques. Les épreuves écrites comprennent, *pour les lettres* : une composition sur un sujet de littérature ou de grammaire; une composition d'histoire et de géographie; une composition de morale ou de psychologie appliquée à l'éducation; un thème et une version d'anglais ou d'allemand; — *pour les sciences* : une composition de mathématiques; une composition de physique, chimie ou histoire naturelle; une composition de dessin géométrique ou d'ornement; une composition sur un sujet de morale ou d'éducation. Les épreuves orales et pratiques comprennent, *pour les lettres* : une leçon sur un sujet tiré au sort; une lecture expliquée; la correction d'un devoir d'élève-maître, et l'explication à livre ouvert d'un texte allemand ou anglais, accompagnée d'interrogations; — *pour les sciences* : une leçon sur un sujet tiré au sort; une interrogation; une manipulation de physique ou de chimie et une démonstration d'histoire naturelle.

Certificat d'aptitude à l'inspection des écoles primaires et à la direction des écoles normales. — Avant 1880, les candidats à l'inspection primaire subissaient les épreuves du certificat d'aptitude au chef-lieu de chaque académie. Aujourd'hui les épreuves écrites ont lieu chaque année au chef-lieu du département, et les admissibles sont appelés à Paris pour les épreuves orales et pratiques. Voici quelques détails concernant cet examen, empruntés aux règlements organiques du 18 janvier 1887 : les aspirants doivent être âgés de vingt-cinq ans, justifier de cinq années d'exercice dans les établissements publics d'enseignement supérieur, secondaire ou primaire, et être pourvus du certificat d'aptitude au professorat, ou de l'une des licences ès lettres ou ès sciences, ou du certificat d'aptitude à l'enseignement secondaire spécial, ou des deux baccalauréats ès lettres et ès sciences, ou, à défaut de ce dernier, du baccalauréat de l'enseignement secondaire spécial. Les aspirantes à la direction des écoles normales sont soumises aux mêmes conditions. Les épreuves écrites comprennent deux compositions : l'une sur un sujet de pédagogie, l'autre sur un sujet d'administration scolaire. Les épreuves orales portent sur un programme qui a été annexé à l'arrêté du 18 janvier 1887. Elles comprennent : l'explication d'un passage pris dans un des auteurs désignés à cet effet; l'exposé de vive voix d'une question relative à un des points du programme (éducation, législation et administration). L'épreuve pratique consiste dans l'inspection d'une école (normale, supérieure ou élémentaire).

Certificat d'aptitude à l'inspection des écoles maternelles. — Les aspirantes doivent avoir vingt-cinq ans, être pourvues soit du brevet supérieur, soit du certificat d'aptitude pédagogique, soit du certificat d'aptitude à l'enseignement secondaire des jeunes filles. Elles doivent, en outre, justifier de cinq années d'exercice dans les établissements publics d'enseignement secondaire ou primaire. L'examen a lieu tous les ans, au mois de mars. Les épreuves écrites se font au chef-lieu du département, et les épreuves orales, pour les admissibles, à Paris. Il y a deux épreuves écrites : une composition sur un sujet de pédagogie appliquée aux écoles maternelles, et une composition sur l'hygiène des écoles maternelles. L'épreuve orale consiste en interrogations sur la pédagogie appliquée aux écoles maternelles, sur l'hygiène et sur des questions de législation et d'administration concernant ces écoles. L'épreuve pratique consiste en une inspection d'une école maternelle avec rapport oral à la suite de l'inspection. *(Décret et arrêté du 18 janvier 1887.)*

V

CERTIFICATS SPÉCIAUX POUR LES ENSEIGNEMENTS ACCESSOIRES

Certificats d'aptitude à l'enseignement des langues vivantes. — Les candidats doivent être âgés de vingt et un ans et justifier de deux ans d'exercice dans les établissements publics ou privés d'enseignement secondaire ou primaire ou d'un temps équivalent de séjour à l'étranger. Ils doivent en outre être pourvus, — les aspirants, du brevet supérieur ou de l'un des trois baccalauréats; les aspirantes, du brevet supérieur ou du diplôme de fin d'études de l'enseignement secondaire. La session d'examen est annuelle. Il faut s'inscrire à l'Inspection académique. Les épreuves écrites ont lieu au chef-lieu du département, et les épreuves orales à Paris. Les épreuves écrites comprennent : une version, un thème, une composition d'un genre simple en langue étrangère, et une rédaction en français sur une question de méthode d'enseignement des langues vivantes. Les épreuves orales comprennent : la lecture et la traduction d'une page choisie dans un auteur étranger d'une difficulté moyenne; un exercice de conversation en langue étrangère sur la page lue; la traduction à livre ouvert d'un passage d'un prosateur français; enfin des questions sur les méthodes d'enseignement des langues vivantes. *(Décret et arrêté du 18 janvier 1887.)*

Certificat d'aptitude à l'enseignement du travail manuel. — Les candidats seront âgés de vingt et un ans. Les aspirants doivent avoir le brevet supérieur, ou le baccalauréat ès sciences, ou le baccalauréat de l'enseignement spécial ; les aspirantes doivent avoir le brevet supérieur ou le diplôme de fin d'études de l'enseignement secondaire. Il y a une session d'examen par an. Les candidats doivent se faire inscrire à l'Inspection académique. Toutes les épreuves se font à Paris.

Conditions spéciales aux *aspirants* : Composition de dessin géométrique : croquis coté d'un objet en relief ou épure se rapportant à un problème élémentaire de géométrie descriptive ; épreuve du modelage : exécution, d'après un croquis coté, d'une pièce en fer ou en bois ; exécution d'après un modèle d'un objet simple au tour, en bois ; questions sur les matières premières et sur les procédés employés par les candidats.

Conditions spéciales aux *aspirantes* : Composition sur une question d'économie domestique, composition de dessin d'ornement spécialement appliqué aux travaux d'aiguille ; épreuve pratique portant sur un ou plusieurs des exercices de travail manuel enseignés dans les écoles normales et les écoles supérieures. *(Décret et arrêté du 18 janvier 1887.)*

Certificat d'aptitude à l'enseignement du dessin. — Les candidats doivent être âgés de dix-huit ans révolus. Il y a une session d'examen par an. Les inscriptions se font à l'Inspection académique. L'examen se compose de trois séries d'épreuves : une épreuve écrite et des épreuves graphiques qui ont lieu au chef-lieu de l'Académie, une épreuve orale et des épreuves pédagogiques qui sont subies à Paris, par les candidats admissibles après les épreuves de la première série. Détails sur les épreuves ; première série : relevé géométral et mise en perspective d'un objet simple ; rédaction d'un genre simple ; dessin à vue d'un objet en relief ;

dessin d'une tête d'après l'antique. Deuxième série : examen sur les projections, sur les représentations géométrales et sur la mise en perspective d'un objet simple; questions élémentaires sur l'histoire de l'art avec dessin au tableau ; questions sur la structure et les proportions de l'homme, ainsi que sur l'anatomie. Troisième série : Correction d'un dessin d'ornement et d'un dessin de tête; puis leçon au tableau noir sur un sujet emprunté au programme des écoles normales et des écoles supérieures. *(Décret et arrêté du 18 janvier 1887.)*

Certificat d'aptitude à l'enseignement du chant. — Les candidats doivent avoir dix-huit ans révolus. Les sessions d'examen sont annuelles et les inscriptions se font au chef-lieu du département. Toutes les épreuves sont subies à Paris. Elles se divisent en épreuves éliminatoires et épreuves définitives. Les épreuves éliminatoires comprennent : une rédaction sur une question d'enseignement musical; une dictée musicale; la réalisation écrite à quatre parties d'une basse chiffrée et d'un chant donné. Les épreuves définitives comprennent : lecture à première vue d'une leçon de solfège ; chant d'une mélodie avec paroles, choisie par le candidat ; exécution par cœur, sans accompagnement, d'un air avec paroles, choisi par le candidat; exécution à première vue, sur le piano, d'un accompagnement qui sera ensuite transporté dans un ton indiqué par le jury; interrogations sur la théorie musicale; notions sur l'histoire de la musique; connaissance des principaux chefs-d'œuvre de la musique chorale; leçon théorique et pratique professée au tableau noir. *(Décret et arrêté du 18 janvier 1887.)*

Certificat d'aptitude à l'enseignement de la gymnastique. — Le candidat doit avoir dix-huit ans. Il y a une session d'examen par an; l'inscription du candidat est faite à l'Inspection académique, et c'est au chef-lieu du département que sont subies les épreuves. Celles-ci sont orales puis pratiques. L'examen oral consiste en interrogations sur les sciences en rapport avec la gymnastique (mécanique, anatomie, hygiène). L'examen pratique comprend l'exécution de cinq exercices de gymnastique et la direction d'exercices gymnastiques faits par un groupe d'élèves. *(Décret et arrêté du 18 janvier 1887.)*

Certificat d'aptitude à l'enseignement élémentaire des travaux de couture. — Les aspirantes doivent avoir au moins dix-huit ans. Il y a une session d'examen par an. L'inscription des aspirantes se fait à l'Inspection académique. Les épreuves consistent en travaux de couture empruntés au programme du cours supérieur des écoles élémentaires. *(Décret et arrêté du 18 janvier 1887.)*

Certificat d'aptitude à l'enseignement des exercices militaires. — Les candidats doivent avoir au moins dix-huit ans, et se faire inscrire à l'Inspection académique. Ils font exécuter à un groupe d'élèves les exercices militaires qui leur sont indiqués par la commission, conformément au programme des écoles primaires élémentaires. *(Décret et arrêté du 18 janvier 1887.)*

RÉSUMÉ

I. — Quatre groupes d'examens : examens portant sanction des études primaires; brevets de capacité; examens professionnels; constatation des aptitudes spéciales.

II. — Examens des enfants élevés dans leurs familles. Certificats d'études primaires, élémentaire et supérieur.

III. — Brevet élémentaire et brevet supérieur. Droit d'examen.

IV. — Certificat d'aptitude pédagogique. — Certificats d'aptitude au professorat des écoles normales et des écoles primaires supérieures, à l'inspection primaire et à la direction des écoles normales, à l'inspection des écoles maternelles.

V. — Certificats d'aptitude à l'enseignement des langues vivantes, à l'enseignement du travail manuel, à l'enseignement du dessin, à l'enseignement du chant, à l'enseignement de la gymnastique, à l'enseignement élémentaire des travaux de couture, à l'enseignement des exercices militaires.

CINQUANTIÈME LEÇON

BATIMENTS ET MOBILIERS SCOLAIRES
MATÉRIEL D'ENSEIGNEMENT

Sommaire. — I. Obligations des communes concernant la construction des maisons d'école. — II. Part contributive de l'État dans la construction et l'appropriation des locaux scolaires. — III. Installation matérielle des écoles maternelles. — IV. Installation matérielle des écoles primaires élémentaires.

I

OBLIGATIONS DES COMMUNES CONCERNANT LA CONSTRUCTION DES MAISONS D'ÉCOLE

La loi du 30 octobre 1886 a classé parmi les dépenses obligatoires des communes, le logement des écoles et des maîtres, ainsi que le mobilier scolaire et le matériel d'enseignement. Cette obligation avait déjà fait l'objet de la loi du 20 mars 1883, dont l'article 8 est ainsi conçu :

« Toute commune est tenue de pourvoir à l'établissement de maisons d'école au chef-lieu et dans les hameaux ou centres de populations éloignées dudit chef-lieu ou distants les uns des autres de trois kilomètres, et réunissant un effectif d'au moins 20 enfants d'âge scolaire. »

L'article 9 ajoute : « Il est pourvu à la dépense, soit par un prélèvement sur les ressources disponibles de la commune, soit par un emprunt contracté à la caisse spéciale (Caisse des écoles, fondée et alimentée par diverses lois, dont la première date du 1ᵉʳ juin 1888), soit enfin par des subventions du département et de l'État. »

II

PART CONTRIBUTIVE DE L'ÉTAT DANS LA CONSTRUCTION ET L'APPROPRIATION DES LOCAUX SCOLAIRES

La part contributive de l'État pour construction et appropriation d'établissements et de maisons destinés au service de l'enseignement public de tout ordre, est réglée par la loi du 20 juin 1885. Nous en extrayons ce qui se rapporte spécialement à l'enseignement primaire :

Art. 8. — « En ce qui concerne les établissements d'enseignement primaire, la subvention de l'État sera calculée d'après un chiffre maximum de dépense totale, déterminé, pour chaque catégorie d'établissements, par le tableau A annexé à la présente loi, déduction faite des ressources communales disponibles.

« La proportion dans laquelle l'État contribuera au paiement des annuités ne pourra, en aucun cas, être supérieure à 80 pour 100, ni inférieure à 15 pour 100. Elle sera déterminée en raison inverse de la valeur du centime communal, en raison directe des charges extraordinaires de la commune, et encore en raison de l'importance des travaux scolaires à exécuter par elle... »

Voici quelques chiffres extraits du tableau A :

Dépense maximum :

Pour une école de hameau . . . .   12 000 fr.

Pour une école de chef-lieu communal, à une seule classe. . . . . 15 000 fr.
Pour un groupe scolaire, à une classe pour chaque sexe. . . . . . . 28 000 fr.
Pour chaque classe en sus ajoutée au groupe scolaire ou à une école de chef-lieu communal. . . . . . 12 000 fr.
Pour une école maternelle. . . . 18 000 fr.

L'interprétation de la loi du 20 juin 1885, en ce qui concerne les ressources communales disponibles, a été donnée par une circulaire ministérielle adressée aux Préfets le 2 avril 1886.

D'autre part, un décret du 15 février 1886 a précisé et complété l'article 8 de la même loi en indiquant, selon les divers cas, dans quelle proportion la subvention de l'État sera accordée. Trois tableaux, fixant les chiffres de la proportion, accompagnent le décret. Enfin le décret a été expliqué, à son tour, par la circulaire du 18 février 1886.

Deux instructions ministérielles très détaillées, du 18 janvier 1887, fixent les règles à suivre pour construire, aménager, meubler les écoles maternelles et les écoles élémentaires. Nous allons les résumer.

III

INSTALLATION MATÉRIELLE DES ÉCOLES MATERNELLES

L'école maternelle comprend : un vestibule; une ou deux salles d'exercices; un préau couvert; une cuisine pour préparer ou réchauffer les aliments des enfants; une cour de récréation avec petit jardin;

des privés; un logement pour la directrice et les adjointes.

Conditions générales. — Le terrain destiné à une école maternelle doit être central, dans de bonnes conditions hygiéniques, et à 100 mètres au moins des cimetières. L'étendue du sol devra être de 8 mètres carrés environ par élève. La superficie totale ne sera pas inférieure à 400 mètres carrés. Dans les groupes scolaires, l'école maternelle ne sera point placée entre l'école de garçons et l'école de filles. Tous les locaux à l'usage des enfants seront au rez-de-chaussée.

Salles d'exercices. — S'il y en a plusieurs, elles ne seront pas contiguës. Elles seront de forme rectangulaire. La surface en sera calculée de façon à assurer à chaque enfant un minimum de $0^{mq},80$. La hauteur sera de 4 mètres. Le sol sera parqueté en bois dur. Les plafonds et les murs ne présenteront pas de saillies. Les parements intérieurs seront lisses et devront pouvoir se laver. L'éclairage par le plafond est interdit. Il y aura dans chaque salle un poêle pourvu d'un réservoir d'eau, avec enveloppe extérieure en terre cuite. Il sera entouré d'une grille. Le tuyau ne passera point sur la tête des enfants. Enfin la ventilation sera bien assurée.

Préau, cuisine et cour. — Le préau aura des dimensions au moins égales à celles des salles réunies. La cuisine communiquera avec le préau. La surface de la cour de récréation sera calculée à raison de 3 mètres carrés environ par enfant. Elle n'aura pas moins de 150 mètres carrés. Le sol sera sablé. Les passages et les trottoirs ne feront jamais saillie. La cour sera plantée d'arbres. Un petit jardin y sera annexé.

Privés. — Les privés seront distincts pour chaque sexe. Ils seront mis en communication par un abri avec le préau. Ils seront disposés de façon que les vents régnants ne rejettent pas les gaz dans les bâtiments ni la cour. Ils seront divisés par cases et il y aura une case pour 15 enfants environ. L'instruction ministérielle donne ensuite des détails minutieux sur les dimensions et la forme des cases et des sièges. Les urinoirs pour les garçons seront en nombre égal à celui des cases. Les parois seront en matériaux imperméables. Un service d'eau sera établi pour le nettoyage. Les urinoirs et les privés n'auront pas de fermeture. Ils seront masqués par une cloison pleine placée à 0^m,60 du bord des cases.

Logements. — Le logement de la directrice comprendra deux ou trois pièces à feu, une cuisine, des privés intérieurs et une cave. Le logement de l'adjointe comprendra une pièce à feu et un cabinet. L'école et les logements seront distincts et n'auront aucune communication directe.

Mobilier. — Le règlement donne les dimensions et la forme des tables-bancs avec dossiers pour les enfants. Les autres objets mobiliers sont une table avec tiroirs pour la maîtresse, des tableaux noirs et une armoire.

Préau couvert. — Il y aura dans le préau couvert des porte-manteaux, des rayons à claire-voie pour les paniers; des bancs fixes avec dossiers établis au pourtour; des tables et des bancs mobiles pour les repas; des lits de repos; des lavabos, etc. Il y aura aussi des bancs avec dossiers dans la cour de récréation. Enfin une fontaine d'eau potable sera installée dans la cour.

Matériel d'enseignement et d'éducation. — Ce matériel comprend : une collection de jouets; du sable pour les exercices géographiques et les constructions; des collections de bûchettes, bâtonnets, lattes, cubes, et des collections d'images; le matériel nécessaire pour les exercices manuels; des ardoises, des objets usuels, des lettres mobiles; un globe terrestre et une carte murale de la France; un diapason, un sifflet.

IV

INSTALLATION MATÉRIELLE DE L'ÉCOLE PRIMAIRE ÉLÉMENTAIRE

L'école primaire élémentaire comprend : un vestibule; une ou plusieurs classes; un préau couvert avec gymnase, et, s'il y a lieu, un petit atelier pour le travail manuel; une cour de récréation et un jardin partout où ce sera possible; des privés et des urinoirs; un logement pour l'instituteur et les adjoints. D'autres pièces de logement sont indiquées dans l'Instruction ministérielle pour les écoles à plus de trois classes (loge du concierge, cabinet du directeur, salle de dessin, etc.).

Conditions générales. — Mêmes recommandations que pour les écoles maternelles, au sujet de l'emplacement et du voisinage de l'école. La superficie de l'emplacement sera de 10 mètres carrés environ par élève, et ne sera pas au total inférieure à 500 mètres carrés. Le service de la mairie et celui de l'école, placés dans le même bâtiment, seront complètement séparés. L'effectif d'un groupe complet ne devra pas dépasser 750 élèves, savoir : 300 garçons, 300 filles et 150 enfants pour l'école maternelle.

Vestiaires. — *Escaliers.* — On établira dans les vestiaires des porte-manteaux et des rayons pour les paniers à provisions. Les classes installées aux étages seront desservies par des escaliers droits et larges. Il y aura une double main-courante garnie de boutons saillants.

Classe. — Le nombre maximum des places par classe sera de 50. La classe sera rectangulaire. La surface sera calculée à raison de $1^{mq},25$ par élève. Pour la construction des fenêtres, plafonds, planchers, etc., l'Instruction renouvelle les recommandations déjà faites au sujet des écoles maternelles. Prescriptions analogues encore en ce qui concerne le chauffage et l'aération.

Salles de dessin. — *Atelier pour le travail manuel élémentaire.* — Dans les écoles de quatre classes et plus, il y aura une salle spéciale de dessin. Si les écoles ont moins de trois classes, l'atelier de travail manuel pourra être installé sous le préau; dans les autres écoles, il y aura un atelier spécial. Il y aura une salle de couture dans les écoles de filles de plus de trois classes.

Préau couvert. — *Gymnase.* — Toute école sera munie d'un préau couvert, dont la superficie sera égale à la superficie totale des classes. Il pourra y être installé des lavabos, ainsi que des tables mobiles pour les repas des élèves, et un fourneau pour réchauffer les aliments des enfants. A défaut de salle spéciale, une partie du préau sera affectée à l'installation des appareils de gymnastique.

Cour de récréation. — La surface de la cour sera calculée à raison de 5 mètres carrés par élève; elle n'aura pas moins de 200 mètres carrés. Dans les écoles mixtes, elle sera divisée par une claire-voie. Les autres prescriptions du règlement sont les mêmes que celles des écoles maternelles.

Même observation au sujet des *privés.*

Logements du personnel. — Le logement de l'instituteur se composera d'une salle à manger, de deux ou trois pièces, d'une cuisine, des privés et d'une cave. Le cabinet de l'instituteur sera situé au rez-de-chaussée, à proximité des classes et du parloir. Les adjoints auront une chambre et un cabinet.

Mobilier et matériel d'enseignement. — Les objets fournis par les communes seront :

1° Pour chaque classe : un bureau avec estrade; des bancs-tables; un tableau noir; une méthode de lecture (classes élémentaires); un tableau de système métrique, ou un *compendium;* les cartes du département, de la France, de l'Europe et une mappemonde; un poêle ; 2° les outils les plus simples des principaux métiers; les objets et les matières premières pour le travail manuel, des fusils scolaires; des agrès et appareils de gymnastique; tous les objets indispensables pour la propreté de l'école; une armoire-bibliothèque; les divers registres et imprimés scolaires, etc.

L'Instruction ministérielle donne ensuite des règles pour la forme et les proportions à donner aux divers types de tables-scolaires. Les dimensions des tables seront en rapport avec la taille des enfants. Pour ce motif, l'instituteur mesurera la taille de ses élèves tous les ans à la rentrée des classes. Enfin, l'Instruction fournit des indications pour l'aménagement des salles de dessin.

RÉSUMÉ

I. — Loi du 20 mars 1883. Obligations des communes. Prélèvements à opérer sur les ressources disponibles des communes pour la construction et l'appropriation des locaux scolaires.

II. — Loi du 20 juin 1885. Dans quelle proportion et d'après quelles règles l'État contribuera aux dépenses de construction et d'appropriation des locaux scolaires.

III. — Instruction officielle du 18 janvier 1887, concernant la construction, le mobilier et le matériel d'enseignement des *écoles maternelles publi-*

ques : conditions générales; salles d'exercices; préaux; cuisine et cour; privés; logements; mobilier; matériel d'enseignement et d'éducation.

IV. — Instruction officielle du 18 janvier 1887, concernant la construction, le mobilier et le matériel d'enseignement des *écoles primaires élémentaires :* conditions générales; vestiaires; escaliers; classes; salles de dessin; ateliers pour le travail manuel; préau couvert et gymnase; cour de récréation et jardin; privés; logement du personnel; mobilier et matériel d'enseignement.

CINQUANTE-UNIÈME LEÇON

QUESTIONS DIVERSES

Sommaire. — I. Bibliothèques scolaires. — II. Caisses des écoles. — III. Traitement des instituteurs et des institutrices. — IV. Récompenses honorifiques et décorations universitaires. — V. Dispense du service militaire.

Nous parlerons dans cette leçon de diverses questions que les instituteurs ont intérêt à connaître, et qui n'ont point trouvé leur place dans les leçons précédentes.

I

BIBLIOTHÈQUES SCOLAIRES

Le but moral et civilisateur des bibliothèques scolaires est défini en termes heureux par les lignes suivantes, empruntées au fascicule n° 21 des *Mémoires et documents scolaires* :

« Les bibliothèques scolaires répondent à un intérêt de premier ordre. Elles sont la librairie gratuite de l'écolier et de l'adulte; elles font pénétrer dans les campagnes des livres dont l'ouvrier et le cultivateur ne peuvent faire la dépense. Elles ont suscité et suscitent chaque jour une nouvelle catégorie de lecteurs de tout âge : c'est l'enseignement qui se prolonge et se continue au dehors; c'est le livre qui sort de l'école pour aller au foyer; c'est l'enfant devenant le lecteur de la famille; c'est le goût des distractions saines peu à peu substitué aux loisirs stériles. Chaque village peut avoir ainsi son cabinet de lecture, qui se déplace, et va, dans chaque maison trouver le lecteur, sans frais et sans peine : l'enfant commence, les parents achèvent. »

L'idée des bibliothèques scolaires n'est pas récente. De 1830 à 1850, on a distribué, dans les écoles, un grand nombre d'ouvrages, « destinés à répandre les notions de morale et les premières connaissances usuelles. » Ces livres étaient écrits par des hommes distingués. Victor Cousin, notamment, collabora à l'œuvre. Plus tard, sous les ministères de MM. Rouland et Duruy, on fit encore des distributions de livres, en se préoccupant surtout « des adultes auxquels on voulait fournir un moyen de compléter leur éducation et d'acquérir des notions saines. »

Les anciennes collections avaient complètement disparu, faute de soins, de contrôle et d'organisation. Pour éviter le même sort aux nouvelles, et en même temps pour développer l'institution, M. Rouland prit l'arrêté du 1ᵉʳ juin 1862, qui est encore actuellement le code des bibliothèques scolaires. Ce règlement, qui doit être affiché dans toute école pourvue d'une bibliothèque, est bien connu des instituteurs.

Constatons les progrès considérables accomplis

dans le développement d'une œuvre aussi utile :
« En 1865, la France comptait 4 833 bibliothèques réunissant 180 874 volumes... Dix ans après, en 1875, malgré la perte de trois départements, les bibliothèques étaient au nombre de 16 469, le nombre des livres s'élevait à 1 540 697. Enfin, au 1er janvier 1887, il existait 34 193 bibliothèques possédant en moyenne 4 198 008 volumes [1]. »

Nous allons reproduire quelques-uns des avis officiels adressés aux maires et aux instituteurs bibliothécaires.

« Les souscriptions et les cotisations personnelles, les abonnements, une fois la bibliothèque fondée, les subventions des Conseils municipaux et des Conseils généraux, sont autant de moyens de former un premier noyau de livres, qui ne tarde pas à s'augmenter rapidement, à mesure que le goût de la lecture se répand.

« L'Administration, de son côté, vient en aide, dans la mesure des crédits dont elle dispose, aux efforts faits par les communes et les particuliers. En effet, elle accorde des livres aux communes qui peuvent justifier de la possession d'une armoire-bibliothèque et de l'acquisition de livres de classe en quantité suffisante pour les besoins des élèves.

« Le Maire, pour obtenir une collection d'ouvrages du Ministère, doit adresser une demande au Ministre par l'intermédiaire du Préfet qui la transmet avec son avis.

« Quand une commune a déjà reçu une concession de livres du Ministère, elle ne peut en recevoir une nouvelle que deux ans après, et si elle justifie de l'acquisition de livres, faite de ses propres deniers.

« Les livres donnés par le Ministère sont envoyés

---

1. *Mémoires et documents scolaires*, fascicule n° 21. Librairie Alcide Picard et Kaan, éditeurs.

franco à l'adresse du Maire, à la gare de petite vitesse la plus rapprochée de la commune.

« Les communes peuvent s'adresser, pour les livres qu'elles achètent directement avec leurs ressources, soit aux libraires de la localité, soit aux divers libraires de la province ou de Paris. Mais elles ont avantage à s'adresser à l'adjudicataire accepté par l'Administration. »

Rappelons que les listes des ouvrages dont l'acquisition est projetée, doivent être d'abord soumises à l'approbation de l'Inspecteur d'Académie, conformément à l'article 6 de l'arrêté du 1er juin 1862. Le Ministre l'a formellement ordonné à nouveau par la circulaire du 1er juin 1886.

II

CAISSES DES ÉCOLES

Les caisses des écoles doivent leur origine à l'article 15 de la loi du 10 avril 1867, ainsi conçu :

« Une délibération du Conseil municipal, approuvée par le préfet, peut créer dans toute commune, une caisse des écoles destinée à encourager et à faciliter la fréquentation de l'école par des récompenses aux élèves assidus et par des secours aux élèves indigents.

« Le revenu de la caisse se compose de cotisations volontaires et de subventions de la commune, du département et de l'État. Elle peut recevoir, avec l'autorisation du préfet, des dons et legs.

... « Le service de la caisse des écoles est fait gratuitement par le percepteur. »

La loi du 28 mars 1882 généralisa l'institution :

c'était la conséquence toute naturelle du vote de l'obligation scolaire.

« Art. 17. — La caisse des écoles... sera établie dans toutes les communes. Dans les communes subventionnées dont le centime n'excède pas 50 francs, la caisse aura droit, sur le crédit ouvert pour cet objet au Ministère de l'Instruction publique, à une subvention au moins égale au montant des subventions communales.

« La répartition des secours se fera par les soins de la Commission scolaire. »

Le 29 mars 1882, le Ministre publia un modèle de statuts pour le fonctionnement des caisses des écoles. Nous en citons l'article premier qui indique clairement l'emploi à faire des fonds mis au service de la caisse des écoles :

« Une caisse des écoles est instituée à en exécution de l'article 17 de la loi du 28 mars 1882. Elle a pour but de faciliter la fréquentation des classes par des récompenses, sous forme de livres utiles et de livrets de caisse d'épargne, aux élèves les plus appliqués, et par des secours aux élèves indigents ou peu aisés, soit en leur donnant des livres et fournitures de classe qu'ils ne pourraient se procurer, soit en leur distribuant des vêtements et des chaussures, et, pendant l'hiver, des aliments chauds.

III

TRAITEMENTS DES INSTITUTEURS ET INSTITUTRICES

Depuis le 1er janvier 1890, les traitements du personnel de l'enseignement primaire sont à la charge de l'État. Il y est pourvu au moyen de crédits annuels inscrits au budget du Ministère de l'Instruction publique.

Les 4 centimes communaux et les 4 centimes départementaux, ainsi que le prélèvement du cinquième des revenus ordinaires des communes, sont supprimés, puis remplacés par le produit de 8 centimes additionnels généraux, augmentés de 12 centièmes de centime pour les frais de perception. Cette mesure financière a, entre autres avantages, celui de simplifier la comptabilité de l'enseignement primaire, et d'assurer le payement régulier des traitements.

Les instituteurs et les institutrices sont divisés en stagiaires et en titulaires. Ces derniers sont répartis en cinq classes. L'avancement a lieu à l'ancienneté et au choix. Le classement et la formation du tableau d'avancement sont effectués par une commission spéciale.

Les traitements sont progressivement très améliorés. Dans les classes inférieures, ils sont égaux pour les instituteurs et les institutrices. Une différence, au profit de l'instituteur, n'existe qu'à partir de la troisième classe.

Outre le traitement, il y a, pour les titulaires et les stagiaires qui habitent des localités où la population agglomérée est au moins de 1 000 habitants, une indemnité de résidence calculée sur le chiffre de la population.

Ces quelques indications montrent bien déjà que la loi est bienfaisante, et de nature à provoquer la reconnaissance des membres de l'enseignement primaire envers le gouvernement de la République.

(Voir page 540, le texte complet de l'importante loi du 19 juillet 1889.)

IV

RÉCOMPENSES HONORIFIQUES ET DÉCORATIONS UNIVERSITAIRES

L'arrêté organique du 18 janvier 1887 prévoit les récompenses honorifiques ci-après, en faveur des instituteurs, institutrices et directrices d'écoles maternelles : *mention honorable, médaille de bronze* et *médaille d'argent*. Elles sont décernées tous les ans, le 14 juillet, par le Ministre, sur la proposition conforme du Préfet et de l'inspecteur d'Académie, après avis du Conseil départemental. Il est accordé une médaille d'argent pour trois cents instituteurs et stagiaires, et une en plus pour toute fraction excédant cent cinquante ; une médaille de bronze pour cent cinquante titulaires et stagiaires ; une mention honorable pour cent titulaires et stagiaires.

Pour obtenir la mention honorable, il faut cinq années de service au moins comme titulaire ; pour obtenir la médaille de bronze, il faut avoir reçu la mention honorable au moins depuis deux ans ; enfin, nul ne peut obtenir la médaille d'argent, s'il n'a reçu la médaille de bronze depuis deux années au moins.

La plus élevée des récompenses honorifiques est l'*honorariat*. Il est conféré par le Ministre aux fonctionnaires en retraite proposés par l'Administration. Ne peuvent être proposés que ceux qui justifient de vingt-cinq ans de service et qui sont au moins pourvus de la médaille de bronze.

Les instituteurs honoraires sont admis à prendre part, avec voix délibérative, aux conférences pédagogiques, dans le canton où ils résident.

Les instituteurs, institutrices et directrices d'écoles maternelles peuvent, en outre, recevoir des décorations universitaires, sur la proposition du Préfet, après avis du Recteur.

Les palmes d'*Officier d'Académie* ne peuvent être conférées qu'aux instituteurs titulaires de la médaille d'argent depuis deux ans au moins, et qui comptent 25 années de service.

Pour être nommé *Officier de l'Instruction publique,* il faut être officier d'Académie depuis au moins cinq ans. *(Décret du 24 décembre 1885.)*

V

LE SERVICE MILITAIRE DES INSTITUTEURS

La loi du 10 juillet 1880 supprime la plupart des dispenses du service militaire, prévues par la loi du 27 juillet 1872, aujourd'hui abrogée.

Les instituteurs seront, dorénavant, appelés sous les drapeaux au moins pendant un an, en temps de paix, et, en cas de mobilisation, ils seront assimilés aux autres soldats. Certes, ils ne s'en plaindront pas. Ils auront à cœur de remplir l'un des plus importants devoirs civiques, avant d'enseigner à le pratiquer.

Nous donnons ci-après les articles de la loi qui les intéressent spécialement :

ART. 23. — En temps de paix, après un an de présence sous les drapeaux, sont envoyés en congé dans leurs foyers, sur leur demande, jusqu'à la date de leur passage dans la réserve :

1º Les jeunes gens qui contractent l'engagement

de servir pendant dix ans dans les fonctions de l'instruction publique, dans les institutions nationales des sourds-muets ou des jeunes aveugles, dépendant du ministère de l'intérieur, et y rempliront effectivement un emploi de professeur, de maître-répétiteur ou d'instituteur.

Les instituteurs laïques, ainsi que les novices et membres des congrégations religieuses vouées à l'enseignement et reconnues d'utilité publique qui prennent l'engagement de servir pendant dix ans dans les écoles françaises d'Orient et d'Afrique subventionnées par le gouvernement français.

2° Les jeunes gens qui ont obtenu ou qui poursuivent leurs études en vue d'obtenir :

Soit le diplôme de licencié ès lettres, ès sciences, de docteur en droit, de docteur en médecine, de pharmacien de 1re classe, de vétérinaire ou le titre d'interne des hôpitaux nommé aux concours dans une ville où il existe une Faculté de médecine; soit le diplôme délivré par l'École des chartes, l'École des langues orientales vivantes et l'École d'administration de la marine;

Soit le diplôme supérieur délivré aux élèves externes par l'École des ponts et chaussées, l'École supérieure des mines, l'École du génie maritime; soit le diplôme supérieur délivré par l'Institut national agronomique, l'École des haras du Pin aux élèves internes; les écoles nationales d'agriculture de Grandjouan, de Grignon et de Montpellier; l'École des mines de Saint-Étienne, les écoles des maîtres ouvriers mineurs d'Alais et de Douai, les écoles nationales des arts et métiers d'Aix, d'Angers et de Châlons; l'École des hautes études commerciales et les écoles supérieures de commerce reconnues par l'État;

Soit l'un des prix de Rome, soit un prix ou médaille d'État dans les concours annuels de l'École nationale des Beaux-Arts, du Conservatoire de musique et de l'École nationale des arts décoratifs;

3° Les jeunes gens exerçant les industries d'art, qui sont désignés par un jury d'État départemental formé d'ouvriers et de patrons. Le nombre de ces jeunes gens ne pourra, en aucun cas, dépasser un demi pour cent du contingent à incorporer pour trois ans;

4° Les jeunes gens admis, à titre d'élèves ecclésiastiques, à continuer leurs études en vue d'exercer le ministère dans l'un des cultes reconnus par l'État. En cas de mobilisation, les étudiants en médecine et en pharmacie et les élèves ecclésiastiques sont versés dans le service de santé.

Tous les jeunes gens énumérés ci-dessus seront rappelés pendant quatre semaines dans le cours de l'année qui précédera leur passage dans la réserve de l'armée active. Ils suivront ensuite le sort de la classe à laquelle ils appartiennent.

Des règlements d'administration publique détermineront : les conditions dans lesquelles sera contracté l'engagement décennal visé au § Ier; les justifications à produire par les jeunes gens visés aux §§ 2 et 4, soit au moment de leur demande, soit chaque année pendant la durée de leurs études; la nomenclature des industries d'art qui donneront lieu à la dispense prévue au § 3, le mode de répartition de ces dispenses entre les départements, le mode de constitution du jury d'État pour les ouvriers d'art, ainsi que les justifications annuelles d'aptitude de travail et d'exercice régulier de leur profession, que les jeunes gens dispensés sur la proposition du jury devront fournir jusqu'à l'âge de vingt-six ans.

Les mêmes règlements fixeront le nombre des diplômes supérieurs à délivrer annuellement, en vue de la dispense du service militaire par chacune des écoles énumérées au troisième alinéa du § 2, et définiront ceux de ces diplômes qui ne sont pas définis par la loi ; ils fixeront également le nombre des prix et des médailles visés au quatrième alinéa du même paragraphe.

Art. 24. — Les jeunes gens visés au § 1ᵉʳ de l'article précédent qui, dans l'année qui suivra leur année de service, n'auraient pas obtenu un emploi de professeur, de maître-répétiteur ou d'instituteur, ou qui cesseraient de le remplir avant l'expiration du délai fixé ;

Ceux qui n'auraient pas obtenu avant l'âge de vingt-six ans les diplômes ou les prix spécifiés aux alinéas du § 2 ;

Les jeunes gens visés au § 3 qui ne fourniraient pas les justifications professionnelles prescrites ;

Les élèves ecclésiastiques mentionnés au § 4, qui, à l'âge de vingt-six ans, ne seraient pas pourvus d'un emploi de ministre de l'un des cultes reconnus par l'État ;

Les jeunes gens visés par les articles 21, 22 et 23 qui n'auraient pas satisfait, dans le cours de leur année de service, aux conditions de conduite et d'instruction militaire déterminées par le ministre de la guerre ;

Ceux qui ne poursuivraient pas régulièrement les études en vue desquelles la dispense a été accordée ;

Seront tenus d'accomplir les deux années de service dont ils avaient été dispensés.

Art. 25. — Quand les causes de dispenses prévues aux articles 21, 22 et 23 viennent à cesser, les jeunes gens qui avaient obtenu ces dispenses sont soumis à toutes les obligations de la classe à laquelle ils appartiennent.

Ils peuvent se marier sans autorisation.

Art. 26. — La liste des jeunes gens de chaque département, dispensés en vertu des articles 21, 22, 23 et 50, sera publiée au *Bulletin administratif*, et les noms des dispensés de chaque commune seront affichés dans leur commune à la porte de la mairie.

En cas de guerre, ils sont appelés et marchent avec les hommes de leur classe.

RÉSUMÉ

I. — *Bibliothèques scolaires.* — Historique de l'œuvre. Règlement du 1ᵉʳ juin 1882. Avis de l'Administration.

II. — *Caisses des écoles.* — Leur objet et leur organisation d'après les lois du 10 avril 1867 et du 28 mars 1882. Modèle de statuts pour les caisses des écoles, proposé par le Ministère de l'Instruction publique, le 29 mars 1882.

III. — *Traitements des instituteurs et institutrices.* — Principales prescriptions de la loi du 19 juillet 1889.

IV. — *Récompenses honorifiques :* Mention honorable, médaille de bronze et médaille d'argent, honorariat. Dans quelle proportion elles sont accordées. Conditions à remplir pour les obtenir. (Règlement du 18 janvier 1887.)

Décorations universitaires : A quelles conditions les membres de l'enseignement primaire peuvent être nommés officiers d'Académie et officiers de l'Instruction publique. (Décret du 24 décembre 1885.)

V. — *Le service militaire des instituteurs.* — Extraits de la loi du 10 juillet 1889.

CINQUANTE-DEUXIÈME LEÇON

PENSIONS DE RETRAITE

Sommaire. — I. Lois, Décret et Instructions ministérielles concernant les pensions de retraite. — II. Conditions du droit à pension. — III. Formalités à remplir par le fonctionnaire pour faire valoir ses droits à la retraite. — IV. Formalités à remplir pour la pension des veuves et les secours aux orphelins des fonctionnaires retraités, ou ayant droit à la retraite.

I

LOIS, DÉCRET ET INSTRUCTIONS MINISTÉRIELLES CONCERNANT LES PENSIONS DE RETRAITE

La loi du 28 juin 1833 avait établi en faveur des instituteurs une Caisse d'épargne et de prévoyance, ayant pour objet de leur constituer un pécule dont ils touchaient le montant quand ils quittaient le service. Cette caisse cessa de fonctionner à partir du 1ᵉʳ janvier 1854, parce que les instituteurs furent mis au nombre des fonctionnaires pouvant obtenir une pension, en vertu de la loi générale sur les pensions civiles, du 9 juin 1853. Les membres de l'enseignement primaire ont été, en outre, l'objet d'une loi spéciale du 17 août 1876, très favorable à leurs intérêts. Le décret du 9 novembre 1853, et de nombreuses circulaires ministérielles, parmi lesquelles nous signalons celles du 21 septembre 1876, du 18 avril 1880 et du 12 février 1886 sont venus ensuite expliquer et compléter les lois. Ces documents officiels sont étendus et complexes. Nous allons en extraire tout ce qui est nécessaire pour éclairer les instituteurs et leurs familles, sur leurs droits et leurs obligations en matière de pension.

II

CONDITIONS DU DROIT A PENSION

Les fonctionnaires de l'enseignement, rétribués, en tout ou partie, sur les fonds départementaux et communaux, sont assimilés aux fonctionnaires et employés directement rétribués par l'État, pour le droit à une pension de retraite.

Tous les ayants-droit supportent les retenues ci-après :

Une retenue de cinq pour cent sur leur traitement ;

Une retenue du douzième du traitement, lors de la première nomination, ou dans le cas de réintégration, et du douzième de toute augmentation ultérieure ;

Les retenues pour cause de congés et d'absences, ou par mesure disciplinaire.

Le droit à une pension de retraite est acquis, pour les membres de l'enseignement primaire, grâce à la loi du 17 août 1870, par ancienneté, à cinquante-cinq ans d'âge et après vingt-cinq ans de service.

Est dispensé de la condition d'âge celui qui est reconnu par le Ministre hors d'état de continuer ses fonctions.

La pension est basée sur la moyenne des traitements soumis à la retenue, dont l'ayant-droit a joui pendant les six années *qui auront produit le chiffre le plus élevé*. Cette dernière disposition est encore un bienfait de la loi de 1870, car les pensions des autres fonctionnaires sont basées sur le traitement moyen des six dernières années.

La pension se compose d'autant de cinquantièmes du traitement moyen que le fonctionnaire compte d'années de service ayant porté retenue à partir de vingt ans.

Elle ne saurait être supérieure aux deux tiers du traitement moyen, ni inférieure aux minima établis par la loi du 17 août 1876, c'est-à-dire 600 francs pour un instituteur et 500 francs pour une institutrice. Ces minima ne s'appliquent pas aux pensions exceptionnelles pour infirmités dont nous allons parler.

« Peuvent exceptionnellement obtenir des pensions, quels que soient leur âge et leur activité :

« Les fonctionnaires et employés qui auront été mis hors d'état de continuer leur service, soit par suite d'un acte de dévouement dans un intérêt public, ou en exposant leurs jours pour sauver la vie de leurs concitoyens, soit par suite de lutte ou combat soutenu dans l'exercice de leurs fonctions.»

Dans ce cas, la pension est de la moitié du dernier traitement, sans pouvoir excéder les maxima prévus par la loi.

Peuvent encore obtenir, exceptionnellement une pension sans condition d'âge « ceux qu'un accident grave, résultant notoirement de l'exercice de leurs fonctions, met dans l'impossibilité de les continuer. Dans ce cas, pour l'instituteur, la pension sera composée d'autant de cinquantièmes du dernier traitement qu'il aura d'années de service, et la pension ne pourra être inférieure au sixième dudit traitement.

Enfin, peuvent également obtenir pension, s'ils comptent quarante-cinq ans d'âge et quinze de service « les instituteurs que des infirmités graves, résultant de l'exercice de leurs fonctions, mettent dans l'impossibilité de continuer, ou dont l'emploi aura été supprimé ». Dans ce dernier cas, la pension se compose d'autant de cinquantièmes du traitement moyen qu'il y a d'années de service ayant porté retenue.

« A droit à pension la veuve du fonctionnaire qui a obtenu une pension de retraite... ou qui a accompli la durée de service exigée par la loi, pourvu que le mariage ait été contracté six ans avant la cessation des fonctions du mari.

« La pension de la veuve est du tiers de celle que le mari avait obtenue, ou à laquelle il aurait droit. Elle ne peut être inférieure à 100 francs...

« Le droit à pension n'existe pas pour la veuve, dans le cas de séparation de corps ou de divorce, prononcés sur la demande du mari.

« L'orphelin ou les orphelins mineurs d'un fonctionnaire ou employé, ayant obtenu sa pension ou ayant les années de service réglementaires, ont droit à un secours annuel lorsque la mère est ou décédée, ou inhabile à recueillir sa pension, ou déchue de ses droits. « Ce secours est égal à la pension qu'aurait obtenue la mère. » Il est partagé entre eux par égale proportion, et payé jusqu'à ce que le plus jeune des enfants ait atteint l'âge de vingt et un ans accomplis ; la part de ceux qui décéderaient, ou celle des majeurs, faisant retour aux mineurs.

« S'il existe une veuve et un ou plusieurs orphelins mineurs provenant d'un mariage antérieur du fonctionnaire, il est prélevé sur la pension de la veuve, et, sauf réversibilité en sa faveur, un quart au profit de l'orphelin du premier lit, s'il n'en existe qu'un en âge de minorité, et la moitié s'il en existe plusieurs.

« Aucune pension n'est liquidée qu'autant que le

fonctionnaire aura été préalablement admis à faire valoir ses droits à la retraite...

« Il ne peut être concédé annuellement de pensions, que dans la limite des [extinctions réalisées sur les pensions inscrites, et des crédits inscrits au budget de l'État. » Les conditions établies ci-dessus permettent donc au fonctionnaire de postuler pour être admis à faire valoir ses droits à la retraite, et non pour réclamer la retraite comme un droit absolu. C'est ainsi que la loi a été interprétée par le Conseil d'État, spécialement consulté à cet effet.

« Les pensions sont incessibles. Aucune saisie ou retenue ne peut être opérée du vivant du pensionnaire que jusqu'à concurrence d'un cinquième pour débet envers l'État ou pour des créances privilégiées.

« Tout fonctionnaire ou employé démissionnaire, destitué, révoqué d'emploi, perd ses droits à la pension. S'il est remis en activité, son service lui est compté... »

III

FORMALITÉS A REMPLIR PAR LE FONCTIONNAIRE POUR FAIRE VALOIR SES DROITS A LA RETRAITE

« Lorsque l'admission à la retraite a lieu avant l'accomplissement de la condition d'âge, cette admission est prononcée dans les formes suivantes :

« Si l'impossibilité d'être maintenu en activité résulte, pour le fonctionnaire, d'un état d'invalidité morale inappréciable pour les hommes de l'art, sa situation est constatée par un rapport de ses supérieurs dans l'ordre hiérarchique.

« Si l'incapacité de servir résulte de l'invalidité physique du fonctionnaire, l'acte prononçant son admission à la retraite doit être appuyé, indépendamment des justifications ci-dessus spécifiées, d'un certificat des médecins qui lui ont donné leurs soins, et d'une attestation d'un médecin désigné par l'Administration et assermenté, qui déclare que le fonctionnaire est hors d'état de continuer utilement l'exercice de son emploi. »

Lorsque le fonctionnaire est admis à la retraite en raison de ses infirmités, les infirmités et leurs causes sont justifiées par le médecin qui lui donne habituellement ses soins et par un médecin désigné par l'Administration et assermenté. Ces deux certificats, qui ne peuvent pas être rédigés par le même médecin, sont appuyés d'attestations conformes de l'autorité municipale et du supérieur immédiat. Les quatre pièces dont il s'agit doivent mentionner formellement que les infirmités invoquées résultent de l'exercice des fonctions, et qu'elles mettent le titulaire dans l'impossibilité de continuer ou de reprendre son service ; elles doivent, en outre, faire ressortir, d'une manière détaillée, le lien qui peut rattacher la maladie invoquée à l'accomplissement des devoirs professionnels du fonctionnaire.

« Le fonctionnaire admis à la retraite doit produire, indépendamment de son acte de naissance et d'une déclaration de domicile :

« Pour la justification de ses services civils : Un extrait dûment certifié des registres et sommiers de l'Administration ou du Ministère auquel il a appartenu, énonçant ses nom et prénoms, sa qualité, la date et le lieu de sa naissance, la date de son entrée dans l'emploi avec traitement, la série de ses grades et services, l'époque et les motifs de leur cessation, et le montant du traitement dont il a joui pendant chacune des six dernières années de son activité (pour le fonctionnaire de l'enseignement primaire, il faut donner le montant des six années qui ont produit le plus).

IV

FORMALITÉS A REMPLIR POUR LA PENSION DES VEUVES ET LES SECOURS AUX ORPHELINS DE FONCTIONNAIRES RETRAITÉS OU AYANT DROIT A LA RETRAITE.

« Les veuves prétendant à pension fournissent, indépendamment des pièces que leur mari aurait été tenu de produire :
« 1° Leur acte de naissance;
« 2° L'acte de décès de l'employé ou du fonctionnaire;
« 3° L'acte de célébration du mariage;
« 4° Un certificat de non séparation de corps, complété par l'attestation que le divorce n'a pas été prononcé entre les époux.
« 5° Dans le cas où il y aurait eu séparation de corps, la veuve doit justifier que cette séparation a été prononcée sur sa demande. »
« Les orphelins prétendant à pension fournissent, indépendamment des pièces que leur père aurait été tenu de produire :
« 1° Leur acte de naissance;
« 2° L'acte de décès de leur père;
« 3° L'acte de célébration du mariage de leurs père et mère;
« 4° Une expédition ou un extrait de l'acte de tutelle;
« 5° En cas de prédécès de la mère, son acte de décès;

« En cas de séparation de corps, expédition du jugement qui a prononcé la séparation, ou un certificat du greffier du tribunal qui a rendu le jugement;

« En cas de second mariage, acte de célébration :

« Les veuves ou orphelins prétendant à pension produisent le brevet délivré à leur mari ou père, lorsqu'il est décédé en jouissance de pension, ou une déclaration constatant la perte de ce titre. »

RÉSUMÉ

I. — Documents officiels concernant les pensions de retraite : Loi du 9 juin 1853; Décret du 9 novembre 1853; Loi du 17 août 1876; Circulaires ministérielles du 21 septembre 1876, du 18 avril 1880, et du 12 février 1886.

II. — Retenues opérées sur les traitements en vue des pensions civiles. Droit à pension par ancienneté; cas exceptionnels; retraites proportionnelles; bases de la pension pour les membres de l'enseignement primaire; droit à pension des veuves et des orphelins. L'admission à la retraite ne peut être accordée que dans certaines limites. Les pensions sont incessibles. Le fonctionnaire démissionnaire, destitué ou révoqué, perd ses droits à la pension.

III. — Formation du dossier du postulant à une pension de retraite; pièces qu'il doit fournir dans les divers cas.

IV. — Mêmes indications en ce qui concerne les veuves et les orphelins de fonctionnaires retraités, ou ayant droit à la retraite, au moment de leur décès.

APPENDICE

LOI

SUR LES TRAITEMENTS DES INSTITUTEURS

CHAPITRE PREMIER

DÉPENSES ORDINAIRES DE L'ENSEIGNEMENT PUBLIC

Article 1er. Les dépenses ordinaires de l'enseignement primaire public sont à la charge de l'État, des départements et des communes, selon les règles édictées par la présente loi.

Art. 2. Sont à la charge de l'État :

1° Les traitements du personnel des écoles élémentaires et des écoles maternelles, créées conformément aux articles 13 et 18 de la loi organique du 30 octobre 1886 ;

2° Les traitements du personnel des écoles primaires supérieures et des écoles manuelles d'apprentissage, créées conformément aux articles 13 et 28 de la loi organique ;

3° Les suppléments de traitement prévus aux articles 8 et 9 ;

4° Les traitements du personnel des écoles normales ;

5° Les traitements du personnel de l'administration et de l'inspection ;

6° Les frais de tournées et de déplacement des fonctionnaires de l'inspection ;

7° Les frais d'entretien des élèves dans les écoles normales, et, en général, les dépenses de ces écoles non prévues à l'article suivant ;

8° L'allocation afférente à la médaille d'argent prévue à l'article 45 de la présente loi.

Art. 3. Sont à la charge des départements :

1° L'indemnité prévue à l'article 23.

2° L'entretien, et, s'il y a lieu, la location des bâtiments des écoles normales ;

3° L'entretien et le renouvellement du mobilier de ces écoles et du matériel d'enseignement ;

4° Le loyer et l'entretien du local et du mobilier destinés au service départemental de l'instruction publique ;

5° Les frais de bureau de l'inspecteur d'académie ;

6° Les imprimés à l'usage des délégations cantonales et de l'administration académique ;

7° Les allocations aux chefs d'atelier, contremaîtres et ouvriers chargés, par les départements, de l'enseignement agricole, commercial ou industriel dans les écoles primaires de tout ordre et dans les écoles régies par la loi du 11 décembre 1880.

Art. 4. Sont à la charge des communes :

1° L'indemnité de résidence prévue à l'article 12 ;

2° L'entretien et, s'il y a lieu, la location des bâtiments des écoles primaires ; le logement des maîtres ou les indemnités représentatives ;

3° Les frais de chauffage et d'éclairage des classes dans les écoles primaires ;

4° La rémunération des gens de service dans les écoles maternelles publiques, et, si le conseil municipal décide qu'il y a lieu, dans les autres écoles primaires publiques ;

5° L'acquisition, l'entretien et le renouvellement du mobilier scolaire et du matériel d'enseignement ;

6° Les registres et imprimés à l'usage des écoles ;

7° Les allocations aux chefs d'atelier, contremaîtres et ouvriers chargés, par les communes, de l'enseignement agricole, commercial ou industriel dans les écoles primaires de tout ordre et dans les écoles régies par la loi du 11 décembre 1880.

Art. 5. Il ne pourra être créé aucun établissement d'enseignement primaire supérieur, école ou cours complémentaire, ni aucun poste dans les écoles primaires élémentaires ou maternelles, si un crédit spécial n'a été préalablement inscrit, à cet effet, dans la loi de finances.

Les écoles primaires supérieures et les cours complémentaires cesseront d'être entretenus par l'État, si l'effectif de l'école primaire supérieure, pendant trois années consécutives, s'est abaissé au-dessous de quinze élèves par année d'études, et celui du cours complémentaire au-dessous de douze élèves par année d'études.

L'approbation ministérielle, requise par l'article 13 de la loi organique, ne sera donnée, pour les écoles primaires supérieures et pour les cours complémentaires, que si la commune s'est engagée à inscrire, pour cinq ans au moins, les dépenses qui lui incombent, pour ces deux établissements, au nombre des dépenses obligatoires.

CHAPITRE II

CLASSEMENT ET TRAITEMENT DU PERSONNEL

Art. 6. Les instituteurs et institutrices sont répartis en stagiaires et titulaires.

Les stagiaires forment un effectif de 20 0/0.

Les titulaires se divisent en cinq classes, dont les effectifs numériques sont les suivants :

5º classe, 35 0/0 de l'effectif total.
4º classe, 25 0/0 de l'effectif total.
3º classe, 15 0/0 de l'effectif total.
1re et 2º classes, 5 0/0 de l'effectif total.

Ces classes sont attachées à la personne et peuvent être attribuées sans déplacement.

Art. 7. Le traitement des instituteurs et institutrices de chaque classe est fixé ainsi qu'il suit :

Instituteurs.		Institutrices.	
5º classe..............	1000	5º classe..............	1000
4º classe..............	1200	4º classe..............	1200
3º classe..............	1500	3º classe..............	1400
2º classe..............	1800	2º classe..............	1500
1re classe..............	2000	1re classe..............	1600

Art. 8. Les titulaires chargés de la direction d'une école comprenant plus de deux classes, reçoivent, à ce titre, un supplément de traitement de 200 fr. Ce supplément est porté à 400 fr. si l'école comprend plus de quatre classes.

Art. 9. Dans les écoles qui comprennent une classe d'enseignement primaire supérieur, dite cours complémentaire, le maître chargé de ce cours reçoit un supplément de traitement de 200 fr.

Art. 10. Indépendamment du traitement fixé aux articles précédents, les instituteurs et les institutrices titulaires ont droit :

1° Au logement ou à l'indemnité représentative, fixée par arrêtés préfectoraux ;

2° A une indemnité de résidence dans les cas prévus à l'article 12.

L'indemnité de résidence n'est pas soumise à retenue, sauf l'exception prévue aux dispositions transitoires de l'article 32, paragraphe 2.

Art. 11. Les instituteurs et institutrices stagiaires reçoivent un traitement de 800 francs et l'indemnité de résidence, dans les conditions déterminées à l'article 12.

Ils ont droit au logement ou à l'indemnité représentative.

Ils forment une classe unique.

Art. 12. L'indemnité de résidence est fixée, pour les maîtres désignés aux articles 8, 9, 14 et 15, à :

100 fr. dans les localités dont la population agglomérée est de.............. 1 000 à 3 000 hab.
200 fr. de .... 3 001 à 9 000 —
300 fr. de .... 9 001 à 12 000 —
400 fr. de .... 12 001 à 18 000 —
500 fr. de .... 18 001 à 35 000 —
600 fr. de .... 35 001 à 60 000 —
700 fr. de .... 60 001 à 100 000 —
800 fr. de .... 100 000 hab. et au-dessus ;
2000 fr. dans la ville de Paris.

Elle est de moitié des chiffres ci-dessus pour tous les autres instituteurs et institutrices titulaires, et du quart pour les stagiaires établis dans les localités ci-dessus énumérées.

« Les communes chefs-lieux de canton ayant moins de 1000 habitants de population agglomérée, sont assimilées, quant à l'indemnité de résidence, aux localités de 1000 à 3000 habitants.

Dans les villes de plus de 100 000 âmes et dans les communes du département de la Seine, comprises dans les catégories ci-dessus, le taux de cette indemnité sera élevé, s'il y a lieu, pour parfaire, avec le traitement légal nouveau, tant pour les instituteurs et les institutrices en exercice que pour leurs successeurs, le chiffre des émoluments régulièrement soumis à retenues, tel qu'il résulte de la moyenne des trois années antérieures à l'exercice 1889. Dans aucun cas, la part contributive de l'État n'excédera le produit des 4 centimes.

Un règlement d'administration publique dressera, d'après les bases ci-dessus indiquées pour chacune de ces communes, et pour les diverses catégories du personnel, le tableau des indemnités de résidence.

Les maîtres titulaires ou stagiaires des écoles de section établies hors du chef-lieu de la commune, profiteront de l'indemnité de résidence, si la section rentre, par sa population agglomérée, dans une des catégories établies par le premier paragraphe de l'article.

Art. 13. Les directeurs, directrices, instituteurs adjoints, institutrices adjointes des écoles primaires supérieures; les directeurs, directrices et professeurs d'écoles normales; les économes de ces dernières écoles et les inspecteurs primaires sont répartis en cinq classes, dans les proportions suivantes :

5° classe, 30 0/0 de l'effectif total.
4° classe, 25 0/0 de l'effectif total.
3° classe, 20 0/0 de l'effectif total.
2° classe 15 0/0 de l'effectif total.
1re classe, 10 0/0 de l'effectif total.

Ces classes sont attachées à la personne et peuvent être attribuées sans déplacement.

Art. 14. Le traitement des directeurs et directrices d'écoles primaires supérieures est fixé ainsi qu'il suit :

5° classe.................... 1 800
4° classe.................... 2 000

3e classe.................. 2 200
2e classe.................. 2 500
1re classe................. 2 800

Ils reçoivent, en outre, l'indemnité de résidence prévue à l'article 12.

Ils ont droit au logement ou à l'indemnité représentative.

Art. 15. Le traitement des instituteurs adjoints et des institutrices adjointes des écoles primaires supérieures est fixé ainsi qu'il suit :

5e classe.................. 1 100
4e classe.................. 1 300
3e classe.................. 1 600
2e classe.................. 1 900
1re classe................. 2 100

Ils reçoivent, en outre, l'indemnité de résidence prévue à l'article 12.

Ils ont droit au logement ou à l'indemnité représentative.

Les maîtres auxiliaires, chargés d'enseignements accessoires dans les écoles primaires supérieures, dans les conditions prévues par les articles 20 et 28 de la loi du 30 octobre 1886, reçoivent une allocation calculée sur le pied de 50 à 100 francs par an pour chaque heure d'enseignement par semaine. Cette allocation n'est pas soumise à retenue.

Art. 16. Dans les écoles nationales d'enseignement primaire supérieur et professionnel, les traitements de chaque classe de fonctionnaires seront de 500 fr. supérieurs à ceux des écoles normales d'instituteurs.

Art. 17. Le traitement des directeurs et directrices d'écoles normales est fixé ainsi qu'il suit :

Directeurs.		Directrices.	
5e classe........	3 500	5e classe........	3 000
4e classe........	4 000	4e classe........	3 500
3e classe........	4 500	3e classe........	4 000
2e classe........	5 000	2e classe........	4 500
1re classe.......	5 500	1re classe.......	5 000

A Paris, ce traitement sera, pour le directeur, de 7 000 à 10 000 fr.; pour la directrice, de 6 000 à 9 000 fr.

Art. 18. Le traitement des professeurs d'écoles normales est fixé ainsi qu'il suit :

Hommes.		Femmes.	
5° classe	2 400	5° classe	2 200
4° classe	2 600	4° classe	2 400
3° classe	2 800	3° classe	2 600
2° classe	3 100	2° classe	2 800
1re classe	3 400	1re classe	3 000

Les maîtres et maîtresses non pourvus du certificat d'aptitude au professorat et délégués à titre provisoire recevront un traitement unique de 2 000 fr. dans les écoles normales d'instituteurs, et de 1 800 fr. dans les écoles normales d'institutrices.

Tous les traitements ci-dessus sont diminués de 400 fr. pour les maîtres et maîtresses logés et nourris dans l'établissement.

Art. 19. Le mode et le taux de rémunération des professeurs, maîtres de conférences, économes, répétiteurs et répétitrices dans les écoles normales supérieures d'enseignement primaire, seront fixés par un règlement d'administration publique, qui déterminera les cas où cette rémunération donnera lieu à une retenue pour la retraite.

Art. 20. Les directeurs et directrices, instituteurs adjoints et institutrices adjointes des écoles primaires supérieures, pourvus du certificat d'aptitude au professorat dans les écoles normales, recevront une indemnité personnelle de 300 francs, soumise à retenue.

Art. 21. Dans les écoles normales dont l'effectif ne dépasse pas 60 élèves, et dans celles qui n'ont que des élèves externes, les fonctions d'économe sont confiées à un des maîtres de l'école, qui conserve son traitement avec une allocation supplémentaire de 500 francs.

Dans les écoles normales comptant plus de 60 élèves, les économes ne seront chargés d'aucun enseignement, sauf l'écriture et la tenue des livres. Leur traitement est fixé ainsi qu'il suit :

5° classe	1 800
4° classe	2 000

3º classe........................	2 200
2º classe........................	2 500
1re classe.......................	2 800

Ils ont droit, en outre, au logement.

Art. 22. Le traitement des inspecteurs primaires est fixé ainsi qu'il suit :

5º classe........................	3 000
4º classe........................	3 500
3º classe........................	4 000
2º classe........................	4 500
1re classe.......................	5 000

Dans le département de la Seine, les traitements seront de 6 000, 6 500, 7 000, 7 500, 8 000 francs.

Des inspectrices primaires pourront être nommées aux mêmes conditions et dans les mêmes formes que les inspecteurs.

Art. 23. Indépendamment du traitement qui leur est attribué par l'article précédent, les inspecteurs primaires ont droit à une indemnité dite départementale, qui ne pourra être inférieure à 200 francs.

Art. 24. L'avancement a lieu par classe, au fur et à mesure des vacances dans chacune des classes.

L'avancement se fait, dans chaque département, pour le personnel mentionné aux articles 7, 8, 9, 11 et 15.

Il se fait sur l'ensemble des fonctionnaires exclusivement au choix, pour le personnel prévu aux articles 14, 16, 17, 18, 21 et 22.

Les instituteurs et institutrices de 5º et 4º classes ne peuvent être promus à la classe supérieure qu'après cinq ans d'exercice dans la classe à laquelle ils appartiennent.

Ne peuvent être promus à la 2º et à la 1re classe que les maîtres pourvus du brevet supérieur et ayant passé trois années au moins dans la classe immédiatement inférieure.

Art. 25. Les suppléments communaux actuellement accordés pour études surveillées, pourront se confondre avec le montant de l'indemnité de résidence.

CHAPITRE III

DES VOIES ET MOYENS

Art. 26. Il est pourvu aux dépenses incombant à l'État, en vertu de l'article 2, au moyen des crédits annuels inscrits au budget du ministère de l'instruction publique.

Il est pourvu aux dépenses incombant aux départements et aux communes au moyen de crédits ouverts annuellement à leurs budgets, à titre de dépenses obligatoires, dans les conditions prévues par les paragraphes 1 et 2 de l'article 61 de la loi du 10 août 1871 et par l'article 140 de la loi du 5 avril 1884.

Art. 27. A partir du 1er janvier 1890, il sera perçu 8 centimes additionnels généraux, portant sur les quatre contributions directes, et dont le produit sera inscrit au budget de l'État.

A partir de la même date, il sera perçu, en addition au principal des quatre contributions directes, 12 centièmes de centime, représentant les frais de perception des 4 centimes, antérieurement perçus au profit des communes.

Le produit des 8 centimes 12 centièmes, prévus aux paragraphes précédents, supportera les centimes spéciaux, pour fonds de dégrèvement et de non-valeurs, suivant les taux afférents à chaque contribution.

Art. 28. Les 4 centimes communaux et les 4 centimes départementaux affectés aux dépenses obligatoires de l'enseignement primaire par les lois des 10 avril 1867, 19 juillet 1875 et 16 juin 1881 sont supprimés.

Est également supprimé le prélèvement du cinquième, institué par la loi du 16 juin 1881.

CHAPITRE IV

DISPOSITIONS SPÉCIALES A L'ALGÉRIE

Art. 29. Sont à la charge de l'État, dans les territoires civils de l'Algérie :

Le supplément pour services hors d'Europe, prévu par l'article 10 de la loi du 9 juin 1853 et par l'article 22 du règlement d'administration publique du 9 novembre suivant :

La prime pour connaissance des langues arabe et kabyle.

Art. 30. Il sera prélevé, au profit du budget de l'État, à partir du 1er janvier 1890, un sixième du produit de l'octroi de mer de l'Algérie.

Art. 31. Les traitements des instituteurs et institutrices d'Algérie sont fixés comme suit :

	Instituteurs.	Institutrices.
Stagiaires	900	900
5e classe	1 200	1 200
4e classe	1 400	1 300
3e classe	1 600	1 400
2e classe	1 800	1 500
1re classe	2 000	1 600

Plus le quart colonial, prévu à l'article 29.

Tous les autres articles de la présente loi sont applicables à l'Algérie.

CHAPITRE V

DISPOSITIONS TRANSITOIRES

Art. 32. Si le total des allocations attribuées en vertu de la présente loi à l'instituteur ou à l'institutrice actuellement en fonctions, tant comme traitement et supplément de traitement que comme indemnité de résidence, est inférieur au traitement garanti dont ils jouissent (en dehors des suppléments accordés par les communes à titre facultatif, depuis la loi du 16 juin 1881), la différence est à la charge de l'État.

Le traitement garanti par la disposition qui précède continuera à subir la retenue et entrera en compte pour la liquidation de la pension.

Art. 33. Les instituteurs dont les traitements seraient inférieurs à 1 200 francs, au cas où, pendant cinq années, ils n'auraient pas reçu ou ne recevraient pas d'avancement bénéficieront, à l'expiration de la cinquième année, d'une augmentation de 100 francs, jusqu'à ce qu'ils aient atteint le traitement de 1 200 francs.

Art. 34. La répartition, dans les nouvelles classes créées par la présente loi, des maîtres et maîtresses actuellement en fonctions, sera effectuée d'après le montant incombant à l'État du traitement garanti à chacun d'eux, en vertu de l'article 32 ci-dessus, déduction faite des suppléments prévus aux articles 8, 9 et 29.

Les maîtres et les maîtresses seront placés dans la classe dont le traitement correspond à leur traitement calculé comme il est dit ci-dessus ; si ce traitement ne coïncide pas avec un de ceux qui sont prévus à l'article 7, ils seront placés dans la classe dont le traitement est immédiatement inférieur.

Toutefois, aucun instituteur ou institutrice titulaire, s'il ne compte pas le nombre d'années de services indiqué ci-dessous, ne pourra prendre rang dans une des classes suivantes :

Pour la 4º classe. . . . . 5 ans.
Pour la 3º classe . . . . 10 —
Pour la 2º classe . . . . 15 —
Pour la 1ʳᵉ classe . . . . 20 —

Les adjoints et adjointes actuellement en service et comptant plus de cinq années de services dans l'enseignement public seront réputés avoir achevé le stage et seront dispensés de la production du certificat d'aptitude pédagogique exigé par la loi du 30 octobre 1886 ; ils prendront rang dans la classe nouvelle à laquelle ils appartiendront par application du présent article, défalcation faite des cinq années comptées comme stage.

Art. 35. Par dérogation au dernier paragraphe de l'article 24, pourront être promus à la 2° et à la 1re classe tous les maîtres actuellement en fonctions qui ne seront pas pourvus du brevet supérieur.

Art. 36. Une 6° classe provisoire comprendra les titulaires dont les traitements seraient inférieurs à celui de la 5° classe.

Outre la classe permanente prévue à l'article 11, une seconde classe provisoire de stagiaires comprendra ceux dont les traitements sont inférieurs au taux prévu par la présente loi.

Art. 37. Des augmentations de traitements de 50 et 100 francs seront accordées, dans la mesure des crédits disponibles, aux maîtres et maîtresses placés dans la 6° classe provisoire de titulaires et dans la 2° classe provisoire des stagiaires, jusqu'à ce qu'ils aient été pourvus des traitements afférents aux classes définitives.

Art. 38. Il ne pourra être pourvu, par voie d'avancement qu'à une vacance sur deux dans les 1re, 2° et 3° classes, jusqu'à ce que le personnel placé dans les classes provisoires ait pu être pourvu du traitement des classes définitives.

Art. 39. Tant qu'il existera des maîtres ou maîtresses placés dans la 6° classe provisoire par application de l'article 36, les institutrices débuteront, après leur stage, au traitement de 900 francs et seront placées dans cette même classe provisoire.

Art. 40. Il sera formé, dans chaque département, pour chaque classe d'instituteurs et d'institutrices titulaires et stagiaires, un tableau d'avancement où ils prendront rang entre eux par ordre d'ancienneté.

Art. 41. Le classement et la formation du tableau seront effectués par une commission spéciale, composée de l'inspecteur d'académie, président ; des inspecteurs primaires, du directeur et de la directrice d'école normale, et de deux délégués du conseil départemental élus par ce conseil.

La même commission établira le classement et le tableau des instituteurs adjoints et des institutrices adjointes des écoles primaires supérieures;

Elle leur appliquera les dispositions des paragraphes 1 et 2 des articles 32 et 34.

Art. 42. Par dérogation aux dispositions de l'article 24, il ne sera exigé aucune condition d'ancienneté de classe, pour l'avancement, tant au choix qu'à l'ancienneté, des instituteurs et institutrices, qui :

Ayant plus de dix ans de services, seraient placés dans la 5e classe ;

Ayant plus de quinze ans, seraient placés dans la 4e ;

Ayant plus de vingt ans, seraient placés dans la 3e ;

Ayant plus de vingt-cinq ans, seraient placés dans la 2e.

Art. 43. Les dispositions des articles 32 et 34, paragraphes 1 et 2, sont applicables au personnel de l'instruction primaire mentionné aux articles 14, 17, 18, 21 et 22 de la présente loi.

Le classement et la formation du tableau seront effectués par une commission composée : du directeur de l'enseignement primaire, président ; des inspecteurs généraux de l'enseignement primaire et de deux délégués du conseil supérieur de l'instruction publique élus par ce conseil.

Art. 44. Par dérogation au paragraphe 2 de l'article 4 de de la présente loi, des subventions pourront être accordées par l'État, pour loyer de maisons d'école, aux communes dont le centime n'excède pas 30 francs, dans les limites du crédit ouvert à cet effet chaque année au budget, pendant une période de cinq années.

CHAPITRE VI

DISPOSITIONS DIVERSES

Art. 45. Les instituteurs et institutrices des écoles primaires élémentaires et maternelles qui auront obtenu la médaille d'argent, recevront une allocation annuelle et viagère, non soumise à retenue, de 100 francs.

Cette allocation sera caduque en cas de révocation ou de démission, à moins que la démission ne soit fondée sur des raisons de santé reconnues valables par le conseil départemental.

Les médailles d'argent ne pourront être accordées que sur proposition de la commission instituée à l'article 41 et dans la limite du crédit spécial qui sera ouvert à cet effet au budget du ministère de l'instrution publique.

Les autres conditions auxquelles sera subordonnée la concession desdites médailles seront déterminées par des arrêtés ministériels rendus après avis du conseil supérieur de l'instruction publique.

Art. 46. Dans les écoles mixtes provisoirement dirigées par des instituteurs, conformément à l'article 6, paragraphe 3, de la loi du 30 octobre 1886, il sera alloué aux maîtresses chargées de l'enseignement de la couture une indemnité payée sur les fonds d'État.

Cette indemnité n'est pas soumise à retenue.

Art. 47. Les écoles normales primaires constitueront des établissements publics.

Toutefois, les conseils généraux donneront leur avis sur les budgets et les comptes de ces établissements.

Il est institué auprès de chaque école normale un conseil d'administration nommé pour trois ans. Ce conseil est composé : de l'Inspecteur d'académie, président ; de quatre membres désignés par le recteur et de deux conseillers généraux élus par leurs collègues.

Art. 48. Il est statué par des règlements d'administration publique, rendus après avis du Conseil supérieur de l'instruction publique, et, en outre, s'il s'agit de l'enseignement industriel et commercial, après avis du Conseil supérieur de l'enseignement technique :

1º Sur le nombre et la nature des objets composant le matériel obligatoire d'enseignement dans chaque catégorie d'écoles et sur les conditions dans lesquelles ce matériel sera mis à la disposition des maîtres et des élèves ;

2º Sur les conditions dans lesquelles les conseils municipaux pourront procurer, soit aux élèves indigents, soit à tous les élèves des écoles publiques, la fourniture gratuite de livres de classe, choisis conformément aux règlements arrêtés par le Conseil supérieur ;

3º Sur le nombre et la nature des registres et imprimés à l'usage des écoles, prévus par l'article 4, § 6 ;

4° Sur les règles et conditions d'avancement qui ne sont pas prévues à l'article 24;

5° Sur les conditions dans lesquelles les directeurs et directrices d'écoles de plus de cinq classes pourront être dispensés de tenir une classe;

6° Sur les conditions de nomination et d'exercice des instituteurs suppléants, chargés de remplacements provisoires, en cas de maladie, de suspension ou de congé régulier des titulaires,

7° Sur le mode de payement des indemnités de résidence à la charge des communes;

8° Sur un mode spécial de classement et d'avancement des instituteurs et institutrices de Paris en rapport avec les ressources affectées par le conseil municipal de cette ville, aux traitements du personnel enseignant de ses écoles;

9° Sur les conditions spéciales d'organisation et de fixation des traitements du personnel des écoles primaires supérieures et des écoles professionnelles de la ville de Paris, ainsi que des écoles normales de la Seine.

10° Sur le taux des primes pour connaissance des langues arabe ou kabyle; sur le taux des indemnités de résidence dans les territoires civils de l'Algérie;

11° Sur les allocations et indemnités diverses des maîtres exerçant dans les territoires de commandement de l'Algérie;

12° Sur les règles d'administration et de comptabilité des écoles primaires, et notamment sur le régime des écoles annexes;

13° Sur le nombre des heures de service exigées du personnel (professeurs, maîtres adjoints délégués, directeurs d'écoles annexes, maîtres auxiliaires, économes, etc.), dans les écoles normales, les écoles nationales professionnelles et les écoles primaires supérieures; sur le mode de rétribution des heures de service supplémentaires;

14° Sur le taux et les conditions d'obtention des indemnités pour maîtresses de couture, prévues à l'article 46;

15° Sur le taux des indemnités représentatives de logement, prévues à l'article 4, § 2, pour le personnel enseignant des écoles primaires de tout ordre;

16° Sur les prestations en nature à concéder au personnel des écoles normales primaires et des écoles primaires supérieures;

17° Sur la fixation des taux et des conditions de payement des dépenses relatives aux commissions d'examens des différents titres de capacité de l'enseignement primaire;

18° Sur les conditions dans lesquelles les écoles primaires ou les cours complémentaires donnant l'enseignement industriel ou commercial, devront, pour être entretenus par l'État, aux termes de la présente loi, être placés sous le régime de la loi du 11 décembre 1880 et du règlement d'administration publique du 17 mars 1888;

19° Sur le régime analogue à celui du paragraphe précédent, qui devra être appliqué aux écoles et aux cours donnant l'enseignement agricole;

20° Sur les conditions dans lesquelles une indemnité annuelle, non soumise à retenue, sera attribuée aux fonctionnaires pourvus du certicat d'aptitude au professorat des écoles normales et des écoles primaires supérieures qui, après avoir fait un stage de deux ans au moins, soit dans une des écoles nationales d'arts et métiers, soit dans une école supérieure de commerce, soit dans d'autres établissements d'enseignement technique à déterminer par un décret, seraient chargés, dans les écoles primaires supérieures ou dans les cours complémentaires de l'enseignement industriel ou commercial, par arrêté du ministre de l'instruction publique, pris sur l'avis conforme du ministre du commerce et de l'industrie.

Art. 49. Le nouveau classement des instituteurs et des institutrices, par application de la présente loi, aura son effet à partir du 1er janvier 1889.

Art. 50. En vue des promotions annuelles des instituteurs et institutrices, l'inspecteur d'académie préparera chaque année, sur le rapport des inspecteurs primaires, des listes de présentation, qui seront arrêtées par le conseil départemental.

Sur le vu de ces listes, le ministre fixera le nombre des promotions à accorder à chaque département, dans la mesure des crédits disponibles.

Ces listes de présentation seront dressées à l'époque de la rentrée des classes, et toutes les promotions partiront du 1er janvier suivant.

Aucune promotion ne pourra avoir lieu à une autre date.

Art. 51. Jusqu'à complète application de la loi du 30 octobre 1886, les instituteurs et institutrices congréganistes, actuellement en exercice dans les écoles publiques, continueront à recevoir les traitements dont ils seront en possession à la date de la promulgation de la présente loi.

Art. 52. Les classes provisoires, mentionnées à l'article 36, cesseront d'exister, et les instituteurs et institutrices seront répartis entre les classes permanentes, suivant les proportions déterminées à l'article 6, dans un délai qui ne pourra excéder huit années à partir de la promulgation de la présente loi.

Art. 53. La disposition finale du paragraphe 4 de l'article 12 sera appliquée immédiatement après la promulgation de la loi aux cinq villes qui, jusqu'ici, n'ont pas joui de l'exonération du prélèvement du cinquième. Elle sera appliquée progressivement, dans le délai de huit années, aux autres communes de plus de 100 000 âmes, visées dans ledit paragraphe.

Le règlement d'administration publique, prévu à l'article 12, déterminera :

1º Pour les villes de plus de 100 000 âmes et pour chacune des huit années, le chiffre de la réduction à opérer sur la dernière subvention annuelle qu'elles auront reçue de l'État, pour les traitements des instituteurs et des institutrices ;

2º Pour les communes du département de la Seine, le chiffre de la subvention additionnelle qu'elles continueront à recevoir de l'État et qui ne pourra être supérieure au montant du traitement légal nouveau.

Art. 54. Sont et demeurent abrogés :

La loi du 19 juillet 1875 ;

Les articles 3 et 4 de la loi du 9 août 1879 ;

Les articles 2 à 6 de la loi du 16 juin 1881, sur la gratuité ;

Le deuxième paragraphe de l'article 17 de la loi du 28 mars 1882 ;

Et, en général, toutes les dispositions contraires à celles de la présente loi.

La présente loi, délibérée et adoptée par le Sénat et par la Chambre des députés, sera exécutée comme loi de l'État.

Fait à Paris, le 10 juillet 1889.

CARNOT.

Par le Président de la République :

Le ministre de l'instruction publique et des beaux-arts,

A. FALLIÈRES.

Le ministre des finances,

ROUVIER.

Le ministre de l'intérieur,

CONSTANS.

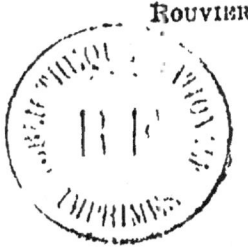

FIN

TABLE DES MATIÈRES

PREMIÈRE PARTIE

NOTIONS ÉLÉMENTAIRES DE PSYCHOLOGIE

PREMIÈRE LEÇON

Objet de la psychologie, ses rapports avec la pédagogie et avec la morale. — I. Observation scientifique de l'homme par lui-même. Deux ordres de faits dans la vie humaine. — II. La psychologie et son objet. — III. Rapports de la psychologie avec la pédagogie et la morale............ 1

DEUXIÈME LEÇON

Description générale des facultés. — I. Les facultés ou pouvoirs de l'homme. — II. Trois facultés principales. Définitions. — III. Subdivisions auxquelles se prêtent les facultés............ 2

TROISIÈME LEÇON

Activité physique. — I. Diverses sortes de mouvements non volontaires. — II. L'instinct, ses caractères et son objet. — III. Habitudes corporelles............ 3

QUATRIÈME LEÇON

Sensibilité physique. — I. Le plaisir et la douleur. — II. Les impressions et les sensations. — III. Les tendances ou inclinations. — IV. Les appétits. — V. Les passions...... 5

CINQUIÈME LEÇON

Sensibilité morale, Inclinations personnelles. — I. Les sentiments. — II. Classement des inclinations. — III. Inclinations personnelles. Amour-propre et ambition. — IV. Sentiments subsidiaires.... 6

SIXIÈME LEÇON

Inclinations sociales. — I. Instinct de sociabilité. La doctrine égoïste. — II. Classement des inclinations sociales. — III. Inclinations domestiques. La famille. — IV. Inclinations philanthropiques. — V. Inclinations corporatives. Le patriotisme. — VI. Inclinations électives. L'amitié.......... 7

SEPTIÈME LEÇON

Inclinations supérieures. — I. Divisions du sujet. — II. Le vrai. — III. Le beau ou sentiment esthétique. — IV. Le bien. — V. Sentiment religieux. 9

HUITIÈME LEÇON

L'intelligence, la conscience et les sens. — I. Rôle de l'intelligence. Deux ordres d'opérations mentales. — II. Facultés d'acquisition et de perception. — III. La conscience. — IV. Les sens.......... 11

NEUVIÈME LEÇON

Les sens. — I. Le goût. — II. L'odorat. — III. La vue. — IV. L'ouïe. — V. Le toucher. — VI. Le sens musculaire. — VII. Le sens vital. — VIII. Association et substitution des sens. — IX. Erreurs à propos des sens.............. 12

DIXIÈME LEÇON

La mémoire. — I. Rôle de la mémoire. Le souvenir. — II. Circonstances qui favorisent la mémoire. — III. Phénomène de l'association......... 14

ONZIÈME LEÇON

L'imagination. — I. Les réminiscences. — II. L'imagination reproductrice. — III. Rêve, rêverie, hallucination. — IV. Imagination créatrice. Son rôle............. 15

DOUZIÈME LEÇON

Attention. — Abstraction. — Généralisation. — I. L'attention et ses diverses formes. — II. L'abstraction. — III. La généralisation. — IV. Classification : espèce, genre... 17

TREIZIÈME LEÇON

Le jugement. — I. Le jugement et la proposition. — II. Le sens commun et le bon sens. — III. Diverses sortes de jugements............. 18

QUATORZIÈME LEÇON

Le raisonnement. — I. Le raisonnement. — II. La déduction. — III. L'induction et l'analogie. 20

QUINZIÈME LEÇON

La raison. — I. Sens usuel de ce mot. — II. La raison pure. — III. Les lois de l'esprit. — IV. Les notions premières. — V. Les vérités premières. 21

SEIZIÈME LEÇON

Le langage. — I. Les signes naturels. — II. Les signes artificiels. Le langage. — III. Le langage et la pensée. — IV. Services rendus par le langage. 22

DIX-SEPTIÈME LEÇON

La volonté et la liberté. — I. Activité réfléchie. — II. Analyse de l'acte volontaire. — III. L'intention. — IV. Le désir et l'amour dans leurs rapports avec la volonté. — V. La liberté. 22

DIX-HUITIÈME LEÇON

L'habitude. — I. L'habitude et son domaine. — II. Comment se forment les habitudes. — III. Effets de l'habitude. — IV. Limites de l'habitude. — V. L'habitude supprime-t-elle la volonté? 25

DIX-NEUVIÈME LEÇON

Conclusions de la psychologie. — Double nature de l'homme. — I. L'âme et le corps. — II. La vie animale et la vie intellectuelle et morale. 26

DEUXIÈME PARTIE

APPLICATION DES NOTIONS DE PSYCHOLOGIE A L'ÉDUCATION

VINGTIÈME LEÇON

Notions préliminaires. — I. Pédagogie et éducation. — II. Rôles de la nature et de l'éducateur. — III. Divisions de l'éducation. 20

I
ÉDUCATION PHYSIQUE

VINGT-UNIÈME LEÇON

Objet et programme de l'éducation physique. — I. Importance de l'éducation physique. — II. Programme de l'éducation physique..... 31

VINGT-DEUXIÈME LEÇON

Exercices corporels. — I. Mouvements dans l'école. — II. Récréations. — III. Jeux. — IV. Gymnastique.... 32

VINGT-TROISIÈME LEÇON

Hygiène scolaire. — I. Bâtiments et mobilier — II. Chauffage, éclairage et aération. — III. Propreté. — IV. Médecine et pharmacie usuelles. — V. Conseils sur l'hygiène... 33

II
ÉDUCATION INTELLECTUELLE

VINGT-QUATRIÈME LEÇON

Considérations générales. — I. Les facultés intellectuelles aux divers âges. Ordre à suivre dans l'éducation. — II. Équilibre des facultés. — III. Mode général de culture des facultés. Méthode active. — IV. Applications des facultés intellectuelles aux divers ordres de connaissances....... 35

VINGT-CINQUIÈME LEÇON

Éducation des sens. — I. Rôle des sens. — II. La vue. — III. L'ouïe. — IV. Le toucher. — V. Le goût et l'odorat............ 37

VINGT-SIXIÈME LEÇON

Culture de l'attention. — I. L'attention chez l'enfant. — II. Comment cultiver l'attention? — III. L'esprit d'observation. — IV. Réflexion....... 38

VINGT-SEPTIÈME LEÇON

Culture de la mémoire et de l'imagination. — I. La mémoire chez l'enfant. — II. Moyens de culture. — III. L'imagination chez l'enfant. — IV. Moyens de culture de l'imagination représentative. — V. Moyens de culture de l'imagination créatrice. — VI. Régime particulier pour certaines imaginations............ 40

VINGT-HUITIÈME LEÇON

Culture du jugement et du raisonnement. — I. Réflexions sur l'éducation du jugement. — II. Le jugement chez l'enfant. — III. Culture du jugement. — IV. Le raisonnement chez l'enfant. — V. Culture du raisonnement. — VI. Culture de l'abstraction et de la généralisation............ 41

VINGT-NEUVIÈME LEÇON

La méthode. — I. La méthode considérée au point de vue de l'acquisition des connaissances. Rôles de l'induction et de la déduction. — II. La méthode considérée au point de vue de la communication des connaissances. Les formes de l'enseignement. — III. Méthode expositive. — IV. Méthode interrogative. — V. Association des deux méthodes....... 43

TRENTIÈME LEÇON

Procédés généraux d'enseignement. — I. Ce qui distingue le procédé de la méthode. — II. Procédés intuitifs. — III. Leçons de choses. — IV. Exercices oraux. — V. Devoirs écrits. 44

TRENTE-UNIÈME LEÇON

Enseignement de la lecture. — I. La lecture et l'écriture. — II. Éléments de la lecture. — III. Lecture et écriture simultanées. — IV. Lecture courante et expressive. — V. Lectures en commun......... 46

TRENTE-DEUXIÈME LEÇON

Enseignement de l'écriture. — I. Préjugés. — II. Méthode. — III. Le calque et l'imitation. — IV. La tenue du corps et de la plume........ 48

TRENTE-TROISIÈME LEÇON

Enseignement de la langue française. — I. Considérations générales. — II. Grammaire. — III. Récitation. — IV. Autres exercices oraux....... 50

TRENTE-QUATRIÈME LEÇON

Enseignement de la langue française (*suite*). — I. La dictée. — II. La composition française............ 52

TRENTE-CINQUIÈME LEÇON

Enseignement de l'histoire et de l'instruction civique. — I. But éducatif de l'histoire. — II. Méthode. — III. Procédés divers. — IV. Instruction civique............ 54

TRENTE-SIXIÈME LEÇON

Enseignement de la géographie. — I. Utilité de la géographie. — II. Méthode et procédés. — III. Matériel géographique............ 55

TRENTE-SEPTIÈME LEÇON

Enseignement de l'arithmétique et de la géométrie. — I. Objet et caractère de l'enseignement des mathématiques à l'école primaire. — II. Enseignement du calcul et des notions indispensables d'arithmétique. — III. Enseignement de la géométrie usuelle.... 57

TRENTE-HUITIÈME LEÇON

Enseignement des sciences physiques et de l'agriculture. — I. Utilité de cet enseignement. — II. Méthode et procédés............ 58

TRENTE-NEUVIÈME LEÇON

Enseignement du dessin et du travail manuel. — I. Utilité du dessin et du travail manuel à l'école. — II. Enseignement du dessin. — III. Enseignement du travail manuel..... 59

QUARANTIÈME LEÇON

Enseignement du chant. — I. But esthétique et moral de l'enseignement du chant à l'école primaire. — II. Pratique du chant. Choix des morceaux et exécution. — III. Théorie. — IV. Accompagnement du chant............ 61

III

ÉDUCATION MORALE

QUARANTE-UNIÈME LEÇON

Enseignement de la morale. — I. But de l'enseignement moral. — II. Rôle de l'instituteur — III. Objet propre et limites de l'enseignement moral. — IV. Méthode. — V. Programme............ 63

QUARANTE-DEUXIÈME LEÇON

Éducation de la sensibilité. — I. But à réaliser. — II. Éducation par les pensées et par les actes. — III. Influence de l'exemple. 64

QUARANTE-TROISIÈME LEÇON

Le caractère. — I. Définition. — II. Observation des caractères. — III. Le caractère est-il susceptible d'éducation? — IV. Moyens à employer. 66

QUARANTE-QUATRIÈME LEÇON

Culture de la conscience et du sentiment religieux. — I. Notions du devoir chez l'enfant. — II. La conscience éclairée par l'instruction. — III. La conscience fortifiée par l'exercice. — IV. Les sentiments moraux. — V. Rapport des droits et des devoirs. — VI. Le sentiment religieux. 68

QUARANTE-CINQUIÈME LEÇON

Éducation de la volonté. — I. But suprême de l'éducation morale. — II. Système des conséquences naturelles. — III. L'intelligence et le sentiment, auxiliaires de la volonté. — IV. Le sentiment de la responsabilité. — V. Influence de la discipline sur la volonté. — VI. Défauts à combattre chez les enfants. 70

QUARANTE-SIXIÈME LEÇON

La discipline et ses mobiles. — I. Définition. — II. Nécessité de la discipline. — III. Discipline préventive. — IV. Discipline autoritaire et discipline libérale. — V. Mobiles de la discipline. 72

QUARANTE-SEPTIÈME LEÇON

Récompenses et punitions. — I. Caractère moral des récompenses et des punitions. — II. Comment il faut récompenser. — III. Comment il faut punir. 74

TROISIÈME PARTIE

(MORALE THÉORIQUE — PRINCIPES)

NOTIONS PRÉLIMINAIRES — PREMIÈRES DONNÉES DE LA CONSCIENCE

PREMIÈRE LEÇON

Conditions de la moralité. — I. Objet de la morale. Première condition de la moralité : la liberté. — II. Preuve en faveur de la liberté : le sentiment intérieur. En quoi consiste l'acte libre. — III. Autres preuves de la liberté 77

DEUXIÈME LEÇON

Objections contre l'existence de la liberté. — Réponses. — I. Objections des fatalistes et des déterministes. — II. Le déterminisme externe et le déterminisme interne. — III. Objections théologiques. — IV. Réponse aux objections théologiques. — V. Réponse aux objections des déterministes. 79

TROISIÈME LEÇON

Deuxième condition de la moralité. — I. L'objet de la liberté. — II. Les motifs d'action. — III. Caractères des motifs d'action : le plaisir, l'intérêt et l'honnête. — IV. L'obligation morale ou le devoir. — V. Le bien ou la perfection morale. — VI. L'idéal moral. — VII. Conscience morale 81

QUATRIÈME LEÇON

La loi morale. — I. La loi morale. — II. Caractères de la loi morale. 82

CINQUIÈME LEÇON

La responsabilité. — Le mérite et le démérite. — I. La responsabilité. — II. Conditions qui diminuent ou suppriment la responsabilité. — III. La responsabilité des criminels. — IV. Le mérite et le démérite . . . 84

TABLE DES MATIÈRES

SIXIÈME LEÇON

Sanctions de la loi morale. — I. La satisfaction intérieure. — II. Le remords. — III. Bonne et mauvaise santé. — IV. L'estime et le mépris. — V. Sanctions des lois pénales. — VI. Sanction supérieure : la vie future et Dieu. 85

QUATRIÈME PARTIE

(MORALE PRATIQUE — APPLICATIONS)

I

LA FAMILLE — SES DEVOIRS

SEPTIÈME LEÇON

Les devoirs. — Les vertus. — Devoirs domestiques. — I. Les devoirs, les vertus. — II. Classification des devoirs et des vertus. — III. Devoirs domestiques. La famille : son importance morale et sociale. — IV. Principaux types de la famille. — V. Devoirs des époux entre eux. . . . , ... 87

HUITIÈME LEÇON

Devoirs des enfants envers leurs parents. — I. Préliminaires. — II. Piété filiale. — III. Obéissance et respect. — IV. Autres devoirs envers les parents. — V. Devoirs à l'égard des grands-parents. — VI. L'esprit de famille. . 89

NEUVIÈME LEÇON

Devoirs des parents envers les enfants. — Devoirs des frères et sœurs. — I. Devoirs envers les enfants. — II. L'éducation. — III. L'exemple. — IV. L'instruction. — V. Devoirs des frères et sœurs entre eux. 90

II

DEVOIRS SOCIAUX

DIXIÈME LEÇON

Respect de la personne dans sa vie et dans sa liberté. — I. Inviolabilité de la personne. Le droit. — II. Devoir de légi-

ONZIÈME LEÇON

Le respect de la personne dans son honneur. — I. L'honneur et la réputation. — II. La calomnie. — III. La médisance. — IV. La délation. — V. L'envie. — VI. L'émulation. . 96

time défense. — III. Respect de la personne dans sa liberté. — IV. L'esclavage antique. — V. L'esclavage moderne. — VI. Le servage. — VII. Liberté des enfants mineurs. — VIII. Liberté des salariés. 93

DOUZIÈME LEÇON

Respect de la propriété. — Caractère sacré des promesses et des contrats. — I. Fondement du droit de propriété. — II. Droit de tester et d'hériter. — III. Le vol. La fraude. — IV. Le mensonge. — V. Promesses et contrats. . . 98

TREIZIÈME LEÇON

Justice. — Équité. — Reconnaissance, bienveillance et bienfaisance. — Solidarité. — Politesse. — I. La justice. — II. La bienveillance. L'équité. — III. La reconnaissance. — IV. La bienfaisance. — V. La solidarité. — VI. La politesse. 99

QUATORZIÈME LEÇON

Différentes formes de la bienfaisance. — I. L'aumône. — II. Manifestations de la bienfaisance. — III. Assistance dans le péril. — IV. Le dévouement et le sacrifice. 101

QUINZIÈME LEÇON

Devoirs de l'amitié. — Respect de la vieillesse, des supériorités morales. — I. L'amitié. — II. Devoirs de l'amitié. — III. Respect de la vieillesse. — IV. Respect des supériorités morales 102

SEIZIÈME LEÇON

Devoirs envers les animaux. — Devoirs réciproques des maîtres et des serviteurs. — I. Devoirs envers les animaux. — II. Devoirs des maîtres envers les serviteurs. — III. Devoirs des serviteurs envers les maîtres. 103

DIX-SEPTIÈME LEÇON

Devoirs professionnels. — I. Professions libérales. — II. Fonctionnaires. — III. Commerçants. — IV. Industriels et patrons. — V. Salariés. . 105

III

DEVOIRS CIVIQUES

DIX-HUITIÈME LEÇON

La patrie et le patriotisme. I. La patrie. — II. L'âme de la patrie. — III. Le patriotisme. — IV. Le cosmopolitisme. **107**

DIX-NEUVIÈME LEÇON

L'État et les citoyens. — **Fondement de l'autorité publique. La constitution et les lois.** — I. Le gouvernement et l'État. — II. Deux théories sur le fondement de l'autorité publique : théorie du droit divin. — III. Principe de la souveraineté nationale. — IV. La constitution. — V. Les lois. **109**

VINGTIÈME LEÇON

Le droit de punir. — I. Le droit de punir et l'utilité sociale. — II. Devoir qu'a la société de protéger ses membres. — III. La société, en punissant, use-t-elle du droit de légitime défense ? — IV. Nécessité de l'exemple et de l'expiation; limites où doit se renfermer celle-ci. — V. La société, en punissant le coupable, remplit un devoir envers lui. **110**

VINGT-UNIÈME LEÇON

Devoirs civiques. — **L'obéissance aux lois.** — I. L'obéissance aux lois. — II. Respect de la loi. — III. Obligation de prêter main-forte à la loi. — IV. Sympathie malsaine pour certains criminels. **111**

VINGT-DEUXIÈME LEÇON

Respect envers la magistrature. — **L'impôt.** — I. Respect des magistrats. — II. Devoirs spéciaux des citoyens envers les magistrats — III. L'impôt. **112**

VINGT-TROISIÈME LEÇON

Le service militaire. — **Le vote.** — I. Le service militaire. — II. Devoirs du citoyen en temps de guerre. — III. Devoirs des femmes en temps de guerre. — IV. Le vote. Devoirs électoraux. — V. Conseils aux électeurs. **114**

VINGT-QUATRIÈME LEÇON

Devoirs des gouvernants. — I. Différence entre les fonctionnaires et les gouvernants. — II. Obligation pour les gouvernants d'étudier par eux-mêmes les affaires importantes. — III. Obligation de ne pas se laisser absorber par les détails. — IV. Devoir d'intégrité. — V. Prudence et décision. — VI. Préoccupation des intérêts généraux et permanents du pays. — VII. Les gouvernants doivent servir d'exemple par la dignité de leur vie privée. — VIII. A quelles conditions l'ambition de gouverner est légitime..... 116

VINGT-CINQUIÈME LEÇON

Devoirs des nations entre elles. — I. Notions sur le droit des gens. — II. Devoirs réciproques des nations en temps de paix. — III. Devoirs réciproques des nations en temps de guerre. — IV. Obligations des neutres.......... 117

IV

DEVOIRS PERSONNELS

VINGT-SIXIÈME LEÇON

Devoirs de conservation personnelle. — Le suicide. — I. L'hygiène et la morale. — II. L'ascétisme. — III. Le suicide............ 119

VINGT-SEPTIÈME LEÇON

Principales formes du respect de soi-même. — I. Caractère de l'homme qui se respecte lui-même. — II. Conduite de l'homme qui se respecte lui-même. — III. Le sentiment de l'honneur. — IV. La tempérance. — V. Effets de la tempérance............ 120

VINGT-HUITIÈME LEÇON

Principales formes du respect de soi-même (suite). — I. La prudence. Comment elle est une vertu. — II. Dispositions et conduite de l'homme prudent. — III. Le courage. — IV. Courage militaire. — V. Courage civil. — VI. Courage pour supporter les épreuves de la vie. — VII. Courage en face de la mort......... 122

VINGT-NEUVIÈME LEÇON

Principales formes du respect de soi-même (suite). — I. Respect de la vérité. — II. Sincérité vis-à-vis de soi-même. — III. Examen de conscience. — IV. Méthode de Franklin. 124

TRENTIÈME LEÇON

Devoir de cultiver et de développer toutes nos facultés. — I. Facultés de l'âme. — II. Développement des facultés. — III. Développement de la sensibilité. — IV. Développement des facultés intellectuelles. — V. La mémoire. — VI. L'imagination............ 125

TRENTE-UNIÈME LEÇON

Devoir de cultiver et de développer toutes nos facultés (*suite*). — I. Développement de l'attention, de la réflexion, du jugement, du raisonnement. — II. Développement de la volonté. — III. Abstinence volontaire. Régularité de la vie. — IV. La volonté et l'habitude. — V. Le sage........ 127

TRENTE-DEUXIÈME LEÇON

Le travail. — Sa nécessité. — I. Le travail. — II. L'empire de l'homme sur la nature. — III. Perfectionnement des facultés par le travail. — IV. Travail manuel. Travail intellectuel............ 128

TRENTE-TROISIÈME LEÇON

Le travail (*suite*). **— Son influence morale.** — I. L'obligation du travail est universelle. — II. Le travail, l'épargne et le capital. — III. Le travail, condition d'indépendance et de dignité. — IV. Le travail, condition de bonheur..... 129

V

DEVOIRS RELIGIEUX
ET DROITS CORRESPONDANTS

TRENTE-QUATRIÈME LEÇON

Objet du sentiment religieux. — I. Origine et développement de la croyance à la divinité. — II. La philosophie grecque. Le judaïsme et le christianisme. — III. Preuves de l'existence de Dieu, tirée de l'ordre de l'univers et de l'organisation des animaux. — IV. Preuve tirée de l'existence de l'idée du parfait. — V. Preuve de l'existence de la loi morale. — VI. La morale et la religion..... 131

TRENTE-CINQUIÈME LEÇON

Devoirs religieux et droits correspondants. — I. La superstition. — II. L'adoration. — III. La prière. — IV. L'ospérance. — V. La croyance en Dieu et la charité. — VI. La tolérance. — VII. Influence morale et sociale du sentiment religieux 133

TRENTE-SIXIÈME LEÇON

Application des principes de la psychologie et de la morale à l'éducation. — I. Application des principes de la psychologie à l'éducation. — II. Ordre dans lequel il convient de développer les facultés de l'enfant. — III. Application à l'éducation des principes de la morale. — IV. Importance de la vertu pour la prospérité et la force des nations. . . . 135

CINQUIÈME PARTIE

PÉDAGOGIE PRATIQUE ET ADMINISTRATION SCOLAIRE

PREMIÈRE LEÇON

Quelques mots sur les Écoles normales.

I. Quelques mots sur les écoles normales 137
II. L'enseignement pédagogique d'autrefois. . . . 139
III. L'enseignement pédagogique d'aujourd'hui. — Objet des leçons complémentaires. . 142
IV. Programme qui sera suivi. 144
Résumé. 146

SIXIÈME PARTIE

L'ÉLÈVE-MAITRE

DEUXIÈME LEÇON

La Vocation.

I. Pourquoi il importe de consulter la vocation. . . 147
II. Développement de la vocation. 148
III. A quels signes on reconnaît la vocation de l'enseignement. 150
Résumé. 154

TROISIÈME LEÇON
Sentiments qui doivent animer l'élève-maître lors de son entrée à l'École normale.

I. L'admission à l'école est un précieux avantage... 155
II. Ressources offertes par l'école normale... 157
III. Raisons fournies par la conscience... 158
Résumé... 160

QUATRIÈME LEÇON
Régime disciplinaire de l'École normale.

I. Premières impressions des élèves-maîtres. — Explication nécessaire... 161
II. L'ancien et le nouveau régimes disciplinaires... 162
III. Conséquences du régime nouveau... 164
Résumé... 165

CINQUIÈME LEÇON
Rapports des élèves-maîtres avec leurs professeurs.

I. Sentiments et dispositions d'esprit de l'élève... 166
II. Pernicieuse influence des préjugés scolaires. — Moyens de les combattre... 168
Résumé... 171

SIXIÈME LEÇON
Rapports des élèves-maîtres avec leurs condisciples.

I. Solidarité honnête... 172
II. Justice, honneur et loyauté... 173
III. Bienveillance et bienfaisance... 175
IV. Le bon exemple... 177
Résumé... 177

SEPTIÈME LEÇON
Règlement intérieur de l'École normale. Ordre matériel.

I. Nécessité d'une règle respectée... 179
II. L'ordre et ses heureux effets... 181
III. Avantages de l'ordre matériel... 182
IV. Probité scolaire... 183
Résumé... 185

HUITIÈME LEÇON
Les sorties à l'École normale.

I. Adoucissements apportés à l'internat des écoles normales... 186
II. Avantages moraux des sorties... 188
III. Conseils au sujet des sorties... 190
Résumé... 192

NEUVIÈME LEÇON
Devoirs religieux.

I. Neutralité de l'école. 193
II. Craintes mal fondées. 196
III. La tolérance. . . . 197
IV. Culture du sentiment religieux. 198
Résumé. 200

DIXIÈME LEÇON
L'art de suivre les leçons et de prendre des notes.

I. Conseils généraux. — Le cahier de cours 202
II. Conseils particuliers. — Méthode propre à chaque matière 204
III. Mise en ordre et emploi des notes recueillies. . . 206
Résumé. 208

ONZIÈME LEÇON
Le Travail à « l'Étude. »

I. Mauvaise méthode pour le travail. — Pratiques vicieuses. 209
II. Précautions à prendre. — Procédés à suivre. . . . 212
III. Autres conseils, d'après Montaigne. 213
Résumé. 216

DOUZIÈME LEÇON
Éducation professionnelle.

I. Double fin des études de l'élève-maître 217
II. Apprendre à parler. 218
III. Pédagogie appliquée. — Service de l'école annexe. 219
IV. Collections de l'élève-maître en vue de son futur enseignement. 223
Résumé. 225

TREIZIÈME LEÇON
La haute culture de l'esprit et du cœur.

I. L'instruction « intégrale » et l'instituteur. 226
II. La haute éducation par la littérature et les arts. . 230
III. Les lectures. — Ce qu'il faut lire, et comment il faut lire. 232
IV. Les voyages et les fréquentations des gens instruits. 235
Résumé. 236

QUATORZIÈME LEÇON
L'élève-maître pendant les vacances.

I. Nécessité des vacances. 237
II. Fragment du *Journal des Vacances* d'un élève-maître. 238
III. Trav. champêtres. 241
IV. Divertissements au village. 243
V. Lectures et travaux personnels. 244
Résumé. 245

QUINZIÈME LEÇON
Examens.

I. Raison d'être des examens.................. 240
II. Hygiène des examens. — Compositions écrites... 248
III. Compositions écrites (suite).................. 251
IV. Épreuves orales..... 252
Résumé.............. 253

SEIZIÈME LEÇON
Rapports entre les anciens élèves-maîtres et l'École normale.

I. Les visites à l'école normale.................. 254
II. L'école normale succursale du Musée pédagogique.. 255
Résumé.............. 258

SEPTIÈME PARTIE
L'INSTITUTEUR ADJOINT

DIX-SEPTIÈME LEÇON
Considérations générales.

I. Le dossier du fonctionnaire........... 259
II. La politesse..... 261
Résumé............ 262

DIX-HUITIÈME LEÇON
L'obéissance administrative.

I. Nécessité de la subordination dans les fonctions publiques............ 264
II. Inconvénients de la résidence dans le pays natal. 265
III. Constance et stabilité. — Ambition raisonnable .. 268
IV. Conduite correcte à l'égard des promotions et des récompenses........ 271
Résumé............ 272

DIX-NEUVIÈME LEÇON
Les débuts du stagiaire. — Premières relations.

I. Nécessité et utilité du stage.............. 273
II. Premières relations officielles............ 275
III. Autres relations réclamées par la bienséance.. 276
Résumé............ 280

VINGTIÈME LEÇON
Installation matérielle du stagiaire.

I. Le logement du stagiaire............ 281
II. La chambre de l'institu-teur............ 282
III. Alimentation.... 284
Résumé........... 286

VINGT-UNIÈME LEÇON
Le budget de l'instituteur. — Économie.

I. Faire honneur à ses affaires............ 287
II. Moyens économiques à employer.......... 289
III. Institutions de prévoyance........... 294
Résumé........... 296

VINGT-DEUXIÈME LEÇON
Conduite privée de l'instituteur.

I. La vie privée du fonctionnaire, contrôlée et jugée par l'opinion publique.... 298
II. La moralité, devoir professionnel pour l'instituteur. 299
III. Règles de conduite. 301
Résumé........... 304

VINGT-TROISIÈME LEÇON
Conduite privée de l'instituteur (suite).

I. Séductions auxquelles le jeune instituteur est exposé............ 305
II. Réserve imposée par la décence et l'honnêteté.. 307
III. Respect de la jeune fille............ 309
Résumé........... 311

VINGT-QUATRIÈME LEÇON
Rapports de l'instituteur adjoint avec son titulaire.

I. Respect de l'autorité. 311
II. Devoirs de l'instituteur adjoint........... 313
III. Conduite à tenir dans les cas difficiles..... 316
Résumé........... 318

VINGT-CINQUIÈME LEÇON
Rapports de l'instituteur avec ses chefs universitaires.

I. Les autorités universitaires. — Leurs attributions. 319
II. L'inspection des écoles............ 323
III. Qualités qu'il faut apporter dans les rapports avec les chefs........... 325
IV. Correspondance administrative. — Respect des règles hiérarchiques.... 327
Résumé........... 331

TABLE DES MATIÈRES

VINGT-SIXIÈME LEÇON
L'instituteur adjoint dans sa classe. Enseignement.

I. Attributions de l'instituteur adjoint. 332
II. Qualités qu'il faut apporter dans l'enseignement. 333
III. Les maîtres qui parlent trop. 336
IV. Double but poursuivi dans le développement des programmes 338
Résumé. 340

VINGT-SEPTIÈME LEÇON
L'instituteur adjoint dans sa classe. Discipline.

I. Les écueils de la discipline 341
II. Discipline préventive. 343
III. Discipline effective. 345
IV. Les mobiles élevés de la discipline 347
Résumé. 347

VINGT-HUITIÈME LEÇON
Le certificat d'aptitude pédagogique.

I. Continuation des études. 348
II. Préparation de l'examen du certificat d'aptitude pédagogique 351
III. Conseils sur les diverses parties de l'examen. . . . 354
Résumé. 356

HUITIÈME PARTIE
L'INSTITUTEUR TITULAIRE

VINGT-NEUVIÈME LEÇON
L'instituteur à la campagne.

I. L'instituteur rural. . 359
II. Avantages du séjour à la campagne. 360
III. Les avantages de la ville transportés à la campagne. 362
Résumé. 363

TRENTIÈME LEÇON
Le ménage de l'instituteur. — Sa famille.

I. Moment opportun pour l'établissement de l'instituteur. 364
II. Choix d'une compagne. 365
III. La femme de l'institu-

tour............ 368
IV. Mariage entre instituteur et institutrice....... 370
V. La famille de l'instituteur............ 371
Résumé.......... 372

TRENTE-UNIÈME LEÇON
Tenue de la maison d'école. — Installation des services scolaires.

I. Bonne tenue des locaux et du matériel scolaire..... 373
II. Améliorations réalisées ou obtenues par l'initiative de l'instituteur............ 375
III. Le confort compatible avec la vie champêtre.. 378
Résumé.......... 380

TRENTE-DEUXIÈME LEÇON
Organisation pédagogique de l'École primaire.

I. Classement des élèves. — Emploi du temps..... 381
II. Équité à l'égard des vieux maîtres........ 384
Résumé.......... 386

TRENTE-TROISIÈME LEÇON
L'École à plusieurs maîtres.

I. Principes de direction. 387
II. Devoirs du directeur à l'égard de ses adjoints.. 390
Résumé.......... 393

TRENTE-QUATRIÈME LEÇON
Choix d'une carrière pour les enfants des écoles primaires.

I. Objet de l'instruction primaire............ 394
II. A quels signes on reconnaît les études primaires bien faites............ 396
III. L'avenir des enfants. — Détermination de leurs aptitudes........... 397
Résumé.......... 400

TRENTE-CINQUIÈME LEÇON
Les annexes de l'École.

I. Causes de la désertion des campagnes et de l'abandon des professions manuelles... 401
II. Extension de l'enseignement scolaire........ 403
III. Propagation des œuvres utiles............ 408
Résumé.......... 409

TRENTE-SIXIÈME LEÇON
Relations entre instituteurs. — Conférences et congrès pédagogiques.

I. Réunions privées d'instituteurs............ 410
II. Conférences pédagogiques............ 411

III. Congrès officiels et congrès libres......... 415
Résumé.......... 417

TRENTE-SEPTIÈME LEÇON
Rapports de l'enseignement primaire avec les autres ordres d'enseignement.

I. Préjugés et injustices. 418
II. Solidarité des divers ordres d'enseignement... 420
Résumé.......... 422

TRENTE-HUITIÈME LEÇON
Rapports de l'instituteur avec les habitants de la commune.

I. L'instituteur secrétaire de mairie............ 423
II. Réserve et désintéressement............ 425
Résumé.......... 426

TRENTE-NEUVIÈME LEÇON
L'instituteur et la politique.

I. Rapports de l'instituteur avec les personnages politiques............ 427
II. L'instituteur et la politique de parti...... 429
III. Attitude digne et loyale en matière politique... 431
IV. Dissensions locales. 432
Résumé.......... 432

QUARANTIÈME LEÇON
La retraite de l'instituteur.

I. Savoir se retirer à propos............ 434
II. Les derniers jours du vieux maître......... 435
Résumé.......... 437

NEUVIÈME PARTIE
LOIS ET RÈGLEMENTS CONCERNANT L'ENSEIGNEMENT PRIMAIRE

QUARANTE-UNIÈME LEÇON
Coup d'œil sur l'ancienne législation.

I. La Révolution et l'enseignement primaire...... 439
II. Ordonnance royale du 29 février 1816........ 441

III. Loi du 28 juin 1833. 442
IV. Loi du 15 mars 1850. — Décret-loi du 9 mars 1852. — Loi du 14 juin 1854. . . . 444

V. Lois du 21 juin 1865 et du 10 avril 1867. 445
Résumé. 446

QUARANTE-DEUXIÈME LEÇON
Gratuité. — Obligation et laïcité.

I. L'enseignement primaire depuis 1870. 448
II. Loi du 16 juin 1881, sur la gratuité. 449
III. Autre loi du 16 juin 1881, sur les titres de capacité. 450
IV. Loi du 28 mars 1882. — Laïcité des programmes et obligation scolaire. 451
Résumé. 453

QUARANTE-TROISIÈME LEÇON
Loi organique du 30 octobre 1886.

I. Objet de la loi. — Méthode à suivre pour l'étudier. . . 454
II. Des établissements d'enseignement primaire. . . 455
III. De l'inspection. . . 456
IV. De l'établissement des écoles publiques. 457

V. Du personnel enseignant. — Conditions requises. . 458
VI. Nomination du personnel enseignant. — Peines disciplinaires. — Récompenses. 460
Résumé. 461

QUARANTE-QUATRIÈME LEÇON
Loi organique du 30 octobre 1886 (suite).

I. Enseignement privé. 463
II. Conseil départemental et conseil supérieur. 465

III. Commissions scolaires. 466
Résumé. 467

QUARANTE-CINQUIÈME LEÇON
Écoles maternelles et classes enfantines.

I. Les écoles maternelles (salles d'asile) en France. — Caractère de ces écoles. Objet des classes enfantines. . . 468
II. Principales dispositions réglementaires. 471

III. Organisation pédagogique et programme. . . . 474
Programme des écoles maternelles. 475
Résumé. 476

QUARANTE-SIXIÈME LEÇON
Écoles primaires élémentaires.

I. Installation matérielle. — Personnel. — Enseignem. 480
II. Organisation pédagogique. 482
III. Règlement scolaire départemental. 487
IV. Discipline. — Récompenses. — Punitions. . . 489
Résumé. 492

QUARANTE-SEPTIÈME LEÇON
Écoles primaires supérieures et écoles manuelles d'apprentissage.

I. L'enseignement primaire supérieur avant la législation actuelle. 493
II. Organisation présente de l'enseignement primaire supérieur. 495
III. Écoles manuelles d'apprentissage. — Leur objet. — Lois et règlements concernant ces écoles. 498
Résumé. 501

QUARANTE-HUITIÈME LEÇON
Écoles normales primaires et Écoles normales primaires supérieures.

I. Documents officiels concernant les écoles normales d'instituteurs et d'institutrices. 502
II. Extraits des règlem. 503
III. Objet des écoles normales primaires supérieures.— Extraits des règlements. 506
Résumé. 507

QUARANTE-NEUVIÈME LEÇON
Les examens de l'enseignement primaire.

I. Caractère et classement des divers examens . . . 508
II. Examens servant de sanction aux études primaires. 509
III. Brevets de capacité. . 511
IV. Certificats d'aptitude professionnelle. 512
V. Certificats spéciaux pour les enseignements accessoires. 516
Résumé. 519

CINQUANTIÈME LEÇON
Bâtiments et mobiliers scolaires. — Matériel d'enseignement.

I. Obligations des communes concernant la construction des maisons d'écoles. 521
II. Part contributive de l'Etat dans la construction et l'appropriation des locaux scolaires. 522
III. Installation matérielle des écoles maternelles. . 523
IV. Installation matérielle de l'école primaire élémentaire. 526
Résumé. 528

CINQUANTE-UNIÈME LEÇON
Questions diverses.

I. Bibliothèq. scolaires. 529
II. Caisses des écoles. . 532
III. Traitements des instituteurs et institutrices. . . 533

IV. Récompenses honorifiques et décorations universitaires. 535
V. Le service militaire des instituteurs. 536
Résumé. 540

CINQUANTE-DEUXIÈME LEÇON
Pensions de retraite.

I. Lois, décret et instructions ministérielles concernant les pensions de retraite. . 541
II. Conditions du droit à pension. 542
III. Formalités à remplir par e fonctionnaire pour faire valoir ses droits à la retraite. 545
IV. Formalités à remplir pour la pension des veuves et les secours aux orphelins de fonctionnaires retraités ou ayant droit à la retraite 547
Résumé. 548

APPENDICE

Loi sur les traitements des instituteurs 540

CHAPITRE PREMIER
Dépenses ordinaires de l'enseignement public. 549

CHAPITRE II
Classement et traitement du personnel 551

CHAPITRE III
Des voies et moyens. 557

CHAPITRE IV
Dispositions spéciales à l'Algérie. 558

CHAPITRE V
Dispositions transitoires. 558

CHAPITRE VI
Dispositions diverses. 561

Paris. — Imprimerie Alcide Picard et Kaan. — U. P. 1189.

Alcide PICARD et KAAN, Éditeurs
11, RUE SOUFFLOT, PARIS

GRAMMAIRE
D'APRÈS LA MÉTHODE EXPÉRIMENTALE
Programmes : 27 juillet 1882 — 22 janvier 1885

PAR

ED. ROCHEROLLES

ANCIEN ÉLÈVE DE L'ÉCOLE NORMALE SUPÉRIEURE, AGRÉGÉ DE L'UNIVERSITÉ,
PROFESSEUR AU LYCÉE LOUIS-LE-GRAND
ET A L'ÉCOLE NORMALE SUPÉRIEURE DE SAINT-CLOUD

Ouvrages adoptés pour les écoles de la ville de Paris

COURS PRÉPARATOIRE. — *La grammaire enseignée par les exemples et à l'aide de l'image*, nombreuses gravures expliquées, — exercices très simples de diction et d'invention, — historiettes et poésies enfantines, — explication du sens des mots, — petites questions de français, — familles de mots, — explication des règles les plus élémentaires, — orthographe usuelle, — prononciation. 1 volume in-18 cart. .... » 50

— **Livre du Maître** (en préparation).

COURS ÉLÉMENTAIRE, 1ʳᵉ année. — Petits exercices littéraires et grammaticaux, — exercices très simples d'observation et d'invention, — historiettes enfantines et devoirs de rédaction, — construction de phrases, — orthographe d'usage, — résumés par questions. 1 volume in-12, cart............... » 75

— **Livre du Maître** (en préparation).

COURS MOYEN, 2ᵉ année. — (*Préparation au certificat d'études primaires*). Orthographe d'usage, — exercices littéraires et grammaticaux, — exercices d'invention et de construction de phrases, — familles de mots, — homonymes et synonymes, — syntaxe, — résumés, — remarques de grammaire historique, — devoirs donnés dans les examens du certificat d'études. 1 volume in-12 cart. 1 25

Livre du Maître, contenant la réponse à toutes les questions du livre de l'élève. 1 fort vol. in-12 cart. 2 50

COURS SUPÉRIEUR. — Révision, — syntaxe, — résumés, — remarques de grammaire historique, — homonymes et synonymes, — étymologie, — notions complémentaires sur la composition et la dérivation (préfixes et suffixes), — signification des mots, — notions de versification française, — application, — questions de grammaire et de langue par MM. **Ed. ROCHEROLLES**, ancien élève de l'École normale supérieure, professeur au lycée Louis-le-Grand et à l'école normale supérieure de Saint-Cloud et **R. PESSONNEAUX**, ancien élève de l'École normale supérieure, professeur au lycée Henri IV et à l'école normale supérieure de Fontenay-aux-Roses. 1 vol. in-12 cart. classique............ 1 80
Cartonné pleine toile. 2 25

Livre du Maître, contenant la réponse à toutes les questions du livre de l'élève. 1 fort vol. in-12 cart. pleine toile. 3 50

Exercices en rapport avec le Cours supérieur de grammaire et de langue française de MM. Rocherolles et Pessonneaux par **A. DRIAULT**, ancien élève de l'école normale supérieure de Saint-Cloud, professeur à l'école normale de Versailles, licencié ès lettres. 1 vol. in-18 cart............................ » 90

— **Livre du Maître.** 1 vol. in-12 cart. (*Sous presse.*)

Pub. 111.

Alcide PICARD et KAAN, Éditeurs
11, RUE SOUFFLOT, PARIS

OUVRAGES ADOPTÉS POUR LES ÉCOLES DE LA VILLE DE PARIS ET PORTÉS SUR LES LISTES DÉPARTEMENTALES.

COURS D'ARITHMÉTIQUE

DE SYSTÈME MÉTRIQUE

ET DE GÉOMÉTRIE

Rédigé conformément aux programmes officiels du 27 juillet 1882

PAR

UNE SOCIÉTÉ D'INSTITUTEURS

SOUS LA DIRECTION DE

M. E. COMBETTE

Ancien élève de l'École normale supérieure
Ancien professeur de mathématiques au lycée Saint-Louis — Inspecteur d'Académie, à Paris,
chevalier de la Légion d'honneur.

COURS ÉLÉMENTAIRE. — Ouvrage composé sur un plan entièrement nouveau, contenant 115 figures et 730 problèmes et exercices de calcul mental et écrit, 1 volume in-12, cartonné. . . . . » 80

PROBLÈMES ET EXERCICES COMPLÉMENTAIRES. — (1081 problèmes et exercices). Commerce, agriculture, industrie, vie usuelle; ouvrage destiné aux élèves des cours élémentaires et aux élèves de 1re année du cours moyen, 1 volume in-12, cartonné. . . . . » 45

COURS MOYEN ET SUPÉRIEUR à l'usage des candidats au certificat d'études primaires, contenant 3,000 exercices et problèmes donnés dans les examens du brevet élémentaire et du certificat d'études primaires : Commerce, industrie, agriculture, vie usuelle, etc., illustré de 100 gravures. 1 fort volume in-18, cartonné. 1 60

COURS MOYEN ET SUPÉRIEUR (livre du maître) donnant la solution raisonnée des nombreux problèmes et exercices contenus dans le livre de l'élève, 1 fort volume in-12, cartonné. 2 50

CHOIX DE PROBLÈMES donnés dans les divers examens du certificat d'études primaires ou du brevet de capacité, recueillis et mis en ordre par MM. E. Combette et E. Cuissart, ancien membre du conseil supérieur de l'Instruction publique, inspecteur primaire à Paris, chevalier de la Légion d'honneur. 1 volume in-12, cartonné. 1 20

CHOIX DE PROBLÈMES (livre du maître). Un fort volume in-12 donnant la solution raisonnée de tous les exercices et problèmes contenus dans le livre de l'élève. 3 50

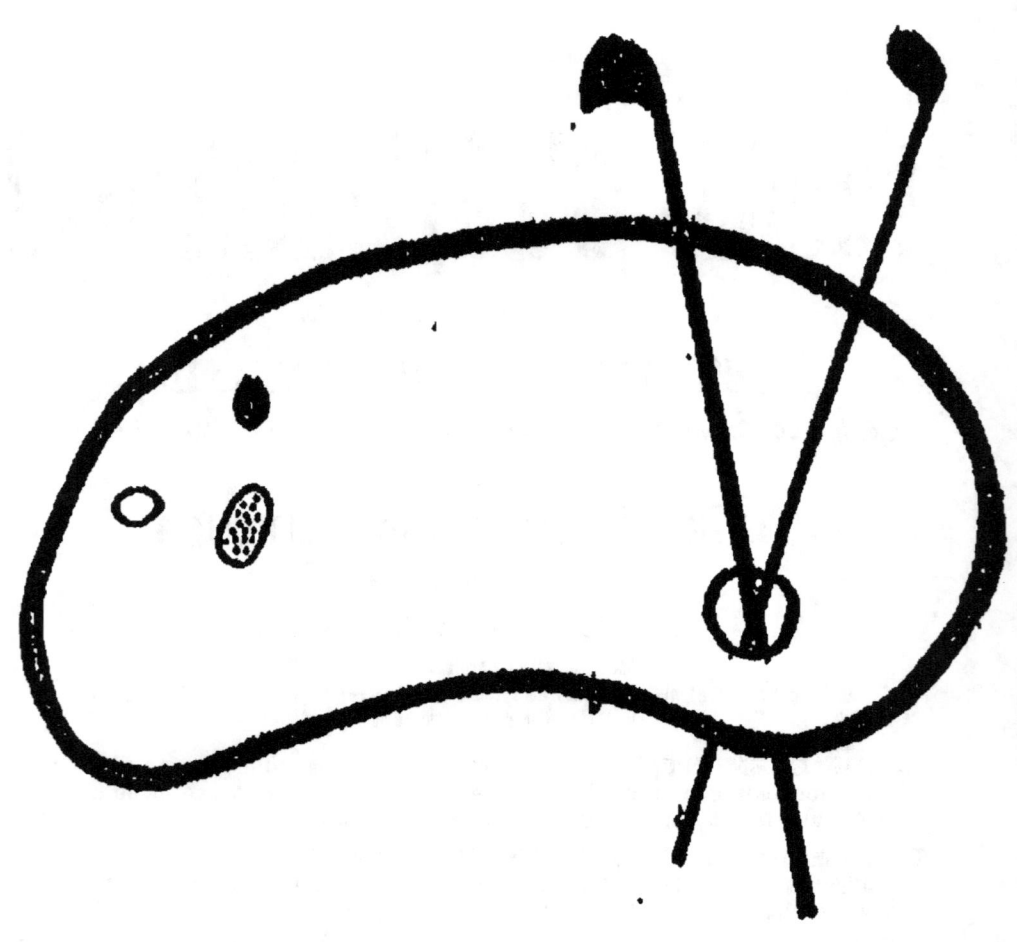

ORIGINAL EN COULEUR
Nº Z 43-120-8

www.ingramcontent.com/pod-product-compliance
Lightning Source LLC
Chambersburg PA
CBHW060305230426
43663CB00009B/1595